미·중·러·OPEC 간의
에너지 국제정치

4强의 에너지전쟁과 에너지동맹

홍인기 저

박영사

책 요 약

2018년 9월까지 전 세계 석유시장의 생산은 국가별로 러시아가 11백만 배럴/일을 넘어 1위이고 다음이 10.5백만 배럴/일을 생산한 OPEC의 리더인 사우디아라비아가 된다. 이같이 양국의 생산이 세계 전체의 석유수요 22백만 배럴/일의 1/4을 양국의 석유대외수출이 공급하는 셈이다. 그러나 여기에서 간과된 미국은 셰일석유(비전통적 석유)만으로도 2018년 중 근 8백만 배럴을 생산하였는데, 이는 미국 셰일석유가 최근 무서운 속도로 생산(2018년 중에만 2백만 배럴 증산)되어, 갖은 수모를 당하면서 4년 전까지 중동의 석유를 수입하여야 했던 미국이 이제는 석유수출을 하여야할 처지로 미국은 '석유수입에서의 독립'을 구가하게 되었다. 미국의 경우, 전통적석유를 합하면 산유국의 순위가 바뀌게 된다. 이렇게 세계석유생산 1, 2, 3위가 미국, 러시아, 사우디로 되면서 석유 생산과 공급을 둘러싼 3국간의 국제외교, 국제정치의 문제가 오랜 기간, 특히 최근에 와서 다양한 양상을 띠고 있다.

우선 지난 수년간 발명한 특수 생산 공법에 의하여 소위 셰일혁명에 성공케 된미국은 강력한 라이벌인 러시아에 대한 셰일공법이 전수되는 것을 방지하기 위하여, 2014년 러시아의 우크라이나 크리미아반도의 침공을 이유로, 미국 석유기업은러시아의 북극과 심해, 사하린지역의 특수석유개발에 투자할 수 없고, 이와 관련 기술이나 관계 장비를 러시아에 제공할 것을 금지하며, 어느 누구도 미국통화인 달러표시 여신을 러시아에 제공할 수 없게 제재조치(Sanction)를 취하면서 아직까지 강력하게 이를 견지하고 있다. 미ㆍ러 간에 에너지 전쟁이 진행되고 있다 하겠다.

한편 중동 산유국이 중심이 되어 1960년대부터 미국 등의 석유자이언트(IOC)를쫓아내면서, 미국의 석유수출 안전수송을 당시 미 국무장관인 헨리 키신져로부터확약 받은 사우디 등은 달러(Petrodollar)가 아니면 석유수출을 안 한다는 보장하에OPEC을 결성한 사우디는 국제석유시장의 Swing Producer의 역할을 하다가 미국의셰일이 국제석유시장에 등장하면서, 미국의 대외석유수입 급감에 따라, 국제유가가 폭락하자, OPEC은 러시아의 지원하에 대대적인 감산으로 국제유가의 반등의 계기를 삼았다. 여기에서 OPEC은 '이빨 빠진 호랑이'로 격하되고, 대신 러시아의 푸틴대통령은 석유와 가스를 국제정치의 무기화에 성공케 한 황제(Czar)로 스스로 등극한 셈이다.

또한 이란과의 '6자 핵 협정'(JCPOA)에서 탈퇴한 미국이 이란(OPEC의 제3위 석유생산국, 사우디와는 적대관계)의 핵 협정 위반을 이유로, 이란의 석유수출을 금지하는 제재조치를 2018년 11월 5일부터 발효케 하기 위해서 국제석유시장의 유가가 급등하지 말아야(미국 내 휘발유값 급등은 선거에 악영향을 미칠 정도로 예민)하므로 사우디에 석유를 증산할 것을 요청하여, 사우디가 최대 증산키로 되어 있다. 그러나 노후화된 사우디의 생산시설은 한계로 사우디의 증산을 위해서는 신규투자가 필요하게 되었다. 한편 미국이 국제석유가 앙등에 대처하는 미국산 석유수출은 특히 텍사스(Permian 기지)의 파이프라인과 터미널 등 수출인프라가 그 한계에 와서 공급추가에 문제가 될 전망인 시점에, 사우디에서는 사우디 왕세자 MBS의 카슈끄지의 살인 사건이 터지면서, 사우디의 석유증산을 위한 신규투자는 해외자금으로는 투자가 이루어지지 않게 되고, 자체자금으로만 투자하여야 하게 되었고, 이 과정에서 미국도 난처하게 되었다. 자국 내 사정으로 석유수출이 한계에 온 미국이 사우디의 새로운 석유증산 수출이 필요한 시점에 국제정치적인 돌발사건으로 이에 관한 미국과 사우디 양국의 에너지 협력관계가 새롭게 전개될 판국이 되었다. 미국, 러시아, OPEC의 리더인 사우디의 사정으로 미국의 이란에 대한 석유수출 제재가 큰 제약을 받게 되었다. 사우디발 에너지 국제정치가 깜깜하게 되었다.

한편 세계 2대 경제강국이 된 중국은 어떤가? 2014년에 석유수입 제1대국이 된 중국의 에너지 사정과 그 배경은 어떤가? 석유와 가스의 방대한 지하 매장량을 가지고 있는 중국은 경제발전에 따라 빠르게 에너지 수요가 증가하는 외에 석탄발전(發電)과 석탄의 연료사용으로 인한 온실가스배출에서 세계 1위를 다투고 있는 문제가 있다. 중국의 자체 매장량의 국내 생산은 중국사회주의의 특수한 토지제도, 에너지 개발과 생산 기술의 후진성, 물 부족, 생산품의 수송상의 난점 등 지질학적 열악한 특수성에서 자체 생산의 코스트의 비경제성에 비추어, 국내 생산은 당분간 추후로 미루고 있다. 그러면서 화석연료 중 석탄의 대폭 감축과 석유와 대체용 가스의 수요를 해외수입으로 충당하여야 할 절실한 에너지 안보에 직면한 중국은 1990년대에 에너지 전략을 대폭 수정하였다. 즉 3대 국유석유사를 설립하여 'Go Global'이란 기치하에 막대한 자금의 다변화된 해외투자로 에너지 원천을 세계 도처에 확보하면서, 또한 에너지 자원의 수입경로도 다변화를 꾀하고 있다. 즉 중국의 해외수입 항로에 있어 에너지 안보에서 가장 취약한 블라카 해협(Malacca Straits) 통과를 회피할 수 있는 한 회피하고자, 러시아 등 중앙아시아에서의 육상 파이프라인을 통한 수입과, 남지나해 이외의 항구와 새로운 항로 확보 및 남지나해를 중심으로 하는 자체 해군력의 증강도 병행하고 있다. 이로써 2014년에는 중국이 셰일혁명의 성공으로 수입을 대폭 줄인 미국을 제치고, 세계석유수입 제1대국으로, 그리고 가스수입 제4의 국가가 되었다. 이 과정에서 가장 획기적인 에너지 수입에 관한 딜은 러시아와의 석유와 가스의 빅딜로서 시베리아를 관통하여 사하린까지 확대하는 ESPO 라인을 건설하면서, 특히 미국의 제재로 외환면에서 제약을 당하고 있는 러시아산 에너지의 아시아 행과 북극의 가스개발에 중국이 장기금융을 제공하면서, 중국과 러시아는 완전한 에너지 동맹을 결성하여, 방대한 에너지 관련 프로젝트에 러시아(공급자)와 중국(수요자)은 Alliance 이상의 다양한 측면에서 밀착 관계에 있다. 또 에너지 이외(군사력, 스포츠 등)에서도 공고한 유대관계를 맺는 '에너지 국제정치'를 전개하고 있다. 이같이 미·중·러·OPEC간의 사각 파워의 에너지(석유·가스)를 둘러싼 현대적 에너지 국제정치(Energy Geopolitics)가 전개되고 있는 것이다. 그러나 미국의 Petrodollar 위세의 남용에 EU와 중국, 러시아, 이란 등의 dedollarization의 움직임이 꿈틀거리기 시작한 면의 의미도 음미하여야 한다.

한국도 아시아에서 중국, 일본 다음의 에너지 수요국으로서, 미국, 중국, 러시아, 사우디 및 이란 등의 OPEC과 같은 에너지 4강의 과거와 현재와 앞으로의 이합집산(離合集散)과 합종연횡(合從連橫)이 우리의 관심을 끌기에 충분한 의미가 있는 관찰과 예견의 대상이 될 것이다.

'미·중·러·OPEC간의 에너지 국제정치'란 제하의 이 책의 순서는,

제1장 '왜 책 제목이 미·중·러·OPEC간의 에너지 국제정치인가?'에서 국제유가의 결정 프로세스와 미국의 석유제재와 이에 따른 Petrodollar의 위력에 의한 세컨더리 보이콧(Secondary Boycott)을 살펴본다. 아울러 에너지 동맹으로 맺어진 중국과 러시아의 양국 수반간의 '아이스하키 외교'를 본다.

제2장은 국제석유시장 역사상 Seven Sisters와 산유국 국유석유사(NOC)와 OPEC 발족의 배경을 미국과 관련하여 보고, 석유메이져(IOC)들의 대형 합병과정을 본다. 또 사우디의 Aramco, 중국의 CNPC, Petrochina, CNOOC와 러시아의 Gazprom, Roseneft 같은 이들 3국의 국유 National Champion을 본다.

제3장은 미국의 셰일석유·셰일가스 혁명의 과정과 배경을 보고 이것이 미국경제에 끼친 영향과 셰일에너지 수출에 열을 올리는 트럼프의 에너지 국제정치 전략을 본다. 또 미국의 석유독립을 가능케 한 셰일혁명을 뒷받침한 Horizontal drilling, Hydraulic fracking 위력과 발명 배경의 핵심을 본다.

제4장은 사회주의 국가이자 세계 제1석유수입국이 된 중국의 에너지 시장 발전 과정과 전 세계의 에너지 원천에 직접투자 또는 지분투자를 하면서, 동시에 에너지 안보에 전력을 경주하며, 에너지 수입원천을 다변화하고 특히 파이프라인 수입과 석유수송항로의 요충지 확보에 나선 중국 에너지 시장의 특징을 본다. 특히 러시아와 석유가스의 장기 딜(deal)을 분석한다.

제5장은 러시아의 에너지 역사를 구 소련시대로부터 오늘까지 음미한다. 특히 소련의 패망 이후, 푸틴대통령이 등장하여, 에너지 자원은 국가자본주의(State Nationalism)의 실천 도구로서 또 에너지 국제정치의 tool로서 잘못된 민영화 석유사를 재(再)국유화하면서, Gazprom과 Rosneft를 확장하여 Champion 기업으로 만들고 St. Petersberg Inner 서클을 중심으로 이들 국유에너지 기업을 매체로 유럽은 물론 에너지의 아시아 진출을 위한 국제정치를 진두지휘하고 있다. 또한 사우디 등을 활용하여 푸틴이 스스로 국제에너지 시장의 Czar로 등극하고 있다. 또 중국과 에너지 동맹을 결성하여 앞으로 30년 동안 중국에 석유와 가스를 수출하는 4,000억 달러 규모의 딜을 성공시키고, 북극의 LNG가스 공장을 Novatek사를 시켜 성공시키고 더하여 북극의 제2의 LNG공장 건설을 추진하고 있다. 또 미국의 반대에도 발틱해의 해저터널로 독일을 거쳐 가스를 대거 수출할 Nordstream-2를 건설하고 있다.

마지막으로 별도의 유첨(有添)으로 부록에서는 미국과 서방측의 러시아에 대한 셰일석유투자 및 기술제공금지(Sanction)와 달러화로의 장기여신 금지조치, 그 후 연달은 제재조치에 대하여 분석하였다. 또 이 조치에 따라 러시아에서 철수하게 된 Exxon사와 기타 관련된 석유자이언트의 동정도 분석하였다.

미 · 중 · 러 · OPEC간의
에너지 국제정치

머리말

　2018년 현재, 미국을 중심으로 한 서방측(UN 안보리 포함)이 경제제재(Economic Sanctions)를 가하고 있는 네 군데(러시아, 북한, 이란, 베네수엘라)의 경우에, 그 제재내용에 있어 두 가지 공통점이 있다. 제재조치 중 하나는 제재 당하는 해당 국가에 대하여 특히 에너지에 관한 거래금지(에너지 기업에 대한 투자, 생산 및 기술 지원 또는 에너지의 수출·입)와 더불어 제재대상국에 대하여 달러화로의 금융거래를 금지하는 것이다.

　즉 에너지 생산국에 대하여는 미국 등의 에너지 기업이 제재대상국의 에너지 생산에 기술적 또는 투자지원을 하지 말라는 것이고 또한 대상국의 에너지를 구입하거나 수입하지 말라는 것이다. 또 미국 은행과 미국 내 점포가 있는 국제금융기관은 제재대상국과는 달러화(＝미국 통화)로 장기금융거래를 하지 말라는 것이다. 이 중 북한에 대하여는 UN 안보리에서 대북한 재제를 결의할 때, 미국이 대북한 에너지 수출금지 조치를 강력히 요구하였으나, 안보리 상임이사국인 중국과 러시아가 끝내 반대하여, 석유와 가스의 수출 봉쇄조치에는 일정한도를 정하고, 그 범위내에서 제한적 수출을 실시하고 있다.

　여기에서 미국 등의 제재조치 핵심의 하나는 에너지 수출의 금지요, 또 다른 하나는 제재대상국은 물론 제3국도 제재대상국과는 미국통화인 달러화로 거래를 금지한다는 조치(소위 세컨더리 보이콧)이다. 여기에서 우리는 에너지와 미국통화이면서 국제기축통화인 달러화 거래의 중요성을 알게 된다.

　한편 중국 같은 에너지의 대량 수입국(국내 수요의 60% 이상 해외수입으로 충당)이나, 러시아와 이란 같은 에너지 수출국의 에너지(석유와 가스)는 가장 중차대한 국제정치 및 국제경제문제로 직결되고 있다. 즉 이같이 에너지를 수출하는 국가(러시아, 산유국, 최근의 미국)나, 중국같이 막대한 에너지(석유·가스)를 수입하는 국가에서 에너지 안보는 중시되고 이와 관련하여 에너지는 오늘날의 국제정치(Geopolitics)와 직결되는 핵심 요소가 된다.

보통 UN이나 미국 등 대형국가가 취하는 에너지에 관한 제재조치 외에 또 다른 경제제재조치로 달러화의 금융제재조치가 필수적으로 뒤따르게 되는데, 이 또한 석유수출국이나, 석유수입국의 경우에 달러화 표시 금융거래가 금지되는 것으로, 소위 경화(硬貨, Hard Currency)인 달러화의 부족으로 제재조치(예: 이란)를 받는 국가는 신규 투자나 달러표시 부채상환이 안 되는 곤경을 겪게 된다. 그럼 왜 미국은 이렇게 경제제재조치를 취하면서, 대상국가의 은행을 지정하고, 지정된 국가의 은행과 달러화 거래를 한 미국 내 은행(미국은행, 또는 미국 내 은행점포를 둔 외국은행)에 대하여, 미국 내 영업(달러화 영업)을 제한하거나 심지어 벌과금을 부과하는 근거는 무엇일까? 이는 달러화는 제1의 세계국제통화이면서, 미국의 통화(Greenback), 즉 미재무성의 부채증서이기 때문에 미국정부가 규제조치를 취하고, 이를 위반하는 해당 금융기관에 대하여 벌과금을 부과하고, 해당 은행에 대하여 달러화 거래를 못하게 할 수 있기 때문이다.●

이렇게 석유 등 에너지와 관련된 여러 가지 문제는 항상 국제정치가 민감하게 작용하는 것으로 석유의 국가안보의 중요성은 대소간의 국가를 막론하고, 국제간의 정치적 사유가 발생할 때마다 에너지에 대한 수출입과 생산과 투자의 금지대상이 되고 달러화의 젓줄이 차단(러시아, 북한, 이란, 베네수엘라 등)되는 중요한 의미가 있기에 저자는 특히 미국, 중국, 러시아의 현대적 3강(+OPEC)의 에너지와 관련된 국제정치를 한 번 정리해 보고 싶은 의욕에서 그동안 KAIST 경영대학에서 9년간 강의하면서 모은 자료를 정리하여 책을 써보자는 결심을 혼자 해 본 것이다.

에너지에 문외한인 홍인기의 이 책을 읽을 분도 그리 많지 않을 것 같고, 또 돈이 생기는 일도 아니면서도, 오직 이 책을 마지막 작품으로 남기고 싶다는 생각에서 은퇴 후의 준비(재정적, 취미, 직장)가 별로 없는 저자로서, 이 '제목의 책'을 쓰는 일만이 될 성 싶고, 또 사실 그간 20여년을 중국(경제, 금융)에 대해 몇 개 대학에서 강의하다 얻은 퇴직 선물이라고 여겨 이를 정리해 본 것이다. 특히 카이스트 경영대학에서 9년 중 마지막 3년(2014~2016)은 경영대학 금융대학원에서의 중국경제와 중국

● 모든 달러화거래는 미국의 중앙은행(Federal Reserve Bank)을 통하고, 최종으로는 벨기에에 있는 'SWIFT(System for Worldwide International Financial Telecommunication)'라는 국제결제시스템을 거쳐야 청산된다.

금융시장 외에, 동 경영대학 녹색(green)대학원에서 '에너지 국제정치'란 특강을 자원하여 영어로 강의하다 보니, 카이스트에서 끝나고 은퇴하면, 이 제목으로 책을 써보아야지 하는 희망을 갖게 되었고, 그래서 2017년 초 79세 되는 해, 카이스트를 떠나며 이 책을 쓰기 시작하였다(속 된 표현으로 2년 동안 '밥 먹고 이 일'만 하게 되었다).

돌아보면, 나의 경력이 에너지와 전연 무관하지 아니하였다고 강변하고 싶다. 1974~1976년 3년간 한화그룹의 기획조사실장(전무)으로 있으면서, Unocal(후에 Chevron과 합병)의 JV인 경인에너지에 그룹의 신설 석유운송사를 통한 석유공급 교섭 차, 1975년 연말과 연초에 10일간을 LA Unocal에 장기 출장가서 교섭하였던 일이 생각난다. 그 직후 당시 고 김종희 회장님을 모시고 유럽으로 가는 길에, 사우디의 경인에너지의 석유수출항구인 Las Tanura 항구까지 사막 길을 달려 그 항구에 원유를 싣는 곳을 찾아가 본 일도 기억난다.

그 후 1978~1984년까지 지금의 대우조선(당시 조선공사의 옥포조선소)을 대우가 인수, 초대 CEO가 되어 미완의 조선소를 완공해가면서 세일즈 하는 일로서 노르웨이의 Bergen으로 4척의 스테인리스 화학운반선 수주계약을 위해 김우중 회장님을 모시고 특별기 편으로 갔던 일이다. 어렵다는 스테인리스 화학운반선 4척을 수주하며 2년 뒤 그 해의 선박상(Ship of the year)을 탈 때의 기쁨은 한없이 컸었다. 또 여러 수주 선박이나 해양프랜트 프로젝트를 완공하는 일, 완공 후 인도하는 등 석유와 가스의 개발, 생산, 운반에 관련되어, ARCO, Bechtel, Occidental, Santa Fe, Schlumberger, ONGC, Iran Oil Tankers Co, Maersk, US Line, Norway Stavangar Offshore Oilfield, Kuwait Oil, 휴스톤에 지사 내는 일 등 6년 반을 Oil Tanker, Semi-submersible Drilling Rig, Jack up Rig, Alaska Prudue Bay에 설치된 Floating Seawater Treatment Plants, 한국석유공사, 한진해운 등 당시 재무부 금융관계 관료로서 에너지에 대해 문외한이었던 내가 대우조선 CEO로서 맡았던 모든 일이 다 석유와 가스와 관련이 있던 분야였다고 주장하고 싶다. 물론 많은 분들의 도움을 받으면서 배우면서 수행하던 것이었지만.

그 후 몇 군데의 증권업계 CEO를 거쳐 증권거래소(KRX) 이사장으로 와서 주식선물거래제도를 거래소에 도입한다고, 미국의 New York거래소와 Nasdaq은 물론 뉴욕의 Nymex와 시카고의 CME 등을 두루 다니며, 또 중국의 탄소배출권거래소와 상품거래소 등을 다녀 본 것이 이 책을 쓰는 데에 큰 도움이 되었다고 강조하고 싶다. 더욱이 2018년 3월 말, 중국 상하이선물거래소가 '위안화 상하이석유선물시장'(INE)을 개설하면서, 이 책의 끝자락을 마무리하는 데에는 나의 지난 경력이 크게 도움 되었다고 스스로 자부한다.

그 후 KAIST 초빙교수로 옮겨, 10여차 대우조선에, 인도의 Bangolore경영대학원생 5~6차 옥포방문, 사우디 왕립석유대학원생의 인솔 5~6차 옥포방문, 그리고 가장 최근의 러시아 MIPT생(국유기업 중견간부)을 이끌고 옥포를 방문하여 러시아 Yamal반도에서 쇄빙선 없이 중국과 한국 및 일본으로 LNG를 운송하는 16척의 Series선의 제조과정을 견학·인도하면서 석유와 가스에 대한 상식이 한 발 다가서게 되었다. 이때마다 대우조선해양의 권오익 전무의 설명과 안내를 들으며 특히 러시아의 가스부문에 대한 푸틴대통령의 아시아 진출(Pivot to Asia)에 대한 열망을 알게 되었다.

이 책을 쓰면서 몇 분께 감사한다. 한 분은 카이스트 경영대학의 이재규 전 녹색대학원장님이시다. 내가 녹색대학원에서 강의를 감히 자원하였을 때, 이를 숙고 끝에 응낙해 주시고 '에너지 국제정치'(Geopolitics)란 특강의 강의 제목도 연구 끝에 붙여 주신 분이시다.

또 다른 분은 우즈베키스탄 중앙은행에서 Koica 장학생으로 KAIST 경영대학의 MBA 과정에 왔던 분으로, Rustem Makhammadiv란 학생(우즈베키스탄 중앙은행 중견간부, 후일 언제인가 우즈베키스탄의 중앙은행 임원급으로 승진이 기대되는 분)이다. 영어외 러시아어에 능통한 그가 내 강의를 들으면서 러시아와 중앙아시아 및 여러 곳의 에너지 관련 시사적인 자료를 부지런히 찾아 보내준 분이다.

또 대우조선해양의 CEO로 있을 때, 같이 근무하였던 연영소(당시 상무, 본부장)씨는 최근 2년간의 석유와 가스 관련 전문 영문 보고서와 관련 뉴스, 세계도처의 칼럼을 공급하여 정보 수집에 큰 도움을 주었다. 매주 그분의 e-mail 송고가 꽤 기다려지는 뉴스가 되었다.

또 한 분 고마운 분은 강수빈이라는 외국어대 출신의 조교이다. 3년여를 나를 개인적으로 KAIST 내외에서 여러 모로 도와주었다. 또 수백 개의 사진과 그림 등의 처리에는 김지효, 정지윤 나의 두 외손녀의 도움도 컸다.

이런 도움을 받아 '미·중·러·OPEC(4강)간의 에너지 국제정치'를 정리하여 2018년 12월 2년여 만에 출판하게 되었다.

또 이 책을 출판케 허락하여 주신 박영사(이번 책이 박영사에서 근 20년간 나의 다섯 번째 책의 출판이다) 안종만 회장님과 조성호 이사님과 끝까지 어렵고 괴로운 편집과정을 맡아 드디어 만성(晩成)의 출판에 이를 수 있게 하여 주신 김효선 대리께도 깊은 감사를 드린다.

또 추천사를 써 주신 윤증현 전 재무부장관님, 최운열 국회의원(전 서강대 부총장)님, 황영기 전 금융투자협회장님, 오랜 인연으로 잘 알고 지내는 이 세 분께 감사드린다.

모든 분께 감사한다. 또 바보 같은 표현이나 '팔리지 않는 책 쓴다'는 잔소리와 더불어 잔 시중을 들어 준 집사람(한권사)에게도 항상 고맙게 느낀다.

그러면서도 무엇보다 하나님께서 끝까지 도와주시고, 지혜주시고, 능력주시어 긴 시간동안 부족한 저에게 어려움 없이 이 책을 이렇게 나올 수 있게끔 도와주신 하나님께 간곡히 감사의 기도드린다.

하나님! 진정, 충심으로 모든 것에 대해 거듭 거듭 감사드립니다. 아멘.

2018년 12월
논현동 우거에서
홍 인 기

추천사

　수출 제조업을 중심으로 한 에너지 다소비 산업구조인 우리나라의 산업경쟁력의 핵심변수는 어떻게 안정적이고 효율적으로 필요한 에너지를 확보하느냐에 달려 있다고 해도 과언이 아닐 것이다. 기름 한 방울 나지 않는 우리나라가 세계원유 5대 수입국의 하나이면서 원전건설의 지속여부를 둘러싸고 진행되고 있는 작금의 우리 현실은 처량하기까지 하다.

　미국을 중심으로 한 셰일가스개발과 석유자원과의 갈등, 러시아의 가스관건설을 비롯한 중동에서의 열강의 세력 각축과 남·중국해에서의 미·중 대결, 중국의 야심찬 신 실크로드 구상에 따른 일대일로의 개척과 대체에너지 개발에 따른 비용과 기회를 포함한 국제적 논란 등은 이 모두가 자국에 유리한 에너지 안보를 위한 것임은 두말할 필요가 없다.

　이러한 시기에 "Global Energy Geopolitics" 출판소식은 Timing하며 그 제목만으로도 세간의 주목을 끌만하며, 나의 가슴을 뛰게 한다. 이 책의 저자인 홍인기 선배님은 저와는 특별한 인연으로 점철된다. 학업에서, 직장에서, 사회에서의 대선배로서, 카이스트를 포함한 여러 대학에서 20년에 가까운 세월동안 학자로서 저자로서 후학을 가르쳐 오셨고, 많은 후배들로부터 그 열정과 탐구열로 큰 존경을 받고 계신 어른이시다.

　존경받는 사회원로가 부족하고 국가와 사회를 리드해 가는 리더십에 목말라하는 이 시기에 팔순의 나이에 이르기까지 강단에서 우리말도 아닌 영어를 비롯한 외국어로 후학을 양성함에 심혈을 기울여 오신 저자를 뵐 때마다 나이 들며 권력이나 금력에 연연하지 않으시고, 품격 있게 그 삶을 영위해 가시는 모습에서 신선한 감동을 받음은 나만의 느낌이 아닐 것이다.

　이 책에서 수집되고 정리된 방대한 자료와 저자의 날카로운 분석과 예지는 에너지에 관련된 일을 하시는 정부와 기관의 정책 입안자는 물론, 민간 기업이나 일반에서도 세계정세나 흐름을 분석하고 참고함에 큰 도움이 될 것으로 확신한다. 모든 분들께 일독을 권한다.

前 기획재정부 장관

윤 증 현

추천사

지금은 국가간 가히 에너지 전쟁이라고 표현해야 할 만큼 에너지 문제는 각국이 생존 차원에서 심혈을 기울이고 있는 분야이다. 특히 에너지 빈국이면서 신재생에너지 기술력도 선진국에 비해 걸음마 수준인 우리나라는 에너지 안보의 확립에 더 깊은 관심을 가져야 한다.

그러나 에너지와 관련된 국제사회의 복잡한 역학관계에 대해 날카로운 분석과 폭넓은 관점을 제공하는 국내 서적은 많지 않다.

그렇기 때문에 세계무대에서 펼쳐지는 미·중·러·OPEC간의 에너지 패권전쟁에 대해 호기심을 갖고 있거나 각국의 에너지 외교정책 등을 포괄하는 에너지 국제정치에 대해 심도 있는 통찰을 얻고 싶은 독자들에게 본서는 무척 반가운 소식이 될 것이다.

특히 중국의 에너지 국제정치에 대해 서술하고 있는 부분에 주목할 필요가 있다. 중국의 에너지 전략은 해외 에너지원의 다각화, 신재생에너지 확대 등으로 요약될 수 있는데, 중국처럼 에너지 순수입국에서 영원히 벗어날 수 없는 한국은 중국의 전략에 주목해야 한다.

먼저, 우리에게 해외 에너지원의 다각화는 온갖 비리의 상징으로 전락한 이명박 정부의 해외 자원외교를 떠올리게 한다. 그러나 해외 자원외교는 그 취지와 방향성에 문제가 있었다기보다 집행자인 정권의 문제였다.

국내에서 에너지원이 생산되지 않는 한국은 필연적으로 해외 자원의 안정적 확보를 위해 에너지 국제정치 무대에서 적극적인 행위자로 역할을 해야 한다. 이러한 관점에서 독자들이 본서에서 소개하고 있는 중국의 신 실크로드 구상에 대해 살펴보기를 바란다.

둘째, 2015년 체결된 파리기후협정으로 인해 한국을 비롯한 참여국들은 온실가스 배출량을 단계적으로 감축해야 하며, 그 결과 신재생에너지에 대한 각국의 관심은 고조되고 있다. 그러나 신재생에너지 확대는 국제사회 분위기에 호응하는 차원을 넘어 에너지 수입 압력을 완화하고, '에너지 독립국'으로 나아가는 첫걸음이기도 하다.

새 정부의 100대 국정과제 중 친환경 미래 에너지 발굴·육성 계획에도 이미 반영되어 있는 신재생에너지 확대 정책을 중국은 어떻게 추진 중인지 확인해보는 것도 흥미로운 지점이 될 것이다.

이처럼 에너지 국제정치는 매우 시의 적절한 주제라고 할 수 있다. 그리고 이러한 주제로 책이 발간될 수 있었던 것은 저자인 홍인기 교수가 우리 주위에서 찾아보기 힘든 산·학·관을 두루 거친 균형 감각을 갖춘 인물이기 때문이다.

정신없이 앞만 보며 달려온 산업화와 민주화 세대 모두가 열심히 살았지만 그중에서도 본서의 저자인 홍인기 교수처럼 삶을 역동적·정열적으로 살아온 분도 많지 않을 것이다.

저자는 공무원으로서 공직 생활에서 16년, 대우조선해양 사장, 동서증권 사장 및 한국증권거래소 이사장 등 산업계에서 15년, KAIST 초빙교수를 비롯한 여러 대학의 겸임교수로서 19년을 재직했다.

그리고 KAIST를 떠나기 3년 전부터 '에너지 국제정치'란 주제로 강의한 내용을 정리하여 마지막 역작인 이 책을 발간하기에 이르렀다. 독자들은 에너지 국제정치에 대한 저자의 균형감 있고, 생동감 넘치는 서술을 즐겁게 음미하기 바란다.

국회의원
최 운 열

추천사

에너지 넘치는 노익장의 에너지 국제정치학!

에너지를 따라가면 산업혁명과 현대경제의 역사를 볼 수 있다. 석탄, 석유, 전기, 원자력으로 이어지는 에너지의 공급사슬이 전 세계의 산업발전과 정보통신혁명을 가능케 하였다.

앞으로 인공지능, 빅데이터와 IOT의 융합이 일상으로 구현되는 시대가 오면 정보의 사용량이 지금보다 몇 십만 배로 늘어나고, 이는 당연히 엄청난 에너지를 요구하게 될 것이다.

두 차례의 세계대전과 지금도 끝나지 않고 있는 중동전과 테러리즘의 배후에는 석유를 둘러싼 다툼이 있었다. 미국의 셰일가스 혁명은 글로벌 에너지 생태계와 금융시장의 흐름까지 바꾸고 있다. 여기에 중국이 급성장하면서 '자원의 블랙홀'로 등장하고, 중국발 신실크로드 전략인 일대일로 프로젝트에는 중앙아시아, 인도, 동남아, 아프리카와 유럽까지 철도, 항만, 고속철과 에너지 공급망을 연결하겠다는 야심찬 계획이 담겨있다. 글로벌 경제의 판세가 아시아로 넘어올 준비를 하고 있는 것이다.

그럼에도 불구하고 한국의 에너지 성적표는 세계 최하위권이다. 에너지 분야의 권위 있는 민간단체인 세계에너지위원회의 2016년 보고서는 한국의 에너지 확보 능력을 129개국 중에서 101위로 매겼다.

우리 같이 부존자원이 없는 나라에게 에너지는 먹고사는 문제를 넘어 생존과 직결된 문제로 보아야 한다. 에너지 확보와 에너지 산업 육성을 전략적으로 고민해야하는 태생적인 이유이고, 에너지의 국제정치학을 연구해야 하는 당위이다.

이 책의 저자 홍인기 교수님은 새로운 도전에 늘 목마른 분이다. 우리나라 자본시장 성장기의 정책 입안자로서 공직생활을 마치고, 민간회사 CEO와 강단에서 80세에 이르기까지 단 한 번도 배움을 멈추지 않았고, 도전을 두려워하지 않는 학자였다. 일본의 구조개혁 문제, 인도경제의 가능성에 대해 연구저서를 낸 바 있고, 중국경제와 특히 금융 분야에 관해서는 개방 초기부터 20년 가까이 꾸준히 저서와 논문을 발표해 왔다. 이번에는 관심의 분야를 새로이 넓혀 에너지 분야를 중심으로 미·중·러·OPEC간의 에너지 국제정치의 역학관계를 풀어낸 역작을 완성하시므로 후학들을 부끄럽게 하셨다.

저자는 스스로 겸양하나 배우고 도전하는 것은 정년이 없다는 것을 이 책으로 실증하셨다. 시인 샤무엘 울먼은 팔십이 넘어 청춘을 이렇게 노래했다. '세월은 사람의 주름살을 늘게 하지만, 열정을 잃지 않는 마음을 시들게 하지는 못한다. 머리를 드높여 희망이란 파도를 탈 수 있는 사람은 80세 일지라도 영원히 청춘의 소유자일 것이다.'

전 금융투자협회 회장
황 영 기

차 례

제1장

왜 '미·중·러·OPEC간의 에너지 국제정치'인가?

- 책 제목에 대한 저자의 辯 -

❶ 국제유가 결정과 에너지 국제정치 ·· 5

(1) 최근 국제유가 상승의 제1요인: 국제정치 리스크 _ 5

(2) S&P Global Platts이 보는 2018년 국제정치적 에너지 리스크 _ 7

❷ 2015년, 이란과 주요 6개국간 체결한 핵합의에서 미국 탈퇴선언과 국제석유 시장에서의 파장 ·· 13

(1) 이란 선 제재 후 북한에 영구적 핵폐기 신호를 보내는 목적 _ 13

(2) 석유에서 독립하게 된 미국의 국제정치외교 가능성과 셰일혁명 _ 17

(3) 미국, 이란과의 핵 협정 탈퇴 후, 전격 대이란 제재조치 _ 19

(4) 미국의 이란 핵 협정 탈퇴와 세계석유시장에 미칠 영향과 중동사태 _ 20

(5) 미국의 대이란 제재 회피수단으로, '달러화 이외의 통화'로 결제하는 방식과 '달러화 이외의 통화표시 해상보험'의 출현 _ 24

(6) 미국의 핵 협정 탈퇴 후 국제석유시장에 대한 골드만삭스의 전망과 평가 _ 25

③ 미국 셰일혁명의 성공으로 롤러코스터를 타게 된 미·중·러 3대 강대국과
산유국의 수출시장 구도 변화 ·· 27

  (1) 세계 3대 셰일자원 보유강국의 순위와 보유량 _ 27

  (2) 새로운 여건 변화에 합종연횡하는 에너지 3강과 OPEC _ 28

  (3) 사우디의 스윙 프로듀서 위치 탈락 및 OPEC의 위치 약화
      그리고 OPEC의 감산결정을 이끈, 러시아의 '대미 유가전쟁' 리더 부상 _ 33

④ [특별 토픽] 중국·러시아간 국제정치적 '에너지 빅딜' ························ 35

  (1) 중국과 러시아간 장기석유도입계약(2008.10)과 ESPO건설 _ 35

  (2) 중국과 러시아의 '빅 빅 가스도입 계약' 체결 성공(2014.5.) _ 37

  (3) 중국과 러시아는 에너지 분야의 영원한 동반자일까? _ 41

⑤ 대형 수력발전댐 프로젝트에서 미·중간 협조와 견제를 반복하는 에너지
국제정치 ·· 43

  (1) 중국의 싼샤댐 발족 초기에 미국은 협조에서 견제정책으로 바꿈 _ 43

  (2) 포르투갈 EDF사의 전 주식을 매입하려는 중국 CTG와 미·중간의 갈등과
      에너지 국제정치 _ 46

⑥ 에너지 밀월시대 중·러 두 주역간의 아이스하키 외교 ···················· 49

  (1) 푸틴대통령이 시주석에게 장기에너지 도입조치 결정에 화답 _ 49

  (2) 중국의 아이스하키선수 결핍에 대한 러시아의 전략적 지원 _ 50

  (3) 올림픽에서 우승할 아이스하키팀 구성을 가능케 한 푸틴의 코치 _ 50

  (4) 중국의 베이징 레드스타 쿤룬 레드팀의 리더 지명 _ 51

  (5) 중국의 아이스하키 전략적 팀구성 지정과 운동장 500개 설치 _ 52

  (6) 에너지 관계에서 시작 발전한 중·러간 아이스하키 외교 _ 52

제2장

세계유가전쟁과 변화하는 에너지 국제정치

– Seven Sisters vs, NOC, IOC vs. OPEC, U.S Shale. vs. OPEC & Russia –

❶ 변화하는 세계 에너지 국제정치와 미국 셰일에너지 혁명 ······················ 57

(1) 에너지 국제정치의 주도권 변화: 중동 산유국과 러시아에서 미국 셰일혁명
성공 _ 60

(2) IEA 선언: 미국, 세계 최대 오일과 가스 붐 문턱에! _ 61

(3) 미국의 석유수출 확대로 변모할 국제석유시장 판도 _ 63

(4) 대박을 맞은 미국의 셰일에너지 업계 _ 65

❷ 1960년대 중반부터 야기된 IOC vs. NOC의 에너지 전쟁과 국제석유파동 ·· 66

(1) 1950년대 서방측 석유 자이언트의 전성시대와 세계 10대 석유기업 탄생 _ 66

(2) OPEC의 발족과 산유국의 대미석유수출 금수조치와 제1차 오일쇼크 _ 72

(3) 아랍산유국의 대미수출 엠바고 발단과 OPEC 발족: 산유국의 단합 _ 75

(4) 1973.10.16. OAPEC(아랍권 OPEC)의 대서방 엠바고 실시와 국제유가 70%
앙등: 1차 국제석유파동 _ 78

(5) 유가 앙등과 아랍권과 미국의 석유와 이를 둘러 싼 에너지 국제정치 _ 80

(6) 국제유가의 큰 폭 요동과 이를 촉진한 Petrodollar의 등장 _ 83

(7) 새로운 석유경제론: 국제유가 하락은 세계경제에 반드시 좋은 것만은 아니다 _ 84

(8) 미국의 셰일에너지 생산 성공과 2014년 중반 이래 국제유가의 급락으로 OPEC,
러시아 등 산유국 경제가 맞은 슬럼프와 패닉에 빠진 배경 _ 86

(9) 2015년경 공급과잉으로 변하게 된 국제석유시장 요인: 미국의 셰일혁명과
사우디의 무모한 버티기 작전 _ 90

(10) 미국 석유가스 생산량을 사우디가 초과: 사우디의 대미 석유전쟁 선언 _ 99

(11) 사우디의 경제개혁 재원조달을 위한 Aramco의 IPO실시 계획 발표 _ 101

(12) 미국 셰일붐의 출현으로 이해가 엇갈린 사우디와 미국: 러시아와 OPEC의
    협조로 석유생산을 감산하기 시작한 효과 _ 104

(13) 2014~2016년 국제유가 하락이 IOC와 비산유국에 미친 경제적 효과 _ 114

(14) OPEC 대신 국제석유시장에서 'Swing Producer'로 등장한 미국의 셰일산업과
    푸틴대통령의 OPEC 리더로서의 역할 확대 _ 121

제3장

미국의 셰일혁명과 이의 국제에너지시장에 미친 영향

1 2014~2016년 세계 석유가 폭락의 배후: 신에너지 풍요를 가져온 미국
셰일혁명과 Tight Oil혁명 ·· 135

(1) 비전통적인 석유 · 가스의 개발 성공 _ 135

(2) 비전통적인 석유와 가스의 우산과 종류 _ 136

(3) Agnia Grigas의 미국 셰일 석유 · 가스의 정의와 전망 _ 138

2 미국의 비전통적 셰일석유의 드라마틱한 셰일혁명의 성공 ·············· 139

(1) 미국의 석유 생산 역사 _ 140

(2) 미국 셰일혁명의 진행과 발전과정 _ 141

(3) 셰일혁명의 신기술 특징과 생산성 향상 _ 145

3 원유자립 가능성으로 미국 원유 · 가스 수출 본격화 ···················· 148

(1) 2016~2017년 미국 셰일가스 수출 시작과 동시에 급증: 2017년 중국의
    셰일가스 수입증가 주목 _ 148

(2) 제1생산국이 되면서 LNG 수출지역 다변화를 장기적으로 꾀하는 미국 _ 149

(3) 미국 LNG 수출 확대를 위한 신규 LNG 설비 확대 가동 _ 149

(4) 미국 셰일붐으로 대이란, 대러시아 경제봉쇄에 대한 탄력적 조치와 이란산 석유 다수입국가에 대한 협조 당부에 자신이 붙은 미국 _ 151

④ 미국 LNG의 대EU 수출로 나타날 다른 LNG 수출국의 영향 (2020~2025년 추정) ················ 152

⑤ 미국산 셰일 증가에도 국제유가는 왜 큰 요동이 없을까? ················ 153

(1) 미국 셰일이 급속하게 발전된 제도적·지정학적·기술적 발명의 진보를 가능케 한 미국 특유의 풍토와 여건 _ 156

(2) 미첼 에너지사의 3가지 신기술 발명에 막대한 투자와 학습 프로세스의 높은 성과: 셰일혁명의 달성 _ 158

(3) 2000년대 들어 미국의 중소규모 '셰일붐'이 성공할 수 있었던 요인 _ 158

⑥ 미국의 셰일업계, 석유생산의 지속 ················ 160

(1) 급락했던 국제유가의 2017~2018년 반등으로 달라진 국제석유시장 _ 161

(2) 셰일붐을 맞은 미국의 러시아의 셰일 잠재력 견제 _ 162

(3) 비전통적인 셰일혁명과 서프라이즈 시대를 맞은 미국 _ 163

⑦ 2035년 세계와 미국의 석유·가스 공급 전망 ················ 165

(1) 세계의 중요 에너지별 구성 비중의 변화(2035년) _ 165

(2) 미국과 호주가 지배하는 LNG 공급시장과 아시아의 LNG 절대수요국 _ 172

⑧ 미국 셰일가스 수출확대로 하락하는 국제가스가격과 활발해지는 국제가스시장 ················ 177

(1) 미국 셰일가스시장의 확대와 글로벌 LNG시장의 구조변화 시기 _ 178

(2) 미국, 석유 순수입국 → 석유 순수출국 → 세계 석유시장 지배자로! _ 179

제4장

중국의 에너지 산업과 에너지 국제정치
- 세계 제1의 에너지 수입 대국, 중국(2014년) -

① 2035년 중국의 에너지 사정 ·· 185

   (1) 2035년 중국의 에너지 사정과 세계에너지에 대한 중국의 비중 _ 185
   (2) 중국의 3대 국영 석유회사체제로의 전환과 해외석유에의 과감한 투자:
       Go out 전략 _ 200
   (3) 에너지 안보를 위해 에너지 수입 지역 다변화를 지향하는 중국:
       중동지역위주에서 러시아 등으로 수입지역의 다변화 추구 _ 203
   (4) 중국의 'Oil-for-Loan Deal', 'Gas-for-Loan Deal' 확대 _ 208
   (5) 중국의 석유안보를 위한 국제정치적 문제점: 중국이 중시하는 에너지 안보 _ 212
   (6) 중국의 에너지 주공급자로서의 러시아와 ESPO 송유관 설치 배경 _ 217
   (7) 급증하는 중국의 LNG 가스 도입과 아시아 에너지 센터 구상 _ 223
   (8) 중국의 석유 및 가스도입을 위해 크게 활용된 국외 파이프라인 _ 226

② 남중국해의 막대한 석유·가스 매장량과 에너지 수입 루트 ················ 242

   (1) 왜 중국은 남중국해에 대한 배타적 도서영유권 주장이 강한가? _ 242

③ 중국의 장기적 에너지 전략 추이와 함축적 의미: 기후변화대책 ·········· 247

   (1) 중국 에너지 구성 변화의 요점: 대미 에너지 수입의 증가 및 대미석유·가스
       수입 중단 _ 249
   (2) 중국의 미세먼지 감축대상과 녹색혁명: 중국발 미세먼지는 감소할 것인가? ··· 251
   (3) 융통성을 보유한 중국의 에너지 전략 _ 257
   (4) 석탄발전에 갈음하여 재생에너지에 의한 발전을 대폭 확대하려는 중국의 기후
       대책 _ 259

(5) 변모하는 중국의 에너지 안보 _ 264

(6) 중국의 에너지 정책 변화와 위안화 석유선물 거래 실시: 미국 셰일붐을 맞는
중국의 에너지 전략은 상업적 거래로! _ 265

(7) 중국의 셰일가스 도입을 위한 미국과의 장기도입계약 체결(2018년 초) _ 269

(8) 미국발 셰일석유·가스의 풍요를 맞은 때, 중국 에너지 정책방향 전환으로
에너지 시대의 격상 도모 _ 270

(9) 금후 중국의 주 에너지 수요변동: 가격리스크 및 공급리스크 대비 _ 273

(10) 중국석유선물거래소의 설립과 석유선물거래 시작 _ 275

제5장

에너지 강대국 러시아의 최근의 석유·가스 사정
- 구소련 해체와 과도기를 거친 후, 에너지 무기화를 통한
푸틴대통령의 러시아 재건 -

1 석유 강국 구소련의 해체 과정과 석유·가스 산업의 쇠퇴 ······················ 289

(1) 구소련의 석유·가스 산업의 시작: 제2의 석유생산국(1950~1980년대) _ 289

(2) 구소련과 미국의 에너지 과학 협조 _ 292

(3) 세계위기 당시, 소련의 독재적 관료주의 산업체제와 석유·가스 산업 _ 293

2 푸틴대통령 취임 후 '가시밭길'을 가야 했던 러시아의 시장경제와 석유·가스
산업의 변혁 ··· 296

(1) 푸틴대통령 집권 후, 에너지는 러시아 국제정치의 실질적·전략적 도구 _ 296

(2) 2013년 러시아 국유석유사의 석유생산 규모 _ 309

(3) 2012년 러시아 오일·가스산업의 세계에서의 위치: 2014년 미 CIA와 EIA 분석 _ 310

(4) 러시아 자원의 국유화가 이루어진 배경 및 푸틴의 인맥 _ 311

(5) 가스프롬의 노르드스트림-2 신규 건설 _ 317

(6) 러시아와 중앙아시아 3개국과 중국의 에너지 연계 _ 322

(7) 러시아의 ESPO 건설과 대중국 가스공급의 30년 계약과 동방정책 _ 327

③ 수직적 종합화된 러시아 대형 국유 에너지 기업의 특징 ·····················331

(1) 러시아 국영에너지사의 특징 ① _ 331

(2) 러시아의 4대 국영석유사의 특징 ② _ 332

④ 러시아 국유 에너지 기업의 대형화와 푸틴대통령의 대외정책 핵심수단
마련 ···337

(1) 러시아의 갈 길: 국가자본주의 확대 _ 337

⑤ 러시아 연방정부의 에너지 전략(2020, 2030) ·································342

(1) 2020 에너지 전략: 에너지는 푸틴의 국제외교정치의 수단 _ 342

(2) 푸틴대통령의 에너지 국제정치 수단이 된 가스프롬의 러시아 가스생산의
독점적 위치 _ 351

(3) 러시아 Gazprom과 호주 자이언트 Gas Projects의 IOC들과 아시아 가스시장에서
예상되는 치열한 경쟁 _ 353

(4) 2020 에너지 전략상 러시아의 석유·가스 대외수출 _ 357

(5) Gazprom(가스)과 Transneft(석유) 파이프라인의 독점적 운영 _ 362

(6) 미국 LNG의 대유럽 수출증가로 나타날 러시아 등 타지역에 영향 _ 376

(7) 러시아와 터키의 파이프라인과 Blue Stream으로 맺어진 연결고리 _ 377

(8) 러시아의 2020 전략상 대극동 LNG사업 _ 379

(9) BMI가 본 러시아 석유와 가스의 미래 _ 381

6 러시아의 2030 에너지 전략 ··· 383

(1) 2030~2035년 에너지 전략 _ 383

(2) 2030 에너지 전략 목표와 전망: 2015년 기준으로 재음미 _ 389

─────

부 록

미국의 대러시아 특수 에너지 부문 제재조치와 국제정치

1 미국이 러시아와 석유패권전쟁에서 취한 제재조치 경위와 파장 ·········· 405

2 러시아의 우크라이나 크리미아 침공에 대한 응징으로 미국과 서방측의
제재대상이 된 러시아 석유 · 가스 부문 ·· 407

3 미국 재무성 산업국의 미 석유기업과 국제금융기관에 대한 달러화 금융에
대한 제1차 제재조치 효과 ·· 408

(1) 1차 제재대상 _ 408

(2) 러시아의 1차 대상이 된 석유기업의 생산 비중 _ 409

(3) 미대선에 개입한 러시아에 대한 미상원의 제재조치(제2차 조치) _ 410

(4) Exxon사의 러시아 석유투자 비즈니스에서의 탈퇴 _ 410

(5) BP의 Roseneft와의 가스수출 개시 _ 411

(6) 미국 LNG 대유럽 수출증가로 러시아 등 타지역에 미치는 영향 _ 412

(7) 미국 셰일붐으로 대이란 · 대러시아 경제봉쇄에 대한 탄력적 조치와 석유 다수입
국가에 대한 협조 당부에 자신이 붙은 미국 _ 413

(8) 미국과 EU의 대러시아 제재조치 내용 차별화와 결과 _ 414

④ 왜 미국과 서방의 대러시아 석유생산·탐사에 대한 제재가 러시아에게는
문제가 되나? 러시아는 이를 어떻게 극복하였나? ······························ 418

⑤ 예상치 못한 미국 및 서방측의 대러시아 경제봉쇄조치의 의미 ············ 420
  (1) 러시아에 투자한 IOC의 현황 _ 420
  (2) 러시아 석유생산에 있어서 외국투자기업의 애로사항과 미국 등 서방측의 제1차
      제재조치 _ 423
  (3) 미국과 서방의 제1차 제재가 러시아 경제에 미친 영향 _ 424

⑥ 2018년 4월, 미국의 제3차 대러시아 경제제재조치 배경과 파장 ·········· 426
  (1) 미국의 대러시아 추가제재를 취한 국제정치적 의미 _ 426
  (2) 미국의 대러시아 제3차 제재조치의 국제정치적 배경 _ 427
  (3) 미국의 제재대상이 된 Oligarch와 Oligarch가 소유하는 러시아 기업 _ 428
  (4) 봉쇄조치에 큰 타격을 입은 기업과 Oligarch O·Deripska와 Rusal사 _ 430
  (5) 미국의 대러시아 제3차 봉쇄조치의 의미와 반향 _ 430

⑦ 제3차 봉쇄조치의 효과와 국제상품시장에 미친 영향 ····························· 431
  (1) 제3차 봉쇄조치에 대한 프랑스, 독일의 대미국 재고 요청 _ 31
  (2) 러시아 대미반격을 할 가능성 있는 특수산물의 대미공급 억제 _ 432
  (3) 제3차 제재조치가 몰고 온 여타 금속류 국제시장 파동 _ 433
  (4) 니켈과 파라디움은 제재대상에서 제외 _ 434

⑧ 급락한 러시아의 루불가격(환율상승)하락과 금리상승 ························· 434
  (1) 세계은행의 러시아 경제개혁 필요성 언급 _ 434
  (2) 러시아 희귀금속류와 우라늄 등 수출제한으로 대미국 반격 가능성 _ 435
  (3) 제3차 신형제재가 개별 국제상품 거래기업에 대한 타격을 줄 수 있는 차원에서의
      우려 확대 _ 435
  (4) 프랑스 대통령과 독일 총리의 알루미늄 제재조치 완화 요청과 미국의 반응 _ 436

**❾ 미국의 빈번한 경제제재조치로 국제석유거래에 있어 러시아와 중국의
petro-yuan과 러시아의 루블로 결제통화를 바꿔보려는 양국의 시도 ·· 438**

(1) Petrodollar 시대의 의미와 달러의 금태환 정지 선언 _ 438

(2) 미국의 Petrodollar에 의한 제재압박에 대한 앙갚음으로 러시아의 협조를 얻어
Petro-yuan의 원유선물을 시작한 중국 _ 439

(3) 2018년 4월, 중국이 시작한 위안화 석유선물거래 _ 440

(4) 유로화로 무역결제를 실시하여 달러화가치를 감소시키려는 이란과 러시아:
Oil for Goods 방식의 거래를 시작하는 러시아와 이란 _ 441

❿ 러시아에서 투자가 금지된 Exxon의 카자흐스탄 Tengiz 프로젝트 참여 ·· 443

(1) 미국 셰브론사의 카자흐스탄 Tengiz 단지에 368억달러 신규 투자 결정 _ 443

(2) 셰브론은 무슨 보장을 누구에게 받고 거액을 투자하기로 결정했을까? _ 444

(3) 카자흐스탄의 대셰브론 등의 장기 투자 압력 _ 446

(4) Exxon사의 대카자흐스탄 투자 참여 _ 447

(5) 카자흐스탄 에너지 사업과 러시아와의 깊은 관련성 _ 448

(6) 액슨모빌사의 카자흐스탄 에너지 사업에의 위치와 이해관계 _ 449

(7) Grandfathering 규정과 IOC들 _ 450

참고문헌 _ 453

찾아보기 _ 464

제1장

왜 '미·중·러·OPEC간의 에너지 국제정치'인가?

- 책 제목에 대한 저자의 辯

Global Energy Geopolitics

미·중·러·OPEC간의 에너지 국제정치

왜 '미·중·러·OPEC간의 에너지 국제정치'인가?

-책 제목에 대한 저자의 辯-

1 국제유가 결정과 에너지 국제정치

(1) 최근 국제유가 상승의 제1요인: 국제정치 리스크[1]

▌국제유가 행방의 운전석은 '국제정치의 긴장'이다

2018년 5월 7일 미국 서부 택사스 석유선물가격(West Texas Intermediate Futures)은 전일보다 1.5%가 상승한 70.77달러/배럴로서 2014년 11월 이래 최고치를 마크하였다. 같은 날 Brent 원유선물(Brent crude futures)도 전일보다 1.7%가 상승한 76.17달러/배럴로 역시 2015년 11월 이래의 최고가 기록을 갱신하였다. 이런 석유가의 기록갱신은 미국 트럼프대통령이 유럽 3개국(영, 불, 독)의 반대에도 불구하고 이란에 대한 "핵 협정(JCPOA)의 탈퇴와 동시에 이란에 대한 석유수출 제재조치를 강구할 것"이라는 전망에서 나타난 결과이다.

---

1 2018.5.2. FT, Five factors driving crude's rally and where it will go next, Geopolitics, hedge funds and OPEC will play a role oil price's direction 참조.

마침 그때까지 세계의 원유수요는 1일 99.1백만 배럴로서, 이 수요에 비해 석유공급의 부족이 크게 우려되는 상항 하에서 '이란 사태'라는 '국제정치적 이슈'가 미국대통령의 이란과의 핵(核)협정에서의 탈퇴와 동시에 취할 대이란 석유수출금지조치(Sanction)가 예견되었기 때문이다. 이에 국제유가는 미국의 대이란제재로 인한 석유공급의 차질을 우려하던 터에, 때마침 미국내 석유재고가 감소하면서, 국제유가는 계속 상승하여 3년내 최고치를 갱신하게 되었다.

이를 두고 국제시장 전문지인 Marketwatch지는 "국제유가의 행방은 국제정치적 긴장(Geopolitical Tension)이 결정한다"고 비유하고 있다. 미국의 핵 협정의 탈퇴를 우려한 국제석유시장에서 미서부 택사스 원유가(WTI)는 2018년 5월 7일에는 3년만에 드디어 배럴당 70달러대를 뚫고 급등하였으며 80달러대를 지향하고 있다.[2]

한편 2018년 5월 2일자 파이낸셜 타임즈(Financial Times)지는 2016년 1월 27.1달러까지 하락하였던 국제유가가 2018년 5월말에 이르러 75달러대로 상승할 것으로 전망하면서, 이러한 국제유가 상승 요인으로 5가지의 요인을 지적하고 있다.

FT 지가 뽑은 국제 유가상승의 다섯 가지 요인은 다음과 같다.

- 석유의 공급과 수요
- OPEC과 러시아
- 국제정치(Geopolitics)적 리스크
- 해지펀드(Hedge funds)
- 다섯째로 미국의 셰일(shale) 혁명이다.

그러면서 동지는 다섯 요인 중, 특히 '국제정치(Geopolitics)적 리스크'를 유가결정 방향에 가장 큰 요인으로 지적하고 있다.

근래의 '국제정치 리스크'는 에너지 공급의 차질(disruption)로 인한 글로벌 석유 수급상 균형이 깨어질 때, 민감하게 국제유가상승으로 나타나는 것으로서, 특히 최근 해지펀드와 투기꾼들이 중동을 중심으로 하는 석유의 국제정치적 불안정이 전망되는 여건에서 기록적인 '롱(long, 사자) 포지션'을 유지하면서 국제유가상승을 더욱 부추긴다고 지적한다.

---

2 2018.5.9. 중앙일보, '70달러대 뚫은 국제유가−이란 핵 협정 파기 가능성으로 급등한 유가(WTI)'.

그림 1.1 미국의 이란 핵 협정 탈퇴와 이란산 석유수출 제한가능성에 따른 국제유가의 급등[3]

(단위: 배럴당 달러, 서부텍사스산 원유(WTI) 가격)

(2) S&P Global Platts이 보는 2018년 국제정치적 에너지 리스크[4]

또 이와 관련, 런던의 'S&P Global Platts'지는 최근의 에너지(석유) 공급에 대한 중동과 북아프리카(리비아, 예멘, 시리아 등)의 국제정치적 리스크가 다시 베네수엘라의 정치적 리스크(미국의 경제제재)의 증대와 미국의 '이란 핵합의'(JCPOA)의 탈퇴 예견과 미국의 이란산 석유의 수출 금지라는 제재조치로, 국제석유 공급차질의 위험이 더 확대되면서 국제유사상승을 촉진시킨다고 분석하고 있다. 그러나 OPEC과 러시아가 주동이 되어, 2년째 시행하고 있는 석유감산조치로 세계석유 재고가 감소되면서, 사우디 등이 다시 석유증산으로 돌아 갈 것이라는 전망도 있다. 이는 국제유가상승의 억제의 원인이 되기도 하였다.

이리하여 2018년 6월 오스트리아의 수도 빈에서 개최된 OPEC 이사회에서는 미국의 대이란제재로 국제 유가가 상승하고, 미국 내 가솔린 가격이 앙등하면서 소비자의 불만이 증대하자, 곧 2018년 11월에 있을 중간선거를 의식한 미국의 트럼프 대통령은 사우디의 '무하무드 빈 살론'(MBS) 왕세자에게 전화하여 사우디가 주동이 되어 감산키로 하였던 2016년의 OPEC의 결정을 변경하여 석유를 증산하라고 강권하였다. 이에 MBS는 러시아로 푸틴대통령을 찾아가, 상의 끝에 2018년 7월부터

---

3 한국석유공사 오피넷.

4 2018.5.3. 'S&P Global Platt Factorbox: Geopolitical energy risks become more acute' 참조.

100만 배럴/일씩 증산키로 결정하였다. 동 결정으로 국제유가는 일시 하락하는 듯
하였으나, 실제로 베네수엘라와 리비아가 증산에 할당한 대로 생산할 능력이 없어,
결국 OPEC과 러시아 등 비 OPEC을 합하여 최대 70만 배럴/일의 증산에 그칠 것이
라는 보도가 나돌면서, 결국 유가는 소폭 상승에 그치게 되었다.[5] 이로서 기존의
OPEC은 퇴색하고 사우디와 러시아가 주동이 되는 새로운 석유산유·수출국 기구로
변질되어 가는 과정이 촉진되게 되었다.

한편 S&P Global Platts지가 보는 석유공급상 국제정치적 리스크(Gepolitical
Supply Disruption)가 큰 지역으로 이란을 필두로 일곱 군데를 꼽는다. 이를 보자.

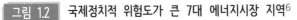

그림 1.2 **국제정치적 위험도가 큰 7대 에너지시장 지역[6]**

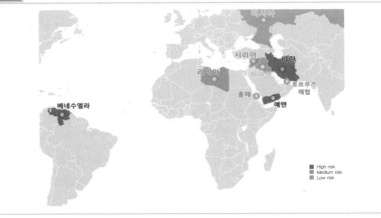

첫째 이란이다. 3.8백만 배럴의 석유생산력을 갖는 OPEC회원국 중 3위의 산유
국인 이란은 2016년 1월 이란과 체결한 미국과 러시아와 중국 및 3개 유럽국과 핵
(核) 6자회담에서 결정한 '핵 협상'의 성공으로 석유금수(禁輸)의 제재가 해제되었던
상태였다. 그런데 이란의 핵 협정상의 약속 불이행을 이유(2018년 4월과 5월초에 이스
라엘 총리가 폭로한 사실에 근거)로 미국의 트럼프 대통령이 2018년 5월 12일 결정하는
동 핵 협정에서 탈퇴하여 이란의 석유수출을 금지하는 조치(Sanction)가 재 발동하게

---

5 2018.6.25. Bloomberg, 'OPEC Highlights: The Stories That Count From Vienna Oil Marathorn'
   및 'Russia-Saudi Plans for Super-OPEC Could Reshape Global Order' 참조.
6 2018.5.3. S&P Global Plat 지도, 'Key Energy Market Geopolitical Risk Areas' 인용.

되면서, 국제유가는 빠르게 상승케 되었다. 이란의 원유감산 규모는 50~100만 배럴로서, 이란의 수출대상국인 중국, 인도, 일본, 한국 및 터키 등의 타격은 물론 국제유가는 더 폭등할 것이라고 전망한다. 국제유가 전문가들은 이란대통령은 미국이 이란에 대한 새로운 제재가 부과되면 Brent유는 80달러를 넘을 것이란 전망을 예언하고 있다고 분석하고 있다. 또 설혹 대이란 제재가 되더라도 중국과 인도는 이란산 원유 수입을 감소하지 않을 것으로 전망하고 있었다. 한편 2018년 5월 초, 이란대통령은 미국에 대하여 '핵 협상에서 미국이 탈퇴하면, 미국은 크게 후회할 것'이라고 하면서 프랑스의 최대석유가스사(IOC)인 Total사와 맺은 48억달러 규모의 이란 내 가스개발 프로젝트를 Total사가 미국의 제재조치로 이란에서 철수하면, 이란은 이란의 제재조치에 구애받지 않는 중국의 CNPC의 투자분으로 전환될 것으로 보인다. 이란산 석유의 아시아 4개국 중 2017년 상반기에 비한 2018년 상반기 수입에 있어 한국이 가장 많이 감소하였고 중국은 오히려 증가하였다.[7] 이러한 이란에 대하여는 다음에 더 살펴보자.

둘째는 베네수엘라이다. 동국은 이미 2016년과 2017년에 걸쳐 2.35백만 배럴/일에서 40%의 감산으로 1.5백만 배럴/일로 감소시킨 데 이어, 대통령선거(2018.5.20 실시)에서 부정한 방법이 실시되고, 이에 따른 미국의 동국에 대한 경제제재(Sanction)가 실현될 가능성이 높아지면서, 가뜩이나 국영석유사인 PDVSA가 중국, 러시아 등에 차관(loan-for oil)을 상환도 못하는 판(미국의 월스트리트에서는 베네수엘라의 PDVSA가 발행한 약속어음이 부도처리 되고 있다고 보도)에 미국의 동국에 대한 경제제재로 인하여 빚어지는 석유생산의 급감(2018년 5월에는 베네수엘라의 석유생산이 전년대비 60만 배럴이 감소한 1.5백만 배럴/일로 급감)이 차질이 예상되자 국제유가는 폭등하게 되었다. 이 때문에 멕시코만(Gulf Coast)에 위치한 미국의 5대 정유사들의 석유생산에 대형 차질을 초래하여, 국제유가 폭등을 부채질하게 되었다.

베네수엘라의 석유생산 비중은 2012~2015년 말까지 240만 배럴/일의 석유생산이었으나, 2018년에는 160만 배럴/일까지 감축하면서 세계전체 생산량의 1% 감축되었다. 이같이 석유가는 특히 국제석유시장의 수급의 불균형 및 원유의 종류에 따라 아주 예민하게 국제유가 등락에 미치는 결과로 그 진폭이 매우 크다. 따라서 유가와 관련, 국제정치적 리스크가 큰 곳이 베네수엘라이다. 특히 동국에 대한 중국과

7 2018.5.7. FT, 'Iran warns US will regret nuclear deal exit' 참조.

러시아의 채권(Loan for Oil)액이 매우 커서 채권상환을 하지 못하고 부도사태로 나타나며 앞으로 국제석유시장에 나타나는 악영향력은 더욱 크게 되었다.[8]

셋째는 예멘(Yemen)이다. 동 국내의 Houthi 반군은 이란의 지원을 받는 집단으로, 동국의 해안 및 홍해의 4.8백만 배럴/일의 석유 수송과 환적(transit)하는 석유수송 선박과 석유 해상운송을 위협하고 있고 사우디의 정유시설을 공격한다는 위협과 중동에서 유럽으로 수입하는 이집트 경유 'SIMUD 파이프라인'의 안전성도 위협하고 있다. Houthi 반군은 사우디의 Riyadh를 향해 미사일을 쏘기도 하였다. 이로서 사우디와 예멘 내의 Houthi 반군을 지원하고 있는 이란 간의 국제정치적 긴장이 고조되고 있는 것이다.

넷째는 리비아이다. 7년간의 정치적 혼란을 겪은 리비아는 1백만 배럴 수준의 석유생산과 12백만cum/d의 가스를 수출하는 수준으로 돌아왔으나, 아직도 정권의 안정이 결여된 처지이고 석유산지에서 끊이지 않는 분란으로 석유공급의 차질이 우려되는 지역이다. 그 후 리비아의 석유수출항구가 복구되면서 국제유가가 하락하기도 하였다.

다섯째는 러시아다. 약 11백만 배럴의 석유와 2.12Bcm/d의 가스를 생산하고 이를 중국을 비롯한 화란, 독일, 벨라우스 등지에 수출하고 있는 러시아는 특히 가스의 수출 공급을 '국제정치적 목적의 수단'(weapon)으로 사용하고 있다. 이에 러시아는 서방과의 갈등을 불러오고 있다. 2014, 2015년의 수출가격의 시비로 대 우크라이나(유럽행 가스의 경유지)의 가스공급 조절과 이를 통한 대유럽 가스공급 중단 조치로 유럽의 많은 국가로 하여금 추운 겨울의 고통을 받게 한 것이 그 좋은 예이다. 최근의 러시아는 시리아, 이란 등지(중동의 화약고)에 직·간접의 무력 지원조치로 중동의 에너지시장의 리스크를 확대시키고 있다. 러시아의 우크라이나(크림(Crimea) 반도) 침공에 대한 미국과 유럽의 제재(Sanction)조치로 셰일석유와 셰일가스 생산기술

---

8 2018.5.16. Reuter통신 및 동일자 FT, 'As Venezuellas suffer, Maduro buys foreign oil to subsidize Cuba'와 'Venezuela's collapsing crude exports send prices soaring'이라고 크게 보도하고 있다. 어려워서 석유대전으로나마 중국과 러시아에 차관과 채권도 상환 못하고 극도의 인프레로 민생은 도탄에 빠져 있는데, 재선에 미친 마두로(Maduro)대통령은 차기 선거에서 큐바의 지원을 받고자, 2017년 국영석유사인 PDVSA를 시켜 베네수엘라의 총수입액의 45%에 해당하는 석유를 수입하여 큐바에 무상으로 갖다 바친 악덕 정치인(전번의 Chavez 대통령이 망친 국가)이 국가부도자체를 더욱 악화시키면서, 국제유가상승을 부채질하고 있다.

과 셰일 생산서비스의 제공이 금지되고, 달러화의 장기 파이넌스(미국의 달러화 금융시장)의 길이 제한되는 제재조치는 러시아와 미국의 에너지를 둘러싼 긴장을 불러오게 하는 커다란 국제정치적 불안요소가 되고 있다.

또한 2017년 초부터 국제유가하락 저지를 위해 러시아가 사우디를 주동으로 한 OPEC(석유수출기구)과 연합하여 석유생산 감축으로 국제유가 재상승을 주도하고 있다는 점에서도, 러시아의 국제 에너지시장에서의 국제정치적 영향력은 매우 크다.

여섯째 홀므스 해협(Strait of Hormuz) 지역이다. 동 지역은 사우디, 이란, 이라크, 쿠웨이트, 카타르, UAE 및 바레인 등 페르시아 만(灣)의 석유·가스수출국들이 18.5백만 배럴/일의 석유와 카타르의 3.7Tcf/year의 가스가 선적되어 중국, 인도, 일본, 한국 등 동아시아로 운송(주로 UAE의 소형운반선)되는 중요한 해상교통요로(Chokepoint)이다. 특히 이 항로는 중동지역의 타 지역의 분쟁으로 석유운송이 여의치 않게 될 때, 대체(代替)되는 운송로로서 그 중요성이 강조된다. 카타르와 민족 및 정치적인 문제로 미묘한 사우디와의 관계는 동 해협을 특히 '국제정치적 에너지 리스크가 큰 지역'으로 꼽게 한다. 더욱이 미국의 대이란 제재의지가 강력해지고 2018년 11월부터 이란의 석유수출 금지의지가 확실해지자, 이란도 이에 대처하면서 '전쟁도 불사한다'고 대응하고 있으면서, 세계석유수송의 제1요충지(Chokepoints)인 홀므스 해협(Straits of Holmuz)의 봉쇄까지도 위협하고 있다.

그림 1.3 세계 석유운송 요충지별 1일 석유운송규모[9]

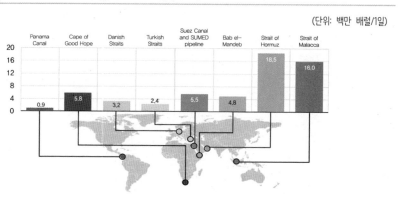

(단위: 백만 배럴/1일)

---

9 2018.7.5. CNBC Energy, 'Petroleum transits volume, over maritime route(2016)' 인용.

이에 국제석유공급의 차질이 우려되면서 국제유가는 상승을 계속하고 있다. FT 지의 David Sheppard 논설위원은 '트럼프의 홀므스 해협을 둘러싼 이란과의 대결은 가장 강력한 에너지공급 리스크를 조성하고 있다. 이란의 혁명수비대는 미5함대의 위력에 가려져 있으나, 커다란 문제를 일으킬 수도 있다'면서 그 위험성에 경고를 발하고 있다. 이렇게 위협이 고조되자, 단기 석유선물(Oil Future)가격은 미리 앞서 상승하고 있다고 경고하고 있다.[10]

일곱째 홍해(Red Sea)지역이다. 매일 4.8백만 배럴(2016년)의 석유가 선적되어 운송되는 이 지역은 세계 해상운송량의 5%의 비중을 차지하는 중요 항로이다. 사우디와 쿠웨이트, UAE, 오만 등지의 석유가 홍해의 Ain Sukhna에서 이집트 북부의 지중해 연안의 Sidi Kerir 지역으로 SUMID 파이프라인을 통해 운송되는 석유운송의 요로이다. 또한 이 루트는 Bab-el-Mandeb 해협으로 가는 통로이기도 하다.

이상 5개 국가와 2개의 중동지역 해상요로 외에 항상 국제정치적 위험을 안고 있는 국가로서, 사우디, 이라크, 시리아, 이스라엘 및 파레스타인 등이 있어, 중동 일대의 석유와 가스와 관련된 국제정치적 불안은 국제유가 상승을 부채질하고 있다.

 [참고] 2017년 국제유가 상승이 가져온 산유국의 석유수입 증가 효과

OPEC은 석유생산 감축에도 불구하고 유가상승으로 OPEC 전체 362백만달러/일 석유판매수입 증가 (사우디 98백만달러/일 증가, 러시아 단독 117백만달러/일 수입 증가)함

---

10 2018.7.25. FT, Market Insight David Sheppard, 'Trump's Strait of Hormuz face-off with Iran creates biggest energy sullly risk' 참조.

② 2015년, 이란과 주요 6개국간 체결한 핵합의에서 미국 탈퇴 선언과 국제석유시장에서의 파장

(1) 이란 선 제재 후 북한에 영구적 핵폐기 신호를 보내는 목적

2018년 5월 8일 트럼프대통령은 2015년 7월, 이란과 UN안전보장이사회의 상임 이사국인 미국, 영국, 프랑스 및 독일, 중국과 러시아의 6개국 및 EU 간에 체결된 '이란 핵합의'(JCPOA, Joint Comprehensive Plan of Action)에서 탈퇴한다고 선언하면서 대 이란석유금수 제재도 재개한다고 발표하였다. 아울러 미국이 그간 유예(waiver) 하였던 원유 거래 및 이란중앙은행과의 달러화 거래시 '세컨더리 보이콧'(Secondary boycott, 특정국가가 이란과 석유구매를 끊지 않고 무역과 금융거래를 지속하는 제3국의 개인과 금융기관을 제재)도 다시 시작할 것이라고 발표하였다. 이에 관하여 2018년 6월 27일자로 미국 국무성 고위관리가 '이번 제재조치에는 예외가 없다'고 강경경고 조치를 발언하기도 하였다.

 세컨더리 보이콧

'세컨더리 보이콧'은 제3자 처벌조항으로 리스트에 오른 개인, 단체나 기관은 물론이고 이들과 합법적으로 거래하는 제3자(금융기관 포함)까지도 제재하는 것을 뜻한다. 미국의 은행인 아닌 제3국의 은행이 제재대상에 돈을 빌려주면 그 이유만으로 미국의 제재대상이 된다. 또 미국의 통화인 달러를 사용할 수 없어 국제거래가 안 된다. 달러환전과 송금을 하려면 국제금융결제시스템(SWIFT, 국제금융결제시스템, 후술)을 통하여야 하는데 이때 세컨더리 보이콧이 적용되어 미국 내 자산동결, 거래중단이 되어 금융기관도 파산의 위험마저 있게 된다. 미국의 세컨더리 제재를 적용하였던 대표적 대상이 2015년 이란의 핵개발포기를 위한 대이란에 대한 제재조치를 위반한 은행인 ABN 암론, ING, Barclays, 스탠다드 차타드은행 등이 1억 달러 이상의 손해를 감수하였다. 또 파리바은행에 89억달러의 벌금을 물렸다. 올란드대통령의 간청에도 오바마대통령은 겨우 1억달러만 깎아 주었다는 유명한 일화가 있다.[11]

---

11 2018.10.16. 동아일보, '美에 찍히면 달러 결제망에서 축출', 및 2018.10.17. 중앙일보, '미 재무부 전화는 저승사자 같았다' 참조.

2016년 1월 발효된 이란 핵합의(JCPOA)는 이란이 당시 보유하던 2만개의 우라늄 농축용 원심분리기를 평화적 목적에만 쓸 6,000개만 남기고 다 폐기하였고, 또 핵무기시설로 의심되는 시설에 대한 국제원자력기구(IAEA) 감시단이 핵시설을 시찰하였지만 아무런 문제점을 발견하지 못하였다.

그럼에도 트럼프대통령이 2018년 5월 협정탈퇴를 하게 된 배경에는, 원심분리기는 10년, 고농축우라늄과 폴루토늄은 15년 후에는 다시 생산할 수 있는 소위 '일몰조항'(Sunset Clause)을 두었기 때문이다. 따라서 트럼프대통령은 일몰의 기한이 지나면, 다시 핵개발을 막을 수 없고 "15년이 지나면, 이란은 ICBM도 만들 수 있다"는 점을 들어 '이란 딜'(deal)은 '최악의 딜'이라고 하여, 6개국 중 JCPOA에서 미국 단독으로 탈퇴하면서, 중동에 핵개발 경쟁이 다시 벌어질 것에 대한 우려(이란은 2017년 위성용 로켓 발사 성공)를 표명하였다. 이에 곧(2018년 6월 12일) 있을 북한과의 핵 협상(북한은 이미 2017년 7월 인공위성용 로켓을 발사한 바 있음)에서 '영구적인 금지'를 추진한다는 방향(당시)과 함께, 서둘러 미국의 이란협상 탈퇴와 제재(Sanction) 재개를 선언하게 된 것이다. 실제 이란 핵 협정 탈퇴는 그의 선거공약이라고 강변한다. 이란도 종래의 북한처럼 대륙 간 미사일을 개발해 미국을 위협할 수 있다는 것이 미국과 이스라엘의 주장이다.

이런 배경으로 이란의 유도탄 개발이 성공하면, 이라크의 시아파정권, 이란의 지원을 받는 시리아의 아사드(Assad)정권, 레바논의 헤즈볼라(Herzbolah)로 이어지는 이슬람 시아파의 진영이 공고하게 되고, 지중해까지 진출하여 '시아파 벨트'를 구축할 수 있다는 우려가 팽배하였다. 이에 이스라엘과 사우디 등이 미국에 강력히 이점을 주장하고 대이란 제재로서 핵 협정에서의 탈퇴를 미국에 종용하였다. 한편 유태인의 미국 내 영향력을 감안하고 북미회담과 11월에 있을 미국의 중간선거를 감안하여 영·독·프랑스와 EU의 반대와 재고 요청(중국과 러시아는 물론 반대)에도 불구하고 미국 단독으로 감행한 국제정치적 결정으로 보인다. 마침 5월 중순에는 트럼프가 이스라엘 수도는 예루살렘이라고 선언하면서 동시에 그의 지시에 따라 이스라엘 독립기념일에 미국 대사관이 텔아비브에서 이스라엘의 수도인 예루살렘으로 이전하는 결정도 이런 복합적인 배경이 있다고 하겠다.[12]

---

12 2018.5.10. 조선일보, '이란 ICBM 개발 못 막고, 15년 지나면 核 만들 수 있어' 및 동일자

트럼프대통령이 이렇게 국제정치적 결단을 제3위의 산유국이면서 OPEC 회원
국인 이란에 대하여 단독 탈퇴할 수 있었던 배경에는, 최근 몇 년 사이에 미국이 셰
일혁명에 힘입어, 11백만 배럴/일까지 생산할 수 있게 되어, 미국이 석유수입에서
독립(Energy Independence)할 수 있게 되었다는 점을 강조한다. 특히 국제유가가 상
승하고 미국의 셰일기업들의 최신기술개발 성공으로 셰일생산의 생산성 향상으로
석유의 수지균형점이 현저히 하락하여 셰일기업들이 셰일에너지 생산에 박차를 가
하고 있는 시점에서 취한 국제정치적 결단이다.

 에너지 국제정치 분쟁의 회오리가 한국에도!

미국의 대이란 석유수입제재가 2018년 11월부터 예외 없이 적용될 것이라는 조치 예고에 따라, 이란
산 석유수입의 3위인 한국(2017~2018년 4월, 1위 중국 65만b/d, 2위 인도 50만 b/d, 3위 한국 32
만b/d)은 이란산 석유수입은 줄이면서, 한국정유업계가 선호하는 카자흐스탄의 CPC브랜드로 옮겨가
고 있다, 한편 2018년 중 한국의 카자흐산 CPC브랜드 수입은 이탈리아, 화란, 프랑스에 이어 12%의
수입 비중으로 4위의 수입국이 되었다.[13] 미국과 이란의 에너지 국제정치가 다액의 석유가스 수입국
인 한국에도 그 여파가 미친 것이다.

표 1.1 2017년 상반기~2018년 상반기 아시아 국가의 이란산 석유수입 현황[14]

국가	Jan~June 2018	Jan~June 2017	yr/yr pct
중국	631,104	586,576	7.6
인도	585,000	539,500	8.4
일본	162,222	166,652	−2.7
한국	276,282	421,972	−34.5
TOTAL	1,654,608	1,714,700	−3.5

중앙일보, '중동 핵개발 방아쇠될 듯' 및 동일자 매경 사설, '美 이란협정 탈퇴는 북에 보내
는 신호, 북핵 게임 지금부터' 참조.
13 2018.7.7. Thompson Reuters Eikon, 'Iranian oil grades and CPC Brend supplies to South
Korea 2018 & CPC Blend supplies by destination 1n 2018 참조.
14 2018.7.31. Reuters, 'Asian June Iran oil imports hit seven months low'.

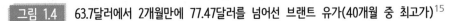

그림 1.4   63.7달러에서 2개월만에 77.47달러를 넘어선 브랜트 유가(40개월 중 최고가)[15]

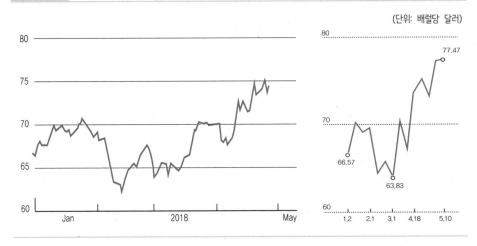

■ 미국 석유안보에서 셰일혁명 이외의 또 다른 배경

또 다른 미국의 석유안보상 유리하게 된 데에는, 미국의 캐나다산 석유수입의 증가하면서, 반대로 중동지역에서의 석유수입은 대폭 줄었기 때문이다. 미국의 '에너지 독립성과 에너지안보의 강화'라는 측면에서 70, 80년대의 취약하였던 미국의 석유안보가 공고히 되고, 높은 수입의존도에서 탈피하였기 때문에, '거침없는 대이란 석유금수조치'를 취할 수 있게 되었다.[16]

미국의 이같은 대이란 국제정치적 결정으로, 중동의 이란을 비롯한 산유국들의 국제시장으로의 석유공급이 원활하지 못할 것이라는 전망에서 국제유가는 하루가 다르게 치솟고 있었다.

본서의 책 제목을 '미·중·러·OPEC 간의 에너지 국제정치'(Geopolitics)로 설정한 배경으로서, 국제석유시장의 얽힌 국제정치에 이렇게 에너지 4강(미국, 중국, 러시아 및 OPEC)이 등장한다. 미국, 러시아와 OPEC은 산유국으로, 중국은 UN안보상임위 멤버이며, 해외에서 석유와 가스의 최대 수입국이다.

---

15 2018.5.12. FT, 'Oil prices hit 40–month highs as Iran sanctions drive supply worries' 및 조선일보, 한국석유공사의 브랜트유 가격추이 인용.

16 2018.5.13. seekingalpha.com. 'US plays its Foreign Policy Hand Freed From Oil–US increasing energy independence supports geopolitical independence' 참조.

이와 관련, 2018년 5월 9일자, OILPRICE.com은 Geopolitics/International편에서 'How the Worlds Oil Powers Will Seize The Iran Deal'이라는 제하에 미국의 이란 핵 협정 탈퇴선언과 곧 있을 이란의 석유수출제한이라는 재제조치(Reimposition of Sanctions)가 이어질 것이므로, 이점이 세계석유시장(실제 석유공급 감소 1백만 배럴 내외 예상)에 쇼크를 주고 있다고 서술했다. 그래서 이미 산유국들과 러시아가 연합하여 2018년 말까지 180만 배럴/일의 석유생산을 감축하고 있는 판에, 이란에 대한 석유수출 제한이라는 제재는 '석유의 수요·공급의 불균형'을 더욱 확대케 하는 세계 국제정치의 판도(Geopolitical Landscape)를 극적(dramatically)으로 악화하게 만들 수도 있을 것'이라고 예고하고 있다. 이란발 석유 공급축소 불안감 상황을 반영하여 이란산 석유의 제3위의 한국(중국, 인도에 이어 3번째 다액수입국)의 국내유가도 2018년 5월 중순에 연중 최고치를 기록하고 있었다.

(2) 석유에서 독립하게 된 미국의 국제정치외교 가능성과 셰일혁명[17]

1) 국제석유시장에 미칠 악영향(유가인상)이 미국의 대이란 제재조치를 막지 못함

무엇보다 미국의 석유시장의 '셰일혁명으로 이룬 성과'가 현재 미국대통령의 이란 핵 협정에서의 탈퇴선언이 가능할 수 있게 된 배경이다.

미국은 과거 어느 때보다 에너지를 둘러싼 '국제정치적 융통성'(Geopolitical Flexibility)을 갖게 되었는데 이는 '셰일혁명의 성공'으로 미국이 '에너지로 부터 독립'(Energy Independence)하였기 때문이다. 즉 미국의 증가하는 독립성이 에너지 국제정치에서 미국의 영향력 행사를 더 한층 고취시켰다고 하겠다.

미국은 이미 '미국 내 에너지 소비보다 더 많은 에너지(BTU-equivalent basis)를 생산'하고 있어 닉슨대통령 때부터 갈망하였던 '에너지로부터의 독립'을 이루었다. 물론 유종(油種)에 따라 미국수요 충당을 위한 일부 중질유를 수입하나, 수출량을 감안하면 '석유로 부터의 독립'을 이룬 것이다.

또 천연가스(LNG)의 경우, 2017년에 이미 독립하여 수출이 증가하고 있고, 에탄(Ethane)의 경우, 2014년부터 수출하고 있으며, 부탄(Butane)의 수출의 경우는 2011

---

17 2018.5.13. MPLs, seekingalpha.com./article/us, plays foreign policy hand free-oil 참조.

년부터 이미 독립되었다. 이같은 미국의 에너지 독립은 2006년의 13.4백만 배럴(MMB/D)을 수입하다가 현재는 3백만(MMB/D) 수준의 수입으로 감소하였고, 유종에 따른 수입으로 경질유의 수출을 감안하면 이미 미국 전체로서 '석유수입에서 독립하였다' 할 것이다. 또 2018년 초부터는 셰일석유만도 10.3백만 배럴/일씩 생산케 되었다. 석유의 독립성을 누리게 된 것도 셰일혁명 덕분이다. 그것도 특히 퍼미안(Permian)광구 덕분에 미국은 에너지 안보(Energy Security)와 에너지 독립(Energy Independence)을 이룩하였다. 이런 관점에서 미국에서의 '에너지 독립과 에너지 안보'의 의미가 더욱 커진 것은 우호국인 캐나다에서의 수입이 매년 꾸준히 증가하여 4.3백만mmb/d가 된 반면, 에너지 안보면에서 위태로운 중동에서의 수입은 50%가 감소하였고, 특히 이란에서의 수입은 80년대의 납치사건 이후, 완전히 석유 수입을 안 하고 있게 된 것을 의미한다(이란의 현재 석유생산은 3.8백만mmb/d).

2) 과거보다 에너지 체력이 훨씬 강화된 미국의 석유 생산

에너지 독립을 이룬 미국은 텍사스, 노스 다코다, 뉴 멕시코, 와이오밍, 오크라호마 등의 주(州)에서 특히 셰일생산에 성공하여 이들 5개주에서는 셰일 붐이 미국 경제발전과 소득성장에 크게 기여하였다. 이에 따라, 미국 재무부장관은 핵 협정에서의 탈퇴에 앞서 미국 석유사들과 사전 협의하면서 탈퇴선언 이후의 영향과 이란 석유생산 및 수출 감소에 따른 석유 추가 생산가능성에 대하여 협의하였다. 사회주의 국가와 달리 상업적 요인에 따라, 시장경제의 원리에 따라 생산규모를 결정하는 미국시장에서의 결정 요인은 앞으로 국제유가상승 동향과 생산지별 에너지의 수익성에 의해 좌우될 것인바, eia는 '2017년에 11.7mpd의 생산이 2019년에도 11.9mpd까지 확대된다'고 전망하고 있다.

이는 세계수요 증가에 못 미치나, 대체 공급은 타 산유국에 기대한다고 전망하는 것이다. 다만 더 큰 문제는 현재의 제약요인인 운송 파이프라인 용량(퍼미안 지역산 석유수송은 이미 한계점)과 저유시설의 부족인 바, 큰 문제가 없기 위해서는 운송 등 미국내 석유 인프라 확대가 시급하다는 평가분석이다. 금후 2~3년간 미국의 주요 산지 석유인프라 확장이 문제해결의 관건이다. 이점과 관련하여 미재무장관은 2018년 5월 중순, 미국은 셰일석유와 셰일가스의 수출을 촉진키 위하여, 파이프라인을 신설하는 업체에는 세금감면 혜택을 주어 신규건설을 촉진케 할 것이라고 발표하였다.

(3) 미국, 이란과의 핵 협정 탈퇴 후, 전격 대이란 제재조치

- 이란혁명수비대(IRGC)와 이란중앙은행과 연계된 기관 및 개인제재 대상명단 발표: '미국 금융·기업과 거래금지'
- US sanctions Iran Revolutionary Guard network(AFP, 2018.5.12.)
- 미국의 이란중앙은행 총재 추가제재에 대한 조치

미국은 이란의 협정에서 약속한 감시(monitoring)는 지속하도록 한다고 하면서, 또 한편으로는 미국의 핵 협정(JCPOA) 탈퇴 발표 후, 미재무성은 바로 2일 지나, 초고속으로 이란 제재에 나섰다.

이는 미재무성이 이란의 핵심군사조직인 '혁명수비대'(IRGC)의 '돈줄'을 차단하려는 조치로서, 미국은 UAE 정부와 동국 중앙은행과 협력해 이란혁명수비대의 달러화 자금 환전과 연계된 환전망(網)을 차단하기 위한 조치를 취한 것이다. 이를 위해 이란의 관계 기관 3곳과 개인 6명을 지명하여, 이들이 UAE(중앙은행)에서 달러화로 환전하지 못하도록 하는 제재조치를 취하였다. 동 혁명수비대는 이란의 최정예군이면서 산하에 다수의 국영기업을 거느리고 막강한 자금(특히 석유자금)을 운영하는 권력 기관에 대하여 미 재무성이 제재조치를 취한 것이다. 이의 차단은 이란이 중동 내 도처에 각 반군(또는 반군과 교전중인 정부)에 속하는 집단(레바논 내 친이란파인 헤즈볼라(Herzbollah)같은 무장정파와 이라크 내 친이란 강경 시아파 정파는 최근 집권 성공)에 자금지원을 할 수 없게 단절시키는 조치이다. 한편 이렇게 되자 유럽 3개국은 자국의 이란 내 투자기업과 자국의 석유관계기업의 이란과의 이란 내 투자와 무역과 석유수입에 관계하여 EU간의 협의를 하고 있다. 그러나 전체적으로 보아 독, 영, 프랑스 등 유럽기업들의 이란 내 투자와 무역거래는 낙관하기 어려운 사정에 처하였다.

또 그 다음날에는 미재무부는 '이란의 중앙은행총재와 담당국제부장을 혁명수비대와 협의하며, 레바논의 시아파 무장단체인 헤즈볼라를 지원하였다'는 이유로 이들을 제재명단에 올렸다. 동시에 이라크 소재 알빌라드 이슬람은행 총재도 제재대상 명단에 포함시켰다. 이렇게 미국이 제재조치를 죄어오자, 영국, 독일, 프랑스의 3국 재무상들은 긴급 회동하여 이란내 이해가 큰 자국의 기업들의 보호에 대해 협의를 강화하고 있다.

(4) 미국의 이란 핵 협정 탈퇴와 세계석유시장에 미칠 영향과 중동사태

1) 미국의 대이란 재제조치의 석유시장에 미칠 파장의 최소화 의무

그림 1.5 이란의 1차 제재시와 제재 해제 후의 석유 생산 추이[18]

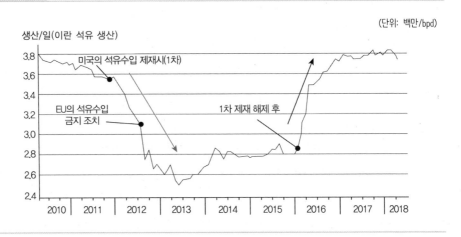

미국의 핵 협정 탈퇴와 일정기간 후에 이란의 석유수입금지라는 제재에서 이란의 석유공급의 감소가 국제석유시장에 주는 타격이 클 것을 우려하여, 미국 의회는 미국 행정부에 '국제석유시장의 붕괴라는 리스크'의 평가의무를 부과하고 있다. 이는 2012년 대이란 1차 제재조치 때, 제재조치 후, '180일의 기간'(Wind Down Period) 내에 발생할 석유수출 제재조치가 국제석유시장에 미치는 영향에 대한 평가와 분석을 미국 행정부는 의무적으로 하게 되어 있다.[19] 이런 법적 의무사항의 평가를 통해 OK 받으려면, 석유수출금지라는 제재조치로, 이란 산 석유수출금지에서 발생할 이란산석유의 다(多)수입국에 미치는 유가 전망과 그의 대체 가능성에 대한 영향 평가

---

18 2018.6.14. Boomberg 차트 인용.

19 미국의 2011년 1차 대이란 제재조치시에 미의회는 '2012년 재정년도에 국가방위권 위임법'(Nat'l Defence Authorization Act for Fiscal Year 2012, 1245조)에서 이란에 대한 석유수출 제재시, 이란으로 부터 석유를 수입하는 국가가 타국으로 수입을 전환할 때, 그때의 석유수입 가격과 타곳으로 공급대체가 가능한가를 평가하여야 한다'고 규정하여, 수입제한을 받는 국가의 손해를 최소화시켜야 할 의무를 미국 정부에 부과하고 있다. 이법은 아직도 유효하다.

를 하는 것을 법률로서 필요하게 되어 있다. 또 그것으로 인해 발생하는 악영향이 최소화되어야 한다. 2012년, 1차 대이란 제재조치 때에는, 미국과 유럽의 공동제재로 이란산 가격은 폭락하였었고 협정체결 후, 2016년 6자 회담(JCPOA) 후 제재 해제 시에는 유가가 다시 상승하였다.

그러나 미국 단독의 핵 협정 탈퇴와 6개월 내(2018년 11월 시한내에 취할 대이란 석유수출 금지 제재조치)에 취할 2018년 하반기에는, 국제석유시장의 이미 표출된 석유의 공급부족 우려로 국제유가가 상승일로에 있는 과정에 있다. 그러나 미국 국내법상 요구되는 영향분석에 있어, 제재조치로 인한 국제석유시장 가격동향과 이란산 석유수출 감소에 따른 대체공급이 가능할 것인가에 대하여 미국 내외에서의 우려가 팽배하다. 특히 유럽 3대국과 EU가 미국의 종용에도 불구하고 미국의 협상탈퇴의 상황에서, 그 영향평가는 불투명하다.

2) 미국의 이란산 수출 감소에 따른 법정 요구사항에 대한 대처방안과 사우디 등의 증산 촉구

이의 대처방안의 하나가 이란의 감산 또는 수입 감소만큼 석유수출국이 대체(代替) 증산이 가능한 가를 미국정부는 확인하여야 할 필요가 있다. 이에 미국 재무장관은 비밀리에 OPEC 회원국 중 사우디, 쿠웨이트, UAE, 이라크 등 친 서방 아랍국과 러시아와도 아란 석유감산 내지 수출 감소가 미칠 영향에 대한 대처방안으로서 이들 친서방 산유국과 러시아와 증산가능성에 대하여 협의를 진행 중이라는 보도가 있다. 또 트럼프 대통령은 사우디에 증산을 직접 독려한 바 있다.

그러나 러시아는 2017년 초부터 사우디 등 OPEC과 연합하여 180만 배럴/일의 석유생산 감소를 결정하고, 이를 시행(본서 제2장, 제5장 참조)하고 있으면서 2017년 중순 이후, 2018년의 국제석유가 재상승을 리드하고 있다. 이에 미국이 OPEC 중 친 서방 일부 회원국과 러시아를 포함한 산유대국(World Oil Powers)과의 물밑 협상을 하고 있다는 것이다. 여기에서 적(Russia, 2015년 미국의 대러시아 특수석유 생산에 미국 및 제3국 기업의 지원 및 달러화 금융금지 의 sanction 조치)과도 석유 딜(deal)이 성립될 수 있는 '에너지 국제정치'(Energy Geopolitics)의 한 단면을 본다.[20]

---

20 2018.5.9. OILPRICE, 'How The Oil Powers Will Seize The Iran Deal' 참조.

3) 미국에게 수모당한 독·영·프 3국과 EU의 입장 및 이란산 석유 다소비국인 중·인·한·일 아시아 4개국의 입장

금번의 미국의 대이란 석유수입금지라는 경제제재 재(再)부과시, 2017년의 6개국의 JCPOA때와 달리, EU 및 유럽 3개국 정상들의 간곡한 만류에도 불구하고 JCPOA 탈퇴선언과 석유수출 제재를 고려한다는 트럼프의 결정은, 2012년의 1차 제재와는 많은 차이가 있어, 앞날의 전망이 불투명하다는 다수의 국제금융기관과 국제석유전문가의 평가가 있다.

첫째, 우선 이란산 석유감산과 수출 제한시, 석유생산을 감소하게 될, 약 10백만 배럴의 석유 공급의 대체가능성이 문제된다. 여기에는 설혹 러시아, 사우디 및 UAE의 10백만 배럴의 대체 공급이 가능(사우디의 생산여력)하긴 하나, 그러나 OPEC 회원국인 베네수엘라, 나이지리아, 리비아, 이라크 등 경제위기와 정치적 불안정으로 얼마나 석유감산이 이루어질지가 우려되는 상황으로 전체적인 공급부족이 예상되고 있다. 이때의 공급차질이 우려되는 상황에서 국제공급시장의 공급부족예상으로 국제유가는 계속 상승하고 있다.[21] 거기에 미국의 이스라엘 예루살렘 수도 인정과 미국 대사관의 예루살렘으로 이전 및 이라크에서의 친이란파의 득세(2018.5.12. 실시한 총선결과에서 친 이란파의 승리) 등 중동사태의 긴장의 고조는 석유공급의 불안을 야기시키며, 국제유가를 단기(중기)적으로나마 상승을 더욱 부채질하고 있다.

둘째, 그간 이란에서의 석유수입을 하던 국가의 앞으로의 귀추가 문제된다. 이란산 석유의 70%는 아시아(중국, 인도, 한국 및 일본)에서 수입하고 있고, 잔여는 유럽에서 수입하였다.

2018년 상반기 중, 이란산 석유를 수입하는 국가의 수입량[22]을 보면, 중국(631,104), 인도(585,000), 한국(276,282), 터키(166,207), 일본(162,222), 이탈리아(154,813), UAE(127,246), 스페인(112,941) 순이다.

중국은 이란산 석유의 수입은 이란의 석유 생산의 1/4에 해당하는 최대수입국이며, 이는 이란산 석유수입이 중국 석유수입의 8%에 해당된다. 중국의 대이란 석

---

21 2018.5.9. OILPRICE, 'How The World's Oil Powers Will Seize The Iran Deal' 참조.

22 주요국의 이란산 석유의 2018년 상반기 중 수입현황으로 2018.7.3. Reuters, 'Asia's June Iran oil imports hit seven months low' 참조 인용.

유수입은 위안화로 결제되므로 달러화 거래제재에 해당되지 않는다.[23]

셋째, 미국의 제재조치 후, 이란석유 다액 수입국가의 대처방안을 보면, 여기에서 이란에 대한 제재조치가 있은 후, 위에서 보는 이란 산 석유수입이 많은 국가들이 이란으로 부터 석유수입을 대폭 삭감하였는지 여부를 매 180일마다 심사를 받게 되어 있는데, 이에 따라 보류(waiver)조치가 발표되지 않는 경우에는, 제재(세컨더리 보이콧 포함)를 받게 된다. 보통 waiver를 받은 경우가 중국, 인도 및 한국이 해당되었다(인도는 UN안보회의 제재결의시에만 수입 중지를 한다고 결정).

금반의 조치에는 한국의 경우, 2018년 6월 12일의 북미회담을 앞두고 있는 때(2018년 5월 중순)이어서, 북 핵의 비핵화를 추진하는 미국의 요청에 따라 한국 정부(일본도 미국정책에 동조)는 국제정치적 차원에서 이란산 석유금수요청에 적극 협조하게 되어 있다. 반면에, 여타 중국, 인도 및 터키는 미국의 핵 협정 탈퇴와 석유수입에 대한 제재조치의 실시에 반대하고 있어 이란산 석유 수입규모는 크게 감소하지 않을 것이다.

한국은 대 북한의 안보적 차원에서 유예(waiver)를 받도록 노력할 것이고, 그런 의미에서 일본도 국제정치적 차원에서 이 범주에 든다.[24]

또 다수의 유럽 국가들도 이란산 석유수입을 지속하면서 Waiver를 신청하게 되지만 그러면 웨이버 대상국으로 인정될 것이 불분명하다(2018.10.20. 현재).

그런 와중에 프랑스의 제1대 석유사(IOC)인 Total사의 CEO가 이란내의 '사우드 Pars 프로젝트'(Total사와 중국의 CNPC사와 50:50 합작)에의 투자에서 철수한다고 발표하여 영국, 독일, 프랑스의 자국기업을 살리려는 노력에 찬 물을 끼얹는 결과를 초래할 것 같다. 이란의 방대한 석유와 가스의 매장량에 비추어, 앞으로 4,000억달러 규모의 석유부문 인프라에 방대한 투자가 필요한 처지에 Total사의 이란에서의 철수(비록 현재까지 Total사는 40백만 유로 투자에 불과하다)는 이란에의 타격은 물론 핵 협정을 살리려는 유럽 3국의 노력의 성과를 의심 받게 할 것이다.

이같은 Total사의 철수의 결정의 배경에는 미국이 '세컨더리 보이콧'(Seconadary boycott)의 실시시에는 Total사의 많은 미국내 기업활동이 제한되고, 또 90% 이상을

23 2018.5.14. Reuters, 'China's crude oil futures boom and looming Iran sanctions' 참조.
24 2018.5.9. OILPRICE, 'Who Was Buying Iranian Oil And What Happens Next?' 참조.

미국계 은행에서 파이낸싱을 받고 있는 국제금융의 길이 막힐 것을 우려한 조치이다. Total사의 이란에서 철수하는 지분은 중국의 CNPC의 인수가 가장 유력하다. Total사는 러시아 북극의 야말(Yamal)반도에서 가스생산 프로젝트에 Novateks의 51%, Total 20%, CNPC 20%에 초기는 Silk Road 펀드가 9%를 인수하여 수출 가동이 시작될 수 있게 한 성공적인 케이스의 파트너이나, 이란의 경우에는 그 제재가 심할 것 같아 이란에서 철수하기로 결정한 것 같다.[25]

(5) 미국의 대이란 제재 회피수단으로, '달러화 이외의 통화'로 결제하는 방식과 '달러화 이외의 통화표시 해상보험'의 출현[26]

한편 이란으로 부터 석유수입이 많은 아시아 국가들은 미국의 금융제재의 회피수단으로 '달러화 이외의 통화'로 수입대전을 결제할 경우를 모색하고 있는데, 이때 대체되는 결제통화가 EU의 유로(특히 인도의 경우)나 또는 이란이 수용하는 터키의 리라나 중국의 경우에는 위안화로, 기타는 페루시아만 산유국 통화로 결제하는 경우까지 있을 수 있다.

또 유럽의 경우에는 자국기업이 이란 내에서 활동하는 데에 지장을 주지 않기 위하여, 유럽개발은행(European Development Bank)을 통해 유로화로 결제하거나, 운송의 경우에 해상운송보험 가입을 유로화로 인수하는 것을 가능케 하는 등 실질적으로 달러화 사용금지에 대처하고 있다. 특히 금번의 미국의 핵 협정 탈퇴후의 제재조치에는 독일, 영국, 프랑스의 유럽 3개국이 반대하고 있고 EU 자체도 반대하고 있어, 미국통화인 달러화 대신 유로화로 결제하는 케이스가 많아질 것으로 전망된다.

또한 중국은 이미 위안화로 이란과 무역에 결제하는 경우가 많아 졌으며, 2018년 3월부터 실시하고 있는 중국의 '위안화에 의한 석유선물거래'(Shanghai crude oil futures in petro-yuan)는 미국의 핵 협정 탈퇴 후에 거래량/일이 25만건으로 확대되어 이란제재 직전의 2배로 폭증하였고, 세계석유선물시장 거래액의 12% 비중을 차지

---

25 2018.5.17. FT, 'Total threat to pull out of Iran dents EU hopes of saving accord' 참조.
26 2018.5.17. FT, 'Total threats to pull out of Iran dents, EU hopes of savings accord' 참조.

하였다.

　이에 중국(중국은 중동산 석유수입을 상하이선물거래와 link 시킴)은 상하이석유선
물시장이 미국의 WTI 석유선물시장과 영국의 Brent 선물시장 다음가는 제3의 벤
치마킹 석유선물시장이 되는 것을 기대하게끔 되었다. 중국이 미국보다 석유수입량
이 많아지면서, 1등 수입국이 되자, 국제석유시장의 제3의 벤치마킹과 위안화의 국
제통화로서의 진일보를 위한 야심적 석유선물거래를 위안화로 할 수 있게 한 것이
다.

　그러면서 중국의 위안화에 의한 선물거래가 확산되게 되면서, 점차 Non－달러
화에 의한 석유거래가 이란과 중국 및 러시아 등지에서 부분적·점진적으로 확산될
것을 예고하게 되었다.

(6) 미국의 핵 협정 탈퇴 후 국제석유시장에 대한 골드만삭스의 전망과 평가[27]

1) 골드만삭스가 보는 국제유가의 종착역과 수준

　2018년 5월의 미국의 대이란 제재조치에 관련, 골드만삭스는 3개월 내에 브랜
트 유가가 82.5달러/배럴까지 상승할 것으로 보고 있다.

　이는 2012년 미국과 유럽이 이란에 대한 1차 제재시, 이란 이외의 지역에서 석
유생산이 이란의 감산을 충분히 대체할 수 있는가를 검토하여 대체가능 여부를 평
가하여야 할 의무를, 미국의회가 미국정부에 부과한 미국 법률(Section 1245 of the
Nat'l Defence Authorization Act for Fiscal Year 2012)에 근거하는 조치에 따라 분석한 결
과를 뜻한다. '미국의 이란에 대한 제재로 이란의 석유감산에 따른 대체공급 가능성
을 분석·평가하며 미국의 전략적 특별보관 석유(SPR, Strategic Petroleum Reserve)를
방출하는데 적용할 것으로, 금반의 제재조치 시 일어나는 '2018년 후반기~2019년
상반기'의 이란의 석유감산규모는 2012년 1차 제재 때 감산규모의 20% 정도 수준일
것으로 전망하고 있다.

　미국이 불러일으키는 중국과 유럽(EU)와의 무역전쟁과 베네수엘라, 리비아, 나

---

27 2018.6.19. OILPRICE, Goldman, Expect Another Bull Run In Oil 참조.

이지리아 및 이란 등지에서의 생산차질로 OPEC 등의 2018년 하반기부터 실시할 1
백만 배럴/일의 증산결의에도 불구하고, 실질적 증산의 효과는 45만 배럴에 그쳐,
이만큼 세계전체 수요에 미달할 것으로 유가는 결국 상승하게 될 것으로 전망하고
있다. 최근의 유가하락은 중국수입 감소의 일시적, 잠정적 현상에 불과하다는 결론
이다. 따라서 유가는 곧 상승하게 될 것으로 예견하고 있다. 또 미국의 셰일은 파이
프라인이나 저유시설 등 수출인프라의 설치가 시간이 소요되어, 당분간 해외수요에
응할 수가 없을 것으로 골드만삭스는 보고 있다. 트럼프대통령의 '세컨더리 보이
콧'(Secondary Boycott)의 실시라는 엄포에도, 그리고 사우디의 'OPEC 및 비 OPEC과
협의를 통한 석유증산으로 공급부족을 상쇄시켜 시장의 교란을 방지할 수 있다'는
사우디의 주장대로, 과연 국제유가는 오래잖아 안정될 것인가? 그러나 중동의 산유
국들의 얽힌 복잡한 국제정치적 사정은 중동 발 국제석유시장의 석유수급에 커다란
불안 요소로 일정부분 작용할 것이고 따라서 일정수준까지 국제유가는 공급 불안에
서 비롯된 요인으로 계속 상승할 것으로 보고 있다.

2) 다시 불안해지는 중동의 공급 악화 전망으로 국제유가 상승 예상

저자가 이 글을 쓰고 있는 2018년 5월 중순에도, 미국이 예루살렘을 이스라엘
의 수도로 인정하면서, 동년 5월 14일 개최된 이스라엘 주재 '미국대사관의 이전'에
항의하여 파레스타인 수백 명의 폭동과 이스라엘군의 발포로 60여명이 사망한 것을
계기로 어떻게 중동사태가 진행 될지 예측 불능한 전망은, 다시 국제유가를 급등하
게 할 요인이 되고 있다.

석유의 국제정치(Geopolitics)의 다각적인 복합요인이 깊게 작용하는 배경과 그
관련성을 본다. 여러 사정으로 국제석유시장은 다양하면서도 변화무쌍한 여건의 사
정으로 국제정치와 얽혀 있다. 특히 미국의 이스라엘 수도를 예루살렘으로의 인정
과 동국의 주재 대사관의 예루살렘으로의 이전 및 이란 핵 협정(JCPOC)에서의 단독
탈퇴는 복잡한 국제정치에서 결코 타 동맹국의 지원 없이는 국제석유의 안보는 성
공키 어렵다는 전망인 것이다.

③ 미국 셰일혁명의 성공으로 롤러코스터를 타게 된 미·중·러 3대 강대국과 산유국의 수출시장 구도 변화

(1) 세계 3대 셰일자원 보유강국의 순위와 보유량

에너지 3대 강국의 셰일가스와 셰일석유의 기술적 생산이 가능한 셰일에너지 보유 매장량 규모상 세계 에너지 3강은 셰일가스의 경우 중국(1), 미국(4), 러시아(9)의 순으로, 셰일석유의 경우, 러시아(1), 미국(2), 중국(3) 순으로 보유하고 있다.

다만, 미국과 러시아는 국내 생산으로 국내수요(sufficient) 충족과 대외 수출을 할 수 있으나, 중국은 아직 셰일석유와 셰일가스의 국내생산은 2020년 이후로 미룬 체, 순수입국으로 가격의 상업성을 찾아 수입지역의 다변화와 에너지 수입 안보(Energy Security)를 추구하고 있다.

표 1.2 세계 3대 셰일자원 보유강국의 순위와 보유량[28]

셰일가스			셰일석유		
순위	국가	보유량(Tcf)	순위	국가	보유량 (10억 배럴)
1	중국	1,115	1	러시아	75.8
4	미국*	595	2	미국*	78.2
9	러시아	287	3	중국	32.2
	46개국 총계	7,550		46개국 총계	418.8

주: 미국이 기술적으로 생산 가능한 셰일석유와 셰일가스 매장량 중 이미 확인된 100억 배럴의 중질유(소위 전통적 석유)와 159Tcf의 천연가스(전통적 가스)는 제외한 소위 비전통적 석유·가스만을 포함.

---

28 2018.7.31. Reuters, 'Asian June Iran oil imports hit seven months low'.

(2) 새로운 여건 변화에 합종연횡하는 에너지 3강과 OPEC

1) 미국의 셰일혁명 성공으로 에너지 1대 수입국에서 수출국으로 변모: 국제에너지 시장의 제1강국으로 급부상

최근(2017년 이후)의 국제유가 상승(70달러대, 셰일원가 60달러대 초과)과 미국 셰일혁명의 성공(2018년 초 미국 50년 만에 최고 산유량 10.04백만 배럴/일(2008년의 5백만 배럴의 2배 증산) 사우디의 2018년의 10백만 배럴의 생산량보다 커짐)으로, 미국 석유·가스시장의 붐을 초래하고 있다. 미국은 1차 오일쇼크 때부터 실시하던 석유류 수출금지 조치를 2016년의 셰일 붐을 맞게 되자 이를 해제하였다.

- '셰일 붐'에 따라 미국 원유 수입량의 급감과 그 효과: 13.4백만 배럴/일, 2006년 → 2.5백만 배럴, 2017년 10월로서 1/4로 감소
- 미국의 숙원인 '석유 자립도'(Self-Sufficiency)의 달성
- 미국 에너지 안보(Energy Security)에 대한 개념 변화(수입국에서 수출국으로)
- ExxonMobil은 미국 퍼미안 광구지역에서 2025년 안에 50만배럴/일 생산계획: Chevron, Royal Dutch Shell도 대대적 Shale의 미국 내 양산 계획을 수립
- 미국 수입 11.7백만 배럴/일, 2001→ 4.1/2016, 중국 수입 1.5/2001 → 8.3/2016 → 63.8/2017

표 1.3	역전된 미국과 중국의 연도별 원유 수입 실적[29]							(단위: 백만 배럴/일)	
연도	2001	2010	2011	2012	2013	2014	2015	2016	2017
미국	11.7	9.5	8.8	7.4	6.6	5.1	4.5	4.1	2.0
중국	1.5	5.0	5.5	5.9	6.1	6.5	6.8	8.3	63.8

---

29 2015.2.3. 국제금융센터, 이치훈, Issue Analysis '중국의 원유수급 및 전망 점검', '미국과 중국의 원유수입규모 실적 추이'(EIA 출처) 인용.

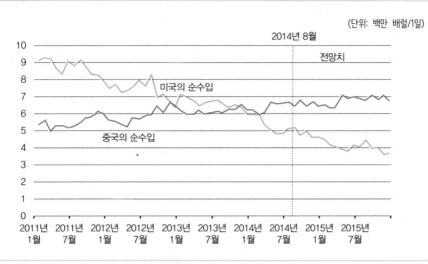

그림 1.6   미국의 석유수입이 감소하면서, 세계 제1의 순원유수입국이 된 중국[30]

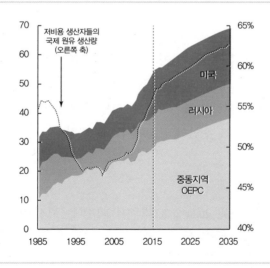

그림 1.7   러시아, 사우디의 원유생산에 육박하는 미국의 석유·가스 생산[31]

---

30 '2014 Energy Outlook', 2014.11.13. U.S. Energy Information Administration.

31 2018.2.8. FT, 'US Shale boom fuels Russian—Saudi alliance', 'US set to rival Russias and Saudi Arabia as largest alliance' 인용.

이리하여 미국은 과거의 최대 석유수입국(주로 높은 중동산석유 수입의존도)에서 대외수출이 가능한 수출국으로서, 특히 2016년과 2017년에는 미국이 셰일가스를 중심으로 하는 대외 수출이 아시아를 중심으로 급증하게 되었다.

그림 1.8   미국의 석유수출 증가 패턴[32]

(단위: 백만 배럴/1일)

특히 미국 LNG 가스의 아시아행 수출로 2017년 이후 급증하여, 미국의 LNG 수출은 2015년 말 20만 배럴에서 2016년 말에는 50만~1.2백만 배럴로 증가하다가 2017년 말에는 1.4백만 배럴로 증가하였다. 이는 특히 중국, 일본, 한국, 인도 및 대만 등 아시아 국가의 LNG 수입의 급증에서 비롯되었다.

> 중국의 미국의 셰일 석유수입은 2016년의 8.3백만에서 2017년에는 63.4백만배럴로 8배로 증가하였고, 한국의 셰일석유 수입은 6.1배럴에서 14.3백만 배럴로 2.5배나 급증하였다. 인도도 2016년 7백만 배럴의 수입으로서 신규 큰 손으로 등장하였다.[33]

---

32 2018.6.14. Bloomberg, 'China and India Want to Buy More US Oil to counter OPEC 인용.

33 Adnia Grigas, Harvard University Press, 2017, 'The new Geopolitics of Natural Gas', p.75, Current State of Exports 참조.

2) 미국 셰일붐이 불러온 국제가스시장 패턴 변화와 세계화34

- EU의 미국 셰일수입 확대로 EU의 러시아 가스의존도 약화
- 미국의 LNG 수출시장 확대의 의미(2015년 말 58MTPA, 대 일본, 한국, 인도, 프랑스, 영국 등 중국은 2017년 이후 추가됨)35
- 미국의 LNG 수출시장 확대의 의미
- 미국의 Oil-indexed LNG 가격 하락과 Henry Hub 가격 하락
- 에너지 공급 원천의 다양화, 다변화(Diversification) 도모 찬스
- 미국산 LNG 가스의 경쟁력 강화(가격, 운송방법의 다양화)
- 세계적, 지역적 에너지(가스) 안보(Energy Security) 강화 촉진
- 가스 운송을 파이프 아닌 LNG 선박운송으로 확대되어 가스 생산국의 수출이 다변화되면서 가스거래방식과 가격산정방식의 일대 변화 초래

3) 미국 셰일가스에 대한 수입 추이와 수요 전망

표 1.4 미국의 셰일석유류 수출 대상과 규모의 급증(중국 2017년/2016년 비36) (단위: 백만 배럴)

2016년, 미국 석유수출 11대국과 수출 규모			2017년, 미국 석유수출 11대국과 수출 규모		
순위	국가	수출 규모	순위	국가	수출 규모
1	캐나다	110.2	1	캐나다	93.5
2	화란	14.0	2	중국	63.4
3	Caracao	10.0	3	영국	24.4
4	중국	8.3	4	화란	23.5
5	싱가포르	7.5	5	한국	14.3
6	이탈리아	7.8	6	이탈리아	11.6
7	일본	6.1	7	싱가포르	9.3
8	한국	6.1	8	일본	8.6
9	콜럼비아	5.5	9	프랑스	8.6
10	프랑스	3.8	10.	인도	7.0
11	페루	3.2	11	말레이시아	5.5

---

34 세계적인 Energy 전문가, Daneil Yergin과 Atlantic Council의 정의.

35 Adnia Grigas, Harvard University Press, 2017, 'The new Geopolitics of Natural Gas', p.75, Current State of Exports, p.89, US LNG Exports and Global Gas Markets 참조.

36 2017.12.13. Bllomberg, 'The U.S. Is Exporting Oil and Gas at a Record Pace by Laura

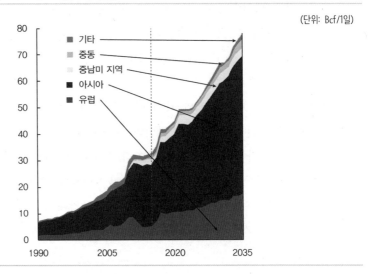

그림 1.9 아시아 LNG 수요 실적과 전망[37]

(단위: Bcf/1일)

■ 기타
■ 중동
■ 중남미 지역
■ 아시아
■ 유럽

4) 미국과 러시아의 국제에너지시장에서의 경쟁과 상호 견제

• 미국의 셰일 붐에 '사우디의 러시아와 유대강화'로 유가하락에 공동 대응
• 2016년 말~2018년 말까지 OPEC과 러시아의 감산 조치 합의
• 이를 계기로 국제유가의 반등 시작
• 2014년, 미국의 러시아에 대한 최신 셰일석유생산 특수기술 제공금지와 장기 파이낸스 금지 조치(Sanction)
• 러시아 외환보유고 급감, ExxonMobil 등의 대 러시아 투자 급감
• 러시아의 OPEC과 동조, 2016년 이래 석유감산 조치(2018년 말까지 연장)로 국제유가 상승 시작
• EU의 러시아 가스에 대한 지나치게 높은 가스수입의존도에서 탈피하기 위한 가스도입지역의 다변화 추진
  − 가스도입 방법의 다양화 도모
  − 상대적으로 러시아의 Gazprom의 국제적 위치 약화

Blewwitt', U.S. Oil Volumes Abtoad and Double up in 2017 참조 인용.

37 'BP Energy Outlook', p.54, 2017, BP.

(3) 사우디의 스윙 프로듀서 위치 탈락 및 OPEC의 위치 약화 그리고 OPEC의 감산결정을 이끈, 러시아의 '대미 유가전쟁' 리더 부상

1) 사우디의 유가급락에도 불구하고, 증산 유지로 대미 셰일혁명 대처작전의 실패

2014, 2015년 이후, OPEC의 미 셰일붐으로 야기된 국제유가 급락에 대처하고, 사우디의 al Niami(전 석유장관)의 마켓셰어(Share)유지책의 증산지속정책 실시가 실패했다.

2) 사우디 석유장관 교체(Khalid al-Faith)와 석유생산 감축으로 방향 전환

OPEC과 러시아의 2016년 말부터 석유 수요 감소와 미국의 셰일 증산에 대처하여 OPEC과 러시아의 공급 축소 정책의 시행을 결정했다. 2016년 후반부터의 러시아와 사우디 주동의 OPEC의 감산 결정과 동 감산 결정의 연장(2018년)으로, 미국 vs. 'OPEC+러시아 팀'의 감산 추진으로 2017년 이후, 국제 유가 상승에 긍정적 효과로 나타났다.

3) 동 감축 시행 조치를 2018년 말까지로 연장 결정을 주도한 러시아

2017년 10월, 푸틴대통령이 사우디 살만(Salman)왕(사우디 국왕으로서는 역사상 최초로 러시아 방문)과 bin Salman(MBS)왕세자를 러시아에서 접견(이때 사우디는 러시아의 s−400의 미사일시스템을 구매하였음)한 후, 시행중인 석유양산 감축조치를 2018년 말까지로 연장하자 동 결정으로 국제유가의 계속 상승(70달러대)의 전기가 마련되었다.

한편 러시아와 OPEC의 석유 감산 결정과 감산 조치의 2018년 말까지 연장 결정을 주도한 러시아의 푸틴대통령은 국제 석유가를 결정하는 '시장의 Swing Producer[38]'로서 사우디를 교체, 대신 러시아가 국제석유시장의 황제(Czar)로 군임했다.

2017년 초부터 '석유시장의 공급과 수요의 밸런스를 취한다'는 견지에서 13개

---

38 스윙 프로듀서(Swing Producer)는 산유국의 석유생산가능액이 풍부하여 유가에 따라 생산액을 자의대로 조절이 가능한 산유국을 뜻한다.

OPEC 회원국은 물론, 러시아 등의 11개 비회원국은 석유 생산 감소에 합의하여 감산조치를 시행하여, 그로서 국제수요가 감소된 공급을 초과하면서 국제유가 70달러 대로의 상승의 전기가 마련됐다.

- 삭감 국가와 삭감 규모(단위: 1,000bbl/일): 사우디(−541), 이락(−210), 베네수엘라(−194), UAE(−168), 쿠웨이트(−146), 알제리(−79), 카타르(−42), 가봉(−8), 에콰도르(−1)
- 증산 국가와 증산 허용 규모 (단위: 1,000bbl/일): 리비아(388), 나이지리아(185), 앙골라(88), 이란(87)
- 증산 허용국가 중 2017년 10월의 생산 변화: 리비아(67.6), 나이지리아(11.9)

 [참고] 미국의 LNG시장과 깊은 관계를 맺는 최근 한국원유·가스시장[39]

- 한국 미국가스 수요의 2~3대 시장(일본, 중국, 한국, 인도순)
- 최근 3년간 한국정유사 미국산 원유 도입 실적: 220만 배럴/2015년 → 245만 배럴/2016년→ 1,232만 배럴/2017년(전년대비 6배 증가)
- 최근 5년간(2013~2017년) 한국의 대륙별 원유수입 비중 변화: 중동 85.98% → 81.69%(감소), 러시아 10.60% → 8.69%(감소), 미국 0.03% → 3.11%(증가), 미주산 도입(멕시코 포함) 4,445만 배럴(전체의 4%)
- 2017년 중, 미국과 4개의 MOU를 체결한 한국의 가스업계
- 탈석탄, 탈원전에서 가스로 전환되는 과정
- 한국, 미국 가스의 수입 7대국(멕시코, 칠레, 아르젠친, 일본, 중국, 요르단, 한국, 인도)
- 미국 Chenerie 터미널(Sabine Pass Terminal) 통해 한국행 가스 수입
  - 백악관 '한국 Energy Week'로 부를 정도, 미국가스수입 4건의 MOU 체결
  - 한국가스공사, Alaska LNG 프로젝트에 투자, SK 그룹, GE와 계약 체결

---

39 2017.7.1. Bloomberg 및 2018.1.29. 조선일보, '한국 원유수입, 중동산 줄고, 미국산은 늘었다' 참조.

④ **[특별 토픽] 중국·러시아간 국제정치적 '에너지 빅딜'**

- 석유와 가스의 중·러 양국의 동맹화
- 남·북·러간(Gazprom, Kogas)의 가스 송유관 신설 가능성
- 2008년 10월, '빅 오일 딜',
- 2014년 5월, '빅 빅 가스 딜'
- 중·러의 '빅 오일 딜과 '빅 빅 가스딜'의 2개의 에너지 빅 딜의 국제 정치적(Geopolipolical) 함축성과 그 의미

(1) 중국과 러시아간 장기석유도입계약(2008.10)과 ESPO건설[40]

러시아의 Rosneft사는 ESPO(East Siberian Pacific Ocean) 파이프라인을 건설하여 중국의 CNPC에 시베리아산 석유 공급을 30년간 연간 15백만톤씩 공급하는 계약(2,700억달러 규모)을 체결하고, 이를 위해 Rosneft사와 중국의 CNPC는 JV(51:49)를 설립키로 합의하였다('석유 빅 Deal').

Rosneft사는 2,700억달러 규모의 석유를 2013년부터 연간 15백만톤씩 35년간 공급하기로 하였다.

- Rosneft와 중국 CNPC의 JV 결성해 51 : 49
- 중국 CNPC는 700억달러의 JV 지분 대전을 Roseneft에 지불
- 중국개발은행(2009년)의 ESPO(East Siberia Pacific Ocean), 동 시베리아 석유 파이프라인 건설자금 250억달러 융자(금리 5.69%, 2000년대 중반 에너지 확보를 위한 중국 요청에 러시아 ESPO 건설로 화답) 실행
- 중국과의 오일 딜 성사: 러시아 푸틴의 '동방행 ESPO 파이프라인'(3,200km)의 신설 명분과 건설 재원 제공
- 2005년 러시아 정부는 태평양행(ESPO, East Siberian Pacific Ocean) 석유 파이프 라인(3,200km) 건설 결정－가스라인 연결 후, 사할린－하바로스크－블라

40　2014.5. Morena Sklamera, 'Booming Synergies in Sino－Russian Natural Gas Partenrship 2014, as Propetious Year Harvard Kennedy School Beller Center', p.9, 'How did the oil deal happen?' 참조.

디보스토크까지 연결, 후일 러시아 하산-북한의 나산과의 연결을 고려한 전략[41]

여기 ESPO를 Blagovshchensk(중국행 분기점)에서 Birobidzhan을 거쳐 Sachalin 까지 연장하여, Sakhlin의 니키호드카(Nakhodka)까지 연장하고, 하바로스크(Khaabarosk)로 연결하여, Sakhalin과 Vladiovostock 라인으로 장기적으로는 남북한을 거치는 송유관을 설치하고, 일본행 수출까지 구상했다.

2009년, 중국개발은행(China Development Bank)은 러시아 Roseneft사와 Transneft(석유운송 독점국유기업)에 ESPO 파이프라인(총연장 3,200km)의 건설자금으로 250억달러를 융자(금리 5.69%)했다.

세계적인 금융위기와 국제 유가하락 후, 경제위기의 러시아(GDP, -8% 성장, 증권시장 60% 가치하락)에 파이프라인(ESPO) 건설용 신용제공과 장기석유 도입계약을 체결한 것이다.

러시아는 2011년부터 20년간, ESPO를 타고, 연간 15백만톤(총 68bcm: 동부 38bcm, 서부 30bcm)의 시베리아산 석유를 중국의 대련(大蓮)으로 공급(2,700억달러 규모)하기로 했는데 당시 Rosneft는 130억달러의 부채를 2009년까지 상환하여야 할 처지로 새로운 현금 수입이 Rosneft에 필요하였던 시점에 중국이 금융으로 이를 지원하였다.

---

41 2018년 5월, 2017년 러시아에서 철수하였던 ExxonMobil사는 Sachalin-I 지구의 LNG가스 프로젝트를 다시 개발키로 하고 CNPC를 JV파트너로 초청하여 2019년까지 결정한다 했다. 남북한 가스 파이프 연결과도 연관되었다.

(2) 중국과 러시아의 '빅 빅 가스도입 계약' 체결 성공(2014.5.)

| 그림 1.10 | 중국과 러시아의 빅 빅 가스도입 계약 |

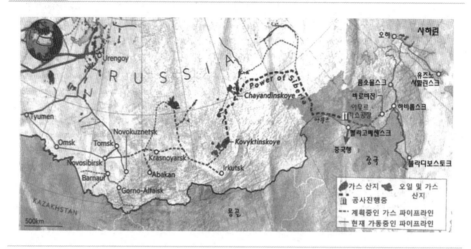

- 러시아의 '아시아진출 가스전략'(Pivot to Asia)의 성공의 계기가 됨
- 2019년부터 2030년까지 4,000억달러 규모의 68bcm(동부시베리아 38bcm(우선 실시)과 서부시베리아 30bcm(추후 연기)) 가스를 중국 동북부 해안까지 공급 계약, 동시에 Gazprom과 CNPC는 동 생산을 위한 51% : 49%의 JV 설립
- Gazprom의 ESPO 가스 파이프라인을 Rosneft의 ESPO 석유파이프라인에 병설(Big Big 가스 Deal)하는 것임
- Gazprom은 동부러시아의 사할린지역과 Khabarovsk와 Primoroye지역을 관통하여 Sakhalin−Khabarovsk−Vlavostok Pipepline의 가스전환시스템(GTS, Gas Transmission System)을 건설하고 있다.[42]

---

42 2014. May. Morina Skailamera The Geopolitics of Energy Projects Booming Synergies in Sino.−Russian Natural Gas Patnership. 2014. as the Propotious Year. Harvard Kennedy, School p.16. 및 2018.3.21. Gazprom, 'Eastern Gas Program', News and events 참고 인용.

그림 1.11 가동중에 있는 러시아의 석유 수출 파이프라인(ESPO) 연결도[43]

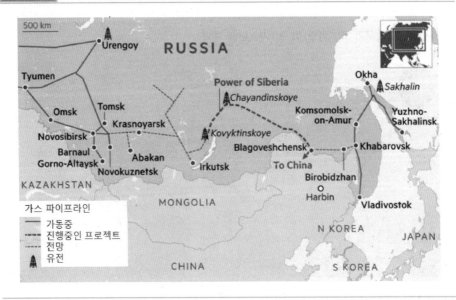

　　러시아(Vladivostock)에서 북한을 경유하여 한국까지 보내는 '가스관의 설치' 프로젝트는 20년 이상된 역사를 갖고 있다. 최초로 이 프로젝트가 러시아에 의해 제안된 것은 1995년으로서 시베리아에서 중국으로 가는 38bcm의 가스를 운송하기 위한 'Power of Siberia'(ESPO) 프로젝트가 논의될 때부터, 러시아의 Gazprom과 한국의 가스공사(KOGAS)가 주동이 되어 논의되기 시작하고 2011년 북한의 김정일위원장의 생전에 '북한을 경유하여도 좋다는 승인하에 Gazprom과 한국의 KOGAS가 연간 10bcm의 가스를 운반키로 하여 MOU를 체결한 바 있다.

　　그 후 2011년 12월, 김정일위원장이 작고하고, 남북관계는 냉각되어, 동 프로젝트는 망각되어 오던 중, 2018년 5월에 남북한 수뇌회담의 실현과 6월 12일 비핵화 문제를 중심으로 하는 트럼프대통령과 김정은위원장과의 회담을 전후하여, 남북한 철도 현대화를 위한 회담과 병행하여 2018년 6월 하순, 문재인대통령의 러시아 국빈방문으로 이 프로젝트는 재논의 되기 시작하였다.[44]

---

43 2017. Gazprom.

44 2018.6.24. OILPRICE.COM. 'Korea Rapprochment Could Revive Energy Megaproject' 참조.

특히 이 프로젝트는 한국의 탈석탄, 탈원전 정책으로 한국의 막대한 LNG 가스수요에 비추어 한국과 러시아의 국가적 차원에서 동 프로젝트의 필요성이 크게 부각되었고, 이에 남북한의 관계개선으로 실현가능성에 남, 북한 및 러시아가 무게를 두고 접근하게 되었다.

특히 앞에서 본 바, 아시아의 가스수요의 폭증과 아시아의 도입가스(미국발)가 유럽의 대미 도입가스 보다 엄청나게 고가(2017년 1월 MCm당 아시아 : 유럽= $344 : $172, 2018년 1월 MCm당 $390 : $215)이어서, 에너지정책상 막대한 가스수요가 있을 한국으로서는 특히 러시아의 사할린 가스의 도입을 북한(지상으로 700km 거리, 4~5년 건설기간)을 경유하는 가스관의 설치로 도입할 필요성이 제기되었다. 그러나 대전제는 비핵화협상의 원만한 진전과 미국의 대북한 제재 해제와 북한 내 가스관의 설치 투자비용 부담과 그 조건 등 산적한 과제의 선결해결이 장기적으로 필요하게 되었다.

참고

러시아의 가스는 최근 러시아가 개발한 시베리아 석유단지 중 Power of Siberia 의 엄청난 가스 생산지역으로 신규생산지역인 Kovykta(Kovitinskoye)나 Chayanda(Chayandinskoye) 중 택할 것으로, ESPO는 여기에서 신설, 연장되는 ESPO로 중국에 가기 위한 Blagoveshechensk를 경유하여, 중국의 다이킹(大慶)을 거쳐 다이런(大連)까지 연장할 계획으로 되어 있다.

또한 Gazprom은 장기적으로 Blagoveshechensk에서 다시 ESPO를 연장하여, Birobidzhen을 거쳐 Khaborovsk를 파이프라인으로 연결하여, 기존의 Sakhalin 파이프라인의 최종기착지인 Vladivostock까지 가스공급을 확대함으로써, 장기적으로 한국(북한 나진 경유), 일본(해저 파이프라인 신설)까지 수출한다는 계획이다.

> **그림 1.12** 러시아 석유·가스의 대중국 수출을 위한 병설·건설 진행 중인 파이프라인[45]

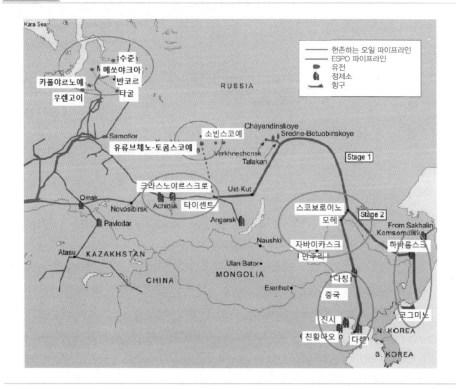

- 러시아의 가동 중, 건설인 석유, 가스 수출 파이프라인(ESPO) 연결도: 250억 달러 규모(중러간 가스빅딜 4,000억달러 규모, 2019~2030년간 가스 380억 큐빅M)
- 동부 러시아의 석유기지와 ESPO'(East Siberian Pipeline) > 연장 3,000km, 550 억달러 투자
- 기존 ESPO를 Blagovshchensk에서 Birobidzhan을 거쳐 Sachalin까지 연장하고, Sakhlin의 니키호드카(Nakhodka)와, Khaabarosk로 연장하여 Sakhalin과 Vladiovostock 라인으로 연장하여 장기적으로 일본행 수출까지 구상
- 최근 2018년 남북평화회담 진행되면서 사할린−Vladiovostock와 남북한의 동해선 신설과 러시아와 가스 코넥숀(Connection) 구상이 다시 논의되고 있음

---

45 러시아의 석유 및 가스의 수출을 위한 송유관의 병설·건설이 진행 중인 라인이다.

그림 1.13 2014년 5월, 가스 빅딜 성공 후 양국수뇌의 뜻깊은 악수

- 2014년 5월, 중·러간 에너지 국제정치의 극치(極致)
- 중·러의 '빅 석유 딜', '빅 빅 가스 딜'
- Gazprom과 CNPC를 통한 ESPO 가스 파이프라인 건설과 2018~2030년간 38bcm 장기가스 공급계약(中俄東線供氣購銷合同)(4,000억달러 규모)을 체결키로 합의

(3) 중국과 러시아는 에너지 분야의 영원한 동반자일까?

- 19세기 전, 영국수상 Lord Palmerston의 말[46]: 한 국가에는 영원한 동지도, 영원한 적도 없다. 오직 영원한 이해관계(Interest)만이 있을 뿐이다.
- 2016년 12월, NBR(Nat'l Bureau of Asian Research)에서 Meghan L. O'Sullivan(Harvard 대학교수): Essay 'Asia, Geopolitics of New Beneficiary of the New Energy Environment'

---

46 Agina Grigas, Harvard University Press, The New Geopolitics of Natural Gas, p.263, Global Gas, the Asian Price Differentials and the Potential US LNG 참조 인용.

O'Sullivan 교수는 '새로운 에너지 환경은 중국으로 하여금, 현재의 국제질서를 그대로 적응하느냐 또는 자국의 이해(interest)관계에 더 맞게, 질서를 재조정하느냐를 놓고 심사숙고하게 만든다.' (The particular trajectory that new energy environment takes will implications for China's deliberations about whether integrate itself into current int'l order or to remake the order to better suit its interests.) 라고 하듯이, 중국의 CNPC사는 미국 Texas에 있는 Chenerie사로 부터 연간 120만톤의 LNG를 2023년부터 2045년까지 22년간 멕시코 만에서 선적하여, 중국으로 수입하기로 결정하고, Chenirie사와 계약에 사인하였다. 이는 중국의 공해 제거 정책에 대응하기 위한 석탄 대신 가스로 발전(發電)을 대체하려는 장기 전략에 근거하는 것으로, 이로서 미국의 중국과의 무역역조 시정에도 도움이 된다.

이는 또한 중국이 이미 러시아의 Gazprom과의 러시아의 Altai를 통해 중국의 서북부지역에의 장기가스 수출을 모색하던 프로젝트(2014년 11월, MOU 체결)는 일단 연기하고, 미국의 셰일붐의 셰일가스를 액화가스(LNG)로 전환하여, 22년간 장기간 도입하기로 결정한 것이다. 미국산 가스는 수입가격면에서나 도입가스의 처리 융통성으로 보나 유리한 점에 근거하여, 러시아와의 전략적 파트너십 대신 미국의 셰일스를 파나마운하를 거쳐 도입하는 것이 중국에 유리한 것으로, 바로 '중국의 이해관계'(interest)를 보다 중시하는 성향으로 바뀐 것이 아닌가 하는 생각을 하게 한다.

여기에서 중국의 이해관계라 함은, 미국의 한국에 이어 중국에게도 태양광판(Solar Panel) 등에의 높은 관세를 부과하려는 움직임에 대하여 중국이 미국산에 에너지도입으로 중화작용을 하게 하려는 정책 목표와도 무관하지 않다고 본다. 왜냐하면 중국의 미국산 셰일가스 도입이 그만큼 미국의 대중 국제수지 역조 해소에 도움이 되기 때문이다.

이는 미국의 '셰일에너지 수출의 중요성'을 나타내는 한 방편으로 볼 수 있다. 즉 2018년 트럼프 대통령은 미국 연방정부의 1.5조달러의 인프라 투자 확대를 위한 예산증액 조치를 국회에 요구하면서, 그 목적의 인프라 투자는 '도로와 교량과 그리고 에너지 인프라(energy infrastructure)'라고 3가지 '인프라'를 명시하는 데에서도 미국의 셰일가스 수출의 중요도를 짐작할 수 있다.

그리하여 그는 2,000억달러 규모의 인프라 플랜 중, 고속도로 트러스트 펀드(Highway Trust Fund)의 펀딩을 위한 지원도 포함된 바, 이의 재원은 연방 가스세

(Federal gas tax)를 앞으로 5년 간 1개론당 25센트씩의 증세를 통해 시행한다고 발표하고 있어, 앞으로 미국의 셰일에너지의 미국경제에서의 비중을 짐작케 하는 요인으로 보아야 하겠다.[47]

5 대형 수력발전댐 프로젝트에서 미·중간 협조와 견제를 반복하는 에너지 국제정치

(1) 중국의 싼샤댐 발족 초기에 미국은 협조에서 견제정책으로 바꿈

1) 1990년대 중국 싼샤댐의 발족과 미국의 지원

싼샤댐(The Three Gorges Dam, 長江三峽)은 장강(양자강)의 지류를 막아 중국의 후베이성 이창(義昌)시에 건설된 다목적댐이다. 미국의 TVA(Tennessee Valley Authority)를 모델로, 중국정부가 역사적으로 고질적인 홍수의 조절과 관개(灌漑)사업과 전력생산(1,820만kw 생산) 등 다목적 사업으로 1992년에 건설을 결정하여, 공사착공은 1994년에 양자강 하류에 높이 1,985m, 폭 2,381m, 높이 175m의 주요 구조물 건설은 2006년에 완공되었다. 그 후 2008년에 이 구조물과 설비의 운전을 시작하고, 2009년에 댐 공사를 완공하였다. 이 댐의 완공으로서, 6,300km의 길이의 장강(長江)이 되었으며, 9,600큐빅메타의 물이 동지나해로 들어가서, 이 댐의 발전량은 1,820만kw로서 세계최대의 발전소가 되었다. 원래 이 댐은 1949년 중국인민공화국이 발족되면서 더불어 제기되어 1944년에는 미국 간척국 기술자인 J. 사바지(Savage, 미국 TVA 설치자)가 장강 일대를 조사하고, 싼샤댐을 건설할 것을 중국정부에 제안한 바 있다.

이 댐이 완공되기까지 건설과정에서, 초기의 공산당 지도자(덩샤오핑 같은)는 기본적으로 미국의 TVA를 모델로 택하였거니와 여러 면에서 미국과 협조와 지원을 받게 되었다. 이를 역사적으로 거슬러 보면, 1980년 3월 미국과 중국은 '수력발전과

---

47 2018.2.10. FT, 'Cheniiere signs long term China LNG exports deal' 및 FT, 2018.2.13. 'Trump seeks 10 more years to balance budget in 2000bn infrastructure push' 및 2018. 2.11. FT, 'Trump asks states to help out with funding of $1.5trillion infrastructure plan' 참조.

수자원관리에 관한 조약'(Protocol on Coorperation on Hydroelectric Power and related Water Resources Management)을 체결하여, 미국의 TVA 기술자들이 샨사댐 프로젝트에 참여하여 활동하였다. 그때 중국은 11명의 중국기술자들을 9년 기간에 걸쳐 미국의 TVA에서 훈련시켰다.

2) 미국의 레이건대통령 방중과 삼협댐 건설에 대한 긍정적 지원 결정

그 후 1984년, 레건(Reagan)대통령이 중국을 방문하면서, 중국 측은 TVA기술자 파견을 증가시키고 좀 더 적극적인 협조를 요청하였고 "중·미 컨소시엄 형태로 삼협댐(Three Gorges Projects) 프로젝트를 추진하자"는 중국 측 제안을 받아 드려, 이에 레건 대통령은 그의 안보수석보좌관(William Clark)을 협력단 단장으로 하는 컨소시엄팀을 베이징에 파견하여 활동케 하였으나, 그 후 슬그머니 약화되었다.[48]

그럼에도 불구하고 1984년 5년간의 삼협댐 건설 프로젝트의 건설 계약을 미국 관계국(Bureau of Reclamation)과 중국의 수자원 및 발전부(Ministry of Water Resources and Electric Power)간에 체결하였다.

1992년에는 '기술적 원조와 데이터 관리를 위한 지원'을 중심으로 하는 제2차 협정이 체결되었다.

3) 세계은행의 참여거부와 미국의 반대 의견

한편 미 상원에서는 동 프로젝트에 관한 시비가 팽배한 가운데, 세계은행(World Bank, 미국의 영향 하에 있음)는 삼협댐 같은 거대한 프로젝트는 코스트/이익 분석(cost/benefit analisis)에서 "경제적이지 못하다"고 분석하고 지원을 안 하기로 결정하였다. 그런 경제적이지 못하다는 연유와 환경을 악화시킨다는 이유로 세계은행은 참여를 거부한 것이다.

1992년에는 클린턴 정부 때의 부통령이었던 알 고어(Al Gore)를 포함한 환경론자들이 동 프로젝트가 '기후변화를 악화시킨다'고 항의하고 특히 동지역의 이주민의 인권과 재산권을 침해한다 하여 맹렬한 반대운동이 있었다.

---

48 Shiller Institute Great Infrastructure Projects, 'Three Gorges Dam: The TVA on The Yangtze River', by William c. Jones and Marsha Freeman, pp.11-12 참조.

4) 미국 수출입은행의 지원에 대한 소극적 태도

1996년에는 동 프로젝트에 크게 관여할 카타필러(Caterpiller)사가 미국수출입은행(US Ex-Im Bank)에 동 프로젝트에 수출하는 동사의 '제품수출에 대한 지급보증서'를 발급함에 대한 의회에서의 시비와 미국수출입은행의 '환경악화기업에는 지원금지 지침'으로 지급보증서 발급을 주저하게 되었다. 그러나 이에 상원 에너지 및 수자원위원회(Senate Energy and Natural Resources Commitee)의 위원장인 F. 무로우스키(Murkowski)는 삼협댐 프로젝트는 1998년 당시의 홍수로 이미 3,000명이 사망하였고, 또 이 댐을 건설하지 않으면 "대체할 전기 생산을 위하여는 이 삼협댐 대신 36개의 화력발전소를 건설하여야 한다"는 주장에 힘입어, 1998년 말, 결국 Caterpillar에 대한 30백만달러의 수출입은행의 론과 기타 설비업체인 Rotec Industries에 대한 수출입은행의 지급 보증서를 발급하게 되었다. 미국의 정책은, '환경악화 프로젝트에는 미국의 정책금융기관이 참여 할 수 없게 되어 있는 규정'에 묶여 있었던 제한을 푼 것이다.

그러나 방대한 수자원개발과 총 26기에 이른 수력발전소의 설비와 장비에 대한 미 수출입은행의 미국 기업에 대한 다른 론에 대한 지급보증의 소극적인 태도로, 반사적으로, 1997년에 '비(非)미국계 기업의 컨소시엄'의 낙찰로, 터바인(turbine)은 GEC-Alstrom(Franco-British)과 ABB Asea Brown Boveri(스위스)가 땄으며, 320백만달러의 또 다른 계약은 독일의 Voth & Siemens AG와 GE Canada의 컨소시엄이 땄고, 그리고 카타필러 외의 미국 기업으로는 Rotec Ind.가 20백만달러의 설비 수주를 받은 게 고작이었다.

5) 중국에서의 삼협댐의 의미는 만리장성에 버금가는 프라이드

중국으로서는 그간 70여년간 연구하고 준비하여, 3단계의 건설단계를 거치고 1.3백만명의 생활 근거지로부터 타지로 이주시키는 등 우회곡절 끝에 완공된 샨사댐은 'Yanagtze Three Gorges Project Development Corperation'(CTG, 국영독점수력발전회사)을 탄생시키게 되었다.

이렇게 하여 22.5gigawatts의 전력을 생산하며, 화력발전용 석탄 50백만톤과 석유 25백만톤의 낭비를 절감하고, 중킹(重慶)으로 운송되는 화물량을 5배로 증가시키면서, 운송코스트는 35%를 절감케 하였다. 또 겨울 건조기에는 의창(義昌, Yichang)저

수지로 당시의 3,000큐빅메타의 물을 5,000큐빅메타까지 증가시켜 물을 유입시키는 중국 제1의, 그리고 세계 제1의 거대한 수력발전소(재생에너지·설비, 브라질—파라과이의 수력발전 댐보다 큼)의 샨사댐이 가동되게 되었다. 중국의 남수북조(南水北調, 남쪽의 물을 북쪽으로 물을 보낸다)의 대표적 원천이 된 것이다.

그리하여 중국의 만리장성과 싼샤댐은 중국인의 프라이드가 된 것이다.

(2) 포르투갈 EDF사의 전 주식을 매입하려는 중국 CTG와 미·중간의 갈등과 에너지 국제정치

1) 중국 싼샤댐의 포르투갈 수력발전사의 잔여주식 전액 인수 오퍼

2018년 4월, 중국의 삼협댐수력발전사(China Three Gorges, CTG)는 포르투갈의 최대수력발전사인 EDF(Energias de Portugal)사의 주식 76.7%(기왕에 EIG가 보유한 EDF사 주식 23.3%를 제외한 잔여주식 전체(76.3%), 이는 미국(15%), 포르투갈(11%), 스페인(10%), 기타 유럽(34%) 등 14개국의 발전회사들이 분산보유하는 주식으로 동주식의 처분에는 미국정부와 EU의 승인과 주주인 기타 유럽의 발전사들의 승인이 필요함)를 양도받기로 EDF사의 집행부와 합의한 후, 이를 이의 승인을 EDF의 이사회에 승인 요청하였는데, 이를 2018년 4월 개최된 EDF의 이사회는 동안건을 부결시켰다.

그림 1.14   포르투갈 남부 EDF의 Alqueva Dam[49]

---

49 2018.4.16. FT, Bloomberg.

그림 1.15 **2017년 12월 31일 EDF의 국가별 주주 주식 비율**

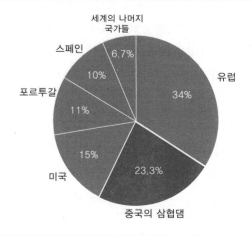

중국의 CTG는 EDF사의 전 주식을 매입하기 위해 주당 3.44유로(전일 종가에 5.5%의 프리미엄 附)로, 90억 유로에 전액 매입하는 오퍼를 EDF이사회에 제출하였는데, 이를 이사회에서 부결시킨 것이다.

원래 중국의 CTG는 2011년 세계금융 위기시에 IMF와 EU로부터 구제금융을 못 받을 정도의 위기에 처한 포르투갈의 EDF사에 지원 차, 동사주식매입으로 직접투자하면서, 동사의 주식의 23.3%를 27억 유로를 주고 취득하게 되었다. 또한 중국 국영 전력독점사인 China Grid사는 같은 시기의 금융위기시에 포르투갈의 동업 전력회사인 금융지원을 하면서 포르투갈의 REN Grid'사의 주식 1/4(25%)을 보유하게 되었다.

또· 같은 시기에 중국의 국영석유 자이언트인 Sinopec사는 포르투갈의 국영석유사(Energie de Portugal)의 브라질 내 프로젝트에 투자한 바 있다. 이외에도 중국의 Fosan보험사는 포르투갈의 최대 보험사의 주식의 80%를 인수한 바 있다.[50]

---

50 2018.4.16. FT, 'Battle for EDF set to test attitudes towards China' 및 2018.5.12. FT, 'Chinas/EDP: power to the peaple' 참조.

2) EDF사 이사회의 CTG사 잔여주식 매입 오퍼에 대한 부결조치

그러나 이는 장기적으로 여러 가지 분란과 소용돌이 속에 미국과 유럽제국과 중국 이사회의 멤버간에 벌어질 장기적인 에너지 국제정치의 한 단면이 될 것으로 보인다. 특히 여러 국가(12개국)와 기업들의 12개국의 공·사기업 주주 중에서도 중국과 미국 간의 야기될 장기적이고 에너지산업의 미묘한 신경전적인 국제정치가 EDF의 주식을 둘러 싸고 야기될 것이다. 2018년 5월 중순 EDF사의 자산평가는 부채 포함하여 300억 유로로서, 만일 CTG가 EDF를 매입한다면 자회사인 EDF Reenovaveis도 매입하여야 한다는 것이다.[51]

그를 반영하듯, EDF의 주식거래는 CTG의 오퍼가격의 5%를 넘는 3.44유로에 거래되고 있다. 이는 앞으로 이 주식은 커다란 국제 딜의 대상이 될 것으로 보기 때문이다.

여기에서 미국을 보면, 비록 주식보유비율은 15%에 불과하나, 미국의 국내법상 미국자산을 외국인에게 양도하거나 매각할 때에는 미국 외국인투자위원회(Cfius)의 승인을 받아야 하는데 이 위원회의 통과가, 특히 중국의 경우에는 매우 부정적인 결정이 잦다. 2014년에 중국의 CNOOC가 Unocal 석유사를 160억달러에 인수하려 하였을 때, 이를 안보상 이유로 부결시키고, Chevron사에 인수시킨 예가 있다. 또 최근에는 중국의 Huawei사가 미국의 반도체회사와 합병하려 하였을 때, 이를 부결시킨 경우도 있다.

더욱이 CTG사의 EDF의 직접투자 외에, China Grid사의 포르투갈 Ren.전력회사의 주식 25%를 갖고 있는 것과 Sinopec이 브라질 내 포르투갈 국영석유사의 지분에 출자하고 있는 점을 총체적으로 고려할 때, 미국이 결코 이를 승인하지 않을 것은 명약관화하다. 각종 에너지를 둘러싼 미국과 중국간 국제외교 정치가 여기에서도 미묘하게 전개될 것이 예상된다.

더욱이 포르투갈 정부는 세계금융위기시에 캐시프로를 원활하게 한 중국 금융지원을 한 중국에 대하여 이를 감사하게 인정하고 있으며, 12,000명의 EDF의 종업원의 일자리에 더욱 관심이 크다는 것이다. 따라서 중국의 인수에 호의적이다. 그러나 여타 이사국들도 만만치 않다.

---

51 2018.5.12. FT, 'Chinas/EDP: power to the peaple' 참조.

또 다른 특수성은 독일의 에너지 기업인 Eon사는 독일의 A. Merkel 수상의 지원을 받는 기업으로서 독일과 중국간의 국제정치와도 관련된다. 이래저래 EDF의 주식 전부(76.7%)를 매입하려는 삼협댐(CTG)의 계획은 아주 장기적인 국제 외교장에서 결정될 프로젝트가 된 것이다. 하나 명백한 것은 시진핑 주석의 강력한 추진 테마인 일대일로(RBI, OBOR)와도 이 모든 것이 밀접한 관계가 있다는 점이다.

6 에너지 밀월시대 중·러 두 주역간의 아이스하키 외교

- 러시아 푸틴대통령의 2022년 동계 올림픽을 주최국 중국에 대한 지원
- 핑퐁(Pinpong) 외교에 가름할 러·중간의 아이스하키 외교
- 중국과 러시아간의 에너지(석유, 가스) 동맹에 대한 국제정치로서 보답[52]
- 러시아의 중국 아이스하키 프로 팀의 탄생 지원과 에너지 국제정치

(1) 푸틴대통령이 시주석에게 장기에너지 도입조치 결정에 화답

2018년 2월, 한국이 평창에서 동계 올림픽 개최된 후, 2022년 2월에는 중국이 차기 동계올림픽을 주최하게 되어 있다. 여기에 올림픽 주최국은 올림픽의 모든 종목에 자국 소속 팀을 한 팀씩 출전시킬 수 있는 권리가 있다.

동계 올림픽의 하이라이트 종목인 아이스하키(남) 종목은 전통적으로 미국, 러시아, 캐나다(직전 올림픽 우승국), 핀란드, 스웨덴, 노르웨이 등 북방계 중견 국가가 전문이며, 동 종목이 인기가 높지, 중국이나 한국 같은 그런 아시아 국가에서는 아이스하키가 전문도 아니고, 따라서 아이스하키 종목이 대중에게 그리 인기가 높지도 않았다. 따라서 한국과 중국에는 2018년까지 세계적 아이스하키 우수선수도 없다.

---

52 2017.12.23.−24. FT, Spectrum, 'On thin ice', China needs to build an ice−hockey team for its Winter Olympics in 2022.

(2) 중국의 아이스하키선수 결핍에 대한 러시아의 전략적 지원

한편 중국에는 아이스하키에 세계적 우수선수가 없는 처지임에도, 중국의 스포츠의 대표 팀 구성에 있어, 중국에서는 중국계(부모 기준) 아닌 외국인 운동선수를 이민(귀화)으로 중국 국적을 취득하게 하여 국제대회에 출전시키는 일은 한(漢)민족의 정서에 맞지 않아, 부모가 중국인이 아닌 외국계 선수를 스카우트하여 출전시킬 수도 없다. 그래서 특히 스포츠광(狂)인 시진핑 주석의 동계올림픽 주최국으로서, 2022년 동계올림픽의 하이라이트인의 남성아이스하키 시합에 16강만이 출전할 수 있는 '톱 디비죤 1부 시합'에 중국을 대표할 세계적인 최고의 중국 아이스하키 팀이 없는 것에 대한 고민이 깊었던, 2016년 중반이었다.[53]

이 지음 2014년부터 에너지(석유·가스)와 관련하여 국제 유가하락과 또 거의 같은 시기의 미국의 러시아의 우크라이나 침공을 이유로 한, 러시아에 대한 미국과 서방측의 경제제재(Sanction, 미국기업의 러시아에의 특수석유생산 기술 제공 금지와 러시아의 에너지기업에 대한 장기달러표시 금융거래 금지하는 내용)으로 커다란 경제적인 고통을 겪고 있는 러시아의 푸틴대통령은 그 즈음에 베이징을 찾아, 시주석과 서로의 애로사항과 고심거리를 토로하였을 것이다(2013~2015년까지 푸틴대통령과 중국의 시주석은 10회 이상 회동).

(3) 올림픽에서 우승할 아이스하키팀 구성을 가능케 한 푸틴의 코치

중국계 출신 선수만으로 구성되는 2022년 동계 올림픽 아이스하키에 출전하여야 할 주최국 중국의 우승이 가능한 세계적인 아이스하키 팀의 육성(자국민만으로 구성)에 고심하고 있던 시주석에게, 푸틴대통령(푸틴대통령 자신도 아이스하키의 우수선수)은 중국이 2022년 올림픽 주최국이 되는 때까지, 아이스하키의 올림픽 강국이 되기 위한 몇 가지 제안을 조언 삼아 한 것 같다.

그것은 아이스하키를 중국의 전략스포츠 종목으로 지정하고, 2008년 푸틴대통

---

53 2017.12.23.－24. FT, Spectrum, 'On thin ice', China needs to build an ice－hockey team for its Winter Olympics in 2022 참조 인용.

령이 주동이 되어 설립한, 러시아 주축의 'Kontinental Hockey League'(KHL,[54] 북미의 NHL, 스웨덴의 SHL과 더불어 세계 3대 아이스하키 리그 중 하나로서, 동 KHL의 회장은 푸틴 대통령의 친구이면서 러시아 석유가스 민간 재벌인 Novatek그룹)[55]에 Tinchenko회장을 회장으로 임명하면서, 동 KHL에 중국 최초, 최고의 아이스하키팀인 '베이징 쿤룬 레드 스타'(Beijing Kunrun Red Star)팀을 시주석의 추천에 따라 가입시켰다.

그리고 이때부터 러시아의 KHL에서 KH리그의 멤버로서 중국 최초의 프로 아이스하키팀인 Beijing Kunrun Red Star를 참여시켰다. 또한 러시아의 KHL에서 중국에 파견한 세계적인 코치와 선수(예컨대 러시아 아이스하키의 세계적인 스타인 알렉스 오츠베킨 같은 최우수 선수 등)들을 대거 중국으로 파견하고, 중국 우수 팀과 KHL 리그에서 우수 외국팀과 실전 연습하면서, 선발된 중국의 아이스하키 선수들을 훈련시키기 시작하였다.

(4) 중국의 베이징 레드스타 쿤룬 레드팀의 리더 지명

또 시진핑 주석은 '베이징 쿤룬레드 스타'(Beijing Kunrun Red Star)의 회장으로 전 ADB 부총재를 역임한 자오 시아오유(Zhao Xiayou)를 지명하였는데, 그는 아이스하키선수 출신도 아니고, 외교술이 넓은 국제금융인(전 ADB 부총재)으로서, 동 레드 스타팀의 후원구룹으로서, 중국 최대의 투자그룹인 Citic그룹과 최대의 부동산그룹인 Vanke를 데려 올 정도로, 이미 Beijing Kunlun Red Star Team은 중국의 대표 아이스하키 팀의 표상이 되었다. 또 KHL의 멤버로서 중국을 대표하는 아이스하키팀으로서 핀란드, 스웨덴, 러시아 등의 팀과 경기를 해 나가면서, 실력을 쌓고 있다. 여

---

54 아이스하키는 북방의 중진국들의 게임으로서, 전통적으로 리그(League)방식으로 개최되는데, 미국, 캐나다 등의 북미아이스하키리그(NHL)과 스웨덴이 주축으로 노르웨이, 핀란드 등으로 구성하는 SHL(스웨덴하키리그)와 러시아와 벨라루스(Belarus) 등이 주축이 되는 KHL(Kontinental Hockey League)로서 KHL은 푸틴대통령이 2008년 설립한 리그이다. 2008년1월의 평창에는 NHL은 참가를 안 하고 SHL의 KHL의 팀이 대거 참가하였다(2017.12.29. 조선일보 평창 D-42. 참조).

55 북극 Yamal 반도의 270억달러 규모의 Yamal 가스사업의 대주주이면서 푸틴의 친구라는 이유로 미국의 경제재대상이 된 G. Timchenko를 푸틴대통령이 설립한 Kontinental Hockey League(KHL)의 회장으로 임명하였다.

기에는 여러 형태의 러시아의 지원과 코치가 뒤따르고 있다.

이리하여 중국의 아이스하키에는 2008년의 4개의 마이너리그팀과 기백명의 선수에 불과하였으나, 2017년 말에 130개 아이스하키 클럽과 3,000명의 청소년의 프로 선수와 1,000명 이상의 성인 아마선수가 있다는 것이다. 또 이렇게 아이스하키가 인기가 높아 진 것은, 중국의 국민소득 향상으로 중견국가가 된 것과 중국의 1 소자 (少子)원칙(One Child-policy)으로 1명의 아들을 둔 젊은 청소년이 아이스하키를 동경하게 되었고 부유해 진 부모들이 그것을 지원하고 있다는 것이다.

(5) 중국의 아이스하키 전략적 팀구성 지정과 운동장 500개 설치

또한 중국은 아이스하키를 전략적 운동종목으로 지정하여, 2022년까지 정부에서 500개의 신설 스케이트장을 만든다는 구상이다. 이 모든 아이스하키팀의 육성을 위한 코치와 자문은 푸틴대통령의 시주석에게 리드·자문한 것에 나타난 결과라는 것이다.

이렇게 중국과 러시아의에 푸틴대통령과 시진핑 주석간에, 러시아의 KHL의 리그 멤버로 베이징의 신설된 '군란 Red Star'팀 간의 꾸준한 시범경기와 훈련 등의 지원 등으로 푸틴대통령과 시주석간에 시작한 '아이스하키 외교'가 성숙되었다.

(6) 에너지 관계에서 시작 발전한 중·러간 아이스하키 외교

이는 1972년 미국 닉슨대통령이 그 당시 중국을 구소련의 블록(위성국가)에서 탈퇴시키고자 시작한 H·키신저를 앞세운 '핑퐁외교(Table Tennis Diplomacy)가, 미국에서 러시아로 중국의 외교의 상대국이 바뀌고, 앞세우는 운동 종목도 종래의 탁구에서 아이스하키로 게임 변경한 것에 비유되고 있다. 다만 1962년의 미·중 외교의 동력은 탁구외교(PinPong Diplomacy)로서 그 목적에서, 중국을 소련의 틀 안에서 해방시키고자 한 것이라면, 이번의 '아이스하키 디프로메시'에서는 중국과 러시아간의 미국(대러시아 경제제재, 일대일로와 남중국해의 에너지 확보를 위한 중국세의 확장에 대한 미국의 견제, 미국의 셰일석유혁명)을 상대로 하는 '석유와 가스 딜의 에너지 국제정치'로 시주석과 푸틴대통령이 손을 굳게 잡은 스포츠 국제정치(양국 수뇌는 2~3년간 10여차 회동)로 나타나게 되었다.

2022년 동계올림픽 주최국인 중국과 KHL의 대표주자인 러시아의 아이스하키팀의 우승을 향한 선전이 예상된다. 그때의 시주석과 푸틴대통령의 회심의 미소가 예상된다. 에너지 국제정치가 여기까지 간 것이다.

제2장

세계유가전쟁과 변화하는 에너지 국제정치

- *Seven Sisters vs. NOC, IOC vs. OPEC, U.S Shale. vs. OPEC & Russia*

Global Energy Geopolitics

미·중·러·OPEC간의 에너지 국제정치

세계유가전쟁과 변화하는 에너지 국제정치

- Seven Sisters vs. NOC, IOC vs. OPEC, U.S Shale. vs. OPEC & Russia -

① 변화하는 세계 에너지 국제정치와 미국 셰일에너지 혁명

요약

1. 아랍산유국 vs. 미국·이스라엘의 석유전쟁과 국제유가

(1) 1970년대 초까지 국제 유가결정의 공시가격 체계

- '일곱자매'(Seven Sisters), 석유 메이져(IOC, Int'l Oil Corp.) 7사: Exxon, Mobil, Socal, Texaco, Gulf, Shell, BP
  그 후, ExxonMobil, Chevron, Shell, BP, Total(Eni)로 대통합
- 석유 메이져들(IOC)의 진출국가, 산유국 정부로 부터 원유채굴권 매입
  - 조광권(粗鑛权)에 대한 세금과 사용료 지불
  - 석유 메이져들, 탐사, 개발, 생산, 수송, 정제, 판매에 이르는 수직적 일관 체제
  - IOC: 석유 수급과 재고 조절로 국제 석유가격에 큰 영향력 행사
  - IOC: 리스크 최소화, 가격을 통제, 국제유가 IOC 결정, IOC(세금 부담 감소 도모) 공시가격 발표

- 산유국에 지불하는 사용료 및 세금도 IOC가 정하는 공시가격 기준
- 수급상황과 시장가격과 동떨어진 IOC의 결정, 공시가격 기준(투명성 결여)
- 베네수엘라, 리비아, 이란, 소련 등의 독립계 석유기업들 등장, IOC에 도전 (그러나 이들 전체적으로 국제 석유시장 영향력 미미)

(2) 1960년 9월, 석유수출기구(OPEC, Organization Petroleum Exporting Countries) 결성: 사우디 등 13개 산유국[1]

- 1960년 10월, 이란, 이라크, 쿠웨이트, 사우디, 베네수엘라 등 5개국 주축으로 시작
- 카타르(61), 리비아(62), UAE(67), 알제리(69), 나이지리아(71), 에콰도르(94), 앙골라(94 가입), 인도네시아(2009년, 재가입)
  - 당초 석유메이져들의 가격인하 공세에 대항(미국이 1960년 석유수입쿼터제 (Mandatory Import Quota) 실시, 미국의 수입석유의존도를 낮추기 위해 미국 수입량을 미국 국내 생산량의 12.2%로 제한, 1973년, 비현실성에서 해제)
- 세계원유 수요 증가
  - 국제석유시장, Sellers Market으로 전환
  - OPEC이 새로운 강자로 등장
- 1970년, 리비아가 Occidental(미국계 독립사): 인상된 공시가격으로 세금 계산, 과거 손실소급 적용(모든 석유메이져 동일조건 채택)한 것이 발단
  - 국제석유시장의 패권이 OPEC으로 넘어감
  - 1973.10.16: OPEC, 중동전쟁 보복으로 석유가 3.65달러→5.119달러(40% 인상)
  - 1973.12: 11.63달러로 대폭 인상
  - 1972~83: OPEC의 석유메이져의 지분 참여 주장, 국유화(NOC) 25% 지분으로 시작해 51%까지 확대(사우디의 Arameo는 25% 국유지분에서, 1980년 100% 사우디정부 소유로 확대)

(3) 1973.10.16. 1차 국제석유파동

- OAPEC(아랍권 OPEC)의 '대서방 엠바고'(Embargo) 실시(국제유가 70% 앙등): 1970년 10월 14일, 미국의 닉슨대통령이 이스라엘의 아랍권과의 전쟁으로 입은 손실 보전을 위하여, 미국이 22억달러 규모의 물자(22,000톤)를 이스라엘에 공급한 것이 발단 원인
  - OAPAC(리비아와 사우디 주동)은 즉각 대미, 대서방 수출 석유가를 70% 인상

---

1 에너지연구원 수시보고 15-11, p.9, 가격결정의 변천 참조.

  - 55달러/배럴로 하고, '대서방 석유 수출의 엠바고'(Embargo)를 실행
  - 아랍권의 석유수출국들, '1,000년만의 최초의 아랍권의 통합'으로 자평
  - 석유에서 유발된 근세의 '최초의 국제적 파워'를 아랍권이 실감, 자만
  - 서방측은 반대로 이로 인한 막대한 손실과 고통(1차 석유파동) 초래
- 1973년 당시의 OPEC 석유점유율: 51%(추후 2011년 러시아, 노르웨이 등 비
  OPEC의 증산으로 OPEC 비중 28%로 하락)
- 아랍산유국의 대미국 석유수출금지(Embargo)의 목적은 두 가지로 대별: 하나는
  아랍권의 이스라엘에 대한 직접적인 고통을 주는 것과 또 다른 목적, 이스라엘
  을 후원하는 서방세계(특히 미국)에 석유부족에서 오는 고통을 주기 위한 목적
  (미국의 휘발유 주유를 위한 기나긴 자동차 행렬) 발생
  - 당시 특히 미국에 대하여는 이스라엘을 택하든가, 아니면 '석유안보를 택하
    라'는 둘 중 하나를 선택하라는 압력이었음.
  - 이때 석유부족으로 큰 고통을 겪은 영국은, 이스라엘에 대하여 6일 전쟁 중
    아랍권에서 철수할 것을 권하였음.
  - 화란을 포함한 유럽의 수개국은 친 아랍 성명을 발표[2]

(4) 2차 세계석유위기

- 1978.12: OPEC의 일방적 14.5% 유가인상
- 1979: 이란의 이슬람 혁명, 원유수출 중단, 아라비안 라이트 14달러/배럴 → 26달
  러/배럴로 급등
- 1980: 이란 – 이라크 전쟁
- 1980.4: 30달러/배럴 그 후 1983년까지 30달러대 유지
- 세계 경기침체: 수요감축, 각국의 대체 에너지개발 등으로 OPEC 원유수요 감소
- OPEC 영향력 감소, OPEC회원국(사우디 제외)들 생산 쿼터 불이행
- 사우디 생산량 조절자(Swing Producer) 역할 포기
- 1985: 28달러/배럴
- 2000: 16~20달러대 지속(1978년 국제석유시장 전환점)
  - 가격공시에 의한 시장연계체제로!

---

2 Sandy Franks Sara Nunnaly, 'Barbarians OIL' How the World's Oil Addiction Threatens
  Global Prosperity and Four Invstments to protect Your Wealth, p.125, 'Oil becomes a
  Weapon of War' 인용.

(1) 에너지 국제정치의 주도권 변화: 중동 산유국과 러시아에서 미국 셰일 혁명 성공

Joseph S. NYE(하버드대 교수, 전 미국 National Intelligence Council, NIC 의장)교수는 2017년 11월 동경에서 개최된 에너지 세미나에서 '변화하는 에너지 국제정치' (Changing Geopolitics of Energy)란 제목으로 강연하면서, 매우 흥미 있는 내용으로, '에너지 국제정치의 변화'를, 최근의 '미국의 셰일에너지 혁명으로 인하여 국제에너지의 주도권이 중동의 산유국(OPEC)에서 셰일가스혁명을 성공적으로 이룬 미국으로 바뀌었다'는 사실을 언급하였다.

－NYE 교수강연[3]

그는 2008년 발행된 NYE교수가 근무한 바 있던, NIC의 'Global Trends 2025' 보고서에서 2008년 당시의 에너지 공급의 타이트한 석유시장 여건을 인용하면서, 이런 배경에는 중국의 에너지 수요의 급작스러운 증가와 비(非)산유국(Non-OPEC, 노르웨이, 러시아 등)의 북해의 석유자원이 고갈되어 가는 현상을 인용하고, 비교적 안정적이었던 국제유가가 2006년에는 배럴당 100달러를 초과하게 되었는데, 이는 세계의 석유매장량이 점점 고갈되어 가기 때문이라고 하면서, 따라서 앞으로의 석유는 비교적 코스트가 낮은 중동에 의존케 될 것이라고 예언하였다. 또 이렇게 높은 중동의 석유 · 가스의존도는 그만큼 에너지 안보를 불안하게 만들 수 있다는 것을 경고하고 있었다. 특히 사우디아라비아마저도 더 이상의 방대한 매장량이 있는 석유단지를 발견할 수 없을 것으로 전망하고 있었다.

또 '2005, 2006년 당시까지도, 미국은 석유수입을 확대할 수밖에 없었고, 여기에서 유가상승과 더불어 미국은 에너지 국제정치(Energy Geopolitics)면에서 큰 제약을 받게 되었고, 이에 따라 에너지시장의 파워는 산유국(러시아 포함)으로 갈 수밖에 없었다'고 서술하고 있다.

이때 미국의 NIC(US Nat'l Intelligence Council)의 보고서는 결코 기술의 발전 (Technological Surprise)을 무시하지는 아니하였는데, 다만 여기에서의 '기술의 포커스

---

3 Projects Syndicate, 'The Changing Geopolitics of Energy', Joseph NYE. Nov. 1. 2017. p.2 참조.

는 그때까지만 하여도 태양력과 풍력과 같은 재생에너지와 수력발전에 두었지, 셰일에너지(Shale Energy) 생산을 위한 신기술에 포커스를 맞추지 못하는 오류를 범하였다'고 NIE교수는 지적한다.

그러나 사실상의 기술의 진보는 2005년 이후 본격화 된 셰일에너지 혁명(Shale-Energy Revolution)에 있는 것으로, 수평식 시추(試錐, Horizontal Drilling)나 수력식 분쇄(Hydraulic Fracturing)가 새로운 것은 아닐지라도, 이를 셰일암(Shale Rock, 혈암)에서의 석유생산에 적용·실시하는 '파이어니어적 석유가스 생산 활동'에 의미가 있는 것이다. 그리하여 2015년의 경우, 꾸준히 셰일의 생산을 지속해 온 미국의 천연가스 생산의 절반이 셰일에서 온 것이다. 이렇게 셰일에너지 붐은 미국을 에너지 수입국에서 에너지 수출국으로 바꿔 놓는 역할까지 하게 되었다. 미국 에너지성(省)의 추계로는 미국이 25조 큐빅메타(M^3)의 기술적으로 재생 가능한 셰일가스의 매장량을 갖고 있어, 이를 다른 석유와 가스 에너지와 합성으로 사용할 때에는 앞으로 200년간은 사용 가능한 수량이 된다는 것이다.

(2) IEA 선언: 미국, 세계 최대 오일과 가스 붐 문턱에![4]

한편 파리에 위치한 에너지 팅크탱크인 IEA(Int'l Energy Agency)는, 2017년 11월 14일, 발표한 보고서에서 지난 2년간의 사우디와 여타 산유국들의 미국의 셰일혁명에 대한 저지 노력에도 불구하고 미국은 에너지 혁명의 성공으로 2017년의 원유생산이 9.2백만톤 배럴/일에서 2018년에는 9.9백만 배럴/일까지 증가할 것이고, 1970년 이래의 최고의 생산을 기록하게 될 것을 예고하고 있다. 또 IEA는 그 채산성과 기술적 타당성에서, 2017년부터 2025년간 세계 석유 공급 증가의 80%를 미국이 공급하게 되어 있으며, 이로써 2020년 중반까지 미국은 1950년 이래 최초로 석유 순수출국의 위치에 서게 될 정도로 에너지를 자급자족할 수 있게 될 것임을 예고하고 있다.

또 그때가 되면 LNG를 수입하는 국가는 LNG를 수용하는 설비(Terminal)만 갖

---

4 2017.11.14. Fortune, Geoffrey Smith, 'The U.S. is on the Threshold of the Biggest Oil and Gas Boom Ever' 인용.

추면, 미국산 LNG를 LNG 운반선으로 수입할 수 있게 되어 있어, 앞으로 미국은 세계 최대의 LNG 수출국이 될 것이라는 것을 예언하고 있고 실제 이런 수출이 빠르게 증가하고 있었다.

이같이 세계가스시장이 변하고 있다. 과거에는 국제가스시장의 가스거래는 지리적으로 파이프라인으로의 운송에 의존하여야만 하는 제약이 있었고 따라서 국제가스시장의 실질적 파워는 파이프라인을 많이 갖고 있는 러시아에 있어, 러시아가 이 파워를 유럽에 파이프라인에 의해 운송하여야 하는 국제가스시장에서 절대적인 영향력을 행사하였었다. 그러나 2005년 이후의 미국산 LNG는 국제가스시장에 커다란 융통성을 부여하여 러시아의 영향력을 그만큼 약화시켰다고 하겠다. 이에는 중국, 인도, 일본, 한국 및 동남아시아의 석탄에서 탄소가 훨씬 적게 배출되는 천연가스의 수요 증가와 시기적으로도 적절하다는 것이다.

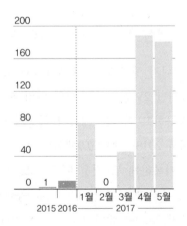

그림 2.1 **2017년부터 시작된 중국의 미국산 원유 수입[5]**

이는 특히 2005년에서 2030년까지 미국의 석유가 현재의 15백만 배럴/일에서 31백만 배럴/일로 2배로 증가하는 것과 그 타이밍이 일치한다. 다만 그러한 미래의 미국 셰일에너지혁명의 폭발적인 증산에도 불구하고, 종래의 중동산 석유는 세계시

---

5 2017.7.8. Wall Street Journal, 'U.S, Oil Producers Find new Market: China'.

장에서 절대 필요한 공급이 되고, 이를 특히 아시아시장의 수요에 충당하여야 하는
필요성에서 불가결한 에너지가 될 것이라고 첨언하고 있다.

> 미국은 2017년 8월 하순, 구소련의 연합국의 일원이었던 리투아니아(Lituania)에 최초로 가스를 파
> 이프가 아닌 가스운반선으로 LNG가스를 수출함으로써, 유럽 각국이 러시아의 파이프에 의한 가스수
> 출에 의존할 수밖에 없었던 제약의 틀에서 벗어나는 예외를 만드는 상징적 거래를 실시하였다.[6]
> LNG 카고를 '크린 오일탱커'로 운송하는 것은 매우 뜻 깊은 상징성이 있는데, 이는 러시아의 우크
> 라이나 크리미아반도를 침공한 것에 대한 미국과 서방측의 2014년의 경제봉쇄(Sanction) 후에, 미
> 국의 셰일혁명으로 생산한 천연가스(LNG)를 구소련의 연방국이었던 리투아니아에 가스운반선에 의
> 한 미국의 에너지 수출의 실행(미국의 걸프만에 있는 Cheniere사 터미널에서 선적, 출발)은 국제정
> 치적(Energy Geopolitics)으로 매우 의미가 깊다고 해석된다.
>
> – Atlantic Fellow; Agnia Gricas; 'The Geopolitics of New Natural Gas' 저자 언급

(3) 미국의 석유수출 확대로 변모할 국제석유시장 판도

앞으로 이러한 미국산 LNG의 러시아 영향권 하에 있던 지역으로 가스수출을 미
국이 계속 확대할 경우, 러시아의 Gazprom의 영향(뒷마당, 독점시장)하에 있던 구소련
연방국가에 미국이 가스수출을 늘리면 늘릴수록, 러시아의 Gazprom은 위축되게 될
것이다. 이는 또한 미국의 LNG는 세계 어디 곳이나 갈 수 있다(운송이 가능)는 의미가
되고 리투아니아는 미국의 코미트멘트(가스공급 약속)에 대한 의존이 그만큼 커진다.

국제가스가격이 가스가격의 국제경쟁력이 있는 경제성에서 한발 더 나아가, 에
너지 국제정치 변화의 한 단면이 된 것이다. 미국은 지난 18개월간 미국산 LNG를 과
거 러시아의 Gazprom의 영향력 하에 있던 스페인, 이탈리아, 영국, 화란, 폴란드 등
지에 수출한 바 있고, 특히 폴란드의 경우, 2017년 7월 동국을 방문한 미국 트럼프대
통령은 유럽대륙의 미국산 가스수출이 증가할 것이라고 언급한 바 있다. 이같이 현
재 미국산 LNG는 특히 중앙 유럽과 발틱(Baltic)국가에서 매우 선호되고 있다. 그리하

---

6 2017.8.22. FT, 'US eyes Gazprom turf with Lithuania gas deal' 참조.

여 이러한 가스수입의 길이 확대되어, 2005년까지만 하여도 가스수입(당시에는 오직 파이프라인을 통한 수입만이 가능)국가가 LNG(특히 미국산 셰일)의 수입(LNG 형태)의 수입의 길이 열리자, 현재 미국산 가스의 수입국가의 수가 45개국까지 확대되었다.

또한 미국의 셰일에너지는 유럽의 가스시장에 대단한 융통성을 부여하는 계기가 되었고, 미국의 셰일에너지 생산자는 시장의 여건에 따라 그 생산규모 조정에 있어 매우 융통성이 높아, 시장가격의 동향에 따른 생산조절로서 대처할 수 있는 대응력에 있어, 매우 유동적이다.

그림 2.2 국제 원유가에 영향을 미치는 비 OECD국의 원유생산 추이[7]

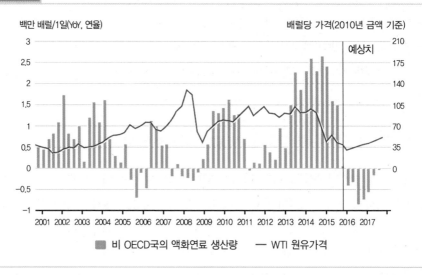

백만 배럴/1일(YoY, 연율)   배럴당 가격(2010년 금액 기준)

■ 비 OECD국의 액화연료 생산량   — WTI 원유가격

한편 전통적(conventional)인 석유·가스의 생산자라면 가동 중인 생산설비의 규모조정이 용이하지 않았으나, 셰일의 경우에는 언제라도 시장수급의 상황에 따라 조정·대응하는 것이 편리하다. 그래서 미국을 미국 전체의 셰일에너지 생산자로서 액화수소(Hydrocarbon)시장여건에 따라, 생산 조정이 가능한 소위 '스윙 생산자'(Swing Producer)[8]가 될 수 있게 되었다.

---

7 2016.2.9. EIA, 'What drives crude oil prices?', p.9.
8 Swing Producer는 오일생산과 관련, 시장상황에 따라, 생산을 조절할 수 있는 대형산유국을

(4) 대박을 맞은 미국의 셰일에너지 업계

미국 하바드대학의 M·오슬리번(Meghan O'Sullivan)교수는 그의 최신 명저서인 '일자리를 대박'(Windsfall)에서 셰일혁명은 미국의 대외정책에 있어 여러 가지의 새로운 변화를 초래하였는데, 무엇보다 셰일혁명으로 인한 에너지의 풍요(Abundance, 豐饒)는 '미국의 파워'를 증대시키며, 경제의 활성화와 일자리를 창출하였다는 것이다. 또 '에너지 수입의 감소는 그만큼 미국의 국제수지 개선에 기여하였고, 새로운 세수입의 증가는 미국 정부의 세입증가를 가져왔다'는 것을 강조하고 있다. 값이 싸진 에너지는 그만큼 미국 산업의 국제경쟁력을 강화시켰는데, 이의 대표적인 예는 에너지 과다수요 산업인 석유화학(플라스틱 산업 포함), 알루미늄, 철강 등의 에너지를 원료로 하거나 에너지를 과다소비 하는 산업의 경우에 특히 그렇다는 점을 강조하고 있다.[9]

또 셰일혁명은 또 다른 국내효과를 갖고 오는데, 이는 다분히 심리적인 효과(psychological effects)를 뜻한다. 그간 한동안 미국 내외에서 미국 경제의 사양화를 위협하는 미국의 대외에너지에 대한 과다한 수입의존을 미국의 취약성으로 지적되어 왔었는데, 이것이 셰일혁명으로 변화를 일으키게 되었고, 미국의 기업가 정신과 재산권 향상과 더불어 국제자본시장에서 미국의 '힘'을 과시하는 것으로 발전된 것이다. 셰일혁명이야말로 미국의 강력해진 '소프트 파워'를 나타낸다는 것이다.

그러나 부작용의 역효과에 대한 우려도 없지 않은데, 그 중 하나가 에너지 수입의 감소가 중동 산유국과 미국이 소원해지는 원인이 되어, 중동 정세의 불안이 홀므스 해협(Strait of Holmuz)의 안정을 해쳐, 결국 미국, 일본 및 유럽의 석유 값 폭등을 초래할 가능성도 야기될 수 있다는 점을 지적한다. 또 미국은 중동지역에서의 석유뿐 아니라 기타 여러 가지 국제적 이해관계가 얽혀 있는데, 이는 핵(核)의 비확산조치, 이스라엘의 보호, 인권 및 반(反)테러리즘 등으로 운위될 수 있다. 과거의 이라크(Iraq) 침공과 같은 낭비적인 조치나 '아랍의 봄의 혁명'(Arabs Spring Revolution, 후

뜻한다. 그러나 미국이 셰일혁명을 성공시키면서, 석유와 가스시장의 사정에 따라 생산을 조절하는 국가에 속하게 되었다. OPEC 국가에서는 사우디와 쿠웨이트와 UAE가 이에 속하였으나, 현재는 사우디와 미국의 양대 스윙 프로듀서 국가가 되었다.

9 Projects Syndicate, 'The Changing Geopolitics of Energy', Joseph NYE. Nov. 1. 2017. p.2 참조.

술)과 같은 우(憂)를 범하지 말아야 셰일혁명을 이룩한 미국은 '진정한 에너지 독립을 향유'할 수 있다고 서술하고 있다. 한편 셰일에너지 혁명을 성공적으로 이룩한 미국의 에너지의 독립(Energy Independenc)을 이란의 핵(核)개발에 대한 억지력을 되찾게 하는 네고(nego) 파워가 이뤄지게 하는 데에 성공시킨다면, 이는 셰일혁명이 미국에게 주는 또 다른 성과라 할 것이다.

이제 '에너지에 대한 국제정치(Energy Geopolitics)의 근본적인 구조의 변화가 셰일혁명으로 온 것으로 여기에서 어떠한 Disruption(혼란, 분쟁)도 야기되지 않게 하여야 할 것이다'라고 NYE교수는 이같이 셰일혁명의 의미를 부여하고 있다.

2 1960년대 중반부터 야기된 IOC vs. NOC의 에너지 전쟁과 국제석유파동[10]

- 미국은 70년대 5.6백만 배럴/일의 세계 최대의 석유생산국(세계석유생산의 52% 담당)임에도 불구하고 석유(특히 휘발유) 과다수요로 6.3백만 배럴/일의 수입(세계 석유생산의 6% 수입)이 불가피하였던 미국의 에너지 수입(輸入)
- 70년대의 'IOC 일곱자매'(Seven Sisters)의 횡포가 불러온 아랍 석유의 대미 엠바고(Embargo)로 인한 국제석유가의 폭등으로 국제석유파동 초래
- 국제석유파동으로 큰 고통을 경험한 미국의 에너지독립에 대한 염원 성사의 계기가 된 미국 셰일 붐

(1) 1950년대 서방측 석유 자이언트의 전성시대와 세계 10대 석유기업 탄생[11]

1920년 세계는 연간 1억톤이 채 안 되는 95백만톤의 석유를 생산하였는데,

---

10 IOC는 서방측의 국제오일자이언트로서 International Oil Corpraton을 지칭하고 NOC(Natioanl Oil Corporation)는 개발도상국 중 산유국이 설립한 국유석유사를 뜻한다.
11 Sandy Franks, 'Barbarians of Oil(How the World's Oil Addiction Threatens Global Prosperity)', pp.5-8, 'Oil Domination' 참조.

1950년이 되면서 이는 5억톤 규모로 폭발적으로 증가하였으며, 1960년대에는 이 수치는 배가(倍加)하여 10억톤으로 증가하였다. 그 후 1990년대 초만 하더라도 평균 생산은 30억톤이 되었다.

그리하여 석유산업은 세계에서 가장 큰 산업이며 이익창출이 큰 산업 중 하나로 발전하였으며, 2010년에는 석유와 가스와 정유(精油)산업의 연간 순수입(Revenue)은 1990년에 비해 무려 1,000%가 증가하였다.[12]

당시의 석유기업은 오로지 선진국에서만 가능하였는데, 이 국제석유기업(IOC)은, ExxonMobil, Roayl Dutch Shell, British Petroleum, Chevron, Conoco Philips사가 이에 꼽힌다(미국: 3, 영국: 1, 화란: 1). 이외에도 프랑스의 Total, 이탈리아의 Eni와 노르웨이의 Statoil(국영)이 있다.

1990년대의 서방측 IOC(Int'l Oil Corp.) 석유사들의 거대하게 대형화되는 합병과정을 겪었는데 이를 보면,[13] Exxon이 1999년 Mobil사를 860억달러에 인수합병하여 ExxonMobil이 되었고, 2010년에는 XTO사를 410억달러에 인수하였다.[14] BP사는 1998년 미국의 Amoco를 550억달러에 인수하였고, 이어 1999년에는 미국의 Arco사를 270억달러에 인수하였으며, 프랑스의 Total사는 2000년 초 ELF사를 270억달러에 인수하였고, PetroFina사를 70억달러에 인수하였다.

미국의 Chevron사는 2001년 Texaco사를 360억달러에 인수하여, Chevron/Texaco가 되었으며, 2006년에는 중국의 CNOOC가 인수코자 하였으나, 미국 정부에서 부결시킨 Unocal사를 인수하였고(그 후 2013년 중국 CNOOC(국영 NOC)는 캐나다의 Nexon사를 180억달러에 인수하였음) Chevron사는 호주의 Gorgon과 Wheatcroft 프로젝트를 400억달러에 인수한 바 있다. 이 양대 Gas 프로젝트는 완공되어 대외 수출을 시작하게 되었다.

Conoco사가 2002년 Philips사를 230억달러에 인수하여 ConocoPhilips사가 되었고 다시 2006년에는 Burlinton사를 인수하고, 노르웨이의 Statoil(국영)은 Norsk사를 인수하였다.

---

12 US Energy Administration, 'Number and Capacity of Oil Refineries' 참조.
13 2014.12.4. Michael Wang IHS, 'Historical Upstream consolidation" 1997－2014 YTD' 인용.
14 그 후 2009년 Exxon사는 XTO사를 410억달러에 인수하였다.

그 후, 한참 뜸하다던 M/A가 재개되어, 2015년 4월, 석유시장의 극도의 불황 중에, Shell사가 영국의 가스전문그룹인 BG(British Gas)사를 550억 유로를 주고, 전례 없이 전격적으로 인수하여 큰 화제가 되었다. 특히 BG사는 인수 당하기에 앞서, 2015년 2월 89억달러 규모의 불량자산을 상각(writedown)한 즉후라서 세계시장의 큰 관심사가 되었다.

Shell사가 BG사를 인수함으로써 LNG 생산능력은 Shell사가 압도적이다. 다만 Shell사가 BG를 인수하여 합병한 후에도, 가스매장량의 규모 순은 ExxonMobil, BP 다음 순으로 3위에 있다.[15]

또한 2018년 7월 말경, BP사는 BHP사의 미국내 셰일자산을 105억달러에 인수하기로 하고, 첫 대전결제는 3년 후에 시작하며, 주식은 매려(買戾, buyback)조건으로 한다고 발표하였다.[16] 이는 BP로서 국제유가가 상승하는 것을 계기로, 미국의 셰일자산을 확보하는 IOC로서 장기적 고수익자산을 확보함으로써, 2010년에 일어난 멕시코만의 '심해수평선 재난'(Deepwater Horizontal disaster)의 수백억달러의 보상 완료 이후의 손실보상금(2033년까지 연간 11억달러의 현금보상금의 회수를 하여야 함)을 위한 미국 내 지상 석유생산에 복귀한다는 경영전략적 차원에서의 조치라고 하겠다. BHP의 셰일자산은 140억달러로 평가되며, 약 19만 배럴(oil equivalent)의 석유와 가스를 생산 한 바 있는 자산으로서, BP의 경영혁신과 발전을 도모하려는 원대한 계획의 실천이라고 동사의 CEO가 언급하였다. 이 매수로서 드디어 BP는 주주들에게 배당이 가능케 될 것이라고 발표하였다. BHP의 동 자산의 매각은 동사의 주주인 한국 증시에도 잘 알려진 유명한 공격형 주주인 Elliot의 강권에 의해 BHP가 서둘러 매각을 실시케 된 것이라는 보도이다.

한편 이는 당시 미국에 일어나고 있는 석유가스사의 대형화 추세에 맞춘 것으로 2018년의 7개월간에도 총 1,150억달러 규모의 석유가스사간의 M&A가 이루어 졌다고 FT지는 Thompson Reuter의 집계를 인용하여 보도하고 있다.

---

15 2015.4.21. FT, Speed of Shell's swoop for BG unusual 참조.
16 2018.7.28. FT, 'BH agrees $10.5bn deal to snap up BHP ahale assets in the US' 참조.

그림 2.3　**7대 시스터스가 M&A를 통해 빅 오일자이언트가 된 과정[17]**

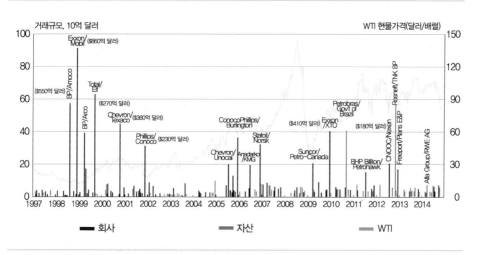

주: 색글자는 석유 부문 중심의 합병이고 검정 글자는 가스 부문 중심의 합병임.

　　이들 서방측 석유사들은 당시의 막대한 수익력과 자본력에 의하여 오랫동안 해외석유자산에 투자하였으며, 수익성이 낮은 석유자산(예: 사양화하고 있는 북해산 석유자산)은 이를 처분하고, 양질의 석유자산을 선택하여 투자하고 있었다.

　　그러나 서방측 석유자이언트는 기술적으로 어려운 프로젝트에 도전하여, 비서방 국유 석유 자이언트(예: 러시아의 '사할린 프로젝트 I'에의 Shell사의 27.5% 비율 투자, Exxon의 '사할린 프로젝트 II'에의 30% 지분 투자 등)에 투자를 들 수 있다.[18]

　　한편 2014년 미국 포춘지가 발표한 포춘 500대 기업 중 석유부문의 IOC의 명단과 세계석유기업 중 그 서열은 아래와 같다.

- Chevron(12)
- ConocoPhilips(미, 16)
- E.on(독, 18)
- Philips(미, 19)
- Statsoil(노르웨이, 국영)
- Eni(22)
- Valero(30)
- GDF Suez(프랑스, 44)
- JX Holding(일, 63)
- SK(한, 64)
- Marathon(미, 81)
- Reliance(인도, 114)
- Respol(스페인, 126)

---

17 2014.12.4. Michael Wang IHS, Historical Upstream consolidation; 1997−2014 YTD.
18 Peter Nolan, 'Is China buying the Worlds?', pp.80−81 참조.

그러나 20세기 들어, 세계 10대 석유생산기업은 미국이나 서방의 석유회사가 아닌 개발도상 산유국의 석유기업(국유기업, NOC)들이 되었다.

- Saudi Arabia Oil Co.(Aramco)
- Nat'l Iranian Oil Co.
- Qatar Gen.l Petroleum Corp.
- Petroleos de Venezuela S.A.(PDVSA)
- Abu Dhabi Nat'l Oil Co.
- Kuwait Petroleum Corp.
- Nigerian Nat'l Petroleum Corp.
- Nat'l Oil Corp. Libya
- Sonatrach Algeria
- Sonanco Angola

또한 이들보다 후참으로, 중국과 러시아의 초대형 국영석유사가 있다.

- 러시아(구소련의 패망후): Gazprom사, Rosneft사, LukOil(민영)사
- 중국: CNPC, Sinopec, CNOOC 각각 3사를 든다.

구소련이 해체되고, 푸틴대통령의 석유자원의 국유화를 통해 석유기업을 '국가자본화'하면서, 러시아의 Gazprom사와 Rosneft사가 재(再)국유화(LukOil은 민영이나 정부의 영향력이 큼)되었는데, 푸틴 정부지원으로 국가의 외교정치수단(Foreign Policy Tool)으로 활용되는 과정에서 더욱 비대화해졌다. 한편 석유·가스 수요에 비한 국내생산이 부족한 중국은 에너지자원에 대한 대외투자(ODI)를 1990년대 초부터 서둘러 확대시키면서, CNPC와 Sinopec와 CNOOC의 3사가 NOC의 대열에 참여하여 수요국(Buyer)이 되면서 국제석유시장에서 막강한 영향력을 행사하게 되었다. 중국이 미국을 제치고 세계 제1의 석유수입국이 되면서, CNPC와 Sinopec은 개도국인 중국의 최대 국유석유기업이 되었다.

이같이 러시아와 중국 공히 양국은 석유·가스사를 국유사로 키우면서, 자국 내의 석유·가스사의 '내셔널 챔피언'(Nat'l Champion)으로 육성하는 데에 국가 에너지 정책의 포커스를 맞추고 있는 공통성이 있다.[19]

여기에서 중국의 타 산유국의 NOC를 위한 'Loans for Oil'을 언급하지 않을 수 없다. IEA(Int'l Energy Agency)의 집계에 의하면, 2010년 중국의 대 타국 NOC에 대한

---

19 중국의 국유석유 3사와 러시아의 석유가스 내셔널 챔피언에 대한 상론은 각각 본서 제4장과 제5장을 참조하시기 바란다.

석유상환조 론(Loan)은 770억달러로서, 이 중 큰 것만 해도 러시아의 Gazprom과 Transneft의 시베리아 파이프라인(ESPO) 건설용 융자가 250억달러가 되며, 브라질의 Petrobras의 석유단지개발에 대한 융자가 100억달러, 카자흐스탄의 50억달러, 아프리카 앙골라의 60억달러, 그리고 베네수엘라의 PDVSA(국영석유사)에 대한 40억달러 (2010년 당시까지 그 후 급증)의 론이 있다. 이 중 특히 베네수엘라의 경우에는 미국, 러시아와 중국에 대한 차관상환문제로 중대한 위기국면에 베네수엘라가 처하여 있다.

한편 자국 내 석유자산의 국유화조치로 급작스럽게 커진 산유국의 NOC는 한때, 세계 석유와 가스 매장량의 90%를 지배하게 되었고, 세계 석유가스 생산의 75%를 점하게 되었다.

그리하여 2007년 '세계 톱 10의 NOC'들의 석유가스 매장량을 보면, 알제리의 Sonatrach의 390억 배럴에서 사우디의 국영석유사인 Aramco와 이란석유공사 양사의 매장량이 3,000억 배럴에 달하기까지 하였다. 그러나 이때까지 중국의 3대 국영석유공사는 확대되기 이전이어서 이들의 보유 매장량은 290억 배럴에 불과할 정도로 좋은 대조를 이루고 있었다.

동 시기에 위에서 본 바와 같이 서방측의 세븐 시스터즈를 주축으로 하는 IOC들은 대형석유사를 사들이는 대형 인수합병이 이루어져 거대한 국제 오일자이언트가 탄생하는 시기가 되었다.

이같이 산유국들의 NOC들이 에너지 자원의 매장량이 자국내 에너지자원을 국유화하였더라도 이는 덩치만 큰 매장량을 보유한 것에 불과해 기술적인 문제점으로 NOC들은 서방측의 IOC와 제휴하는 방법이 아니고서는 석유생산의 증산이 되기 어렵게 되어 있었다. 이에 산유국들의 서방측의 IOC들과 대대적인 기술협조와 라이선스 발급으로 IOC를 초빙하였는데 이의 예[20]로서,

- 러시아의 북극개발을 위한 Dutch Shell의 사할린(Sakhalin) 프로젝트에 참여
- ExxonMobil의 러시아 북극(Arctic) 프로젝트에의 참여(러시아의 프로젝트는 미국의 대러시아의 경제제재(Sanction)에 해당되어 특히 미국계열 석유사의 프로젝트 포기나 투자 연기가 속출되고 있음(본서 제5장 참조))
- 세계적인 오일 프로젝트의 Lead Operator와 공동 Operator로 참여한 IOC들

---

20 'Is China buying the World', Peter Nolan 2012, Polity Press, p.78 참조.

을 보면,

- 앙골라 프로젝트: Chevron Lead Oper.; BP, Total, ExxonMobil 및 China Minority Investor
- Nigeria 프로젝트: Shell, Lead Oper.; Chevron, ExxonMobil, Total, Respol, China Minority Investor
- Kazakhstan 프로젝트: ENI Lead Oper.; Total, Chevron, Andarko
- Australia, Gorgon 프로젝트: Chevron Lead Oper.; ExxonMobil, Shell(동 Wheatcroft Projects Chevron 73.6% Share)
- Mozambque: Eni Lead Oper.; CNPC, Japans Oil Cos. 등이 있다.

즉 20세기 초, 미국의 석유기업은 석유산업의 킹(King)으로서, 1949년부터 1950년까지 미국의 석유생산(미국석유기업의 해외생산 포함)은 약 5.4백만 배럴로 세계 석유생산의 52%를 점하고 있었다.

이런 미국의 세계석유산업의 지배 추세는 그 후에도 지속되어 1970년대에는 미국의 석유생산이 피크에 달해 9.6백만 배럴까지 생산되어 세계 생산의 43%를 미국이 담당하였으며, 그럼에도 공급이 13.8백만 배럴만큼의 국내수요에 못 미쳐, 미국은 6.3백만 배럴/일의 석유를 수입하여야 하는 구조이었다.

이때 석유를 일부 반드시 수입하여야 하였던 미국은 '석유안보를 중요한 국가정책의 목표'의 하나로 정하고, 산유국의 중동으로부터 인도양을 거쳐 믈라카(Malacca)해협을 통과하는 미국 석유수입(운송)선박의 보호를 위해 미 5함대를 설치하여, 중동일대의 미국석유운송의 안보를 담당하는 임무를 수행하게 하였다. 그 후 베트남전쟁을 치루며 미국은 제7함대를 설치하고 7함대 사령부를 싱가포르에 설치하여 옆의 믈라카(Malacca) 해협을 에너지통로의 주요 항로로서 안전운행을 중시하게 되었고, 여기에 미해군병력을 배치하여 항구적인 에너지 수입의 통로로서 보호하게 되었다.

(2) OPEC의 발족과 산유국의 대미석유수출 금수조치와 제1차 오일쇼크

서방측의 국내생산에 비한 석유수요 초과 현상은 특히 1960년 9월 서방측의 '7대 시스터'들의 산유국에 지불하는 석유가(Royalty)를 대폭 할인하는 부당한 조치에 대하여 격분한 산유국(사우디아라비아, 이란, 이라크, 및 베네수엘라)의 석유장관들이 이라크의 수도 바그다드에 회동하여 1960년 9월 14일 출범케 한 석유수출기구(OPEC: Organization of Petroleum Export Countries)가 설치하고, '아랍 산유국들의 중심이 되어 자국 내의 석유자원의 통제력을 강화한다'는 목표를 내세우고, 첫 조치로서 '1973년 미국이 이스라엘이 일으킨 Kupper Yam 전쟁을 지원한다'는 구실로, 대미석유수출 봉쇄(embargo)를 실시하게 되었다.

이때 이후 특히 미국은 석유안보의 중요성을 인식하게 되었으며, 아랍 산유국들의 대미석유수출 봉쇄조치로, 미국의 산유국으로부터의 석유수입은 국내 휘발유 구입을 위한 주유소 앞의 자동차의 장사진에도 불구하고 부득이 감소할 수밖에 없었다.

이때부터 미국은 중동 산유국의 석유수입에 과도하게 의존하여야 하는 취약점에서 탈피하는 '에너지의 독립'(Energy Independence)을 갈망하게 되었다.

▌ 1960, 1970년대 이후 국제석유가의 급등락 배경

- 1차 국제석유파동인 아랍의 대미석유수출제한(Embargo)을 일으키게 한 세계 석유 메이져(IOC) '세븐 시스터스'의 횡포와 오만에서 발발한 국제전쟁
- 세븐 시스터스들(Seven Sisters)의 횡포와 산유국들의 분노: OPEC의 탄생

그림 2.4 1970~2014년, 국제석유(브랜트유) 가격 급변동 추이와 배경[21]

(단위: 배럴당 달러, 20년 가격으로 환산)

1960년 9월, 이란, 이라크, 쿠웨이트, 사우디아라비아 및 베네수엘라의 5개국이 OPEC(Organization for Petroleum Exporting Countries)을 발족시키기까지 당시의 세계 석유시장은 7개의 미국 대형 국제석유사(Int'l Oil Corp.s, IOC)가 지배하였는데, 이를 'Seven Sisters'라 하며 이들 미국 대형 7대 IOCs는 보는 바와 같다.

이들의 원조(元祖)는 'John D. Rockellor's Standard Oil Co.로서 20년 후에 미국 의 법무성은 Standard Oil을 34개의 법인으로 쪼개었다. 여기에서 세븐 시스터스가 출범하였는데 이들은 OPEC의 출범 후에도 세계석유생산의 70%를 점유하고 있었 다. 이를 보면,

① Exxon(전 Standard Oil of New Jersey, 그 후 Esso)

② Royal Dutch Shell(전 Royal Dutch Petroleum)

③ British Petroleum(전 Anglo Iranian)

④ Chevron(전 Standard Oil of California)

⑤ Texaco.

⑥ Gulf Oil

⑦ Mobil(전 Standard Oil of New Jersey)이다.

이들 7대 석유사(IOC)는 1953년 당시 세계석유생산의 90%를 지배하였고, OPEC 이 설립된 1960년에도 세계석유생산의 70%를 생산하였으며, 이로서 미국과 유럽석 유시장을 지배하였다. 산유국의 석유기업이 국유화된 이후에도 세븐 시스터스 같은 석유사(IOC)들은 당시의 높은 수익성으로 초대형화 하는 국제석유기업으로 성장하 였다. 여기에서 석유시장지배라 함은 석유의 생산뿐 아니라 석유의 시추(試錐), 정유 및 운송을 포함한다.[22]

이들은 IOC들이 석유를 생산하는 산유국에 지불하는 석유생산 원가를 낮추는 데에 합의하여, 1950년 당시 생산 코스트는 0.10달러, 로얄티 0.50달러, 판매가 1.75 달러(42갤론 기준)로서 국유화된 석유사(NOC)에 지불하는 로얄티가 낮은 덕분에 세 븐 시스터스 같은 IOC들의 수익성은 매우 좋았다.

---

22 SIMON SCHUSTER, Magnan I. O'Sullivan, 'WINDFALL', p.54, 'Sex and Technology', The market technology on OPEC 참고 인용.

그러면서 세븐 시스터스는 여타 석유사와 합병(M/A)이 일어나, 세븐 시스터스 중 4개사가 남았는데, 이는 ① Exxon—Mobil, ② Chevron—Texaco, ③ BP(Amoco 와 Arco 매수), ④ Royal Dutch Shell로서 OPEC같은 카르텔이 아니면서도, IPC(Int'l Petroleum Cartel)로서 석유가의 결정 등 강력한 국제석유시장을 지배하는 서방측 석유산업의 협동체의 역할을 하였다.

한편 서방측의 아랍 오일에 대한 수요가 증가하고, 그 의존도가 높아지는 가운데 일부 아랍산유국들은 종전의 자기들을 식민지로서 통치하던 서방측 국가의 석유메이져(IOC)로부터 독립하면서, 자국내산 석유에 대한 통제권을 강화하고 있었다. 이러던 중에 1959년 4월, 특히 이란과 베네수엘라가 중심이 되어 OPEC(당시에는 Oil Consultation Commission)기구 결성을 준비하면서, 논의의 주요 의제로서,

- IOC와의 산유국 간의 계약조건의 개선
- 지불하는 석유라이선스 가격의 변경은 산유국과 사전 상의할 것
- 석유산업의 작업에 관하여는 종합적(전체적)인 방법의 접근
- 산유국별로 국영 석유사를 설립할 것
- 회원국 간 석유자원의 보존, 생산, 추출에 관하여 국가적 차원에서 상호 협의로 정하고 준비 중이었다.

그러면서도 당시에는 특히 1917년부터 석유를 생산하고 있었던 베네수엘라가 가장 앞장서 산유국들은 '자연스러운 동맹'(Natural Allies)이라고 하면서, 각국은 '석유자산의 국유화'에 열을 올리고 IOC에 부과하는 코스트도 인상하도록 베네수엘라가 앞장서 독려하였다.[23]

(3) 아랍산유국의 대미수출 엠바고 발단과 OPEC 발족: 산유국의 단합

1) 석유 대미수출 엠바고와 OPEC 발족

이러는 과정에 있어, 1959년과 1960년간에 콘티넨탈 석유사(Continental Oil Co.

---

23 Sandy Franks, 'Barbarians OIL', How the World's Oil Addiction Threatens Global Prosperity and Four Invstments to protect Your Wealth, p.103, World Response 참조.

Conoco)사는 리비아에서 커다란 석유단지를 발견하게 되었는데, 이로서 미국에 공급할 수 있는 석유생산 여력이 생긴 터에, 리비아의 시추에 참여하지도 않았던 '세븐 시스터스'(Oil Majors)들은 '미국에 값싼 석유를 공급한다'는 명분하에, 1960년 8월에 모여, 새로 Conoco(세븐 시스터스가 아님)가 발견한 리비아산 석유 매입가격(당시에도 매입가격은 매입자인 IOC 결정 사안)을 대폭 삭감하였다. 이는 결과적으로 리비아 정부의 세입의 7%를 삭감하는 안을 '매입자(IOC)의 우월적 지위'를 이용하여, 일방적 조치를 취한 셈이다. 그때 이에 격분한 사우디아라비아, 이란, 이라크와 베네수엘라의 석유장관들이 황급히 이라크의 수도 바그다드에 모여, 1960년 9월 14일에 세븐 시스터스의 횡포에 대한 산유국들의 집단적인 대처방안으로 OPEC(Organization of Petroleum Exporting Countries)을 설립하게 된 것이다.[24]

이후 카타르가 1961년, 인도네시아와 리비아가 1962년 멤버로 참여하였고, 그리고 1964년에 OPEC 회의에 나이지리아, 알제리아, Trinidad와 콜롬비아가 옵서버로 참석하고 알제리아는 1969년에, 나이지리아는 1971년에 정식 OPEC 회원으로 가입하였으나, 콜롬비아와 Trinidad는 회원으로 가입하지 않았다.

이러한 과정을 통해 설립된 OPEC은 그 후 본질적으로 IOC의 세븐 시스터스와 OPEC은 그 배후의 국가적 분규와 전쟁 등의 발발에 따라 마찰과 분규 속에서 결국 석유가의 앙등과 급락으로 이어져 왔다.

2) 아랍산유국들의 석유자산 국유화

이때부터 아랍산유국들은 자기네의 석유자원(Oil Resources)에 대하여, 컨트롤하겠다는 발언을 하기 시작하였으며, 여기에서 과거 식민지 시대의 자기네 지배국가에 대하여 더욱 강경하게 대처하게 되었다. 이같이 과거 식민지 시대의 지배국가들의 구 식민지(아랍국가)로부터의 석유에 대한 의존도가 높아가는 것과 과거 식민지들의 독립된 국가의 발언권이 세어지는 것과는 완전히 역행(逆行)하는 현상으로 나타나게 되었다. 이리하여 독립된 산유국들은 앞다투어, 자국 내 석유자원(매장) 및 에너지 자산을 국유화하고, 석유산업을 국가가 인수하면서 국유석유회사를 국가가

---

24 Douglas Little, Author of 'American Orientalism': The United States and Middle East since 1945 and Sandy Franks 'Babarian of Oil', Chapter 11, p.101, 'The Birth of OPEC', 'The Seven Sisters' 참조.

설립하고 이를 통하여 산유국 정부가 '에너지 국제정치'를 실현하게 되었다.

3) 국유 석유사(NOC)의 설립과 정책방향

이때의 NOC들이 새롭게 다진 산유국 정부의 에너지 정책방향[25]은,

- Going Global(대외석유자원에의 대외직접투자(ODI)의 확대)
- 국내 석유생산 서비스의 능력 제고
- 자국 석유자산의 소유자·경영자로의 변신
- 활약 중인 중요 IOC와 장기석유 및 가스 공급 계약의 체결 등이다.

이러한 컨센서스가 모아지면서, 모든 산유국(특히 아랍권) 정부는 NOC(국유 석유사)를 설립하고 동 방향으로 거의 동시에 대 서방 IOC에 대한 지배정책을 수행하게 되었다.

따라서 이때부터 근래와 같이 산유국 내의 에너지 자산은 산유국(NOC)이 좌지우지하게 되었고, IOC들은 산유국과의 의견 조정과 산유국의 요구를 받아들이는 수동적 위치로 변하게 되었다.

4) UN과 산유국의 석유자원 국유인정

이런 추세에 맞추어 1963년 UN에서도 '결정(UN Resolution) 1803호'로서 국내자원에 대하여 독립된 주권국가의 영구적 자원(permanent sovereignity of states over natural resources)임을 인정하게 되었다.

그러나 실제는 산유국들의 아랍지역 중시의 배경으로 탄생한 OPEC으로서 회원구성에서부터 모든 결정이 아랍 산유국의 성격이 강화되면서, OPEC은 사우디를 중심으로 하는 아랍지역의 정치적 이익을 대표하는 성격이 강화되게 되었다(아랍 국가들이 중심이 된다 하여, 이를 OAPEC(Organization of Arab Petroleum Export Countries)이라 함).

미국과 서방유럽과 이스라엘을 대표하는 서방국들을, 한편으로 하고 중동의 산유국과 예외적인 여타 지역의 산유국인 베네수엘라, 나이지리아 및 러시아까지 낀

---

25 2014.12.4. Michael Wang IHS 참조.

비서방측으로 양분된 국가군(群)의 상황에서, 국제유가의 커다란 등락과 대소(大小)
간의 지역 분쟁과 같은 사변(事變)으로 이어지고 있는 국제석유시장의 불안한 석유
가격의 등락 추세를 볼 수 있다.

(4) 1973.10.16. OAPEC(아랍권 OPEC)의 대서방 엠바고 실시와 국제유가 70% 앙등: 1차 국제석유파동

이리하여 1970년 10월 14일, 미국의 닉슨대통령이 이스라엘의 아랍권과의 전쟁
으로 입은 손실보전을 위하여, 미국이 22억달러 규모의 물자(22,000톤)를 이스라엘에
공급하게 되자, OAPEC(리비아와 사우디 주동)은 즉각 대미, 대서방 수출석유가를
70% 인상하여 55달러/배럴로 하고, 대서방 석유수출의 엠바고(Embargo)를 실행하게
되었다. 이때 아랍권의 석유수출국들은 '1,000년만에 최초로 아랍권을 통합하였다'
고 '석유에서 유발된 근세기 최초의 국제적 파워를 아랍권이 실감하게 되었다'고 자
만하게 되었고, 서방측은 반대로 이로 인한 막대한 손실과 고통을 겪게 되었다.[26]

이러한 대미국 석유수출금지(Embargo)의 목적은 두 가지로 대별되는데 하나는
아랍권의 이스라엘에 대한 직접적인 고통을 주는 것과 또 다른 목적은 이스라엘을
후원하는 서방세계(특히 미국)에 석유부족에서 오는 고통을 주기 위한 목적이었다.
특히 미국에 대하여는 이스라엘을 택하든가, 아니면 석유안보를 택하라는 둘 중 하
나를 선택하라는 압력이었다.

이때 석유부족으로 큰 고통을 겪은 영국은 이스라엘에 대하여 6일 전쟁 중 아
랍권에서 철수할 것을 권하기도 하였다. 또 화란을 포함한 유럽의 수개국은 친아랍
성명을 발표하기도 하였다.[27]

---

26 Sandy Franks, Sara Nunnaly, 'Barbarian Oil', p.121; 'The OPEC Oil Weapon', p.125, 'Oil becomes a Weapon of War' 참조 인용.

27 Sandy Franks, Sara Nunnaly, 'Barbarians OIL', How the World's Oil Addiction Threatens Global Prosperity and Four Investments to protect Your Wealth, p.125, 'Oil becomes a Weapon of War' 인용.

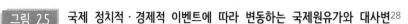

그림 2.5　국제 정치적 · 경제적 이벤트에 따라 변동하는 국제원유가와 대사변[28]

주: 스윙 프로듀서란 글로벌 석유시장에서 자체적인 생산량 조절을 통해 수급에 영향을 끼칠 수 있는 주요 산유국들을 의미하고
　　주로 사우디가 그 역할을 담당하였음(2015년 이래 미국도 이에 포함되었음).

　　1973년 10월, 당시(중동의 대미석유 엠바고의 실시)의 석유공급 부족이 미국 내 가스 스테이션(주유소) 앞에 자동차가 휘발유(2004년, 미국의 휘발유 소비: 세계 석유 생산의 11%)를 주유코자 장시간 장사진을 치는 현상과 미국을 포함하는 전 세계의 석유가의 폭등(첫 번째 국제석유파동: 유가 4.31달러 → 10.11달러)을 가져오게 되었다.

　　이때 산유국의 석유수출금지의 엠바고를 당한 미국의 석유소비는 국제원유가의 폭등과 수입 감소로 1973년부터 줄었지만, 그 후 다시 상승하여 1979년 이란혁명으로 국제석유가는 다시 폭등(70~79년 800% 인상)하면서 세계, 특히 미국의 석유소비는 줄어들게 되었다. 이후 1983년까지 가격 앙등으로 감소하던 미국의 석유소비는 21백만 배럴/일로 감소하였음에도 불구하고, 미국은 석유소비의 53%를 해외에서 수입하여야 하였던 구조였고, 여기에서 석유안보(Energy Security)는 미국의 중요한 정책과제가 된 것이다. 미국의 석유소비수요의 가장 큰 형태가 가솔린 소비로서 '10배럴의 석유소비는 이 중 4배럴은 가솔린 소비'로 나타나는 구조이다.

　　2005년부터 본격화되고 2010년 이후 성장하고 있는 미국의 셰일혁명도 1960년에서 70년에 걸쳐 미국이 당한 고초에서 에너지자립에 대한 강력한 열망이 현실화

28　2016.2.9. EIA, 'What drives crude oil prices?'.

되고 있는 과정이라 하겠다.

1973년부터 2000년 초까지 석유가격이 요동칠 때의 석유가의 변동[29]과 미국 대통령실 의회 보고서에 지적된 5~6대 사건의 대부분은 중동 산유국과 신생 이스라엘을 포함한 미국과의 국제정치적 사건과 분규에 연유된 것으로 이의 분석으로, OPEC 중심의 아랍 산유국과 이스라엘을 지원하는 미국(또는 유럽 포함)과의 국제정치로 국제석유파동의 배경을 알 수 있다. 또한 OPEC 생성의 배경으로 이를 이해할 수 있다.

(5) 유가 앙등과 아랍권과 미국의 석유와 이를 둘러 싼 에너지 국제정치

표 2.1   세계 주요 석유파동(1973~2003년간)과 석유가격 변동요인의 중대 사건[30]

분쟁(쇼크)명	분쟁기간	지속 월수	세계석유공급 차질 손실(최대) (백만 배럴/일)	석유가격 변동률
아랍석유 엠바고 아랍-이스라엘 전쟁	73.10.~74.3.	6	4.3	45%
이란 혁명	78.11.~79.4.	6	5.6	53%
이란-이라크 전쟁	80.10.~81.1.	3	4.1	40%
페르시아만(灣) 전쟁 (Persian Gulf War)	90.8.~91.1.	6	4.3	32%
베네수엘라 국내 분쟁	02.2.~03.3.	4	2.6	28%
이라크 전쟁	03.3.~03.12.	10	2.3	28%

주: 미국 대통령실 의회보고 요약.

1) 중동에서의 전쟁 등으로 발생한 석유가의 변동률

미국 정부가 보수적으로 서방측에 유리한 해석 방식에 의하여서도, 중동에서의 전쟁, 혁명 등의 요인으로 발생한 석유가격 변동률은 평균 6개월 기간 내에, 1973년 아랍－이스라엘 전쟁(아랍권의 대서방 석유 엠바고)으로 45%의 유가변동을, 1978년 이

---

29 1960~1970년대에 당시의 사우디의 Zeck Yamani 석유상의 한마디의 말로 세계석유가가 요동을 친 때를 저자도 기억한다. 사우디와 OPEC의 위력을 실감하던 때이다.

30 2015.2. Economic Report of the U.S. President(Transmitted to the Congress), p.267, IEA (2012) 참조.

란 혁명으로는 53%, 1980년 이란−이라크 전쟁으로는 3개월의 전쟁 실기간이었음에도 불구하고 국제유가가 40%나 변동하였다. 그보다 훨씬 후인 1990년 페르샤만의 전쟁(Persian Gulf War)으로 6개월간에 32%의 유가변동요인이 되었다. 또한 2003년 이라크 전쟁 중엔 10개월의 기간 중에 유가가 28% 변동되는 결과가 온 것에 미루어, 국제유가는 2000년대 초까지, 아랍권의 중동 전쟁 등의 사유가 가장 큰 변동요인이 되었으며, 급격한 세계유가 앙등이 곧 급락으로 반전하면서 세계경제가 황폐화(Economic Havoc)되는 요동을 쳤음을 알 수 있다.

2) 미국이 아랍산유국과 다투는 이스라엘을 항상 지원(편드는)하는 이유

여기서의 또 다른 특징은 이런 중동에서의 단기간의 분규는 대개 중동의 사우디를 중심으로 하는 시아(shia)파와 이란과 이라크로 대표되는 수니파(Sunni) 간의 부족 간의 종교적 분쟁이거나, 아랍민족과 이스라엘과의 분쟁, 영토관계에서 이스라엘을 지원하는 미국의 국제정치적 개입으로 야기되는 경우가 많게 되었다는 점이다. 더욱이 1960년대부터 최근까지 미국은 물론 이스라엘도 석유의 대외 수입에 의존(최근 이스라엘은 동국 해안에 막대한 가스매장량을 발견하였음)할 수밖에 없어 중동지역의 단기간 전쟁은 미국을 자극하고 따라서 격렬해졌다.

여기에 2017년 12월 6일, 미국의 트럼프대통령이 난데없이 이스라엘의 수도는 현재의 테라비브가 아니라 예수살렘이라고 선언하고 미국의 이스라엘 대사관도 예루살렘으로 옮기어야 한다고 지시하면서 무슬림국들을 적으로 만들었다. 필자는 이 때문에 국제 석유값이 폭등할지 모른다고 우려하였으나, 이같은 국제석유시장에 관한 예측은 어긋났다. 하지만 도처에 테러 등 국제정치적인 분규는 아주 시끄럽다.

여기에서 두 가지 의문이 제기된다.

첫째는 왜 폭발적인 이스라엘 문제가 아랍 국가들에 던져졌는데도 예전과는 달리 국제석유시장에서 유가파동은 안 일어나는가?

오히려 2017년 12월의 유가상승은 영국의 북해 파이프의 균열로 인한, 1년 이상 석유운송이 어려워진 점에서의 앙등이지, 트럼프대통령의 폭탄선언은 전혀 영향을 안 미친 것으로 해석된다.

둘째, 왜 미국은 역사적으로 항상 말썽 많은 이스라엘 편을 드는가?

첫째 의문에 대한 답은 예전과 달리 미국의 중동 산유국의 에너지 수입의존도

가 확 떨어져, 미국내 셰일석유와 셰일가스로서, 자국 내 충당이 가능해졌다는 점이
다. 또 이스라엘도 근해에 200년 이상을 버틸 수 있는 가스매장량을 보유하고 있다
는 점이 산유국들의 대이스라엘과 미국에 대한 석유수출의 공격적 엠바고가 이제
그 실효성이 없어졌다는 점일 것으로 추측할 수 있다.

그러면 왜 미국의 역대 대통령은 이스라엘 편을 드는가?[31]

가장 큰 이유로서 미국 내 단 700만명의 유대인이 정치, 경제, 금융, 언론, 예술
등 각계각층의 유력인사들로서 이들은 수백년 동안 미국을 리드하는 가장 영향력
있는 그룹이므로 어느 정치인도 이들을 무시할 수 없고, 특히 트럼프대통령은 이들
의 지원으로 대통령이 된 배경에서, 최근 러시아 스캔들 등으로, 하락한 인기회복을
위해 유대인들의 환심을 살 필요가 있었기 때문이라고 국립외교원의 인남식교수는
정의하고 있다.

또 다른 이유로, 유대인은 대부분이 신복음주의자(Evangelicals)로서 세대주의
(dispensionalism) 종말론자인 이들은 '하나님이 이스라엘 민족에게 주신 영토(약속의
땅을 잃어 버렸는데, 이를 전부 완전히 회복하여야 마지막 세대가 완성되며, 그때에 비로소 하
나님이 재림하신다고 믿는 믿음에서 예루살렘 땅(지금은 1967년 이래 3 종교가 3분))의 회복
이 중요하다는 것이다. 여기에 트럼프대통령이 막강한 유대인들의 환심을 사고 러
시아 이슈에서 탈피하여 인기를 만회하기 위해 취한 조치라는 해석이다. 어쨌거나
옛날 같으면 산유국의 아랍족의 선동으로 대미 석유수출 파이프를 잠갔을 커다란
민족적 분쟁임에도 국제유가는 영향을 별로 받지 않는 에너지정세가 크게 변경될
때가 된 것이고, 에너지 국제정치에도 이런 사정이 반영되었다 하겠다.

석유생산을 무기로서 석유생산 쿼터의 조정(사우디의 석유공급의 조절(Swing Producer))
자로서, 세계유가에 영향을 미치면서, OPEC은 석유를 무기로 삼고, 하나의 국제적
파워로 성장하였다. 이는 유가 앙등이 세계경제에 미치는 영향력이 커지면서, 특히
유가 앙등의 경우에 사우디와 아랍권의 발언권이 세어지게 된 것이다. 그러나 1986
년 같이 석유의 과잉생산으로 유가가 하락하는 경우, 세계경제에는 보탬이 되어 국
제석유가가 10% 하락하면, 세계경제는 0.1~0.5%p 경제성장이 촉진된다는 분석이

---

31 2017.12.11. 조선일보에 게재된 국립외교원 안남식 교수의 '미국이 항상 이스라엘을 편드는
이유' 및 2017년 Brookings BRIEF, 'Trump's Jesusalem decision is a win for Evangelicals'
참조.

나올 정도로 국제유가 하락은 세계경제에 좋은 것으로 인식되어 왔다.[32]

(6) 국제유가의 큰 폭 요동과 이를 촉진한 Petrodollar의 등장

- 1974년 이라크의 쿠웨이트 침공에 사우디 Fahd 국왕이 미국에 군사지원 요청
- 미, 사우디에 파병대가로 사우디 및 중동 산유국에 미국달러화로만 석유를 판매하게 함

세계의 중동분쟁에 다른 석유파동의 진폭(振幅)이 큰 데에는, 1971년 미국 닉슨 대통령의 Bretton Woods협정에서 탈퇴하여 달러화의 금본위제를 폐지함에 따른 불태환(不兌換)제의 달러화의 요동의 더 큰 요인이 되었다.

이는 이미 본 바와 같이 중동분쟁의 배경에는 미국과 중동 산유국 간에 일어난 전쟁에 사우디를 중심으로 한 중동에 대한 석유안보가 미국의 이해가 큰 데에 더하여, 국제기축통화(Reserve Currency)인 달러화의 석유연동성에서 크게 흔들린다고 하겠다.

제1차 석유파동의 어려움을 겪은 미국은 그 방대한 석유수입수요를 충당하기 위하여 사우디 등 중동 산유국과의 친밀한 관계를 유지할 필요성에서, 사우디와 절친한 외교관계를 유지하였고 중동의 석유안보가 곧 중동의 안보라는 관점에서 중동국가들은 미국의 군사주둔을 비롯한 미국의 파병과 군사지원을 요청하게 된 것이다.

특히 1974년 이란, 이라크 등과의 관계에서 크게 불안을 느낀 사우디의 Fahd 국왕이 당시 미국의 키신저 국무장관에게 군사주둔을 정식으로 요청하였고, 이때 미국은 키신저 국무장관을 파견하여 사우디의 안전보장을 확약하며, 동시에 사우디 등 산유국은 미달러화 이외에는 어느 통화에도 석유를 판매하지 말 것을 요청하여 그 이후 국제석유거래는 달러화만이 기본통화가 되었다. 이렇게 달러화가 Petrodollar가 된 것이 계기가 되어, 미국은 세계 제1의 금융강국이 된 것이고, 미국정부는 달러자금을 미국채 발행 또는 중앙은행의 달러화 발행(Printing)으로 싼 코스트로 활용하면서, 달러화의 덕을 보고 있다. 국제기축통화가 된 것을 계기로 미국이 후술하는 러

---

32 2016.1.23. The Economist, 'Leaders: Who's afraid of cheap oil?', p.9 참고 인용.

시아, 이란, 북한 등에 석유와 에너지에 대한 수출입제한(Sanction, 제재)과 달러화표
시 국제금융을 제한하는 무기가 세계 각국이 가장 무서워하는 조치가 된 것이다. 이
과정에서 국제유가는 석유의 국제정치관계로 더 한층 요동치게 되었다.[33]

(7) 새로운 석유경제론: 국제유가 하락은 세계경제에 반드시 좋은 것만은 아니다

그러나 1990년대 후반 이후에는 아시아의 국제금융위기 및 미국을 중심으로
한, 2008년 국제금융위기가 유가변동(급락)의 큰 요인이 되었고, 낮은 유가는 다시
세계경제의 침체를 가속화하는 역할을 하게 되었다. 즉 전쟁과 같은 사안이 아닌 유
가의 침체가 세계경제를 오히려 어렵게 하는 국제경제적 요인으로 작용하는 새로운
'석유경제의 룰'(The New Economies of Oil)이 탄생되어 국제유가 하락의 의미가 최근
에 변질되었다 하겠다. 따라서 그 후에는 OPEC의 성격이 퇴락하는 중에 2014년부
터 배럴당 100달러 이상으로 치솟던 국제유가(2014년 6월, Nymex(뉴욕선물거래소)의 선
물유가가 106달러, 유럽의 Brent유 현물가격은 110달러까지 호가되었음)가 미국의 셰일혁명
에 따르는 셰일석유·셰일가스의 증산(增産)으로 미국의 원유와 가스수입(輸入)의존
도가 급진적으로 꺾이고, 미국의 에너지자립도(Energy Independence)가 높아지게 되
었다. 한편 여기에 OPEC과 러시아의 석유증산이 지속되면서 2016년 5월에는
OPEC은 특히 미국의 코스트가 높은 셰일(Shale)석유 생산자를 도태시키기 위한 종
래의 석유정책인 석유생산지속을 통한 국제석유시장에 석유방출을 지속하고 국제석
유가 하락을 도모하게 되었다.

이같이 한편으로는 미국의 취약한 군소 셰일석유업체를 도태시키고, 산유국의
오랜 시장쉐어를 견지한다는 목적 하에 사우디 등은 대미 석유전쟁에 들어가면서
미국은 석유증산을 시작하게 되었다. 이런 미국의 셰일을 중심으로 하는 공급증가
현상에서 국제유가는 60달러대로 하락하고 2015년 8월에는 40달러대까지 더 하락
하게 되었다.

---

33 2018.4.9. Modern Diplomacy, 'Giancario Elai Valori', The de−dollarization in Chaina 참조.

그림 2.6   2008~2014년도 브랜트 유가의 등락[34]

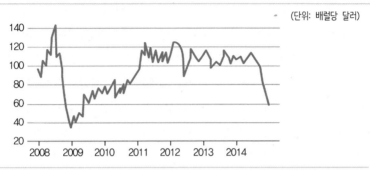
(단위: 배럴당 달러)

그러나 미국의 셰일에너지의 공급확대에서 비롯한 국제유가의 지속적인 하락은 석유수입에 2/3 이상의 재정수입에 의존하는 산유국인 사우디 등의 OPEC회원국들과 러시아와 같이 석유생산에 의존(높은 석유수출의존도와 재정의 석유에서 발생하는 수입(收入)의존도)도가 높은 산유국들의 경제적·재정적 고통이 뒤를 잇게 되었다.

혹자는 이 현상을 산유국(러시아 포함)의 패닉(Panic)상황이라고 정의하고 있다.

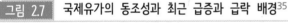

그림 2.7   국제유가의 동조성과 최근 급증과 급락 배경[35]

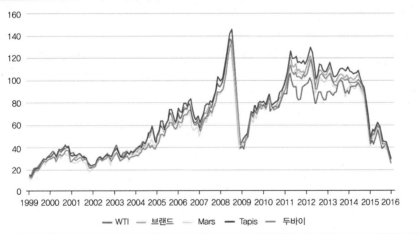
— WTI   — 브랜드   — Mars   — Tapis   — 두바이

34 2014.12.16. Financial Times.
35 2016.2.9. EIA, 'What drives crude oil prices?' p.3.

2008년 세계유가 140달러대는 중국의 'Commodity Hungry 정신'과 고도경제성
장에서 연유된 세계 석유수요 증가에서 비롯되었다. 고유가시대를 맞은 때에 세계
적인 IOC들은 기업성장의 기회를 놓치지 않으려고, 높은 생산원가 지역인 북극
(Arctic) 생산기지, 브라질의 Pre−salt 기지, 앙골라의 심해지역 등에서도 석유생산을
확대하였다. 이때의 석유과잉생산과 세계적인 국제금융위기, 미국의 셰일혁명으로
불리 우는 셰일석유와 가스의 생산 성공이 불러온 석유의 공급과다가 유가의 급락
으로 전환된 것이다. 2015년 후반과 2016년에 유가가 110달러대에서 70달러대 그
리고 40~50달러대로의 하락 배경은 일단 수요에 비한 공급확대로 발생한 것으로
보아야 한다.

(8) 미국의 셰일에너지 생산 성공과 2014년 중반 이래 국제유가의 급락
으로 OPEC, 러시아 등 산유국 경제가 맞은 슬럼프와 패닉에 빠진 배경

---

* US Shale Revolution vs. OPEC & Russian Slump
* 미국의 절치부심(切齒腐心): 에너지 독립(Energy Independence)
* 세계유가 하락은 반드시 세계경제에 좋은 것만은 아님
* 유가하락으로 좋게 된 나라와 어렵게 되는 나라의 양분 현상

2014, 2015년 유가하락의 기본 원인은 세계적인 석유공급과다이다. 2015년
공급은 96.3백만 배럴/일, 소비는 94.5백만 배럴/일로 재고증가가 1.8백만 배럴/일
이다.

그림 2.8 2013~2015년 국제석유가격 하락에도 불구하고 증가하는 세계원유공급량[36]

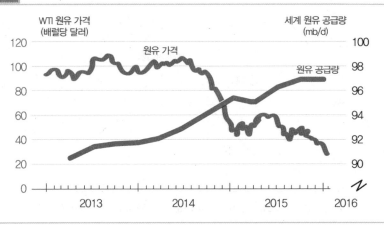

그림 2.9 2009~2015년 석유 수요-공급의 불균형상태 지속[37]

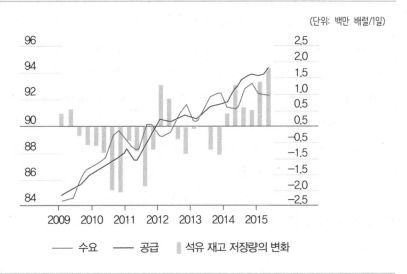

36 2016.1.23. The Economist, 'Who's afraid of cheap oil?', p.17, 그림 'The oil conundrum,
    Slippery slope' 인용.

37 2014.12.16. Financial Times 도표 인용.

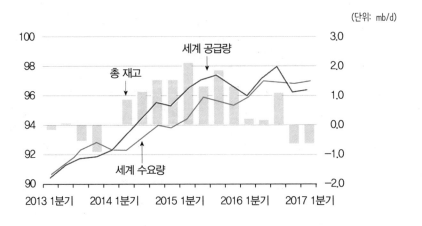

그림 2.10 2013~2016년 세계 원유의 수요량, 공급량, 재고 추이

　　국제석유가는 2013년 말에 시작하여 2015년 중 110달러대에서 70달러대를 거쳐 결국 2015년 중순에는 40~50달러대로 하락하였는데, 여기에는 석유 수요를 훨씬 초과하는 공급이 있었기 때문이다. 이를 보면 2015년 경우에만 해도 이미 공급이 96.3백만 배럴/일인데, 수요(소비)는 94.5백만 배럴/일에 지나지 않아, 매일 1.8백만 배럴이 해상 탱커 등에 저장(육상 석유저장소는 이미 만(滿)탱크)되어 세계 원유 재고량이 그만큼씩 증가하게 되었다. 그리하여 2016년 1월 19일 세계적인 석유조사기관인 IEA(Int'l Energy Agency)는 19차 연차총회에서 '세계석유가격은 급락할 위험이 있다'라고 강력히 경고한 바 있다. 이런 경고에 때마침 민첩한 활동을 하는 IOC들과 대·소간의 석유사들은 그 이후, 총 3,800억달러 규모의 신규 석유생산 프로젝트를 연기하거나 취소하였다.[38]

---

38 2016.1.23. The Economist, 'Who's afraid of cheap oil?', p.17, 그림 'The oil conundrum, slippery slope' 및 해설 참조.

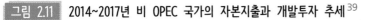
그림 2.11 2014~2017년 비 OPEC 국가의 자본지출과 개발투자 추세[39]

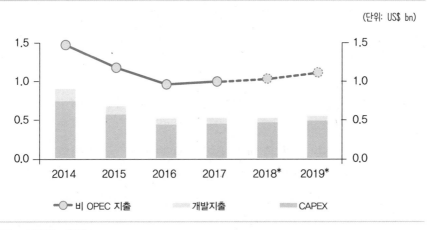

WN: 2018* and 2019*는 예측치.

한편 2008년 글로벌 금융위기 당시의 유가하락은 그간 세계의 최대 석유수요
국인 중국을 포함한 국가들의 글로벌 경기침체와 과다부채 억제와 경기조정 등
수요감소 요인에 의해 큰 영향을 받았다. 그러나 많은 국제금융기관과 에너지전
문기관은 수요감소 요인보다 미국 등의 에너지 공급증가 요인에 더 무게를 두고
있다.

표 2.2 최근 유가하락에 대한 공급과 수요 요인에 의한 비중 분석[40]

분석기관	공급측 요인	수요측 요인
IMF	약 65~80%	20~35%
골드만 삭스	최소한 60% 이상	40% 이하
JP 모건	55%	45%

---

39 Rystad과 OPEC 사무국 공동작성 자료 인용.
40 2015, 국제금융센터, '유가하락과 세계경제 영향에 대한 오해와 진실' 중 '최근유가하락은 공
　급측 요인에 기인', p.3 인용.

(9) 2015년경 공급과잉으로 변하게 된 국제석유시장 요인: 미국의 셰일 혁명과 사우디의 무모한 버티기 작전

이렇게 세계 석유가 공급과잉이 되기까지에는, 크게 두 가지로 대별되는데, 이는 미국의 셰일혁명이라 할 수 있는 셰일석유(가스 포함)의 급증하는 공급과 2015년 사우디아라비아 주동의 OPEC '석유공급유지 버티기 작전'(Oil Price War)으로 대별된다.

석유공급 증가는 이미 본 바와 같이, 2008년 이래 국제유가의 140달러대의 상승기에 러시아와 노르웨이 등의 북극(Arctic)개발과 브라질의 Pre-salted 기지 석유생산과 앙골라 등지의 심해석유생산 등으로 공급이 수요를 초과하는 상황에 더하여, 미국이 2010년경부터 6~7년간 4.2백만 배럴/일의 비전통적 석유생산이 2017년에는 10백만 배럴/일을 초과하면서, 이것이 비록 세계 석유생산의 5%의 비중에 불과하지만, 세계석유시장에 공급초과라는 강타를 가하기 시작하였다.

1) 미국의 포기하지 않는 에너지 자립과 셰일혁명 그리고 산유국들의 증산

이 석유 초과공급 사태는 미국의 셰일생산 확대(Shale Revolution) 외에 Horizontal Fracking Revolution으로도 호칭되기 이전인, 2010년경부터 이미 전 세계적으로 파급되어 있었다. 전쟁으로 황폐화된 리비아는 2014년 9월 이전에 이미 40%의 석유를 증산하고 있었고, 전쟁으로 타격을 받은 이라크와 정정이 불안한 나이지리아와 앙골라는 석유증산으로 불황과 경제위기에 대처하고 있었다.

또 미국 등 서방측의 경제제재(Sanction)에서 풀린 이란(Iran)은 서방측의 경제제제(Embargo) 이전 수준까지 생산을 회복시키기 위해 과감히 석유증산을 본격화하기 시작하였다.

또 비 OPEC 국가 중에는 러시아는 물론 캐나다와 브라질과 멕시코가 석유증산을 하는 국가에 속한다.

이러한 세계적인 공급증가 현상에 더하여, 석유유가 하락에 결정적인 가속화 요인을 제공한 것이 미국 셰일혁명(Shale Revolution, Fractioning Revolution)이다.

그림 2.12 2014년 연율로 본 각국의 최대 석유 순수입 규모 순위[41]

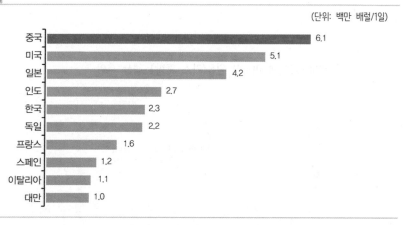

(단위: 백만 배럴/1일)

중국	6.1
미국	5.1
일본	4.2
인도	2.7
한국	2.3
독일	2.2
프랑스	1.6
스페인	1.2
이탈리아	1.1
대만	1.0

2) 국제유가 하락에도 불구하고, 미국의 셰일석유 공급 증가와 국제유가 하락 가속화: 국제유가 관계없이 증산을 지속하는 미국의 석유생산

미국의 셰일석유와 가스 생산은 비록 60년의 역사를 갖고 있어도, 최근 2000년 대 들어 착실한 셰일석유 생산준비와 셰일에너지 생산활동의 본격적인 착수(투자, 기술개발 등)로서, 최근에서야 생산이 본격화되었다.

즉 2000년에 2만 3천개의 수중분쇄공(Hydraulic Fracturing Wells, 구멍)에서 1일 10만 배럴의 생산(미국 전체 석유생산의 겨우 2% 비중)에서 시작하였으나, 2010년에는 30만개의 수중분쇄공(Hydraulic Fractioning Wells, 孔)에서 3백만 배럴/일 생산, 2014년 10월에는 전체 생산되는 석유·가스의 생산을 9백만 배럴까지 확대하였다. 이 중 비전통적인 셰일(Shale)부문은 4.3백만 배럴까지 그 생산이 증가하였고, 2015년에는 미국의 셰일방식에 의한 생산 비중이 미국 전체 석유생산의 51%에 달하고 반대로, 전통적(Conventional)인 방식은 49% 비중으로 역전되었다.

즉 수중분쇄방식(Hydraulic Fractured Wells Production)은 셰일생산의 융통성과 새로운 기술개발(예: 수평 분쇄의 기술의 발전 등)로 많은 석유기업이 여러 장애를 극복하고 특히 셰일석유와 셰일가스 생산을 지속하였다. 미국의 셰일산업이 중동의 산유

---

41 eia, Int'l energy data and analysis full report, CHINA, Overview, p.4, 'Top 10 annual net oil importers(2014)' 인용.

국의 전통적인 유전개발(Drilling)을 추월한데에는 셰일산업의 '유연성'과 '기술개발의 우수성'에 있다.

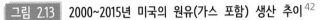 **그림 2.13** 2000~2015년 미국의 원유(가스 포함) 생산 추이[42]

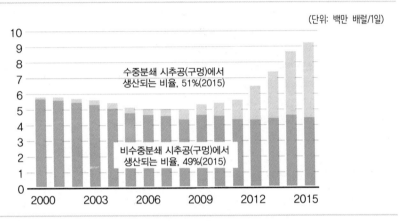

즉 셰일은 전통식 유전보다 생산비용은 많이 들지만 시추(試錐)비용은 적게 들고, 새로운 시추방식은 속도전에 강한 추가생산(원유가격에 따른)에 참여여부를 결정하는 융통성이 강하다. 또한 미국 지하광물의 소유권이 땅주인에게 있는 자본주의 사유지 제도에 시장원리가 적용되는 시스템이 셰일혁명의 성공을 뒷받침하였다고 하겠다.[43]

그러나 많은 분석가들은 국제유가가 80달러 이하가 되면서, 셰일기업의 1/3에 해당되는 많은 적자의 석유기업(민영, 독립된 중소형)은 문을 닫았다고 분석한다.

한편 그 후 셰일에너지의 특수성(융통성, 작은 투자, 신속한 생산개시 및 폐쇄 등)과

---

42 EIA, 2016.3.16. 'Hydraulic fracturing accounts for about half of current U.S. crude oil production', p.1, Oil production in US(2000－2015) Energy Information Administration, IHS Global Insight, and Drilling Info; 2016.1.23. The Economist, 'Who's afraid of cheap oil?' 그림 'The oil conundrum, Slippery slope', p.7.

43 세계 최대의 에너지 매장량을 가진 중국의 셰일개발이 안 되는 이유 중 하나가 중국식 사회주의 시장경제를 택하여, '중국의 토지는 국가 것'이라는 토지제도의 특수성(모든 사용자는 국가에서 임대)에서 토지를 사용하기 때문에 혹 셰일석유나 가스가 매장되어 있어도, 이를 석유사가 개발 라이선스를 따도, 개발에 착수하지 못하는 점 때문에, 중국 석유사는 개발과 생산에 착수하지 못하고 아직도 대부분의 에너지수요를 해외수입에 의존하는 케이스가 되었다.

기술개발로서 수지 균형점이 현저히 하락하였고, 이에 미국의 석유사들은 2016년에 들어 다시 석유생산을 지속하였으며, 앞으로도 생산성 향상과 신기술 개발로서 셰일 생산의 지속이 예상된다고 공언하고 있다.

그림 2.14 **미국의 연간 석유생산(2012년부터 급증)** [44]

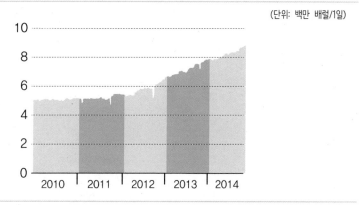

그림 2.15 **2009~2014년 미국의 월별 원유생산 추이** [45]

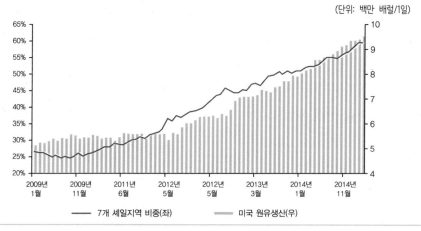

주: 미국 7개 지역은 바렌, 나이오브라라, 페름분지, 이글포드, 마르셀루스, 유티카, 헤인즈빌임. 2014년 10월 24일 기준으로 미국은 8.97백만 배럴/일 석유생산을 달성하였음.

---

44 U.S. Energy Information Administration.

45 '美 셰일오일의 경쟁력과 글로벌 원유공급 여건 점검' p.2; 오정석, Korea Center for International Finance, 2015.6.17. EIA 인용.

또 미국은 트럼프대통령의 에너지 지원정책에 힘입어, 2018년에는 10백만 배럴
이상 생산할 계획이다.[46]

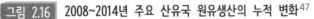

그림 2.16　2008~2014년 주요 산유국 원유생산의 누적 변화[47]

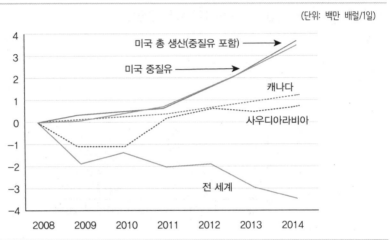

이렇게 미국의 셰일석유와 가스의 증산은 국제정치적 분쟁이 많고, 세계분화구
(噴火口)의 역할이 진행되는 이란, 이라크, 리비아, 나이지리아, 수단(남), 시리아 등
지의 비정상적인 석유 생산의 급증과 급감에 아랑곳 없이, 미국의 셰일석유 생산은
꾸준히 증가하여 결국 세계의 원유공급의 증가와 원유가 하락의 촉진작용을 하는
촉진제 역할을 하게 되었다.

46 2017.12.11. Seeking Alpha. Andrew Hecht, 'Crude Oil Market Dynamics Have Changed'
　　참조.

47 IHS, Michael Wang.

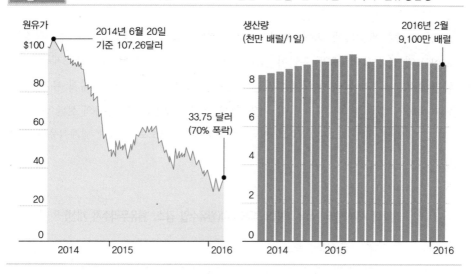

그림 2.17 2014~2015년 폭락한 원유가에도 높은 수준을 견지하는 미국의 원유생산량[48]

원유가

2014년 6월 20일 기준 107.26달러

$100

80

60

40

20

0

2014   2015   2016

33.75 달러 (70% 폭락)

생산량 (천만 배럴/1일)

2016년 2월 9,100만 배럴

8

6

4

2

0

2014   2015   2016

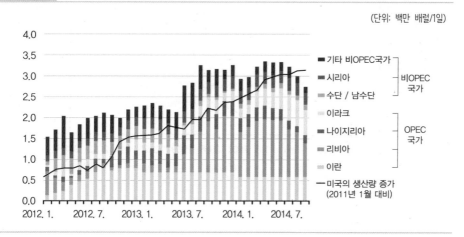

그림 2.18 기존 산유국들의 감산량을 상쇄하는 미국 등 비 OPEC 국가의 석유생산 증가효과[49]

(단위: 백만 배럴/1일)

4.0

3.5

3.0

2.5

2.0

1.5

1.0

0.5

0.0

2012. 1.   2012. 7.   2013. 1.   2013. 7.   2014. 1.   2014. 7.

■ 기타 비OPEC국가 ┐
■ 시리아   │ 비OPEC 국가
■ 수단 / 남수단 ┘
■ 이라크
■ 나이지리아   ┐
■ 리비아   │ OPEC 국가
■ 이란   ┘
— 미국의 생산량 증가 (2011년 1월 대비)

48 'Pressed, U.S. Oil Producers Cut back' 내 'Oil Flow', 2016.3.3. Wall Street Journal, U.S. Energy Department.

49 '2014 Energy Outlook', 2014.11.13. U.S. Energy Information Administration.

3) 셰일혁명으로 미국 석유수입 감소: 미국의 공급 증가와 수요 감소로 세계유가하락
   가속화 요인

또한 수중분쇄방식에 의한 셰일석유와 액화가스의 생산효과로 미국은 경질류
(35도 이하)와 중경유의 해외 수입이 감소하게 되었고, 미국의 가스와 가스제품 수출
이 활발해져, 미국의 에너지 국제수지는 개선되었으나, 이는 그만큼 세계 유가의 하
락을 가속화시키는 또 다른 요인이 되었다(예: 미국의 대중국 가스수출의 실현으로 가스
공급의 증가 외에 세계 가스수요(주로 미국 등 산유국)의 감소로 나타나 세계석유가 하락
촉진).

그림 2.19   미국의 국제 원유·석유 제품의 무역수지(원유수입 감소, 원유무역수지 개선)[50]

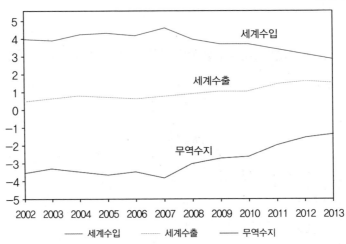

(단위: 1조 큐빅 피트)

---

50 'US Policies toward Liquefied Natural Gas and Oil Exports: An update', p.3; Cathleen
   Cimino, Gary Clyde Hufbauer, Peterson Institute for International Economics(석유와 가스)
   인용.

그림 2.20 2002~2013년 미국의 석유제품 무역수지와 원유 무역수지 추이[51]

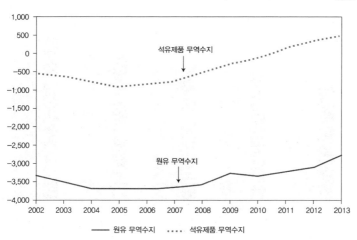

(단위: 백만 배럴)

석유제품 무역수지

원유 무역수지

── 원유 무역수지　····· 석유제품 무역수지

그림 2.21 미국의 석유수입이 감소하면서 가장 큰 규모의 순석유수입국이 된 중국[52]

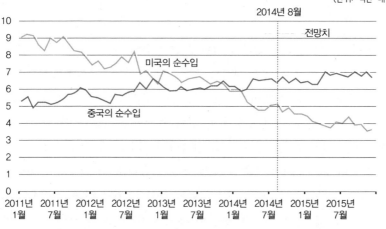

(단위: 백만 배럴/1일)

2014년 8월

전망치

미국의 순수입

중국의 순수입

주: 미국의 셰일석유 생산과 중국의 수요 증가가 맞물려서 이러한 결과를 낳게 됨.

51 '2014 Energy Outlook', 2014.11.13. U.S. Energy Information Administration.
52 상동.

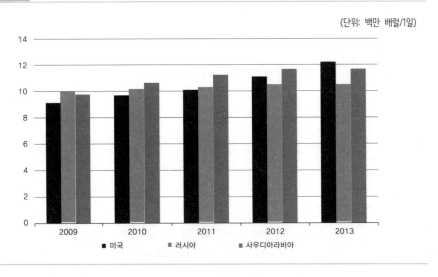

그림 2.22   2009~2013년 미·러·사우디의 석유·액화연료의 생산량 추이[53]

(단위: 백만 배럴/1일)

4) 유가가 20달러대로 하락해도, 석유생산 감소 안 한다는 사우디[54]: 무모한 사우디의
증산으로 버티겠다는 전 석유상의 대미 유가전쟁 선언

한편 2016년 2월 24일자 월스트리트저널(WSJ)은 '런던에서 당시의 사우디아라
비아의 석유상이었던 A.알 나이아미(Ali al-Naimi, 석유상으로 10년 이상 재직, 2016년 사
우디 왕세자에 의하여 경질)가 OPEC 회의에 참석하여, 혹 '세계유가가 OPEC의 회원
국을 질식시키기(strangle) 위해 배럴당 20달러대가 되어도, 사우디아라비아는 여기
에 대처해 석유가 60달러 이하가 되면 일부 비 OPEC 국가의 석유사가 도태될 것
이니 이때까지 밀어 부칠 태세가 되어 있다'는 폭탄선언을 하여 참석한 비 OPEC
회원국은 물론 OPEC회원국들 마져도 경악하게 하였다'고 보도하고 있다. 이는 바
로 직전 미국의 휴스톤에서 개최된 세계 유수 석유사(IOC) 임원과 관리들이 참석한
세미나에서도 OPEC과 비 OPEC 회원국에게 '2014년 6월 이래, 석유의 과잉공급으
로 석유가가 70%나 하락하고, 또 공급이 세계 석유수요보다 1백만 배럴/일 수준으

---

53 2014.9.10. EIA, 'Country Analysis Brief: Saudi Arabia', p.4.
54 2016.2.24. Wall Street Journal, Saudi Oil Minister Surprises OPEC with Tough Line on
     Pricies: Prepared for $20 a barrel to force production cuts outside the Middle East, says
     al Niami 인용.

로 초과한 때'이어서 사우디의 나이아미 장관의 발표는 더욱 경악을 금지 못하게 하였다.[55] 특히 계속적으로 유가가 하락하는 과정에서 OPEC 중 취약한 국가인 나이지리아와 앙골라(동국 국영석유사인 소난골(Sonangol)의 주문으로 완성한 대우조선해양의 수억달러의 2척 해양구조물도 인수 못한)는 막대한 재정적자의 보정을 위해 세계은행과 아프리카개발은행에 지원요청과 정부보조금을 대폭 삭감할 정도로 경제적 타격이 큰 상태에서 그의 선언은 이런 사정과는 동 떨어진 상황을 의미하였기 때문이다. 이를 보자.

(10) 미국 석유가스 생산량을 사우디가 초과: 사우디의 대미 석유전쟁 선언[56]

- 사우디 주도의 OPEC의 계산된 대미 유가전쟁: OPEC 석유 상한(tap)초과 유지
- 사우디의 세계시장 지배력 견지, 미국의 신생 셰일사 스퀴징(Squeezing)
- Who is Winner?, Who is Loser?
- OPEC의 생산쿼터를 상회하는 OPEC회원국의 초과 생산 지속
- OPEC발, 대미 석유전쟁의 2017년 나타난 결과: 실패

▌사우디의 계산된 갬블: 대미 석유가 전쟁 선언(2014.11): 1868년 Rockfeller 작전 답습 모방 실패

사우디는 새로운 대미 석유가격전쟁(New oil price war, Gamble)[57]을 선언하기에 앞서, 철저한 계산을 하였다. 이는 일부 셰일석유사의 도산이 미국이 셰일산업의 융성으로 획득한 국제정치적·경제적 이득을 상쇄하기 위함이었다. 이런 조치의 초기 단계는 이미 2013년 미국과 사우디가 협력하여 이라크와 시리아 전쟁을 수행할 때, 사우디는 세계석유시장의 리더 역할을 강조하면서, 취약한 미국의 신생 셰일사의

55 2016.2.24. Wall Street Journal, Saudi Oil Minister Surprises OPEC with Tough Line on Pricies: Prepared for $20 a barrel to force production cuts outside the Middle East, says al Niami 인용.
56 2014.10.17. FT, Saudi Arabia takes calculated gamble, The kingdom asserts its role in the oil market and fledging US shale companies.
57 상 44 동일 소스 terminogy 인용.

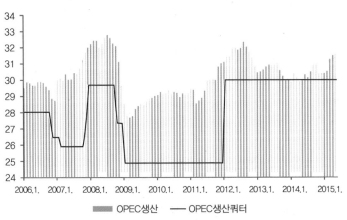

그림 2.23   OPEC의 지속된 석유생산 및 생산 쿼터[58]

파이넌싱(기업경영)에 석유를 증산·공급함으로써 미국의 독립 셰일석유사 중 취약한 석유사에게 경영상 스퀴징(Squeezing)을 시작하여, 경쟁에서 이기지 못하고 도태시키는 작전을 실시한 것이다. 이는 역설적으로 하락하는 국제유가는 미국의 석유소비자에게 실질적 세금감세가 될 것이고, 생산원가가 높은 취약한 미국의 중소규모의 독립(Independent)된 셰일사는 도태될 것으로 보았던 것이다. 또한 미국이 경쟁사인 러시아와 이란에 압력을 행사하면, 러시아와 이란 양국의 손실은 그만큼 클 것으로 보았기 때문이다. 사우디 등 산유국의 인위적이며 의도적인 석유증산에 의한 국제유가의 하락 조치(이를 1868년 미국 Standard Oil Co.(후일 Exxon의 전신임)를 설립한 J. Rockefeller의 철도와 선박운송과 정유사업을 포함한 석유영업작전으로 경쟁사를 이긴 Rockefeller의 석유기업 상술을 지칭하여 'Rockefeller 전략'이라 함[59])는 사우디의 석유시장에서의 숙적인 이란과 경쟁국인 러시아에 타격을 주고, 그에 따라 사우디는 국제석유시장의 맹장으로 되고 그러면 사우디는 우방(友邦)인 아랍권의 산유국에는 피해를 안 줄 수 있는 '손에 피 안 무치고 세계석유시장의 여전한 리더로 군림할 것'이라는

---

58 '美 셰일오일의 경쟁력과 글로벌 원유공급 여건 점검' p.5, 오정석, Korea Center for International Finance, 2015.6.17. EIA 인용.

59 Sandy Franks, 'Barbarians. of Oil', pp.55 – 58 참조.

깔린 계산에서 사우디가 주동이 되어, OPEC의 산유국들은 석유증산을 지속하기로 하고 증산을 계속하였다.

돌이켜 보면, 미국이 1차 오일쇼크(아랍권의 대미석유 엠바고)를 당한 후에, 1974년 '힘이 세어진 사우디 주동의 OPEC이 국제석유가를 배럴당 4.31달러에서 10.11달러로 인상'하였고 이것을 1970년대 말에는 32.50달러(800% 상승)까지 인상하였는데, 이를 두고 '1차 석유가 전쟁'이라고 부르는 이(예: Daniel Yergin 'The Prize: The Epic Quest for Oil, Money & Power' 저자)도 있다. 이상과 같이 엘진(Yergin)의 정의대로 보면, 금번의 석유전쟁은 '2차 석유가 전쟁'이라고 명명할 수도 있겠다.

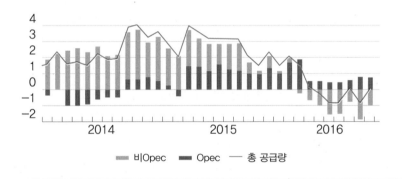

그림 2.24 석유증산을 계속하던 사우디 등이 OPEC, 러시아와의 공조로 석유감산 합의

(11) 사우디의 경제개혁 재원조달을 위한 Aramco의 IPO실시 계획 발표

1) IPO를 앞둔 Aramco의 높은 수익성과 시가총액에 대한 평가

국제유가 하락과 미국 셰일붐에 국제석유시장에서 약화된 입장에 처한 사우디는 Aramco의 지분 5%를 국제증권시장(뉴욕 혹은 런던)에 상장하여 처분하여 '사우디의 경제개혁 추진'을 위한 재원을 마련키로 하였다. 당시 사우디의 Aramco의 시가가치 잠정평가는 2조달러대로 보았다. 그러나 국제유가의 급진적 하락은 Aramco의 시가총액에 대한 논란과 NYSE와 LSE의 Aramco의 IPO에 대한 논란 끝에 2018년 4월 13일에는 세계에서 가장 수익성이 높을 것이라는 Aramco의 시가총액은 1조달러

대로 반감하여야 한다는 주장이 제기되기도 하였다.[60]

이의 논거는 2017년 상반기에 Aramco의 이익금은 340억달러에 달하여, Apple
을 능가하는 최고의 수익성을 달하였고(이때의 ExxonMobil의 수익은 74억달러로서
Aramco는 이의 4배에 해당함), Brent 국제유가가 53달러일 때에, 1일 9.9백만 배럴의
석유생산에 그친 Aramco의 생산코스트를 '캐시 프로'로 환산(2017년 상반기 6개월의
캐시프로는 531억달러이었음)할 때에는 상당히 높은 리스크 프리미엄이 붙게 된다는
것이다.

즉 국제유가가 80달러대로 상승하고 Aramco가 1일 11백만 배럴의 석유를 생산
할 때 연간 자본지출은 400억달러 규모가 요구될 것으로, 캐시프로의 수익성은 7%
대이어서 이를 역산하면 Aramco의 시가가치는 1.5조달러대 이하이어야 한다는 계
산이라는 주장이다. 이때 천연가스의 생산은 1일 1.4백만 배럴로 보고 그 가격은 원
유가의 절반으로 본다는 것이다. 그러면서 Aramco의 석유의 국내소비자에 대한 엄
청난 보조금 지출로 전체적인 수익성은 낮아져야 한다는 계산이다.

2) Aramco의 적절한 시가총액은 2조달러대가 아닌 1조달러대

여기에서 국제유가를 80달러/배럴로 전제한다는 너무 리스크가 크다는 Bloomberg
에 기고자의 입장이다.

7%의 리스크 프리미엄은 다른 IOC의 경우에 적용하는 수준으로서 특히 사우디
의 국제정치적 리스크를 감안할 때, 리스크가 너무 낮다는 평가이다. Petrostate인
사우디의 국가에 내는 로얄티 수준(2017년에 130억달러의 배당금)이 높고 세율도 높아,
결국 국제유가가 3자리수(100달러대)가 아니면 Aramco의 2조 달러대의 시가총액은
수익성에 비해 그 평가가 너무 높다는 계산이다.

또 OILPRICE에 기고한 Irinia Slav는 국제석유시장은 5년 전과 달라졌다고 하면
서, 국제유가가 80달러선에서야 Aramco의 시가총액은 2조달러로 평가할 수 있다고
진단하고 있다.

따라서 고평가의 문제로 비록 5%밖에 상장하지 않지만, 런던거래소는 Aramco

---

60 2008.4.14. Bloomberg, 'Lian Denning'의 기고, 'Saudi Aramco May Have to Settle for just
   a Trillion or so' 참조 및 2018.5.16. OILPRICE Irinia Slav, 'The Truth about Aramco's 2
   Trillion Valuation' 인용.

의 상장에 앞서 자체규정을 개정하여야 하고, 뉴욕거래소도 사우디는 9.11사태 때 참여한 국가로서 이에 관한 거래소의 규정을 바꾸어야 가능하게 된다. 세계 최대 석유사인 Aramco의 IPO는 결코 용이하지 않다.

이와 관련하여 2018년 10월 9일자 Bloomberg 통신이 사우디의 bin Salmon MBS) 왕세자를 접견한 후의 보도에서는, Aramco의 시가가치가 2조달러가 될 것이라는 3년 전의 추계는 사우디의 경제개혁을 하려는 계획상 소요되는 자금규모로서, 세계유가전망과 석유생산원가를 고려할 때에 결코 타당하거나, 가능한 규모가 아니라고 보고 있다. 따라서 MBS 왕세자 자신도 Aramco의 IPO는 빨라야 2020년 또는 2021년 이래야 가능할 것으로 본다는 전망이라고 하고 있다. 특히 Aramco의 자회사인 사우디 베이식 인더스터리(Saudi Basic Industries Co.)를 합병할 수 있는 처지로 보여 지지 않는다는 부정적 분석을 하고 있다. 또 장기적인 유가전망과 세계석유수요전망도 그리 밝지 않다는 점도 고려한다면, 결국 Aramco의 거창한 IPO 계획은 세계석유시장에 요란한 풍선을 띠운 것으로 보여 진다. 증권시장에 관계하였던 필자가 보기에도, Aramco의 국제자본시장에서의 IPO의 실현이 어려워 보인다.

더욱이 2018년 10월 초, MBS가 미국에 망명 중인 사우디 출신 언론인 카슈끄지의 살해혐의로 세계가 시끄러운 판국이라 실추된 MBS의 국제정치적 신인도 상실로 아람코의 IPO 전략은 물론 결국 수포로 돌아갈 전망이다. 카슈끄지의 살해설은 일본의 소프트뱅크와 공동 추진하고 있는 제2호 비전펀드－2도 무산위기에 처해 있는 형국이다. 전 세계 언론이 '사우디발(發) 쇼크'로 사우디의 모든 것이 예측 불허의 상황에 놓여 있는 판국이다.

(12) 미국 셰일붐의 출현으로 이해가 엇갈린 사우디와 미국: 러시아와 OPEC의 협조로 석유생산을 감산하기 시작한 효과

그림 2.25 최근 국제유가 하락을 둘러싼 대국들의 국제정치적 구도 변질[61]

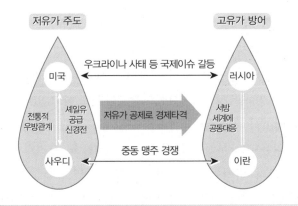

1) 셰일혁명으로 미묘해진 사우디와 미국의 에너지 국제정치 변화

결국 유가는 경제의 핵심이며, 세계 가솔린 생산의 11%를 소비하는 미국으로서는 이미 70년대 초 글로벌 파워가 된 OPEC의 사우디와 친숙하고 동맹적인 유대관계를 유지할 필요성이 컸다. 더욱이 당시 사우디 내 석유채취권의 제1 보유석유사였던 미국의 스탠다드 오일(Standard Oil)사가 강력히 요청하여 이미 1943년, 당시 루스벨트대통령은 '미국은 사우디에 매우 큰 이해관계(Vital Interest)가 있다'고 하면서, 미군을 사우디에 파견하여 오늘날까지 주둔시키고 있다. 그 이후 석유를 둘러 싼 양국관계는 최근까지 매우 협력적이고 우호적인 관계를 유지하고 있다.[62]

그러나 이같이 석유와 관련된 국제정치 구도(Geopolitical Structure)는 과거에 친숙하였던 미국(석유수입이 불가피하였던)이 셰일혁명으로 석유공급 과다를 일으키면서, 그간의 세계 제1의 석유생산국인 사우디가 그 위치를 지키고자 새로운 석유전쟁을 일으키고 있어, 미국의 사우디와 관계는 미묘하게 변모되는 국제정치의 새로운 대

---

61 매일경제 도식 인용.

62 Sandy Franks, 'Barbarians of Oil', p.131, Chapter 12, Political Dangers to the US Oil Addiction Oil Barberians Pinch U.S. Supply 참조.

결 구도가 된 것이다.

오히려 사우디는 러시아와 손을 잡고 2016년 말부터 OPEC과 러시아가 석유감산을 주도하여 이제 미국의 셰일 대 '러시아+OPEC'의 새로운 대결 구도가 된 것이다.

2) 드릴링 vs. 프래킹의 싸움

원래 미국은 막대한 석유매장량에도 불구하고 시장원리에 입각한 가격차로 인하여 미국 내에서 석유를 생산하는 대신, 시장원리에 따라 석유를 중동에서 수입하기 시작하였다. 이러한 막대한 석유수입 수요에는 국제석유가가 그 핵심인 바, 저렴한 석유의 안정적인 공급을 담보하기 위해, 미국은 1950년대부터 제1대 산유국인 사우디와 친화적인 국제관계를 더불어 유지하여 국제석유시장의 영향력과 지배력을 갖고자 하였다. 이리하여 1990년대 중반 사우디의 적대적(敵對的)인 이라크의 쿠웨이트 침공, 1991년의 걸프(Gulf)전쟁을 겪으면서, 미국은 사우디와 연합작전을 수행하였다. 석유의 공급자로서 사우디와 당시 석유의 최대수입국으로서의 미국은 매우 긴밀한 우방국으로서, 국제정치(Energy Geopolitics)의 상호 우호적인 관계를 유지하여 왔다. 사우디의 국유석유사인 Aramco가 사우디의 국유사가 되기 이전인 1973년까지 미국의 사우디 주재 대사가 Aramco사의 대표직을 겸임하였다. 그 후 사우디는 Aramco의 주식의 25% 인수하였고, 1980년에서야 Aramco의 주식을 완전히(100%) 인수하였다.

그러던 중 최근의 셰일석유 생산으로 미국의 사우디에서의 석유수입이 감소(셰일석유로 대체)하고 오히려 미국이 국내외의 석유시장에 셰일석유 공급이 증가하는 가운데, 미국 전체 석유공급의 거의 50% 수준으로까지 확대되었고, 이로 인해 세계유가의 급격 하락상황을 초래케 되면서, 사우디가 OPEC 생산의 회원국별 '쿼터없는 석유양산의 지속'으로 미국의 취약한 석유사를 시장에서 도태케 하는 석유가(石油價)전쟁을 불러 오게 되었다. 이를 '드릴링(Drilling, 전통적 유전개발) 대 프래킹(Fracking, 혈암분쇄식 셰일개발)의 싸움'으로 표현한다. 이때부터 미국과 사우디의 에너지를 둘러싼 국제정치적(Geopolitics) 관계가 종래의 친숙 상태에서 야릇하게 변질되어 가고 있다.

3) 미국, 러시아, 사우디의 석유시장 지배권 싸움

또한 '사우디와 세계석유시장의 패권경쟁을 하고 있는 러시아'도 미국과는 우크라이나 사태로 미국과 서방측으로부터 경제봉쇄(Sanction)를 당하면서, 미국의 셰일석유의 추가 공급으로 인한 국제유가의 하락으로 막대한 피해 속에 이중의 경제적 고통을 당하고 있었다.

이에 사우디는 한편으로는 숙적인 이란과 석유패권을 위해 싸우면서, 국제유가가 20달러 이하로 혹 하락해도, 사우디와 친숙한 아랍권 산유국(쿠웨이트, UAE 등은 석유생산가 훨씬 낮음)들은 피해가 없이 여유자금 활용이나 지출 축소로 견딜 것이며, 국제유가가 80달러대가 되면, 미국의 셰일붐은 끝날 것으로 보았다.

이런 계산은 2014년 당시의 석유장관이었던 '알리 알 나이미'(Ali al Naimi의 발언 이후 나온 것으로 당시의 왕자였던 A. 빈 탈 알-사우드(Alwaleed bin Talal al-Saud))도 같은 전망을 한 것으로서, 그때가 되면 세계 석유수요는 지속될 것으로 보았고 사우디는 석유패권을 유지할 것으로 보았다.[63]

4) 바닥난 개도국 석유수출국의 보유외환 사정과 급증한 재정적자[64]: 산유국마다 상이한 '버티기 작전'에서 겪는 고통의 정도

알 나이미(Naimi) 당시 사우디 석유장관은 국제유가의 안정은 OPEC의 설립 취지가 아니며, OPEC의 설립목적은 '국제석유시장의 석유공급과 수요의 균형유지에 있다'고 항변하면서, '산유국의 석유생산은 시장 기능에 맡긴다'는 원칙하에, 사우디의 국제유가 하락(2014년 6월 이래 70% 하락)에도 '시장쉐어 보호'를 위해, 그리고 생산코스트가 60달러를 넘는 열악한 국가의 석유사의 시장퇴출을 목표로 하는, '감산 없이 버티기 작전'의 시기에 돌입하였다. 그러나 이를 당하는 산유국마다의 고통과 사정은 각기 상이하였다.

이런 사정을 산유국별로 보면,[65] 석유생산 수지균형점이 매우 낮은 쿠웨이트와 UAE 및 사우디마저도 원유가가 20~30달러대에서도 견딜 수 있고, 또 이런 경우에

---

63 2014.10.17. FT, 'Saudi prince sounds oil price alarm'.

64 2017.6.28. FX, 'Oil exporters forex reserves hit 10-year low' 참조.

65 2016.2.24. WSJ, 'Saudi Oil Minister Surprises OPEC with tough Line on Prices' 참조.

도 오히려 수익을 남길 수 있다고 사우디의 당시 나이미(Niami) 사우디 석유장관은
호언하고 있었다.

그러나 나이지리아와 앙골라의 경우에는, 특히 석유원천이 바다에 있어, 해상
(Offshore)에서 석유생산이 이루어져야 하기 때문에, 생산 코스트가 높아 국제유가가
30~35달러 이상이어야 한다는 주장이다. 이 불황과 110억달러의 재정적자의 곤경
을 넘기고자, 나이지리아는 세계은행과 아프리카 개발은행과 30억달러 규모의 차관
을 협의하고 있었고, 앙골라는 재정에서 지급하던 국내 연료보조비를 삭감하고, 이
에 따라 국내유가는 오히려 80%의 앙등을 초래하였다.

또 이란은 서방측의 경제봉쇄(Sanction)가 끝난 후라 '시장의 균형을 취하는
OPEC의 기능은 끝났다'고 하면서, 수년간 잃어버린 석유생산의 보정을 위해 '2012
년 경제제재조치(Embargo) 이전 수준의 생산으로 가기 위한 석유 증산'에 박차를 가
했고(Iran 석유상은 생산에 한도 설정은 'Joke'라고 비아냥거렸음) 실제 독자적인 석유생산
활동을 하면서, 과거의 수출선(先)인 국가(예: 중국)에 공급을 회복하기 위해 연간
500,000배럴/일의 생산을 계속하였다.

이라크의 석유상은 OPEC의 생산한도(쿼터) 설정은 필요한 것이나 '이라크는 이
를 지킬 뜻이 없어, 생산 감축 조치는 취하지 않을 터'라고 선언하였다.

베네수엘라는 난경에 처한 국내경제의 회복을 위해 2016년 1월의 생산한도를
지키라는 사우디와 러시아에 석유생산(증산)에 대한 협조를 구하면서, 한도 조정을
요청하기에 이르렀다.

러시아는 공공지출을 10% 삭감하고 금리를 17%로 인상하면서, 루블화를 대폭
평가절하 하였다. 외화 절감과 수출 독려를 통한 국제수지의 개선 목적으로 실시한
평가절하 조치였다. 그러면서 러시아의 석유장관인 A. 노박(Alexander Novak)은 '러
시아가 석유생산을 삭감하면 그 자리를 다른 산유국이 파고 들어와 러시아의 시장
셰어를 빼앗는다'고 하면서, '그래서 러시아는 시장셰어를 유지키 위하여 석유생산
을 감산 없이 생산을 지속한다'라고 하였다. 이때 세계은행은 석유가의 반등이 없는
한, 러시아의 GDP가 2015년 중 −0.7% 하락한다고 보았다.[66]

66 2015.1.19. BBC Business reporter Tim Bowler, 'Falling oil prices', 'Who are the winners
an losers?' 참조.

전반적으로 산유국의 석유산업에의 투자는 감소하였고, GDP는 하향하면서, 따라서 개발도상국(EM)의 기업부채 대 GDP 비율은 2008년의 50%에서 2014년에는 75%까지 치솟게 되었고 실제로 개도국 기업의 부채는 2007년 이래 총 6,500억달러가 증가한 결과가 나온다.[67]

5) OPEC 회원국 중 산유국들의 외환보유고 악화 사정

한편 이같이 지속된 국제유가 하락은 개발국 중 대형 석유수출국에 10년 이내 가장 큰 타격으로서 각국의 외환보유고가 최저치를 기록하게 되었다.

2016년 말, 13개 석유수출국의 외환보유고 합계는 9,670억달러(IMF 집계)로서, 2013년의 피크였던 1.26조달러와 대비되는 최악의 사정으로서 2006년 이래 최저치가 되었다.

이때의 사정을 보면,

- 최악의 경우가 베네수엘라인데 인플레이션과 싸우고, 필수 식량을 도입하느라 2008년 피크 때의 외환고의 90%가 감소하였다. 또 동국에서는 재정적자 폭이 14.6%가 되어 국가부도가 위기직전에 처하였다.
- 전쟁으로 황폐화된 리비아는 외환보유고가 2012년의 피크에서 45%가 떨어져 나갔다.
- 알제리는 2013년의 외환보유고의 피크에서 41%가 감소되었다.
- 나이지리아는 외환보유고가 38%가 감소되었다.
- 앙골라는 2012년 보유고 피크에서 30%가 감소되었다.
- 러시아도 외환보유고가 35%가 감소하였다. 또 마침 서방측의 경제봉쇄(Sanction)에 직면한 러시아의 중앙은행은 루블화를 50% 평가절하 하였다.
- 가스 최대수출국인 카타르는 2014년에 비해 29% 감소되었다.
- 카자흐스탄은 2010년에 비해 22%가 감소되었다.
- 사우디마저도 모든 지출을 석유의 재정수입에서 90% 이상을 담당하여, 적자 수준이 16.9%로서 한계에 와 있는 것을 우려하고 있었다.[68]

---

67 2016.1.25. The Economist, p.9, 'Who is afraid of cheap oil?' 및 동 p.17, 'The oil conundrum' 참조.
68 이점에 관하여 McKinsey는 사우디의 살길은 석유의존도를 낮추고 '석유이외'(Beyond Oil)로 가야 한다고 자문하고 있었으며, 이것이 알살만(MB Salman)왕세자의 경제개혁의 핵심을 이

이같이 이들 산유국에서는 석유세입의 감소와 늘어나는 재정지출로 재정적자 폭이 대폭 확대되고 부채비율이 확대되고 외환보유고가 급감하는 공통현상이 나타났다.

다만 중동지역 산유국 중, 사우디와 아랍에미레이트(UAE)와 쿠웨이트는 석유생산원가가 다른 산유국보다 훨씬 저렴한 위에 축적된 외환보유고가 높아, 대외투자 수익으로 버텨, 재정적자도 비교적 건전하였다. 다만 이들 국가도 석유가의 버틸 수 있는 최저한도를 배럴당 45달러대로 보고 있었다.

6) 2016년 이후, 2018년까지 석유감산을 통해 세계원유가를 상승시키자는 OPEC 결의에 사우디와 러시아가 동조하게 된 배경

비록 '국제석유가가 20달러대까지 하락해도 OPEC은 이를 감수하고 석유증산을 계속하여 급락하는 가격구조 하에서 견디지 못하는 취약한 경쟁구조의 서방측 군소 석유사를 도태시키겠다는 석유전쟁도 불사한다는 당시 사우디 석유상 '알리 알 나이미'(Ali al Naimi)의 주장은 유가가 시장원리에 의하여, 수요와 공급이 균형점에 도달할 것이며, 60달러 이상이어야 수지균형이 맞는 중동 이외의 지역(60달러대는 수지균형이 60달러대로 발표된 미국의 셰일 및 캐나다의 오일샌드 등 지칭)에서, 도태되는 국가가 나올 것이라고 강변하고 있었다. 그는 그런 의미에서 사우디는 20달러대까지 유가가 하락하여야 한다면, 사우디는 원치는 않지만, 그럴 때까지 버티고 견딜 것이다'라고 갈파하고 있었다. 그 직후 '알리 알 나이미'(Ali al Naim) 사우디 석유상은 새로이 왕세자가 된 M. 빈 살만(MBS, Muhammad bin Salman)에 의해 경질되고, 카리드 알 패이드(Khalid al Faith)가 석유장관이 되면서 새로운 왕세자의 지휘에 따라, 2017년 초부터 OPEC의 산유량 삭감의 정책으로 바뀌게 되었다.

루게 된 것이다.

그림 2.26　2013년 기준 산유국별 생산 현황

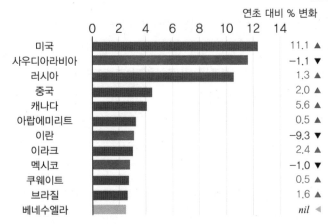

(단위: 백만 배럴/1일)

그림 2.27　원유 순수출국의 총수출 중 원유의존도[69]

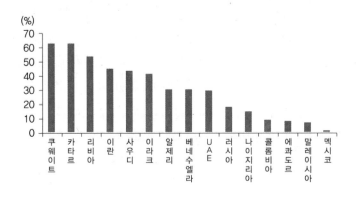

---

69 '유가 하락의 세계 경제 영향에 관한 오해와 진실', 김권식·오정석, 2015.2.6. KCIF.

그림 2.28　원유생산으로 발생하는 세입의 재정의존도(대 국가세입)가 높은 국가[70]

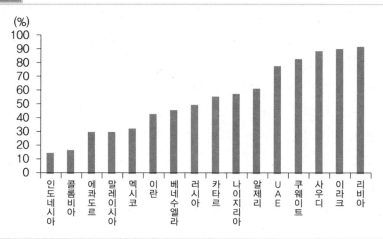

위의 두 그림에서 보는 바로 원유수출의존도와 원유생산에 의한 재정수입의존도가 높은 산유국으로서 이란, 이라크, 리비아, UAE, 쿠웨이트와 사우디아라비아와 베네수엘라가 있으며, 비회원국으로서는 러시아가 있다.

각국별로 수출과 재정의 석유의존도가 높으면 높을수록, 2015년, 2016년 같이 미국 등의 석유공급 초과에 의해 폭락하는 국제유가 하락에는 장기간에 걸쳐 감당키 어려운 국가들의 사우디에 대한 압력이 강해질 수밖에 없었고, 미국 등 서방측의 경제제재(Sanction)에 직면한 러시아 역시 특히 외화(硬貨)의 빈곤에 어려워진 러시아는 사우디와 동조하여 '감산조치'로 세계유가의 상승을 기대할 수밖에 없었다.

7) 유가하락에 대처하는 IOC와 산유국의 조치: 석유감산과 자본지출의 축소

당시, 사우디의 나이미 석유장관은 도태될 나라로서 어떤 국가를 지칭하고 있었을까? 산유국별 석유생산 손익분기점이 60달러를 넘는 나라는 어떤 국가일까?

여기에서 60달러대의 생산원가를 갖는 국가로 미국과 오일샌드를 주 생산으로 하는 캐나다를 사우디의 나이미 장관은 지칭하였다고 추정된다.

---

70 '유가 하락의 세계 경제 영향에 관한 오해와 진실', 김권식·오정석, 2015.2.6. KCIF.

이는 '아무리 저가생산이 가능한 셰일기업이라도 20달러대까지는 내려가지 못할 것'이라는 전제에서 비롯된 것이고 또한 국제유가 하락에도 불구하고 사우디는 몇몇 아랍권의 산유원가가 싸고 보유외환이 풍부한 일부 산유국(쿠웨이트, UAE 등)과 동조하여, 미국과 캐나다 등을 상대로 '생산을 지속하는 유가전쟁'으로서, '석유생산단가가 높은 미국의 취약한 석유사들의 시장퇴출 때까지 사우디는 버티겠다'는 것이었다. 이때의 주된 '사우디 등의 산유국 버티기 목적은 장기간 향유'하였던, '세계시장 지분(Market Share)을 지키겠다'는 것이 목표 제1의 우선순위이었다.

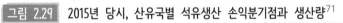

그림 2.29 2015년 당시, 산유국별 석유생산 손익분기점과 생산량[71]

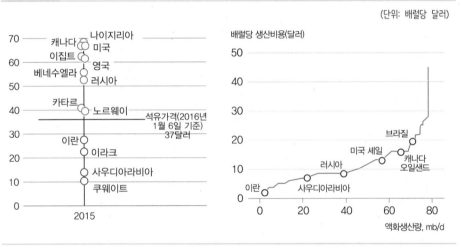

국제유가의 하락으로 전반적으로 산유국의 석유산업에의 투자는 감소하였고, GDP는 하향하면서, 따라서 개발도상국(EM)의 기업부채 대 GDP 비율은 2008년 50%에서 2014년에는 75%까지 치솟게 되었다. 실제로 개도국 기업의 부채는 2007년 이래 총 6,500억달러가 증가한 결과가 나온다.[72]

---

71 'Straws in the sand', Economist, 2016.1.9. Rystad Energy(노르웨이 저명한 석유전문 컨설팅사) 자료 참조.

72 2016.1.25. The Economist, p.9, 'Who is afraid of cheap oil? 및 동 p.17, The oil conundrum 참조.

8) 아랍식 sukuk 채권 발행: 외환위기와 재정적자를 보전하는 사우디 등의 산유국[73]

한편 2014년 이래, 국제유가의 지속적인 하락으로 재정적자의 폭(2016년 2,970억 SAR)이 커지자, 사우디는 사우디 통화 '샤리아(sharia)로 2026년 상환되는 이슬람식 sukuk 채권(국채, 이자 대신 Yield와 국제가격으로 보상(return))'을 국제금융시장(실상 중동지역 투자자 상대)에서 발행키로 하였다. 이리하여 2016년에 사우디는 최초의 sukuk 국채 175억달러를 발행(발행가액을 훨씬 초과하는 670억달러 응모)한 바 있고, 2017년 말에는 다시 재정적자 보전 외에 M. 알 살만(Salman) 신왕세자의 경제개혁조치(Transformation Plan)에 따라 민간기업 분야에 투자(420억 SAR 규모)할 자금마련을 위해 제2회 sukuk 국채를 발행할 계획을 세운 것이다.

이는 국영석유사인 Saudi Aramco의 지분 일부를 국제증권시장에 상장하는 IPO 계획(석유의 저유가로 상장계획 연기)과 병행하는 것이다.[74] 여기에는 혹 2017년 OPEC의 석유생산 감량이 되어, 국제유가가 회복이 되어도, 결코 100달러대까지는 안 갈 것이라는 전망에서 석유수출대국 사우디는 비상계획을 세운 것이다.

마침 OPEC의 석유생산 감량계획이 실행되면서, 국제유가가 60달러대로 상승되고, 사우디의 2026년 상환 sukuk 국채의 이익률(yields, 실제 이자율)도 2016년의 4.1%대에서 3.9%대로 하락하면서 사우디정부는 제2회 sukuk 국채발행을 계획하게 된 것이다. 이로써 사우디의 GDP 대비 부채(debt)비율은 사우디의 재무성에 의하면 2016년 12.3%에서 30%로 급등하게 되었다.

---

73 2017.10.11. FT, 'Saudi Arabia to launch Islamic bond in bid to shore up deficit and diversify revenue streams' 참조.

74 2016년 이슬람 국가인 파키스탄, 인도네시아, 말레이시아는 2015년의 sukuk 채권 발행을 63억달러 규모를 행하였으나, 2016년에는 이를 63억달러만큼 증액하였다.

참고 **정치적 분쟁하의 양대 산유국: 사우디와 카타르의 채권발행 경쟁(2018년 초)**

중동의 양대 산유국인 사우디와 카타르의 외교 분쟁이 채권발행경쟁으로 발전[75]

2018년 4월 초, 카다르(Qatar)정부는 개도국 국채발행으로는 기록적인 120억달러 규모의 국채를 발행하였는데 이에 응모액은 4배가 넘는 530억달러에 이르렀다. 이는 직전에 사우디가 카다르 국채발행에 응모할 국제투자자금을 흡수한다는 명분으로 서둘러 110억달러 규모의 채권을 발행하였을 때의 520억달러가 응모한 것과 좋은 대비가 된다. 카타르의 채권발행의 성공에 관심을 갖는 것은 2017년 6월 이래 사우디가 주동이 되어 중동지역의 산유국들이 카타르에 대한 경제적·정치외교적 압박을 가하면서 카타르가 무슬림 형제단(Muslim Brotherhood)을 지원한다는 명분에서 이었다. 그런 형편에 양 산유국의 채권발행 조건을 보면 매우 흥미롭다. 즉 카다르는 30억달러를 5년 만기로 미국재정 증권수익률(yield)보다 135베이시시스 높게, 10년물 30억달러는 170bp로, 30년물 60억달러는 205bp 스프레드로 발행하였다.

한편 사우디는 그 직전에 5년물 30억달러는 140bp로, 12년물 175bp로, 그리고 31년물은 210bp로 발행하였다. 카타르지역에의 여행제한과 여러 가지 봉쇄에도 불구하고 카타르의 발행조건이 사우디보다 유리한 데에서 화제가 되고 있다. 사우디보다 재정의 건전성면에서는 카타르가 더 우세함을 나타내고 있다. 카타르와 사우디 양국 간의 갈등을 결국 미국이 나서서 해결해 주어야 한다는 국제투자가들의 지배적 의견이다.

(13) 2014~2016년 국제유가 하락이 IOC와 비산유국에 미친 경제적 효과

1) 전반적인 경제성장의 둔화

- 비산유국의 경우, 2015년의 경제성장률: 0.3~0.7%p 하향 조정
- 견디기 어려워 러시아와 공조하여 석유감산을 결정한 사우디와 OPEC

한편 IMF와 골드만삭스는 2014년 중반 유가하락 요인의 60%가 공급요인에서 왔음에도, 2015년도 경제성장에 미치는 견인 효과는 0.7%로 추정하고 있다.

신흥국 중에서 원유수출국을 제외한 국가 중 신흥 원유수입국으로서 유가하락

---

75 2018.4.13. FT, 'Qatar secures market bragging rights as $12 bond issue tops Saudi sale' 인용.

으로 큰 경제성장에 도움이 된 국가로는, 한국을 포함하여 중국, 인도, 대만, 인도네시아를 꼽고 있고, 이들 국가는 2014년 2/4~3/4분기 이후 유가 20% 이상 하락 시에도 최소한 1.0%p 이상 경제성장의 효과를 보았다고 분석하고 있다.

이점에 관하여 하버드대학의 Meghan O'Sullivan 교수는 2016년 12월에 NBR에 제출한 보고서에서 '미국의 에너지붐 등으로 인한 석유가격 하락으로 2014년과 2015년에 중국은 석유수입으로 외화지출을 감소시킬 수 있었고, 인도네시아와 인도는 연료보조비 삭감을 통해, 일본은 저유가로 4개국이 2014년과 2015년 2개년에 걸쳐 3,540억달러 규모의 석유수입을 위한 외화지출을 감소시킬 수 있었다'고 기술하고 있다. 이들 국가에서는 낮은 유가 덕으로 전기료 삭감이 가능하였다고 분석하면서도 기대치보다 낮은 인플레이션율로 투자가 부진해지고 따라서 경제성장은 감소하는 결과를 가져왔다고 분석하고 있다.[76]

그러면서 전반적으로 2015년에 국제금융기구와 국제투자은행들은 2015년의 경제성장률을 하향조정하였는데, IMF는 세계 전체의 전망치를 3.8%에서 3.5%로 0.3%p로 하향조정하고, 특히 신흥국의 경우에는 5.0%에서 4.3%로 0.7%p 하향조정하였다. 세계은행도 3.4%에서 3.0%로 전망치를 하향 수정하였다.[77]

이같이 OPEC회원국 간의 국제유가 하락에 임하는 산유국의 대처가 저마다 각각의 중구난방(衆口難防) 속에, 계속 하강하는 국제유가와 미국 등의 셰일석유·가스의 꾸준한 공급으로 인한 공급 초과로 저유가의 세계석유시장이 미치는(근 50%의 재정수입을 석유수출에 의존하는) 사우디에 주는 고통은 더 이상 감내키 어려웠다. 그리하여 새로 사우디의 석유상이 된 카라드 알 피리프(Kharad al Faith)는 사우디의 왕세자가 된 M. 빈 살만(MBS, Mohammed bin Salman)의 지시에 따라, 2016년 10월, 알제리의 수도 알지이에(Algiers)에서 개최된 OPEC 회의에서, 'OPEC회원국들에게 유가전쟁을 끝내고 석유생산 감축으로 유가인상을 도모하자'(소위 Rockefeller Strategy)는 OPEC의 결정을 주도하게 되었다. 이어 사우디는 OPEC의 비회원인 러시아의 동조(同床異夢)를 얻어, 2016년 말 OPEC 회의에서 2017년 1월부터 1.8백만 배럴/일의 감산(32.5백만 배럴의 한도)으로 전환(OPEC으로서 2008년 이래 최초의 감산)하게 되었다.

---

76 2016.12. Essay M. O'Sullivan, 'Asia A Geopolitical Beneficiary of the New Energy Environment' 참조.
77 2015.2.6. 국제금융센터, '유가하락의 세계경제에 미친 영향에 관한 오해와 진실' 참조.

이때 사우디는 500.000배럴/일의 감소를 결정하였으나, OPEC 전체의 석유생산의 비중이 세계생산의 절반에 불과(미국의 출현과 러시아 등의 양산에 연유)해진 터에, 2016년 말 당시 OPEC의 감산 결정은 잠시 국제석유가의 상승은 가져왔으나, 전반적으로 장기에 걸친 유가의 동향에 그리 큰 영향을 가져오지 아니하였다.

이같이 기존의 산유국 중심의 OPEC은 카르텔로서 영향력은 이미 퇴색하고 있었고, 오히려 셰일혁명의 성공으로 미국의 '스윙 프로듀서'(Swing Producer)로서의 역할을 하게 된 것[78] 외에, 다음으로 러시아가 금반의 삭감조치에 비 OPEC 국가이면서도 크게 부각되었다.

그림 2.30 세계 최대 석유 및 천연가스 생산국이 된 미국[79]

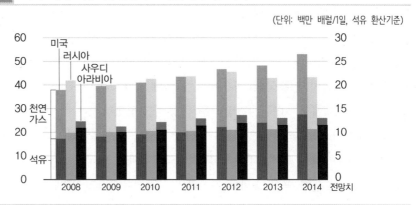

주: 석유생산 부분에는 원유, 액화천연가스, 콘덴세이트, 정제과정의 소득 및 기타 바이오연료를 포함하고 있음. 석유환산기준을 적용하는 경우 백만 배럴의 석유는 555만 BTU와 같음.

---

78 2016.12.5. OILPRICE, 'Saudi Arabia Surrenders To US Shale', The new OPEC deal cut oil output amounts to nothing less than Saudi Arabia's surrender to power of American shale 참조.

79 '2014 Energy Outlook', 2014.11.13. U.S. Energy Informaion Administraion.

그림 2.31 **2016년 주요 OPEC 회원국들의 생산량**[80]

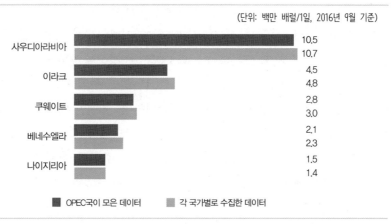

(단위: 백만 배럴/1일, 2016년 9월 기준)

국가	OPEC국이 모은 데이터	각 국가별로 수집한 데이터
사우디아라비아	10.5	10.7
이라크	4.5	4.8
쿠웨이트	2.8	3.0
베네수엘라	2.1	2.3
나이지리아	1.5	1.4

■ OPEC국이 모은 데이터　■ 각 국가별로 수집한 데이터

2) 2017년 OPEC의 감산을 주도한 러시아

- 사우디의 종래와 같은 스윙프로듀서(Swing Producer)로서의 위치 퇴색
- 이빨없는 호랑이(Toothless Tiger)가 된 OPEC
- Forget OPEC: Putin is the one really controlling oil prices

그림 2.32 **2016년 국제 석유시장의 감산 결정 하이라이트**[81]

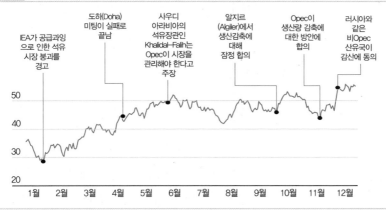

IEA가 공급과잉으로 인한 석유시장 붕괴를 경고

도하(Doha) 미팅이 실패로 끝남

사우디 아라비아의 석유장관인 Khalidal-Falih는 Opec이 시장을 관리해야 한다고 주장

알지르(Algiler)에서 생산감축에 대해 잠정 합의

Opec이 생산량 감축에 대한 방안에 합의

러시아와 같은 비Opec 산유국이 감산에 동의

---

80 'Number Crunch', 2016.10.13. Wall Street Journal.
81 'Oil in 2016: the return of OPEC', Financial times.

3) 석유공급 과잉으로 세계석유시장의 붕괴 우려 대두

국제석유가가 계속 하락하고, 각종 경제적 폐해가 OPEC 국가는 물론 대형 IOC 그룹에도 수익적자로 나타나자, 2016년 1월에 IEA는 세계 석유공급 과잉으로 세계 석유시장이 붕괴될 지도 모른다(IEA warns oil)는 경고를 발하게 되었다.

여기에는 2015년 중순, 사우디, 카타르, UAE 및 쿠웨이트의 석유상들이 비엔나에 모여 세계석유시장 마켓 셰어의 견지를 위하여, 30백만 배럴/일의 생산쿼터를 지속하여야 한다는 것을 재(再)결의한 것에서 비롯되었다.

한편 대형 국제석유기업인 Exxon Mobil은 주식의 환매계획(Share Buy-back program, 실질적 배당)을 축소하였고, BP는 2014년 4/4분기 손실이 발생하였으며, 2015년 1/4분기에는 순수입이 1년 전 대비 40%나 감소하였다.

그림 2.33 IOC의 수익률 변동과 주식가격 변동률[82]

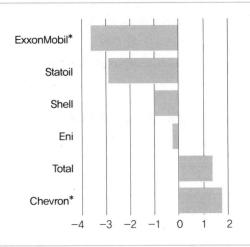

주: As st 17:00 GMT.

사태가 이렇게 어렵게 되자, IOC(특히 6대 IOC사)들은 세계적 저유가에 따른 영업수입의 감소가 가져오는 어려움에 대하여 한편으로는 자체적으로 생산 코스트의 대대적인 감축을 도모하면서, 또 다른 측면에서는 수익성이 좋지 않은 프로젝트에

---

82 2018.4.28. FT, Bloomberg.

대한 자본지출을 대폭 삭감하는 등 경영상의 어려움에 대처하는 종합 대책을 취하였다.

  이때 IOC들은 캐나다의 오일샌드개발과 서아프리카의 심해석유개발 프로젝트 같은 코스트 높은 프로젝트를 연기하면서, 각종 자본지출(Capital Expense)을 대폭 축소하고 IOC사별로 대대적인 생산비용 감소를 도모하거나 배당률을 낮추는 등의 조치를 취하였다.

그림 2.34   6대 IOC의 연도별(2014~2016년) 누적적 자본지출 삭감액 추이[83]

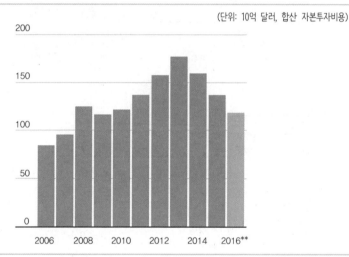

(단위: 10억 달러, 합산 자본투자비용)

주: 합산 자본투자 비용에는 ExxonMobil, Chevron, BP, Shell, Total and Eni가 포함되어 있으며 2016년 데이터에는 각 석유회사의 가이던스(Guidence)에 따라 FT가 산출한 것임.

---

83 2016.11.8. Financial Times, 'Total displays resilience against falling oil price' 내 'Oil industry has slashed investment'.

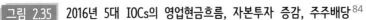

그림 2.35   2016년 5대 IOCs의 영업현금흐름, 자본투자 증감, 주주배당[84]

(단위: 10억 달러)

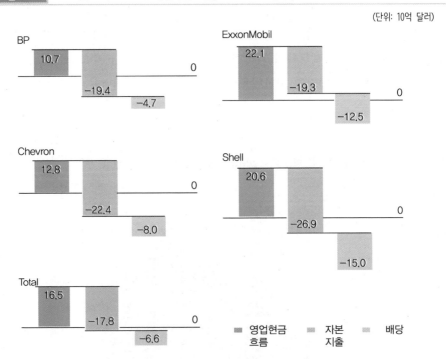

	영업현금흐름	자본지출	배당
BP	10.7	−19.4	−4.7
Chevron	12.8	−22.4	−8.0
Total	16.5	−17.8	−6.6
ExxonMobil	22.1	−19.3	−12.5
Shell	20.6	−26.9	−15

이리하여 IOC들은 저유가전쟁으로 야기되는 근본적인 문제점을 OPEC과 공동으로 논의하고자, OPEC 및 비 OPEC(미국, 러시아, 캐나다 등) 국가의 수요에 훨씬 못미치는 석유양산 문제의 신가성을 제기하게 되었고, 이 문제를 OPEC 등 산유국(러

---

84 2017.2.17. Financial Times, 'Oil industry's troubled waters show signs of calming' 내 'Cash flows fall short of commitments'.

시아 포함)과 협의하며 돌파구를 찾기 시작하였다.

그러나 미국의 셰일석유가 본격적으로 생산되고 방출되면서, 그간 오랜 기간 OPEC이 IOC를 중심으로 하는 세계석유시장을 상대하며 활용하였던 국제석유가와 관련된 사우디를 중심으로 하는 OPEC의 국제석유시장 'Swing Producer'의 역할이 퇴색하고 미국으로 Swing Producer의 역할이 넘어가기 시작하였다.[85]

(14) OPEC 대신 국제석유시장에서 'Swing Producer'로 등장한 미국의 셰일산업과 푸틴대통령의 OPEC 리더로서의 역할 확대

- 세계석유시장에서의 영향력 순위 ① 미국, ② 러시아, ③ 사우디
- OPEC의 감내키 어려워진 사정에서, 증산에서 감산으로 석유정책 방향이 바뀐 배경
- OPEC의 종전 '증산의 유가전쟁'에서 '감산을 통한 유가전쟁'으로!
- 사우디 왕세자 M. 빈 살만의 탈(脫)석유정책(Reformation Plan) 추진을 위한 석유가 회복의 필요성 강조와 Aramco의 지분(5%) 상장(IPO)을 통한 재원마련 노력(실패)
- 러시아 푸틴대통령의 국제석유시장에의 자생적 군림(君臨)의도(Crowns Himself OPEC King)와 일치: Putin is the one really controlling oil prices!

1) 사우디 대신 스윙 프로듀서가 된 미국

이렇게 저유가과정에서 미국의 셰일산업에 유가전쟁을 기도하였던 사우디는 중장기적인 관점에서 미국에 선언하였던 유가전쟁에서 패배(surrender)한 양상이 되었고, 단기적으로는 2017년부터 OPEC은 물론 러시아의 푸틴대통령에게 주도권을 내어준 꼴이 되었다.

이런 과정에서 사우디의 경제개혁의 실권자인 M. 빈 살먼(MBS, bin Salman) 왕세자와 푸틴대통령은 2017년 7월 초 중국 항저우(抗州)에서 만난 후, 푸틴대통령이 '사우디와 러시아는 세계석유시장의 안정(Stability)을 위해 상호 협조하기로 하였다'는 것을 발표하였다.[86]

---

85 2015.6.4. WSJ, 'OPEC sees Reasons for Hope', Big Oil, OPEC Meet for a Therapy Session 참조.

86 2016.9.5. Bloomberg, 'Russia, Saudi agree to work for oil market stability' 인용.

    이는 이보다 앞서, 2016년 4월 카타르 수도 Doha에 OPEC회원국이 모여 사전
에 생산감축에 대해 논의하였던 일이 결렬되었고, 2016년에 빈살먼 왕세자에 의해
임명된 신임 Khalidal 석유장관이 'OPEC이 국제석유시장을 관리하여야 한다'(석유생
산은 시장 셰어(Market Share) 유지를 위해, 종전의 회원국의 자율적 결정(Free Market)에 맡긴
생산쿼터는 각 회원국이 자율적으로 결정하는 정책)는 태도변경을 표명한 즉후라서, 실제
러시아와 사우디의 최고 통치자들의 결정으로 석유가의 상승을 위한 OPEC(사우디
대표)과 비 OPEC 국가인 러시아의 석유생산의 감축(Quota)방향이 잡힌 것이다.

> **그림 2.36** 딜 이전(2016.12.) 및 이후(2017.1.)의 OPEC 석유생산[87]

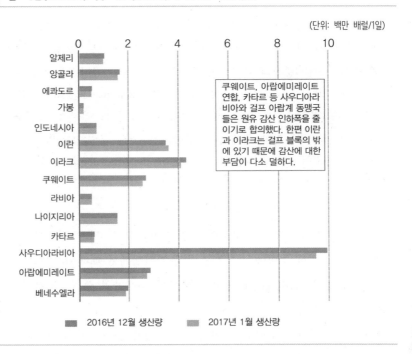

    2) OPEC과 러시아의 감산 결의
    이런 발표 즉후 실시한 푸틴대통령의 Bloomberg 통신과의 인터뷰에서, 그는

---

87 2016.12.27. 'Oil in 2016: the return of OPEC', Financial times.Com, pp.5−8, OPEC oil
     production before and after Nov. 16. Deal 인용.

'러시아와 사우디(OPEC 대표)는 석유생산을 동결(연 1.8백만 배럴/일)로서 감산하되, 이란(사우디의 숙적임)은 2016년 1월까지의 경제봉쇄(Sanction)가 해제된 이전 수준에 달할 때까지 생산의 한도를 정하지 않고, 봉쇄 이전의 수준에 달할 때까지 그 생산을 허용키로 하였다'고 말하였다. 푸틴대통령의 국제정치적 관점에서, 특히 러시아가 이란을 고려하는 입장에서 이란을 예외 취급하자는 푸틴대통령의 제안을 사우디가 피동적으로 받아드린 것이다.

이로서 OPEC과 러시아 등 비 OPEC의 감산규모는 총 1.8백만 배럴/일의 감축과 그 중 40% 감축은 사우디가, 20% 감축은 이라크가 담당하고, 알지리아와 리비아는 감축에서 제외하고, 러시아 등 비 OPEC은 30만 배럴을 감축하는 감축안에 동의(여기에는 미국 등의 1백만 배럴의 축소를 가상한 것임)함으로써, 지난 2년간 '사우디 주동의 OPEC의 양산지속으로 미국의 높은 생산원가의 석유업자를 시장에서 도태시키자는 전략'(Surrender, 양산 지속, 유가하락, 대 미국의 생산성이 낮은 셰일석유업자 시장 도태 작전)은 사우디의 패배로서 끝났다.[88]

3) 사우디의 개혁추진을 위한 유가 상승에 의한 재원 마련 필요성

여기까지 버티기에서 감산으로 오기까지에는 사우디와 러시아와 이란의 최고지도자들의 회동으로 감축결정된 것으로, 가장 큰 동력이 된 것은 감산에 의한 유가상승으로 사우디의 빈살만(bin Salman) 왕세자의 사우디 개혁을 뒷받침할 재원 마련에 가장 큰 동기가 되었다. 그러나 이 과정에서 사우디와 중동의 아랍산유국의 영향력은 앞에서 본대로, 미국의 셰일석유그룹의 등장과 산유국측으로서 제2의 생산대국이 된 러시아(특히 푸틴대통령의 국제정치의 위력이 국제석유시장의 새로운 실권자)의 출현으로 세계석유시장에서의 영향력의 변화로 보아야 한다는 것이 정설이다.

또한 사우디와 산유국(특히 사우디)의 옛날 국제시장에서의 영향력(발언권)을 되찾고 아시아시장에서의 50% 이상을 공급하던 과거의 지배력(시장지배력)을 찾자면, 사우디 등의 석유공급이 여러 면에서 경쟁력을 가져야 한다고 석유의 최고 컨설턴트인 '우드 멕켄지'(Wood Mackenzie)사는 강조하고 있다.

88 2016.7.5. Bloomberg, 'Russia, Saudi agree to work for oil market stability' 및 2016.12.16. OILPRICE, 'OPEC annonced production cuts are big deal' 참조.

예로서 중국의 Sinopec사는 미국 내 2가지 프로젝트(2017년 10월 Trump대통령의 방중시, 중국측의 협상 프로젝트로 제시)를 미국기업과 합작사업을 추진한다고 하면서, 이 합작사업의 성공은 그만큼 미국의 셰일사에 중동의 OPEC이 현재까지 향유하던 중국시장을 잃는 경우로 지적된다.[89]

4) OPEC과 러시아의 감산결정 후 국제석유가의 반등 시작

그 후 OPEC의 동 감산조치를 당초 2017년 말에서 2018년 3월까지 1차 연장하였던 것을, 2017년 12월 OPEC 회의에서는 이를 다시 2018년 말까지로 감산조치를 연장하였다.

이런 우여곡절 끝에 합의된 감산결정과 2018년 말까지의 연장조치는 국제석유 가격에 영향을 미쳐, 2017년 10월에는 60달러/배럴까지 상승하였다. 이는 최소한 2018년 말까지는 석유의 양산에 의한 공급과다는 없을 것이라는 안도에서 나온 석유가격이다. 이의 배경에는 사우디와 러시아(세계석유시장의 1/5의 공급비중을 갖는)의 양국의 수뇌가 동의한 것에 그 근거를 두고 있다. 실제 양국의 수뇌 중 보다 큰 비중은 푸틴대통령에게 있는 것으로, 그의 '2018년 말까지 감산조치 연장에 대한 언급'에 세계시장은 그 무게(cue)를 두고 있다.

5) 주가가 크게 오른 푸틴대통령

이에 관한 2017년 11월 27일자 Bloomberg는 'Putin Crowns Himself OPEC King'와 'Putin Emerging as Influencer at OPEC'이라는 제하의 흥미있는 해석을 하고 있다.

즉 '지난 50년 이상, 사우디의 석유장관은 단 몇 마디의 OPEC 회의에서 유가결정에 관한 발언으로, OPEC의 회원국이나 석유시장 관계자에게 엄청난 이익을 갖다 주었지만, 이제는 혹 유가 결정을 위한 OPEC 미팅을 하더라도, 결정을 하는 국가는 사우디가 아니고 OPEC의 회원국이 아닌 러시아, 꼭 특정인을 지정하자면 푸틴대통령이다'라고 지칭하고 있다. 이는 푸틴대통령의 활동으로 그가 국제석유시장의 권좌

---

89 2016.12.27. Financial times.Com, pp.5−8, 'Oil in 2016: the return of OPEC', OPEC oil production before and after Nov. 16. Deal.

에 스스로 오른 것으로 평가하고 있다.

또 거의 같은 때인 2017년 11월 27일자의 '비즈니스 인사이더'(Business Insider)지는 'Forget OPEC−Putin is the only really controlling oil prices'(OPEC은 잊어버려라−국제석유가의 진정한 결정권자는 오직 푸틴이다)란 제하에서, '러시아는 사우디를 제치고(replace), 미국과 나란히 '마켓 스윙어'(Market Swinger)가 되었다'고 하면서 이렇게 2016년 말의 감산합의가 2018년 말까지 연장하자는 결정이 이루어진 데에는, 2017년 10월 러시아를 방문한 사우디의 살만(Salman)왕을 접견한 푸틴대통령과의 회동 후에 결정되었다는 점을 보도하고 있다. 즉 2018년 말까지 석유의 감산결의 시한의 연장결정은, 사우디도 OPEC의 다른 아랍국가도, 베네수엘라도 아닌, 바로 러시아, 그것도 푸틴대통령인 것을 강조하고 있다. 어떤 투자은행 전문가는 '푸틴은 이제 세계 에너지의 황제(czar)'라고 평가하기도 하였다.[90]

또 A. 핵트(Andrew Hecht)라는 석유 및 국제원자재(Commodity) 전문가는 Seeking Alpha라는 보고서에서 '세계석유시장의 박진감은 변모되고 있다'(Crude Oil Market Dynamics have changed)라는 해설에서 변화의 첫 번째 양태를 'OPEC은 이빨 빠진 호랑이'(toothless tiger)라고 극단적인 힘 빠진 국제기구로 정의하면서, 둘째의 변화로서 '러시아는 사우디의 리더로서 사우디왕국(KSA)을 이식(移植, Transplant)받고 있다'고 규정하고 있다.[91]

이는 2016년 OPEC의 회원국들은 석유가를 올리기 위해 어떤 조치가 필요하다는데에 공감하면서, 이를 현실화하기 위하여 유가침체와 서방측의 대러시아 경제제재(Sanction)로 고초 당하고 있는 러시아의 푸틴대통령을 접촉하기 시작하였다. 또 이때는 사우디와 이란과의 숙적관계에서 OPEC 회원국 간에도 균열이 생긴 때이기도 하다. 따라서 러시아는 OPEC 국가의 어려움을 동병상련(同病相憐)하는 자세로 이를 사우디의 석유장관과 러시아의 석유상과 협의하였다. 이후 푸틴이 사우디왕자를 중국의 항저우에서 면담하고 2016년 10월 사우디왕의 러시아방문길에서 석유 감산

90　2017.11.29. 'Business Insider', Forget OPEC−Putin is the only really controlling oil prices 및 2017.11.24. Bloomberg, 'Putin Crowns Himself OPEC King(Putin Emerging as Influencer at OPEC)' 참조 인용.

91　2017.12.11. 'Seeking Alpha', Andrew Hecht, 'Crude Oil Market Dynamics Have Changed' 인용.

결의를 2018년 말까지 연장하는 협의 등을 거치면서, '석유의 독립을 달성한 미국을 상대로 하는 에너지전쟁에서 OPEC의 비멤버인 러시아가 OPEC의 리더인 양 활동하고 푸틴대통령이 세계석유시장의 황제(Czar)로 부임한 상태가 되었다'고 정의하고 있다.

여기에 미국은 세계석유의 '스윙 프로듀서'가 된 사실로서, 세계석유시장의 다이니즘(Dynanism)은 변화되었다고 Hecht는 해설하고 있다.

헥트(Hecht)의 세계석유시장의 다이니즘 변화라는 해설의 핵심은 세 가지로,

① OPEC은 이빨 빠진 호랑이(OPEC is a toothless tiger)라는 혹평

② 러시아가 사우디를 대신해(transplant) 세계석유시장 리더가 되었다는 것

③ 미국이 세계석유시장의 스윙프로듀서(Swing Producer)가 되었다는 것이다.

이러한 3개의 핵심이 세계석유시장의 구도를 바꿔 놓았다'는 구조변화를 우리는 주의 깊게 관전하게 된다.

6) 사우디와 러시아의 장기적 포석으로 Super-OPEC 결성의 전기 마련

마침 미국 트럼프대통령의 증산요구도 있으면서 2018년 6월 초 비엔나에서 회동한 OPEC과 러시아 등이 참석(OPEC+로 칭함)한 회의에서 이란 등의 반대에도 불구하고 러시아와 사우디의 주동으로 100만 배럴/일 이상을 증산키로 하였다. 그러나 베네수엘라의 급격한 생산능력의 감소와 리비아 및 나이지리아 등의 국내적 지정학적 사고로 실제 2018년 하반기의 증산은 100만배럴에서 감량되어 60~70만배럴의 공급증가에 그칠 것이라는 전망이다. 국제유가는 사우디 및 러시아 등의 증산 소식에 하락하다가 몇 개 산유국의 불안요소와 이란에 대한 미국측의 강경한 이란산 석유의 수입금지 요청(수입국에 대하여는 예외없는 제재조치가 뒤따른다는 2018.6.28. 미국무부 고위관리의 경고)에 유가는 다시 상승하였다. 이러한 일련의 국제정치적 변화는 '사우디와 러시아가 OPEC 회원국과 비회원국간의 영향력을 기초로 하는 재조직화하는 수퍼-OPEC으로 가는 과정'에 있다고 전문가들은 분석하고 있다.

참고 **2017년 국제유가 상승이 가져온 산유국의 석유수입 증가 효과**

한국의 이란산 원유의 수입량은 2011년에는 수입량의 9.6%를 차지하다가 4.1%로 하락했으나, 6개국의 대이란제재가 완화되면서 13.2% 비중까지 상승하다가 미국의 6자 핵 협정 탈퇴 후의 2018년 11월 5일부터 강력한 제재조치 예고로, 한국의 SK에너지와 현대오일뱅크가 2017년 11월부터 지속적으로 이란산 석유의 수입감소 조치를 취할 것이고, 따라서 앞으로 국내 휘발유값 재상승은 명약관화하다. 미국과 이란간의 에너지 국제정치(Energy Geopolitics)의 여파가 한국 내에서도 실감케 하는 요인이 된 것이다.[92]

2018년 들어 한국은 미국의 요청에 따라 이란산 석유수입을 대폭 감축하면서, 대신 이란산과 품질이 비슷(유황성분)한 카자흐스탄과 러시아의 CPC(Caspian Petroleum Consortium)브랜드의 석유를 대거 수입하였다. 에너지 국제정치가 낳은 한 결과이다.

7) 세계적인 천연가스의 증산으로 큰 행운을 잡는 거대한 IOC들[93]

호주, Papua New Guinea, Mozambique에서의 Exxon, Chevron, BP, Shell(BG 인수 후) 등의 경우, 최근 오일 메이져 중 거대한 IOC들은 석탄에서 재생 가능한 에너지로 가는 과정에서 LNG생산으로 특히 몇 개의 IOC들은 좋은 비즈니스 기회를 잡게 되었다.

특히 이들 IOC(Exxon, Chevron, BP, Shell)들은 LNG 생산과 거래하는 가스생산국들과 수요국(Qatar, 호주, 일본과 한국)들과 세계 전체의 가스산업에 대한 진로와 다이니즘(Dynism)을 논의하는 거대한 국제회의를 개최할 정도가 되었다. 마침 셰일가스로 붐을 형성하게 된 미국에서 개최된 국제회의는 30년만의 일로, LNG에서 미국의 역할이 중요하게 된 것과 그 방향의 주도를 미국이 맡게 된 것과 일치한다.

특히 최근의 IOC들의 가스산업의 변화는 2016년 Shell이 국제적인 저유가시대임에도 불구하고 BG그룹을 500억달러에 매입하면서, Shell의 가스생산 능력이 2배로 배가 되고 가스산업의 지각변동이 시작되었다 할 수 있다. 이 인수로서 Anglo-Dutch Shell사의 시가총액은 급증하여 Exxon사와의 차액이 과거의 1,500억달러의

---

92 2018.6.22. Bloomberg, 'Russia-Saudi Plans for Super-OPEC Could Reshape Global Order' 및 2018.6.28. 중앙일보, '이란원유사지 말라' 트럼프發 유가 쇼크' 참고.

93 2018.6.26. 'Energy voice: Big Oils fortunes are becoming tied more closely to natural gas than ever before' 참조.

차액에서 530억달러로 축소될 정도이다.

이렇게 BP도 가스분야를 확대하여 2020년까지 가스를 60%, 오일을 40%로 구조전환을 하고 있다. 2014년의 구성비율이 거꾸로 전환된 것이다. BP의 대형프로젝트 7개 중 6개가 가스 프로젝트이다. 또 BP는 미국의 멕시코만 마콘도(Macondo) 심해유정에서의 폭발사고에 대한 665억달러의 손실과 손해배상을 위한 손실회복과 자원마련의 경지에서도 미국내 셰일가스사업의 회생을 위해서도 BHP사로부터 동사의 Permian, Eagle Ford 및 Haynesville의 3개 셰일유전을 105억달러를 주고 매입할 정도로 미국내 셰일가스산업에도 셰일붐을 타는 일에 전력 투구하고 있다.[94]

그림 2.37 BP가 BHP로부터 105억달러에 인수한 미국내 3대 유정

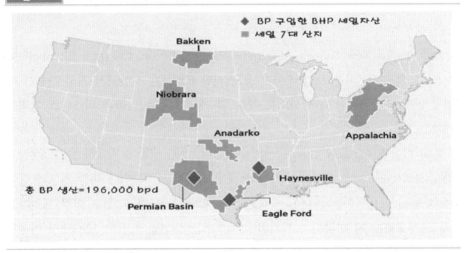

주: 위의 다이아몬드표시는 BP가 인수한 유정임.

한편 Chevron의 주가는 Exxon 주가보다 40%포인트나 높다. Chevron의 유명한 호주의 초대형 프로젝트인 Gorgon과 Wheatstone의 가스생산시설은 완공되어 캐시카우가 되는 시기를 기다리고 있다.

Exxon도 가만히 있지 않는다. 지난 5년간 IOC 중 가장 나쁜 경영실적에서 자

---

94 2018.7.28. 및 2018.8.16. FT, 'BP agrees $10.5bn deal to swap up BHP shale assets in the US' 및 'Sea change in BP's US fortunes with shale deal' 참조.

산구성을 Upstream으로의 개선을 도모하면서, 생산의 위축을 우려하고 있다. 러시아에서 많은 프로젝트에서 탈퇴하면서, 미국, 카타르, 모잠비크, Papua New Guinea 등지에서의 가스생산과 수출을 도모하고 있다. 이상의 국가에서 Exxon은 굉장한 가스사업 활동을 하고 있다.

Exxon은 현재 석유 55%, 가스 45%의 비율로 활동을 하고 있으나, 서서히 가스산업에의 캐치업을 하는 움직임으로 가고 있는 것이다.

가스는 높은 기술력의 요구로 대형석유사인 IOC에는 그 적응이 어렵지만, 그 성장세에서 IOC들의 미래산업을 목표로 뛰고 있는 산업이다. 특히 한 번 정상괴도에 오르면 현금수지 등 경영에 아주 유리한 불가결한 기업방향이 될 것이므로 IOC들도 석유에서 가스로 그 중심을 이동시키고 있다.

한편 프랑스의 Total사는 러시아의 Yamal 반도에서의 가스생산사인 Novatek사와 합작(중국의 CNPC 참여)으로 가스 개발, 생산, 수출에 성공하면서, 미국 Louisiana의 Driftwood에의 투자와 Texas에 수십억 달러의 가스 프로젝트에 투자하면서 가스수출을 준비하고 있다. 이는 LNG 비지니스의 거대업체인 Engie사의 지분인수를 하면서 중국을 중심으로 하는 한국 등 아시아에 가스수출을 목표하고 있다.

그림 2.38 국제석유자본의 배당률 및 자사주 매입 수입률(2019년 전망)[95]

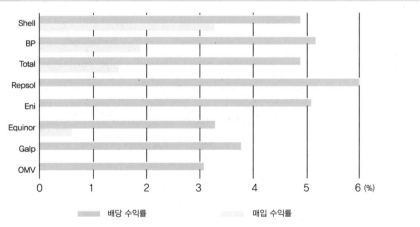

---

95 2018.5.23. FT, Barclays Reserch estimates.

그림 2.39　국제석유자본의 금세기 초유의 초과 현금수지[96]

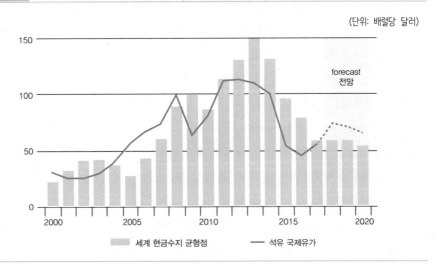

(단위: 배럴당 달러)

그림 2.40　국제석유자본의 경비절감과 유가회복(1990년 대비)[97]

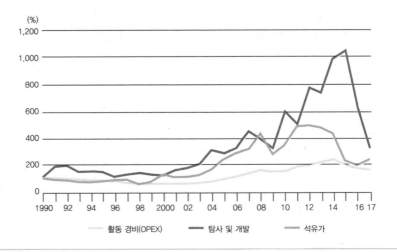

96　2018.5.23. FT, Barclays Reserch estimates.

97　상동.

| 표 2.3 | 산유대국의 2018년 하반기 월별 석유생산 계획[98] | | | | | | |

Million Barrels	July 2018	Aug-2018	Sep-2018	Oct-2018	Nov-2018	Dec-2018	total
OECD-STOCKS	2,850	2,851	2,863	2,866	2,871	2,853	
Saudi+1	30	30	30	30	30	30	180
Venezuela	−2	−4	−6	−8	−10	−12	−41
Iran	−3	−6	−9	−12	−30	−30	−90
Libya	−7.5	−7.5	−7.5	−7.5	−7.5	−7.5	−45
Russia	3	6	9	9	9	9	45
GCC	0	6	9	9	9	9	42
total	2871	2896	2933	2957	2963	2944	91

다만 이들 가스 산업에의 IOC들은 미국과 중국의 무역 분쟁으로 미국산 가스의 최대 수요 증가국(한국의 미국산 LNG 수입보다 더 많은 규모의 수입)인 중국으로 가스를 수출하는 것이 가스에 대한 보복적 고율관세 부과대상(2018년 8월까지는 미국산 가스, 석탄, 기타 석유제품은 중과세 대상이고, 미국산 수입석유는 대미보복과세 대상이 아님)이 될 수 있다는 우려에서 미·중간의 무역분쟁에서 미국산 가스의 과세문제 해결이 가장 커다란 전제임을 강조하고 있다. 그런 뜻에서 IOC들은 트럼프대통령의 중국과의 무역분쟁에서 원만한 해결이 되기를 기다리고 있다는 것이다.

---

98 2018.7.4. Seekingalpha 산유대국의 월별 석유생산 계획(2018.하반기) 참조.

제3장

미국의 셰일혁명과
이의 국제에너지시장에 미친 영향

Global Energy Geopolitics

미·중·러·OPEC간의 에너지 국제정치

제3장

미국의 셰일혁명과
이의 국제에너지시장에 미친 영향

① 2014~2016년 세계 석유가 폭락의 배후: 신에너지 풍요를 가져온 미국 셰일혁명과 Tight Oil혁명[1]

(1) 비전통적인 석유·가스의 개발 성공

2017년 말, 하버드대학의 Meghan L. O'Sullivan교수는 그의 명저 'Windfall'에서 2013년과 2014년 국제석유가의 폭락요인(Behind the Price Plunge)을 분석하면서, 많은 전문가가 미국 대통령에게 여러 정보를 취합·분석하여 제출하는 2008년도 'Global Trends' 보고서에서는 앞으로 세계는 '에너지 부족'(Scarcity)에서 '에너지 풍요'(Energy Abundances)의 세계로 전환되는데, 이는 '클린 에너지'(Cleaner Energy)로서 재생에너지인 태양광(Solar), 풍력(Wind)과 수력(Hydropower)에 의한 발전의 확대로 화석연료(Fossil-Fuel)의 사용이 감축되면서도, 전체적인 에너지는 풍요롭게(abundant)

---

1 Meghan L. O'Sullivan, Windfall, 'How the New Energy Abundance Upends Global Politics and Strengthens American Power', pp.15－16, Behind the Price Plunge 참조 인용.

될 것이다'라고 예고하고 있었다고 설명하고 있다. 이 중에서도 수력발전은 중국, 유럽 및 미국 등에서 금후 10년간, 4배로 증산되면서, '대체 저공해 에너지시대' (Alternative Low-Carbon Energy)로 옮겨진다고 전망하고 있음을 지적하고 있다. 그러면서, 이런 대체에너지에 의한 전력생산은 2021년까지 지속된다고 예고하였지만, '실제 이런 전력같은 대체에너지 발전(發電)은 2016년까지 전체 세계에너지 사용의 3%에 지나지 않는다'고 아울러 지적한다.

또 O'Sullivan 교수는 '당시 에너지 전문가가 2008년도 Global Trends 보고서에서 간과한 것은, '에너지 풍요를 가져오는 것은 재생에너지가 아니라, 석유와 가스의 에너지 혁명'(Energy Revolution)이라고 지적하고 있다 함은 제1장에서 본 바이다.

즉 '2008년의 에너지 전문가들은 셰일석유와 셰일가스 같은 새로운 에너지의 발견과 생산증가가 석유와 가스의 수요·공급의 근본적인 변화를 초래하게 하였고, 에너지시장의 구조를 바꿔 놓을 것임을 간과(看過)하였다'라고 하면서, 여기에서 '2008년에도 예고되지 않은 새로운 에너지는 비전통적(Unconventional)인 석유와 가스이다'라고 서술하고 있다. 다시 말해 '2008년까지만 하여도 세계적인 에너지 전문가들은 셰일이라는 비전통적(Unconventional) 석유와 가스의 미국내 폭발적인 생산을 예견치 못하였고, 따라서 이것이 혁명적 변화를 가져올 것을 예상치 못하였다'고 지적하면서, '전통적 석유와 가스의 분자 구조의 차이에서가 아니라, 석유와 가스를 추출(Extract)해 내는 수단과 방법에서 구분된다'고 서술하고 있는 것이다.

(2) 비전통적인 석유와 가스의 우산과 종류

광범위한 '비전통적인 석유'(Unconventional Oil)의 종류 안에는 여러 개의 비전통적인 석유로 나누어지는데, 여기에는 등유(燈油)와 액화가스(NGL) 및 중질유(Shale Oil)로 구분한다.

마찬가지로 '비전통적인 가스'(Unconventional Gas) 역시 우산(Umbrella) 형태로 여러 종류의 천연가스로 나누어지는데, 이 중 하나가 셰일가스(Shale Gas)이다. 여기에는 셰일이 매장되어 있는 침전된 바위(Sedimentary Rocks, 혈암)를 '분쇄'(粉碎, Fracking)하는 여러 가지의 방법이 있는데, 이 방법 중 셰일가스와 중질유를 추출하는 데에는 이 분쇄방법이 사용된다. 다만 비전통적인 가스로 취급되는 유사(Oil

Sand, 油砂)는 특별한 방법으로 추출하는 데, 석유의 분쇄 전에 저유된 매장지의 지하에서 열을 가하여 추출한다. 결국 '셰일석유와 셰일가스의 출현은 신기술을 발명한 것과 미국에서의 인간의 승리 및 중동 산유국의 정치와 시장과 파워(Power)의 변동(약화)을 초래하는 결과를 낳았다'고 그는 서술하고 있다.

그림 3.1 전통적·비전통적 에너지 우산의 계열도[2]

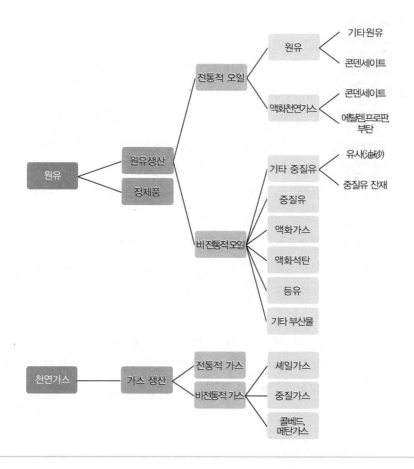

---

2 Meghan L. O'Sullivan, Windfall, 'How the New Energy Abundance Upends Global Politics and Strengthens American Power', p.19, Figure 1−1 Unconventional Resources is an Umbrella Term 인용. BP, Energy Outlook 2018 edition, pp.62−63, US extends its lead

(3) Agnia Grigas의 미국 셰일 석유·가스의 정의와 전망[3]

　한편 2018년 초, 'The New Geopolitics of Natural Gas'라는 책을 써낸, Agnia Grigas 하버드대학 케네디스쿨 교수는 미국의 'The Shale Revolution은 전통적인 자원과 비전통적인 자원으로 구분되는데, 그 특성으로서 현재 이용 가능한 시추와 생산에 이용 가능한 기술에 따라 구분된다'고 하고 있다. 그는 '비전통적인 셰일가스와 셰일석유와 초경질유(extra tight oil)와 유사(油砂), 등유(燈油, kerogen), 중질가스, 콜베드(coalbed)메탄, 천연가스 수화물(水化物)로서, 이 모든 것을 추출(extract)키 위해서는 상당히 많은 열을 가하여야 하는 에너지를 뜻한다'고 정의하고 있다. 이 중에서도 "셰일가스는 3~4억년 전에 '침전된 바위'(sedimentary rock) 안에 들어간 조직체 물체에서 생성된 메탄 수화물(hydrates)이라 할 수 있다"고 규정하고 있다.[4]

　셰일가스를 추출해 내자면, 고압(高壓)의 물이나 모래를 쏘는 수압식 분쇄방법(Hydraulic Fracturing)을 수평(Horizontal)이나 일정방향으로 지하의 바위를 드릴링(Drilling)하여, 깊은 지하의 바위를 깨고 깊은 수면 아래의 바위 속에 괴어(tapping)있는 가스를 수평식 드릴링으로 고압의 물과 모래를 혼합하여 쏘아, 바위에서 추출(extracting)해 내는 가스라고 규정하고 있다.

　원래 수평식 드릴링기술은 1929년도에도 있었으나, 1980년도에 와서, "Hydraulic Fracturing과 수중의 보다 정확한 정보를 제공하는 Seismic Imaging(지진(地震)학적 이메징)의 3가지 기술을 1세트로 결합한 신 발명기술이 셰일혁명을 가져왔다"고 정의한다.

　이 3가지 기술, 즉 Hydraulic Fracturing과 Horizontal Drilling, Seismic Imaging이 1세트로 결합되어, 미국은 50%의 셰일매장량을 발견하면서, 세계 제1의 셰일석유와 셰일가스의 생산을 이루었고, 2018년 중순에는 11백만 배럴/일의 셰일 생산을 이루

---

oil and gas production 참조.

3　2018.6.20. CNN(Money), Shale exec, US will be the worlds biggest producer by fall 및 BP, Energy Outlook 2018 edition, pp.62-63, US extends its lead oil and gas production 'but it's share of global trade remains small 참조.

4　Agina Grigas, 'The new Geopolitic of Natural Gas', Harvard University Press, p.37, The Shale Revolution 참조.

게 되었다고 선언하고 있다.

▌2018~2040년 미국의 석유와 셰일가스 생산 비중

한편 BP사는 '2018년 에너지 Outlook'에서 미국의 '원유와 액화가스'(NGL) 세계 시장 비중이 2018년 12%에서 2040년이 되면 18%로 증가할 것으로, 이는 사우디의 석유시장 비중 13%를 능가할 것으로 전망하고 있다. 또한 BP는 미국의 천연가스 생산은 더 괄목할 만한 속도로 증가하여 2040년이 되면 세계 전체 가스의 시장세어가 24%로 되어 그때의 가스생산 강대국인 러시아의 14% 셰어를 훨씬 앞서가는 가스생산 제1대국이 될 것으로 전망하게끔 되었다. 다만 그때까지도 미국은 가스의 세계 제1의 소비국이고 석유는 중국 다음의 제2의 소비국이 되어, 셰일에너지의 수출은 그리 높지는 않다고 전망하고 있다.

그러나 셰일혁명은 오랜 실험과 현존하던 기술을 활용하여 시험과 개선의 노력 끝에 달성된 것이지, 결코 갑자기 새로운 발명에서 나온 돌연변이의 기술이 아닌 것임을 동 교수는 강조하고 있다.[5]

2 미국의 비전통적 셰일석유의 드라마틱한 셰일혁명의 성공[6]

• 대외수입 의존도 높은 석유안보 취약국인 미국의 에너지 자급도(Energy Sufficiency) 향상 달성
• 미국: 석유수입국에서 석유·가스 수출국으로 변신, 세계 에너지 시장 지배자(dominance)로!
• 텍사스주를 중심으로 몰려 있는 총 3,100억 배럴의 생산 가능 매장량으로 79년간 생산 가능(미국 국제 석유시장 지배국의 위치 유지)

5 Agnia Grigas, 'The new Geopolitics Natural Gas', pp.36−37, The Shale Revolution 참조.
6 Agnia Grigas, 'The new Geopolitics Natural Gas', p.31, The Shale Revolution 및 p.61, Sustainability of US Supply Growth 참조.

경제성장의 고도화와 산업화로 급증하는 수입에너지 다변화로 에너지 안보를 대비하는 중국과, 대조적으로 에너지 자립(Independence)을 이루어 에너지 수출국으로 바뀐 미국에 대해 알아보자.

(1) 미국의 석유 생산 역사

- 1940, 1950, 1953년: 중동전쟁으로 아랍권의 대미석유 엠바고(Embargo, 금수(禁輸)) 조치로 큰 고통 당함
- 미국 에너지 자립의 강구의지 고취, 에너지 안보(Energy Security) 중요도 인식
- 1940년(전통적): 미국 석유 생산 4백만 배럴(당시 세계석유 생산의 63% 비중)
- 1950년(전통적): 석유생산 5백만 배럴 미만(자동차 붐의 수요 증가로 석유공급 부족), 이때부터 중동산 석유 수입 시작(사우디 등 추후 아프리카 나이지리아, 앙골라)
- 1970년 11월(전통적): 석유 기록 생산, 10백만 배럴/일 돌파(최고 실적, Peak Oil), 그 후 서서히 감산과정(Hubbert's Curve, Hubbert's Prediction이라 함)
  - 미국의 석유 대외수출 금지조치(석유공급 부족에 대치)
- 1977년: 석유가 알라스카(Alaska)에서 송유관으로 미국 본토로 송유되기 시작(이때 한국의 대우조선이 미국 Bechtel사의 주문에 의하여 Arco가 사용하는 Desalination Floating Plant를 옥포조선소에서 제작, Alaska까지 견인하여 해수를 사용케 하였음. 당시 대우조선 CEO 저자)
- 2007년: 당시 미국 EIA는 미국의 석유생산은 2030년까지 증산 없이 일정(Constant)할 것으로 전망, 그러나 비 OPEC 국가인 노르웨이, 영국, 아르헨티나, 인도네시아가 석유와 가스의 감산으로 세계적으로 에너지 공급부족을 우려케 됨
- 2007년까지도 미국은 원유와 석유제품의 수요 증가로 순석유수입은 계속 증가하여야 하였으며, 2030년까지 미국 석유소비의 65%는 수입으로 충당하여야 할 것으로 전망하였음(따라서 미국의 에너지 안보 중요성도 계속 강조, 동 예언 착오)
- 그 와중에 2008년 셰일혈암(Shale Formation)에서 '중질유'(Tight Oil) 첫 생산, 셰일붐의 개시

그림 3.2   **2008년 이전 미국의 전통적 원유 생산 역사[7]**

(단위: 백만 배럴/1일)

(2) 미국 셰일혁명의 진행과 발전과정

- 1975~1992년: 최신 셰일가스에 대한 엔지니어링 진행, 수평식 드릴링, 액화카본 분쇄술 등 미국 정부의 투자자 유치를 위한 지원, George Mitchell의 개발, 실험

- 1997년: G Mtichell사는 연방정부의 지원과 EGSP의 기술연구지원으로 Horizontal Drilling과 Hydraulic Fracturing(수중분쇄) 기술을 개발하여 셰일에너지 생산에 착수

- 2001년: Mitchell사는 Hydraulic Fracturing의 전문인 Devon Energy를 31억달러에 인수하고 Mitchell의 전문인 Horizontal Drilling 기술과 결합(combination)

- 한편 Devon사는 Mitchel사의 기술에, 더하여 '3−D Seismic Data'를 결합하여, 이를 '1세트'로 한 셰일생산으로서 획기적인 성과를 거두었음
  - Unconventional Oil & Gas는 '수평식 드릴'(Horizontal Drilling)로 셰일에너지를 추출(extracting)해 내는 기술인 수압식 분쇄(Hydraulic Tracking)의 방

---

7 2018.2.6. Financial Times, 'US Crude output How far can shale go?'.

법으로 생산해 내는 석유가스를 뜻함

- 2003년: Devon의 세 가지 기술결합으로 Mitchell사의 생산실적이 3.5배 증산 달성[8]
- 2003년 7월: Devon은 이 '결합(marriage)된 3가지 기술과 생산실적'을 'Texas Railroad Commission'(당시 석유생산에 관한 주정부의 감독기관)에 등록과 동시에 동 기술 공개
- 2003년 7월 이후: 20여개의 소형 석유사들은 Devon의 방법(recipe)을 사용할 것을 신청하고, Barnett 지역에서 100여개의 시추공에서 셰일생산활동 시작
- 2006년: Texas에 있는 Barnetts 단지와 Marcellus 단지에서 셰일의 대량생산 을 시작하였으나, 미국 셰일가스는 당시 천연가스 총생산의 1.6%에 불과(그러 나 이는 15백만 가구의 히팅(heating)에 사용되었고, 그 후 2014년에는 2억 가구의 히팅 에 충분할 정도로 성장하였음)
- 2007년 1월~2014년 1월: 텍사스의 Eagle Ford의 중질유 생산으로 24배 증산 (Eagle Ford 한 곳의 Oil 생산, OPEC 중 Algeria의 석유나 비 OPEC 국가인 Kazakhstan 의 당시 전체석유 생산량과 같음)
- 2008년: 셰일(Shale)에서 추출하는 본격적 셰일석유(tight유) 생산개시는 Montana 주의 Bakken 단지와 Louisiana주의 Haynesville 평야에서 생산이 본격화됨 실제로 비전통적 석유 증산으로 미국의 총원유생산은 전년대비 80%가 증가 하고, 이에 따라 원유와 석유제품의 수입(주로 나이지리아)은 50% 감소가 이루 어짐
- 2010년부터 셰일 생산 본격화: 석유시장의 불확실성 전망, 특히 미국의 석유 과잉 생산, 국제석유가 급락의 잠재성 시작
- 2011년: 셰일(중질유) 포함, 6백만 배럴/일 생산(전통적 오일 4.4백만 배럴 미만), 전통적에서 비전통적 셰일로 비중 역전(逆轉)
- 2012년: 미국의 Marcellus 단지와 Utica Shale 산지에서 미국 셰일의 85%를 생산, 타이트 오일은 Eagle Ford 텍사스 Western Gulf Basin과 Bakken Shale

---

8 Meghan L. O'Sullivan, Windfall, 'How the New Energy Abundance Upends Global Politics and Strengthens American Power', pp.19−22, The Man Who Squeezed Oil from Stone 참조.

생산, 드디어 셰일석유생산이 1백만 배럴/일 초과

- 셰일 에너지 비중이 미국 내 석유 소비의 50% 이상
- 이때 전통적 석유는 5백만 배럴 미만으로 이미 그 비중은 감소 추세
- EIA는 미국의 석유류 제품 수입은 2030년까지 33% 감소할 것으로 전망

- 2013년: 미국가스생산의 43.4%(11.34Tcf)가 셰일가스 생산으로 셰일가스 생산의 따른 증가

- 2014년 1월 중 셰일가스 연간 생산증가율이 5% 증가(2013년), 바켄(Bakken)단지는 연간 8.1배 증가하였으며, 이라크의 연간 생산량과 같아짐

- 2014년 중: 미국 원유의 50%를 차지하는 셰일의 중질유(tight oil)생산에 힘입어 '미국의 총원유생산은 세계원유 총생산의 10%'를 차지

- 2011~2014년: 국제유가 100달러 시대, 마치 Gangbuster 같았음(M·O'Sullivan),[9] 미국 석유생산 증산으로 연간 10백만 배럴/일 초과

- 2015년: 미국이 생산하는 천연가스의 50%가 셰일가스(10년 전 미국 천연가스의 셰일가스 비중 6%와 좋은 대비)

- 2015년 중: 미국 연간 셰일가스 생산은 79Bcf로 기록갱신, 2014년 대비 5% 성장[10]

- 2015년 4월: 중질유(셰일 석유) 3.8백만 배럴 포함, 총 8백만 배럴 육박(피크), 피크생산 후, 반대로 국제유가는 50달러대/배럴 이하로 하락, 그 후 40달러대 위협하며 하락, 셰일생산 주춤, 국제 유가급락으로 방대한 투자 군소 석유사 경영 곤란

- 2009~2016년: 55개 상위권 셰일석유사, 시추 및 생산을 위한 자본 현금 투자 2,300억달러 규모, 이는 차입과 주식발행으로 조달, 셰일석유사 현금수지 극도 악화, 그러나 이 와중에 석유생산성 급진적으로 향상

- 이는 특히 지하의 바위를 깨고 셰일석유와 가스를 생산키 위해 수압식 분쇄(Hydraulic Fracturing)함에 있어, 보다 효율적인 방법으로 생산성 향상을

---

9 Meghan L. O'Sullivan, Windfall, 'How the New Energy Abundance Upends Global Politics and Strengthens American Power', pp.43–46, A Reprieve from Peak Oil 참조.

10 Agnia Grigas, 'The new Geopolitics Natural Gas', p.61, Sustainability of US Supply Growth 참조.

위해 특수모래를 더 많이 사용(2015년 시추공(well)당 3,300톤/2015년 → 6,100/
2017년)하는 신기술로 바위를 더 쪼개어, 더 많은 석유를 시추할 수 있게
생산성 향상이 이루어지게 된 것임
- 마침 러시아와 OPEC의 공조로 석유를 2018년 말까지 감산하면서 국제유
가가 상승하여 미국 셰일산업은 생산성 향상과 국제유가 상승이라는 양면
의 호황을 누리게 되었음[11]

그리하여 미국의 석유(원유＋액화 천연가스 NGLs(Natural Gas Liquids) 포함)생산 비
중은 연간 평균 6.1%의 비중으로 증가하였으며 2017년에는 석유 13백만 배럴을 생
산하여, 동년의 미국 석유생산의 세계 비중은 14.1%가 되었고, 2040년에는 세계 전
체 석유생산의 18%를 점하게 될 것으로 BP사는 전망한다.

천연가스의 생산도 지난 10년간 연평균 3.8% 증가하여 10년간에 60%가 증가하
였으며, 2017년의 천연가스생산은 세계에서의 미국 비중이 20%에 달하였으며 2040
년에는 세계가스생산의 24%를 점하게 되어 14%를 점하게 될 러시아를 능가할 것으
로, BP사는 동사의 '2018년 에너지 전망'(Outlook)에서 예견하고 있다.[12]

한편 노르웨이의 Rystad사는 '미국의 생산가능 석유매장량'(Recoverable oil)을 추
가로 500억 배럴을 더 발견하여 총 3,100억 배럴이 됨으로써, 이런 추세로 나가면
미국은 앞으로 79년 동안 셰일에너지를 더 생산할 수 있을 것으로 전망하고 있다.
이는 오직 Texas주에서만 생산가능 석유매장량이 1,000억 배럴이 넘는 바, 이 중
90%가 셰일과 기타 경질류로서 장차 발견될 매장량을 의미하여 장기적으로 미국의
셰일에너지시장에서 계속 군림할 수 있음을 거증하고 있다. Rystad사는 금후 발견
할 석유매장량의 78%가 비 OPEC 회원국에 있는 바, 이 비 OPEC 회원국, 특히 미
국의 셰일 매장과 생산이 장기에 걸쳐 이루어질 수 있음을 전망하고 있는 것이다.[13]

---

11 2018.3.5. FT, 'Crude oil price rebound gives fracking a new lease of life', FT, Series
Shale shock, 'Better methods of extraction lead to 'colossal' growth in productivity' 참조.
12 BP, June 2018. pp.63~64, The US extends its lead in oil and gas production,－－but its
share of global trade remains small 참조.
13 2018.6.19. OILPRICE, 'U.S Overtakes Saudi Arabia in Recoverable Oil Reserves' 참조.

표 3.1 미국 석유와 가스의 연도별 생산 추이[14]

	2007	2010	2011	2015	2016	2017	연간 증가율 (2017)	연간 증가율 (2006-2016)	세계 비중 (2017)
석유 생산 (1,000배럴/일)	3,290	7,549	7,859	12,750	12,366	13,057	5.6(%)	6.1(%)	14.1(%)
천연가스생산 (Bil. cu)	521.9	575.2	617.4	740.3	729.3	734.5	1.0(%)	3.8(%)	20.0(%)

주: 석유에는 전통적, 비전통적, Oil Sands, NGL을 포함, 천연가스에는 액화과정에 있는 천연가스 포함.

(3) 셰일혁명의 신기술 특징과 생산성 향상

신기술은 컴퓨터와 최신 통신기법으로 원격조정이 가능해져 석유서비스의 최대 기업인 Schlumbberger사의 경우, 신기술 원격조정을 위해 2014년에는 셰일전문기술자의 13%만 휴스턴 본사에서 활동하였으나 이제는 발달된 기술로 동사의 본사에서 여기에 종사하는 비중이 31%로 급증할 정도로 신기술에 의한 원격조정 생산이 급증하였다. 동시에 특수모래 사용이 배증하면서, 원격조정 신기술전문가의 확대와 특수모래 사용이 확대되고 시추공(well)당 셰일생산이 급증하였으며, 신기술(모래 투입을 확대)로 현저한 생산성 향상이 이루어지고 있다.

표 3.2 미국 셰일오일 산업 지상 시추공의 석유생산성 향상의 연도별 추이[15]

(단위: 백만 배럴/일)

	2009.1.	2010.1.	2011.1.	2012.1.	2013.1.	2014.1.	2015.1.	2016.1.	2017.1.	2018.1.
석유생산	3.2	3.3	3.5	4.3	5.2	6.2	7.4	7.1	6.7	8.0
활동중인 시추 리그수	380	360	780	1,200	1,340	1,360	1,410	440	450	700
				시추 활발 증산				유가 하락 감산	유가 하락 감산	생산 증가 활동

14 BP, June 2018. p.14(Oil production) 및 p.28, Natural Gas Production 중 미국 분 채택.
15 2018.3.5. FT, 'Productivity in the US shale oil industry has been soaring' 표 (목측) 인용.

표 3.3	연도별 수압식 분쇄용 모래 사용량 추이(목측)[16]				(단위: 백만 톤)
2012	2013	2014	2015	2016	2017
22	40	55	41	39	82

- 2016년 2월: 미국 셰일가스의 58%를 Marcellus, Utica, Permian과 Eagle Ford 단지에서 생산, 이후 셰일가스 생산의 증가 지속
- 2017년 12월: 미국의 총원유생산은 13백만 배럴/일 초과(이 중 셰일생산은 756 백만 배럴로 10년 내 생산 배증(倍增)에 기여)
- 이리하여 2918년 미국의 셰일생산은 11백만 배럴/일이 되었으며, 이의 세계 비중이 2018년에 14%가 되었고, 2040년이면 18%로 올라갈 것으로 전망하게 됨
  - 1970년 11월 미국 Conventional Oil의 피크생산(Oil Peak) 규모에 육박(EIA)
  - 비전통적 셰일오일가스 생산 증가는 생산효율 증가와 수익성 증가에서 비롯
  - 미국 원유 해외수입 급감으로 13.4백만 배럴/2006년 → 2.5백만 배럴/2017 년 10월 수입이 1/6로 감소함에 기여
  - 셰일혁명으로 에너지 자립의 가능성에 맞추어, 미국은 지난 40년간 석유 수출 금지 조치의 해제, 완화(2015년) 및 수출(특히 가스) 독려로 전환

| 그림 3.3 | 2018년 말 미국의 원유생산 13백만 배럴 초과 전망[17] |

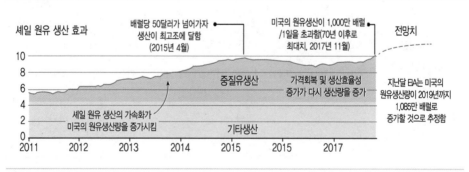

---

16 상동, FT, 'Volumes of sand used of hydraulic fracturing rise' 목측 인용.

17 2018.2.14. Financial Times, IEA, Thomson Reuters.

- 미국의 대형 석유사인 Conoco, ExxonMobil 및 Shell사도 셰일붐과 코스트 절감으로 좋은 실적 거양(ExxonMobil은 2025년에 단독으로 50만 배럴/일 생산계획)
- 한편 BP는 멕시코만의 심해에서 발생한 프로팅 석유생산리그의 화재 손실과 피해를 보상하고 난 후, 보전책의 일환으로 BHP가 소유한 미국내 페미안 기지(Permian Basin), 이글포드(Eagleford) 및 헤이네스빌(Haynesville) 3개처의 유전을 105억달러를 지불하고 동기지에서 19.6만 배럴/일의 석유를 생산키로 하여, Exxon, Chevron, Shell 등 다른 IOC와 같이 미국 본토에서의 셰일에너지사업에 본격적으로 뛰어들기로 함
- 전 세계의 LNG 가스생산국의 공급보다 가스 수요국이 확대되는 현실에서 미국의 셰일가스의 수출가능성이 커지고 따라서 미국이 에너지 수퍼파워(Energy Superpower)로서의 영향력이 커질 가능성 높아짐

그림 3.4 사우디, 러시아를 제치고 세계 최대 석유 및 가스 생산국이 된 미국[18]

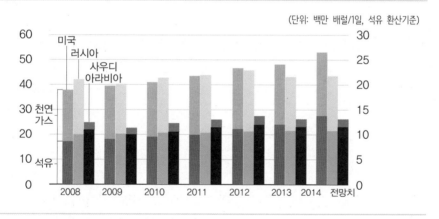

(단위: 백만 배럴/1일, 석유 환산기준)

주: 석유 생산부분에는 원유, 액화천연가스, 콘덴세이트, 정제과정의 소득 및 기타 바이오연료를 포함하고 있음. 석유환산기준을 적용하는 경우 100만 배럴의 석유는 555만BTU와 같음.

---

18 2014.11.13. U.S. Energy Informaion Administraion, '2014 Energy Outlook'.

③ 원유자립 가능성으로 미국 원유·가스 수출 본격화

(1) 2016~2017년 미국 셰일가스 수출 시작과 동시에 급증: 2017년 중국의 셰일가스 수입증가 주목

표 3.4 | **2016~2017년 미국 석유·가스의 주요 수입국 현황(중국 수입의 급증)[19]** (단위: 백만 배럴)

2016		2017	
캐나다	110.2	캐나다	119
네덜란드	14	중국	79
쿠라카우	10.8	영국	38
중국	8.3	화란	35
싱가포르	7.6	한국	20
일본	6.1	프랑스	12
영국	5.9	싱가포르	11

그림 3.5 | **2017년 말 미국의 석유수출금지 해제와 동시에 급증하는 석유수출량[20]**

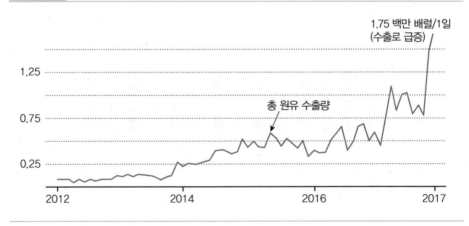

19 2017.12.12. Bloomberg, 'US fuels the world as shale boom powers record oil exports' 및 2018.3.7. FT, US pipelines pivot south to Gulf termianls as shale booms, Top importere of US CRUDE OIL 2017 인용.

20 2017.12.12. Bloomberg, 'US fuels the world as shale boom powers record oil exports'.

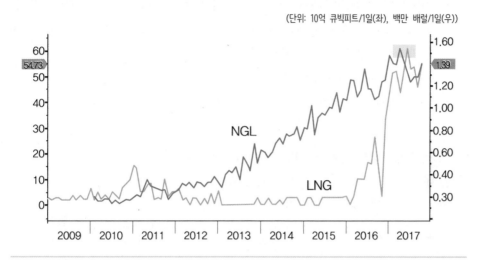

그림 3.6 미국의 비전통적 가스생산 증가와 LNG 수출 증가 및 현황[21]

(단위: 10억 큐빅피트/1일(좌), 백만 배럴/1일(우))

(2) 제1생산국이 되면서 LNG 수출지역 다변화를 장기적으로 꾀하는 미국

2018년 2월, 미국 에너지성 차관이 유럽의 에너지국제회의에 참석하여 미국은 2022년이면 '에너지 순수출국'이 되니 미국은 어떤 나라이던 석유류의 해외수입에 있어, 특정국에 과도하게 의존하여 '에너지 안보의 리스크를 지지 말라고 권고한다'는 기조발언을 할 정도가 되었다.

이는 중국이 에너지(석유, 가스)를 러시아에 과도하게 의존함을 지적하는 것으로 '셰일혁명 덕'으로 '미국이 세계 에너지생산 제1강국이 된 실력'이 보인다.

(3) 미국 LNG 수출 확대를 위한 신규 LNG 설비 확대 가동[22]

1) Sabine Pass LNG 터미널 제4트레인 완공(2017.8.)

• Sabine Pass 터미널 4개 가동 중, 추가 5호기 건설 중, 완공시 미국본토 48개

---

21 2017.12.12. Bloomberg, 'US fuels the world as shale boom powers record oil exports'.
22 에너지연구원, '2018년 세계 에너지시장 및 기후변화 대응 주요이슈 전망', p.33, '미국의 LNG 수출, 신규 LNG 설비가동으로 크게 증가할 전망' 참조.

주(Lower 48 States) 액화 설비용량이 3.5Bcf가 됨

- 2018년 3월 현재, 미국본토 48개주 액화설비용량은 2.8Bcf로 증가, 90% 가동 중
- Sabine Pass LNG Terminal 외 신규 LNG 프로젝트로 5곳에서 건설 중, 2019년 말 기준 총액화설비용량은 9.6Bcf로 확대될 전망
- 2017~2018년 LNG 설비가동률은 80% 수준
- 미국의 LNG 수출량(2017년 12월)은 1.9Bcf로 증가

표 3.5 **2017년 말 미국 내 LNG 터미널 건설 중인 프로젝트 현황[23]**

LNG 터미널	위치	트레인 수/설비용량	가동일
Cove Point	메릴랜드	1개/0.75Bcf/d	2017년 말
Elba	조지아	10개 modular Train/ 각 0.03Bcf/d	6개 Train: 2018년 여름 4개 Train: 2019년 5월
Freeport	텍사스	3개/각 0.78Bcf/d	제1: 2018년 11월 제2, 3: 6개월 간격, 가동 개시
Corpus Christi	텍사스	2개/각 0.7Bcf/d	2019년
Cameron	루이지애나	3개/각 0.68Bcf/d	2019년

그림 3.7 **FSRU(Floating Regasfication Solution)가 발전되어 가스수출 용이**

---

23 EIA, 에너지연구원

2) 석유 수출입용 파이프라인의 신규 확장과 수출 항구 등 인프라 정비

- 10백만 배럴/일 생산과 수출증가에 대비, 잉여원유 수출용 파이프라인 건설
- 총 파이프라인의 길이: 60,000마일/2013년 → 72.000마일/2016년
- 멕시코만(Gulg of Mexico)의 원유 수출 및 석유제품 수출량은 1.7백만 배럴/2016년 말 → 7.3백만 배럴/2017년 말에 급격히 증가
- 셰일붐으로 원유 수입 감소에서 잉여량 수출확대로 Permian Basin에서 Gulf of Mexico 터미널 항구까지 피이프라인 신설, 확장 불가피
- 원유수출 용량은 1.9백만 배럴/2017년 말 → 4.9백만 배럴/2035년도 확대
- 신설되는 Lousiana Offshore Oil Port(Capline과 Texas 파이프라인과 연결, 37년만에 Supertanker에 선적 가능)
- Bridge Tex, Permian Express사 및 Cactus, 서부 Texas 석유산지에서 Corpus Christi 및 휴스톤의 파이프라인과 선적 항구와 정유설비 확장(진행 중)

(4) 미국 셰일붐으로 대이란, 대러시아 경제봉쇄에 대한 탄력적 조치와 이란산 석유 다수입국가에 대한 협조 당부에 자신이 붙은 미국[24]

- 미국의 대 이란의 핵확산 금지조약 위배에 따른 제재조치: 미국이 동 협약(6자협약)에서 탈퇴
- 러시아의 우크라이나 침공에 대한 미국의 제재조치시, 일본과 EU 등 기타 '원유수입국에 대한 에너지 안보 불안 우려 불식의 근거' 제공

　2008년, 미국이 주동이 되어 당시 UN의 '비확산 핵무기협정'(Treaty on the Non Profilitation of Nuclear Weapons) 위반으로 대이란(석유수출 제3강국) 무역금지 및 금융봉쇄 조치시에 세계는 석유가의 급등을 우려하였다. 하지만 미국의 셰일붐이 일어나기 시작한 당시로서 이란의 석유감산 이상의 미국 셰일혁명에 따른 중질유 공급이 가능한 상태여서, 이란의 석유감산규모만큼 이를 대체하기에 충분한 미국의 셰일붐이 이루어져, 미국은 중국, 프랑스, 러시아, 영국 및 독일(P5+1)의 협조를 얻기

---

24 MeghanL O'Sullivan, Windfall, pp.121-126, Honing the Cohersive Tool of Sanctions 참조.

에 충분한 국제석유시장의 안정을 보장받을 수 있었다. 그리하여 드디어 2015년 7월 이란은 동 P5＋1그룹과 협상에 동의할 수 있었다.

또 다른 예는 러시아에 대한 미국과 EU의 특수석유(심해와 북극의 셰일석유) 생산기술 및 기자재 제공 금지조치시에 일본의 동조 조치를 받아낸 것이다.

원래 일본은 러시아로부터 가스 도입은 제4대국(특히 후쿠시마 원전사고 후 러시아 가스수입 수요 40% 급증), 석유수입은 제5대 수입국이었고 따라서 사할린 가스프로젝트－1과 블라디보스토크(Vladivostok) 프로젝트에 크게 관련되어 있었으며 미국의 대러시아 봉쇄조치 후 이 모든 프로젝트를 연기하게 되었다. 대신 미국의 셰일가스공급이 급증하게 되었다(이후 쿠리열도(Kuril Islands) 문제로 러시아와 일본의 양국관계는 극히 악화가 촉진).

이때 일본의 이런 대러시아 강경조치가 가능하였던 배후에는 미국의 셰일가스로의 대체 가능성에서 비롯되었다. 미국의 풍부한 셰일에너지 대체공급가능성에서 일본이 대러시아의 가스 및 석유공급을 미국산으로 대체하자는 것이다.

미국의 셰일혁명에서 비롯된 새로운 에너지의 풍부함(Abundances)이 미국의 국제외교면에서의 영향력(Dominance)을 강화시키는 촉진제가 된 것을 볼 수 있다.

④ 미국 LNG의 대EU 수출로 나타날 다른 LNG 수출국의 영향 (2020~2025년 추정)

미국 콜럼비아대학 글로벌 에너지정책연구소는 미국의 LNG 수출은 2020~2025년에 유럽시장에서의 점유율이 12%의 비중에 지나지 않고, 혹 미국의 셰일생산 확대에 따라 대유럽 LNG 수출이 2배로 늘어나도 유럽에서의 미국 LNG시장의 비중은 최대 19%의 비중에 지나지 않게 된다는 것이다. 그나마 이 비율 증가는 러시아의 대EU 시장 비중을 잠식해서 나온다는 것이다. 가장 큰 이유는 미국산 LNG가 러시아산(파이프라인 등을 통한) 가스보다 원가와 운송선가 등을 포함하면 고가이기 때문이라는 분석이다.

이러한 미국의 2025년까지의 LNG 수출을 3가지 케이스(수출이 0bfd, 9bfd, 18bfd

의 3케이스)로 러시아, 미국 등 대유럽 LNG 수출비중이 러시아 등 타국에 미치는 영향을 콜럼비아대학 연구소의 산식으로 보면 아래 표와 같다.

이 표는 미국의 LNG 대유럽 수출이 2025년에 증가하지 않으면, 러시아의 대유럽 수출은 2014년의 65%에서 53%로 감소하나 큰 위축이 아닌 상태로 있으나, 미국의 셰일 LNG의 대유럽 수출은 증가하면서 유럽의 가스도입처의 다변화에 기여하여 유럽의 대러시아 가스 의존도가 감소할 것이다. 그러나 전반적으로 유럽의 가스도입은 러시아산이 40% 이상 제일 큰 비중을 차지하는 것이 지속될 것이라고 콜럼비아연구소는 전망하고 있다.

표 3.6 2020~2025년간 미국의 대EU 가스수출 확대시 타 LNG 수출국에 미치는 영향[25]

2025년 미국의 LNG 수출 3케이스	2014년(%)	0bcf/d	9bcf/d	18bcf/d
러시아의 수출 비중	65.3	53.0	47.7	44.7
중동 비중	0.0	8.6	6.9	6.1
라틴아메리카 비중	21.8	32.8	28.7	25.8
미국 수출비중	0.0	0.0	11.6	18.9

5 미국산 셰일 증가에도 국제유가는 왜 큰 요동이 없을까?

국제유가는 미국 셰일석유 양산에 따른 공급과잉으로 2014~2016년간 국제유가는 110달러대에서 50달러대 이하로 하락(2016년 초 30~40달러 이하 위협)하였다.

2018년 미국 셰일생산 및 유가 전망[26]은 780만 배럴/일로서 전년의 380만 배럴/일에서 배증(倍增)되고, 캐나다, 브라질의 생산은 1.6백만 배럴이 되었다. 이렇게 미

---

25 Meghan l. O'Sullivan, Windffall, p.177, Figure 8.2\ The Impact of US LNG on European Gas Supplies 2020−2025, 참조 및 표 Columbia University Center on Global Energy, Sept. 29. 2014. 'The Impact of US LNG Exports on European Security and Russian Foreign Policy' 참조 인용.

26 2018.1.5. FT, 'Analysis Commodities Five factors that will shape Brents future' 참조.

국의 셰일오일의 증가에도 국제유가는 60달러 이상을 유지하였다. 마침 미국의 Dallas 연방준비은행이 미국의 에너지기업을 상대로 한 설문조사에서 응답자의 대부분이 (93%) 유가를 61달러 초과로 전망하고 있고, 70달러 이상도 응답자의 20%였다.

그림 3.8 **2018년 미국의 셰일생산 및 유가 전망[27]**

60달러 미만	61~65달러	65~70달러	70달러 초과
7%	42%	31%	20%

주: 미 댈러스 연준, 미국 에너지 기업 132개 대상 설문조사로 응답업체 비중, 서부텍사스유(WTI) 기준 배럴당 달러[28]

그림 3.9 **2017년 말~2018년 초 브랜트 유가흐름[29]**

(단위: 배럴당 달러)

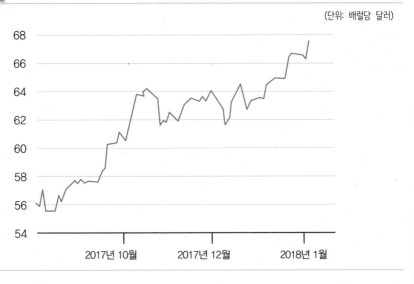

27　June 2018. BP, Statistical Review of World Energy, p.26, Natural Gas Total proved reserves 인용.

28　2018.2.13. 중앙일보, '셰일원유가 만든 유가 60달러 휴전선' 인용.

29　상동, 'Brent oil price' 참조.

그림 3.10   브랜트유 가격 추이[30]

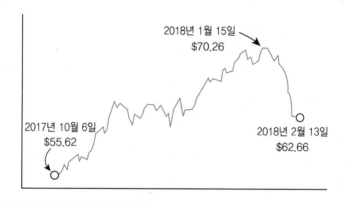

그 후(2016년 말) 'OPEC과 러시아'의 감산결정(2018년 말로 연장)으로 유가가 70 달러대까지 환원되었고 약간의 진폭이 있으나, 60달러 이상 유지했다. 미국 셰일의 양산 지속에도 불구하고 국제유가가 큰 요동없이 비교적 안정적이었던 이유는 미국 셰일석유산업의 구조적 특성과 증산가능 배경에서 살펴볼 수 있다. 이를 미국석유 사의 특징으로 보자면,

• 경쟁적으로 발전하는 셰일생산기술＋대대적인 코스트 삭감 가능성
• 기술향상으로 코스트 삭감하고, 더 많은 리그(Rig, 시추기구) 투입 가능[31]
• 사기업적 헷징(Hedging) 증가(2017년 중 아시아의 LNG선물시장 4배로 급팽창)
• 석유기업의 용이한 금융 가능성
• 미국정부 지원과 규제 완화: 셰일석유와 가스수출 금지 해제 및 독려, 2018년 초, 미국 전 해역에서의 드릴링 허용(캘리포니아와 알래스카 예외)
• 중소 · 소규모 수백 개 사영(私營) 셰일석유사(시장원리와 이윤추구기업)의 활동
• 기업의 흥망과 개 · 폐업의 융통성
• 미국내 토지의 사유권, 광권(鑛權)의 사유제
   − 미국의 톱 '40위 후순위 독립된 중소형 에너지회사'가 34.6Bcf의 가스를

30 2018.2.14. Financial Times, IEA, Thomson Reuters.
31 2018.2.2. FT, 'The remarkable revival of US oil production' 참조.

생산(2014년 생산량의 절반 비중이 40위 이하의 중소사임, 평균 1사당 1.6Bcf/일)
- 반대로 당시 ExxonMobil, Chesapeake Energy와 Andarko사는 각각 3.4Bcf, 2.5Bcf, 2Bcf의 셰일가스 생산에 그침
- 이 점은 러시아와 중국의 State Champion인 국영 석유·가스기업과 미국의 사영석유기업의 다른 특징임
• 정부의 LNG 수출 독려와 수출 인프라 건설 지원이 크게 유용

(1) 미국 셰일이 급속하게 발전된 제도적·지정학적·기술적 발명의 진보를 가능케 한 미국 특유의 풍토와 여건

- 이는 미국 기술발명의 역사적 과정과 정부의 정책, 미국 특유의 토지상 사유(私有) 광권(Mineral rights ownership institutions)의 특성에서 비롯된 것[32]
- 셰일혁명을 성공시킨 정부의 석유가스 생산 장려를 위한 제도적, 정책적 지원
- 1973년 아랍권에서 제기된 에너지 위기를 경험한 미국의 절대 달성을 목표로 한 에너지 자립을 위한 석유자체 증산 대책과 그 결실

미국은 1978년 제정된 'Natural Gas Policy Act'에서 천연가스의 가격에 대한 Ceiling을 폐지하고, 신규 석유 천연가스 생산·공급을 장려키 위하여, 가스가격의 씰링에 관한 규제를 철폐하고, 업체 규모에 상관없는 석유가스생산의 경쟁체제를 도입했다.

그 해에 에너지성(省)을 신설하여, 연방정부의 비전통적 에너지 관련 R&D 프로젝트의 통합 강화와 세제상 개편으로 가스공급 확대를 도모했다.

특히 1980년, 'Crude Oil Windfall Profit Tax Act'법의 개정으로, 전통적 셰일가스와 'Coalbed 메탄의 개발'을 독려키 위한 세제개편(Tax Credit)과 석유가가 낮아졌을 때에 석유업체의 석유 생산 독려를 위한 Tax Credit제도를 실시했다.

미국의 에너지성은 종래의 3개 R&D 프로그램(동부가스, 서부가스와 메탄가스에서

---

32 2015.3. Economics of Energy & Environmental Policy Symposium on 'Shale Gas' The Shale Gas Revolution Introduction by Paul Jaskov 참조.

의 Coalbeds 프로그램)을 통합하여, 신규 R&D 기관을 설립하고, Mitchell Energy사와 협조하여, Barnett 석유단지의 Devonian 셰일사와 연계시켜 신기술을 활용하는 과정을 독려 지원하였다.

이때, 세 개의 새롭게 개발(발명)된 기술(Horizontal Drillings, Massive Hydraulic Fracturing(MHF), 3－D Seismic Imaging Data)을 '1세트로 통합'(Marriage)하여, 새로 발견한 형암(Shale Rock)에서 석유가스를 추출하는 신기술을 개발·발명한 Michael Energy (2001년 또 다른 Shale 추출의 기술 개척사인 Devon Energy를 35억달러에 매입·합병함으로써 5개구에서 80개의 수평식 드릴링을 실시할 수 있었음)사로 하여금, 비전통적인 가스 추출에 Tax Credit의 인센티브를 주며, 뉴 텍사스 Barnetts에서부터 적용(adapting) 생산케 하여, 셰일가스 추출과 셰일가스의 대량 생산에 성공하였다(이후 1994년부터 Baenett 셰일은 미첼에너지사의 가장 큰 신 가스생산기지가 되었음).[33]

또 미국 국내부(Dept. of Interior)로 하여금 미국 내, 전 해안에서의 해상석유시추를 가능케 하고, 금지되었던 생산된 셰일제품의 수출을 독려하여 간접적으로 미국의 무역수지 역조를 시정케 했다(특히 중국과의 무역 분규의 회피수단으로 활용).

▌ 셰일산업이 성행할 수 있었던 여건: 중국과 현저한 차이점
• 셰일에너지 생산과 생산된 에너지 운송의 인프라 정립과 충분한 규모
• 셰일생산공정에서 특별히 많이 필요한 물의 존재와 이용 가능성
• 사유토지제도와 광권의 사유화로 프로젝트별 기민한 대응성과 보장된 신속성
• 발전된 자본시장과 금융시장의 존재로 사기업의 수익성에 따른 금융의 활용 가능성

이 점은 높은 셰일매장량에도 셰일붐으로 연결되지 못하는 중국내 사정과 대비된다.

---

33 2015.3. Economics of Energy & Environmental Policy Symposium on 'Shale Gas' A Retrospective Review of Shale Gas Development of U.S.; What Led the Boom? by Zhangmin Wang and Alan Krunick, p.9, Related Technology Innovations and DOE Programm 참조.

(2) 미첼 에너지사의 3가지 신기술 발명에 막대한 투자와 학습 프로세 스의 높은 성과: 셰일혁명의 달성

한편 세 가지 발명된 신기술인 수평식 드릴링(Horizontal Drillings), 대형 수중 분쇄 방법(Massive Hydraulic Fracturing), 3-D 지진 데이터(3-D Seismic Data)를 '한 세트'로 적용하여 비전통적인 셰일석유와 셰일가스의 추출에 적용하여 성공케 한 것이다. 이를 두고 셰일혁명(셰일 붐)이라 일컫는다. 이를 좀 더 보자.

- Hydraulic Fracturing: 미첼사는 1984년, Barnett 시험적인 시추공(Wells)에 니트로젠의 도움으로 교질화(gel)된 액체를 투입하여 수중형암의 분쇄를 도모하였다. 1997년에는 이를 매끄러운 액체로 바꾸어 그 추출에 사용하였다.

- Microseismic Fracture Mapping: 미첼사는 추출의 방법과 방향을 개선키 위하여 Mapping을 사용하였으나 수차의 실패 후, 2000년에 들어 개선된 방법으로 여러 개의 시추공에 그 방법을 적용하여 성공하였다.

- Horizontal Drilling: 미첼사는 1980년 중반부터 1990년 중반까지 800개의 수직형 시추공의 드릴링을 18~22일에 걸쳐 50%의 드릴링을 하면서, 1991년에서야 첫 수평식 드릴링을 행하였고 1998년에서야 2차, 3차의 수평식 드릴링을, 수직(vertical)의 실패한 곳에서 수평식의 드릴을 시행·실험하고, 2000년에서야 마지막 시험으로 행한 수평식 드릴을 드디어 성공시켰다. 막대한 실험비용을 지출하면서, 시행과정에 불구하고, 학습(Learning process)과정을 통해 얻은 수확이라고 평가된다.

(3) 2000년대 들어 미국의 중소규모 '셰일붐'이 성공할 수 있었던 요인

또한 이같이 '셰일붐'이 당분간 지속될 수 있는 미국 특유의 수익성 높은 여건으로 지적되는 배경으로서는,

- 셰일추출을 가능케 한 일련의 기술적인 발명(Technology Innovation: Horizontal Drillings, Massive Hydraulic Fracturing, 3-D Seismic Data(3-D 지진 데이터) 활용)과 발명된 기술 적용의 용이성

- 셰일생산의 특수한 기술의 발명(소형 지진의 지도 제작 가능성 등)
- 높은 천연가스 가격으로 중소 규모의 석유가스 생산업체(650개 이상 업체)의 생산 의욕의 고취
- 반대로 채산성 없는 경우에는, 프로젝트에서의 철수의 높은 융통성과 기민성(60%의 기업체가 5개 이하의 시추공 시추에 그친 경우도 허다함)이 융통성을 부여: 대형 석유사(ExxonMobil, Chevron) 등은 셰일가스 생산에 인센티브가 상대적으로 작음. 단, 2018년 들어 Exxon 등은 유가 반등으로, 추후 셰일산업에 뛰어들 계획으로서 2025년까지 셰일분야를 5배 이상 확대할 계획을 천명하는 한편 동사는 러시아의 북해, 북극 및 시베리아의 방대한 셰일매장지에서 철수할 것임을 발표(2018년 3월)
- 셰일에너지 생산에 매우 조건이 좋은 미국 내 몇 단지의 지질(Geology)의 적합성(2012년 미국 내 6대 셰일가스 생산지: Barnett, Marcellus, Harnesville, Eagle Ford, Woodford, Favetteville 단지 등이 그 예)
- 사유토지제도(이 점은 중국과 같은 사회주의적 국가와 차이)와 지상 광권의 사유제도, 광권 거래의 편의성
- 석유, 가스의 시장구조(시장원리에 따른 수요와 공급에 따라 결정, 정부 개입 없음)
- 셰일생산에 적합한 수질의 '물'이 충분히 사용 가능한 정도로 있다는 것(이 점이 중국과 현저한 차이점)
- 천연가스 관련(운송, 매매, 수출 등) 거액의 투자가 필요한 방대한 인프라 시설(방대한 가스생산의 처리 가능과 높은 수익성)의 존재와 이의 수익성
- 중소규모의 생산업체가 적기에 활용가능한 자본시장과 금융시스템의 존재
- 중소규모의 생산업체의 셰일시장의 출입이 매우 융통성 높으며, 기동성도 높음
- 정부의 연구비 지원과 Tax Credit 등 정책과 규제 완화의 시행

2018년 초, 미국의 트럼프대통령은 미국 해변(물 빠진 곳) 중 연방정부 소속의 90%에 해당하는 지역(캘리포니아, 뉴저지, 펜실베니아, 알래스카 지역 포함)을 석유사의 석유와 가스 생산의 시추(Drilling)를 위해, 석유사에 개발을 허용키로 하고 금지 조치를 해제하였다. 이는 트럼프대통령의 화석연료산업의 육성과 'America First' 정책의 일환이다. 그러나 뉴저지, 캘리포니아 주 등은 관광사업과 공해문제를 이유로 이에 반대하고 있어 그 귀추가 주목된다. 특히 플로리다주는 관광사업지로서 빠진 것에 대한 항의가 거세다.[34]

이상의 미국 셰일시장의 번성 요건은 중국의 경우와는 정반대의 요건으로서, 중국의 셰일산업이 방대한 매장량과 셰일가스에 대한 막대한 수요에도 불구하고, 중국 시장이 침체되고 있고, 2022년 이후 상당 기간에 걸쳐 생산과 기술 개발에 전력하여야 할 위치에 있는 것과 크게 대조된다.

6 미국의 셰일업계, 석유생산의 지속

그림 3.11   2014~2015년 폭락한 국제원유가에도 높은 수준을 견지하는 미국의 원유생산량[35]

---

34 2018.1.6. FT, Trumps seeks to allow oil and gas drilling in almost all US waters와 동지, 2018.1.18. US oil and gas plan hits well of anger after Florida exempted 참조.

35 'Presad, U.S. Oil Producers Cut back', 'Oil Flow', 2016.3.3. Wall Street Journal, U.S.

(1) 급락했던 국제유가의 2017~2018년 반등으로 달라진 국제석유시장

그림 3.12 2008~2014년 브랜트 유가의 등락[36]

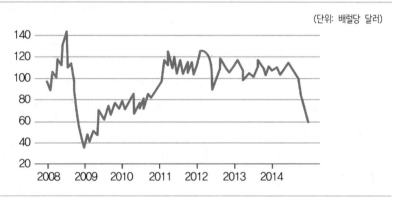

(단위: 배럴당 달러)

그림 3.13 증가하는 전 세계 LNG 거래 규모 및 추이[37]

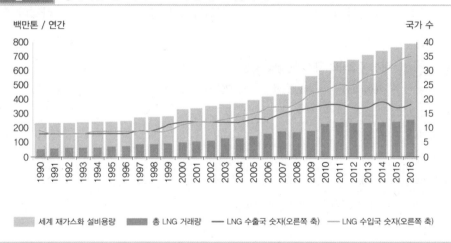

세일에너지혁명은 1973~1974년 OPEC의 Yom Kipper War에서 야기된 당시 아랍권의 대미 석유 엠바고(Embargo)로 혹독한 석유파동을 겪은 미국의 수입 석유

Energy Department.

36 2014.12.16. Financial Times.

37 'IGU World LNG Report', International Gas Union, 2017.

의 급감 결과를 가져와, 미국의 에너지 자립(Sulf Sufficiency)의 열망을 달성시켜 주는
계기가 마련되었다.

비전통적인 셰일석유와 셰일가스의 증산은 1957년 이래 에너지를 수입하고
1971년부터는 순수입국으로서 미국의 높은 대외 에너지수입에 의존하여야 하는 구
조가 미국 경제의 치유키 어려운 '아키레스 힐'(Achilles heel)로 여겨왔다. 2020년 초
에는 미국과 캐나다가 동시에 '에너지 자립'(Energy self sufficiency)의 달성이 가시화
된 것도, 미국 셰일붐의 성공적인 달성이 가져온 커다란 행운이다.

미국의 셰일가스 생산의 절반이 40대(大)기업 이외의 중소규모의 석유기업의 생
산으로서 이는 연간 1.6Bcf로서, 러시아, 중국같이 소수의 국유 석유사나 캐나다같
이 소수의 에너지사의 공급체계와는 큰 차이가 있다.

즉 2014년의 경우, 톱 40개의 독립된 중소 석유사가 34.6bcf/일를 생산하였는데,
이는 거장인 ExxonMobil의 3.4bcf나 Chesapeakes Energy의 2.5bcf나 Andarko사의
2bcf/일과 비교될 정도로 미국의 중소 독립된 석유사의 생산활동이 활발함을 보여주
는 것으로 이런 형태가 현재까지의 미국 셰일붐의 특성으로 지적된다고 하겠다.[38]

표 3.7	세계 주요국의 가스매장량과 비중				
	2007(Tcf)	2016(Tcf)	2017(Tcf)	세계 비중(%, 2017)	R/P(%)
미국	6.4	8.7	8.7	4.5	11.9
러시아	33.9	34.8	35.0	18.1	55.0
중국	2.3	5.5	5.5	2.9	36.7
카타르	26.4	24.9	24.9	12.0	141.8

주: R/P는 생산이 끝난 당해 연말의 매장량에 대한 생산비율.

(2) 셰일붐을 맞은 미국의 러시아의 셰일 잠재력 견제

- 미국의 러시아(제2대 셰일매장국)에 대한 셰일석유 금수(Sanction)조치로 신석유
  전쟁 선언

---

38 June 2018. BP, Statistical Review of World Energy, p.26, 'Natural Gas Total proved reserves' 인용.

- 미국 셰일 매장량: 러시아 매장량=782억 배럴 : 746억 배럴(EIA 추정)[39]
- 러시아 시베리아 Bazhenov 석유단지 매장량 > 미국 Bakken+Eagle Ford/Texas (미석유성 추정): 러시아 Bazhenov 석유단지가 세계 제1대 셰일매장지
- 미국의 '신기술로 성공한 셰일붐'을 제2의 셰일가스 매장국인 러시아의 추종을 견제키 위한 미국 석유기업의 특수 에너지(셰일석유·셰일가스) 시추(Horizontal-drilling) 노하우 및 장비의 대러시아 판매 봉쇄(Sanction), 견제[40]
  - '셰일붐'을 맞은 미국이 러시아의 셰일붐을 견제키 위해 일으킨 러시아의 새로운 셰일석유·가스전쟁: 미국의 러시아 석유산업에 대한 봉쇄, 재제 조치
  - 미국에 바짝 쫓는 '제2대 셰일석유 매장국'(경쟁국)인 러시아를 따돌리려는 미국의 에너지 국제정치(Energy Geopolitics)

(3) 비전통적인 셰일혁명과 서프라이즈 시대를 맞은 미국[41]

- Supply induced Energy Abundances(공급확대가 가져온 에너지 풍요 시대)
- 21st Century American Gold Rush(21세기의 미국의 Gold Rush!)

이런 서프라이즈는 미국 지상의 Barnnet Shale, Eagle Ford, Fayettvelle Shale 및 Marcellus Shale 등 몇 군데의 셰일자원 저장량의 규모에 있지 않고, '기술적 발명'(Hydraulic Fracturing, Horizontal Drilling 및 소규모 지진에 의해 작성된 3D 포맷 활용)을 1세트로 하여, 셰일자원을 경제적·효율적으로 뽑아내는 것(抽出)을 가능(Commercial Viability)케 하며, 셰일매장처(Deposits)에서 셰일석유와 셰일가스를 시추하고 생산할 수 있게 한 점이다.

---

39 2017.8.29. 'Forbes', Big Business, When Russia Hops on Shale Bandwagon, OPEC is finalized 참조.

40 미국의 대러시아 특수에너지판매와 기술제공금지에 관한 제재에 대하여는 본서 부록을 참고할 것.

41 Agnia Grigas, 'The new Geopolitics Natural Gas', p.61, Sustainability of US Supply Growth 참조.

셰일(가스와 중질유)의 발견, 생산이 확대되면서, 국내 에너지시장에 미치는 파급효과가 확대되었고, 미래 환경에의 영향(Environmental Effects)에도 확대되게 되었다.

이같이 비전통적인 석유와 가스는 전통적인 가스와 분자(molecular) 구조의 상이점에 있는 것이 아니고, '석유와 가스의 추출 방법의 상이점'에 있는 것이다.

전통적인 석유가스와 다르게, 비전통적인 석유가스는 거대한 매장지에 몰려 있지 않고(따라서 소수의 시추공(Wells)에서 대량 추출이 가능한 전통적인 석유가스와 같은 시추가 가능치 않고), 비전통적인 자원은 셰일암(형岩)에 존재하는 수백만 개의 포켓(마치 샴페인 내의 거품(bubble) 같은)에서 석유와 가스를 뽑아내는 것이다. 따라서 시추의 과정도 전통적인 석유가스와 다르다. 즉 같은 우산(Umbrella) 안의 비전통적인 석유가스의 분류방식도 분쇄(Fracking)방법과 기술도 셰일가스냐, 중질유냐에 따라 추출방법과 그 생산과정이 다르다.

이 새로운 셰일생산기술(발명품)은 미국의 인간의 집요함에 따라, 달성된 '에너지의 풍요'(Abundances, Plenty)를 가져온 것으로 과거에 에너지 부족시대에 살아야 했던 미국은 물론 중동(산유국)의 에너지 시장과 에너지 정치와 국제적 파워(에너지)에도 적지 않은 판도의 변화를 초래케 한 '서프라이즈'(Surprise)이다.[42]

또한 미국전력회사의 연료 구성(Energy Mix)의 변화는 낮은 코스트로 경쟁력 있는 미국의 셰일(Shale)파워 덕으로 나타난 또 하나의 서프라이즈로 미국의 전력산업의 연료구성(Fuel Mix)에서 볼 수 있다. 미국의 전력수요는 2017년에는 2010년보다 낮아지기는 하였으나, 전력생산에 있어 석탄화력발전소의 비중이 45%에서 30%로 떨어지고, 반대로 가스발전(發電)의 비중이 24%에서 32%로의 비중으로 증가하였고, 재생에너지에 의한 발전비중은 4%에서 10%의 비중으로 증가하였다. 마침 이 기간(2010~2017년)은 저금리시대여서, 저금리와 낮은 가격의 셰일가스 덕으로 미국의 발전산업은 이 기간에 호황을 누릴 수 있었다.[43]

이같은 LNG 풍요시대를 맞아 호황을 맞은 국제상품 거래업체는 Trifigura, Vitol, Gunver, Glencore사이며, 미국의 셰일산업과 Chevron 등이 주동이 된 호주의 가스산업도 큰 호황을 누리게 되었다.

---

42 Meghan L. O'Sullivan, Windfall, 'How the New Energy Abundance Upends Global Politics and Strengthens American Power', p.18 참조 인용.

43 2018.2.23. FT, Energy Fiscal pressure, US utilities braced for financial shock 참조.

⑦ 2035년 세계와 미국의 석유·가스 공급 전망[44]

(1) 세계의 중요 에너지별 구성 비중의 변화(2035년)

금후 20년간 에너지 연료 수요는 재생에너지와 원전과 수력을 주로 하는 에너지 사용이 증대되는 구조로서, 에너지 수요 증가가 이루어지지만, 에너지 중 석유와 석탄은 그 비중은 줄고, 가스와 더불어 당분간 재생 에너지가 주된 에너지(총 에너지의 3/4의 비중)로 사용된다. 특히 가스수요는 그 비중이 연간 1.6%씩 증가하여, 2035년에는 매년 0.2%씩 감소하는 석탄보다 높은 비중으로서, 가스와 석탄이 역전되는 비중은 중국의 공해대책으로 인한 것도 주원인이 된다. 탄소배출이 작은 가스의 수요는 전체적으로 증가하면서, 미국 셰일이 아시아(중국, 일본, 한국, 인도, 대만 등)의 폭발적인 가스 수요를 충당하는 데에 큰 비중이 될 것이다.

그림 3.14 **세계 중요 에너지별 구성 비중의 연도별 변화**[45]

(단위: %)

---

44 BP, Energy Outlook 2017 Edition, p.14, Gradual transition in fuel mix continues 및 BP, 2018 June Outlook 인용.

45 BP, Energy Outlook 2017 Edition, p.14, Gradual transition in fuel mix combinationa.

세계 석유(liquids)공급에 있어서 그 규모와 코스트의 scale에 따라 큰 변화가 올 것이다. 이 점에서 보면 중동의 OPEC산유국과 러시아와 미국의 3개국(협의체) 액화연료의 생산증가가 63%의 비중으로 나타날 것인바, 그 증가 속도에 있어서는 미국과 OPEC(중동)이 사뭇 경쟁적이다. 미국은 2035년(특히 2025년)까지 4Mb/d의 증가로서 '2035년이면, 19Mb/d'가 될 것으로 이의 절반은 중질유와 NGL로서 비전통적 에너지의 증가가 점하게 되는 트랜드이다. 미국을 '에너지 수퍼파워'라고 칭하는 이유가 여기에 있다. 러시아는 2035년까지 연 1백만 배럴씩 증가하여 12Mb/d가 될 전망이다.

그림 3.15   2035년까지 세계 액화석유의 공급실적 및 증감 전망[46]

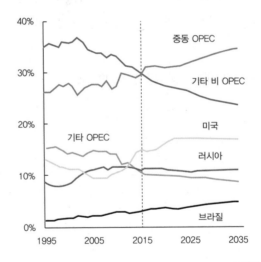

---

46 BP, Energy Outlook 2017, p.28, Low cost oil producers respond to global resource abundance 'Share of Liquids supply' 인용.

그림 3.16   액화석유 공급의 실적과 2035년 전망[47]

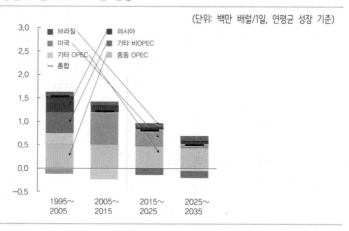

전 세계의 LNG 가스생산국의 공급보다 가스수요국이 확대되는 현실에서 미국
의 셰일가스의 수출가능성이 커지고 따라서 미국이 '에너지 수퍼파워'로서 영향력이
커질 가능성 높다.

그림 3.17   2015~2035년 세계 가스공급의 국가별, 종류별 성장[48]

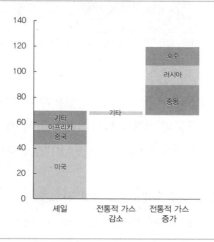

47 BP, Energy Outlook 2017, p.28, Low cost oil producers respond to global resource
    abundance 'Share of Liquids supply' 인용.
48 상동.

한편 증가하는 화석연료 중 2035년까지의 가스공급 속도는 앞에서 본 바와 같이 석유나 석탄보다 매우 빨라, 연율 1.6%로 증가할 전망이다. 그 중에서도 미국을 중심으로 하는 셰일가스의 증가속도는 연율 5.2%의 증가로서, 2020년 후에야 본격적인 생산을 할 중국의 셰일보다 훨씬 빠른 성향에 있음을 볼 수 있다.

2035년의 미국 셰일가스 생산은 세계 전체 가스(전통가스, 주로 호주, 러시아, 중동을 포함)의 1/4을 점하게 된다.

그림 3.18   분야별 가스 소비 추이[49]

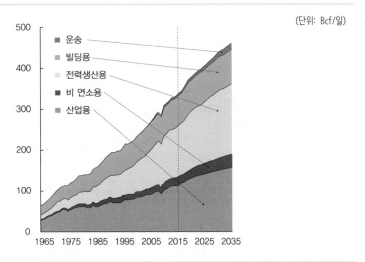

(단위: Bcf/일)

가스수요의 증가요인을 분야별로 보면, 산업용과 전력생산용으로 대별되는데 이도 2030년을 넘기면서, 중국의 경제성장과 석탄의 공해 제거를 목표로 하는 중국의 기후변화대책으로서 공해감축을 목표로 하는 '전력생산의 가스로의 대체(45%)'에서 발생될 것으로 본다.

한편 이러한 중국의 공해감축대책으로서의 산업정책과 전력생산용 가스수요의 증가(연 5.4%의 증가, 36Bcf/d, 2035년까지 수입가스 총소비 비중 40%로 증가(30%/2015년))에 대처하는 중국으로의 가스 공급채널을 보면 LNG, 러시아로부터의 파이프라인과 기타 파이프라인 수입으로 이루어진다.

---

49 BP, Energy Outlook 2017, p.32.

그림 3.19 중국의 가스 공급채널[50]

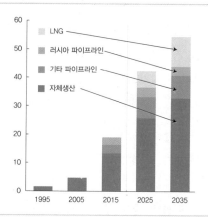

2025년 이후에 가서도, 중국은 가스의 자국내 생산의 급증에도 불구하고 수입가스 도입 경로의 다변화로서, LNG의 선박도입을 포함하여, 러시아에서의 파이프라인 도입과 중앙아시아에서의 파이프라인 장기수입 외에도 LNG 형태의 선박 가스 수입이 더 빠르게 증가(1/2 비중)하여, 수입가스 비중이 2015년 30%에서 2035년에는 40%까지 확대하게 되어 있다. 따라서 추가적인 LNG 도입은 미국산 가스 도입 비중이 상당히 커질 전망이다(미·중간 무역분쟁이 최소화될 것을 전제).

그림 3.20 유럽의 가스 공급채널[51]

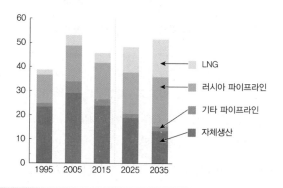

---

50 BP, Energy Outlook 2017, p.34 인용.
51 BP, Energy Outlook 2017, p.34 인용.

또 유럽의 가스도입은 러시아와 중앙아시아와 CIS(Commonwealth of Independent States)에서의 파이프라인 가스도입 외에도, LNG의 선박을 통한 수입이 불가피하게 증가하여, 2015년 50%에서 2035년에는 80%까지 수입(자체생산 20%에 불과)하게 되어 있다. 유럽의 증가하는 가스수요 충당은 LNG 형태의 수입으로서 가스 수입의 2/3 비중이 될 것이다. 이의 수입가스 상당부분은 미국의 셰일가스로 충당되고, 잔여는 러시아에서의 가스도입이 불가피하여 최근 발틱해를 통해 독일로 가는 North Stream Line－2의 신설이 진행되고 있음은 미묘한 가스 국제정치의 산물이 되고 있다.

> **그림 3.21**   **2015~2035년 주요국들의 정유 제품 수요 증가**[52]

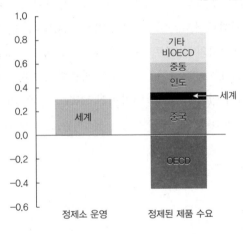

(단위: 백만 배럴/1일, 연평균 성장 기준)

또 정유제품의 수요증가는 중국, 인도와 비OECD개발국에서 수요가 많고, OECD 국가에서는 수요가 감소하고 있는 대조를 보이고 있다. 개발도상국은 정유제품 수요충족을 위해 필요한 인프라와 그 설비를 증가시키고 있어, 금후 20년간은 충분할 정도로 수요증가에 대비하고 있다고 BP사는 분석하고 있다.

---

52 BP, Energy Outlook 2017, p.30; BP, Refinery runs and product demand growth 2015－2035, 인용.

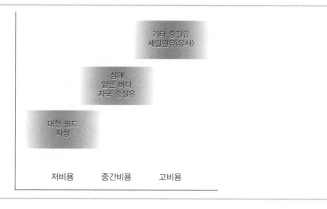

그림 3.22   석유종류별 생산지역별, 세전 생산비용[53]

석유가 풍부해진 산유국에서는 수요 감퇴에도 불구하고, 국제시장 셰어를 유지하기 위하여 석유생산을 계속할 가능성이 높다. 이는 미국의 셰일공급이 확대되자 OPEC의 사우디가 2014~2016년 초까지 증산정책을 견지하다가, 실패한 사례를 들수 있다. 일반적으로 석유의 저가생산이 가능한 산유국들은 좀 더 석유생산의 확대를 시도하기 쉽다. 그러나 미국 셰일석유의 경쟁력 있는 공급도 결코 만만치 않다.

그림 3.23   낮은 생산비용의 석유공급 전망[54]

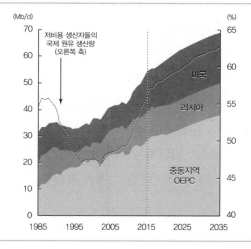

53 BP, Energy Outlook 2017, p.52; BP, Abundance of oil may cause a change in behavier ─Cost of supply(pre─tax) 참조.

위에서 본 바, 중동 산유국과 러시아와 미국은 석유·가스의 저가생산이 가능한 여건으로 석유공급을 확대하려는 유인에 빠지기 쉽다. 낮은 생산코스트와 그 가능성에 따라 증산을 하게 되는데, 금후에 2035년까지도 증산의 가능성이 높아 OPEC, 러시아, 미국 등은 2035년에는 70백만 배럴/일의 생산량으로서, 세계석유생산량의 62~63%의 비중(현재 56%)까지 확대할 가능성을 BP는 예견하고 있다.

낮은 코스트에 경쟁이 안 되는 국가는 높은 세율을 로얄티율로서 대처할 수밖에 없다. 미국이 단일국가로서 앞으로 국제에너지시장에서 '수퍼 파워'의 역할을 지속할 것임은 낮은 코스트로 경쟁력 있는 셰일(Shale)파워 덕을 본 것이라 하겠다.

(2) 미국과 호주가 지배하는 LNG 공급시장과 아시아의 LNG 절대수요국

금후, 2035년까지 세계 LNG 시장의 LNG 공급은 미국(19Bcf/d)과 호주(13Bcf/d)의 양대 시장이 점유하게 된 전망으로서, 첫 4년간에 이의 증가폭의 1/3이 양국시장에서 이루어진다고 BP는 전망하고 있다. 이는 미국의 셰일가스, 호주의 Chevron 등의 대형 LNG 프로젝트는 2017년에 이미 완성단계로서 2018년부터 방대한 LNG 공급이 가능하기 때문이다. 그러나 2018년 즉후의 대량공급이 이루어진 후에는, 중동의 카다르, 호주의 LNG 공급 확대는 비교적 완만한 가운데, 미국 셰일의 LNG 생산은 증가가 계속될 전망이다.

LNG 수요는 중국, 인도, 일본, 한국 등 아시아 국가 수요가 절대적이어서, 이들 국가에서는 석유나 석탄 등의 수요 증가보다 LNG 수요 증가가 압도적이다. 아시아 다음으로 유럽의 LNG 수입 수요(소비의 50%/2015년 → 80%/2035년)가 큰 데, 이는 LNG 형태의 운송수입이고 나머지는 러시아 등에서 파이프라인으로 수입하는 것이 대종을 이룬다. 다만 미국 LNG 수출이 계속 확대될 전망임은 앞에서 본 바와 같다.

---

54 BP, Energy Outlook 2017, p.52; BP, Abundance of oil resources may cause a change in behavior 'Oil supply lower−cost production' 인용.

그림 3.24 2035년 중국과 유럽으로의 가스 공급채널 변화과정[55 · 56]

(단위: Bcf/1일)

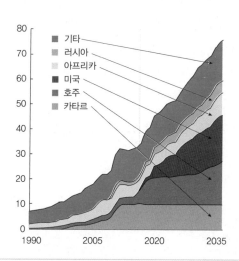

그림 3.25 2035년 아시아의 가스수요와 미국과의 관계: LNG 수요의 지역별 실적과 전망[57]

(단위: Bcf/1일)

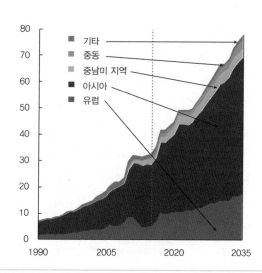

55 BP, Energy Outlook 2017, p.54.

56 상동, p.34, Gas supply to China 및 Gas supply to Europe 인용.

57 BP, Energy Outlook 2017, p.54.

2035년이 되면 LNG 형태의 가스 수입은 파이프라인으로 수입하는 가스의 7배나 빠른 속도로 성장할 것이고, LNG 형태의 거래는 가스거래의 절반의 비중(현재는 32%)으로 확대될 것임을 BP는 전망한다. 이렇게 LNG 거래가 파이프라인 거래보다 압도적인 비중을 차지하는 성장 이유는, LNG 카고(Cargo)는 지역마다 상이한 수요 공급의 형태와 가격에 따라 사용지의 변경이 언제라도 가능한 그 융통성에 있다.

그림 3.26 **2035년 전 세계의 LNG 순수출과 순수입 흐름도**[58]

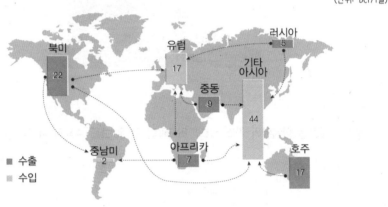

(단위: Bcf/1일)

이런 이유로 국제가스시장은 빠른 속도로 '가스시장의 세계화'로 확대되고 완전한 세계시장으로 격상될 것이라고 전망한다. 더욱이 각 지역시장에서의 가스가격이 운송비를 감안하고도 유리할 때에는 파이프라인의 경우와는 다르게, 운송되는 가스 도착지의 방향을 언제든지 바꿀 수 있다는 융통성 때문이다.

그리하여 그간 가스에 관한 한 아시아시장, 유럽시장, 중남미시장으로 3개 단일 대륙의 시장으로 한정되었던 가스시장은 미국 셰일의 LNG의 등장으로 보다 다양해진 시장으로 수익성에 따라 시장이 확대될 것이고, 그럴 때 미국의 LNG 가격이 세계가스시장의 기준이 될 것이다. 2017년 중 아시아 LNG가스시장의 선물거래

---

58 상동, p.58, LNG's share in traded gas increases sharply, Net LNG exportss and imports 2035(Bcf/d) 인용.

(Derivatives, Futures trading) 규모가 전년 거래량의 4배로 증가한 것도 이런 미국의 셰일가스의 세계 LNG시장의 가격 인센티브에 따른 가스선물 거래 증가를 나타내는 증표로 보아야 하겠다.[59]

2018년 초 중국이 상하이에 가스시장을 개설하고 CNPC가 미국의 가스전문기업인 Chenierie사와 장기 가스도입 계약을 체결한 것도 그 의미가 크다.

2017~2035년에 완전히 세계화될 가스시장을 순수출(Bef)과 순수입국가와 대륙지역으로 보면,

- LNG 순수출그룹(2035년): 1위 미국(22), 2위 호주(17), 3위 중동(9), 4위 아프리카(7), 5위 러시아(5)
- LNG 순수입그룹(2035년): 1위 아시아(44), 2위 유럽(17), 3위 중남미(2)

그림 3.27 2035년 미국의 종류별 드라이 천연가스 생산량 전망[60]

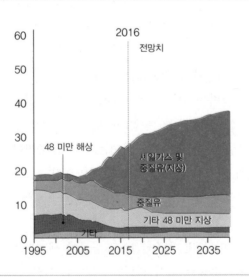

(단위: 1조 큐빅피트)

주: 48미만은 미본토의 48개주를 뜻함, 셰일가스 및 중질유의 계속적인 증가, 미국 액화석유공급 4백만 배럴/일 증가로 세계석유시장의 15~18% 비중.

---

59 2018.2.23. FT, 'Asian LNG derivative volume quadruple as trade in fuel grow more active' 참조.

60 Meghan L. S'Oullivan, Windfall, 'How the New Energy Abundance Upends Global Politics and Strengthens America's Power?', p.24, Figure 1.2 Dry Natural Production by Type 인용.

- 2035년의 액화석유(석유, 바이오 연료, 기타 액화연료) 수요증가 규모는 연간 15Mb/d로서, 수요 규모는 110Mb/d로 전망
- 2035년까지 세계의 액화석유 공급증가는 2015년에 비해 13Mb/d의 증가(전망)로서, 증가의 70%는 OPEC에서 9백만 배럴/일의 증가로 2035년에는 48백만 배럴/일, 비 OPEC 증가는 2035년까지 총 6.5백만 배럴/일의 증가로 이는 경쟁력이 높은 미국(4백만 배럴/일(19Mbd/d/2035년, 주로 tight oil과 NGL)의 공급증가로, 브라질(2백만 배럴/일), 러시아(1백만 배럴/일), 캐나다(0.5배럴/일)는 낮은 코스트의 석유 생산이 가능한 경쟁력이 있는 곳임(2035년, 미국의 석유공급비중은 세계의 15~18% 이상, 공급량은 19백만 배럴)
- 이는 2035년까지 미국이 연간, 4백만 배럴/일씩 증가하여 전 세계 비 OPEC의 생산증가량과 같아진다는 것임(경쟁력이 없어 비중이 감소하는 국가(예: 노르웨이)의 석유생산량의 감소는 셰일오일이 상쇄하는 효과를 나타냄)
- 2030년에는 미국 천연가스의 50%가 셰일가스의 비중이 됨
- 이리하여 미국의 셰일가스(비전통적)는 2035년에는 세계가스의 1/4의 비중이 될 것임
- 중국과 유럽의 가스에의 의존도는 높아짐
  - 중국 가스 소비는 연율 6.4%(36Bcf/d)로 국내생산 초과
  - 2035년 가스소비의 40% 수입(2015년 소비의 30%, 미국가스 수입 증가)
- 수입증가의 대부분은 LNG 수입, 잔여는 러시아, 중앙아시아 파이브 라인 수입
- 중국과 유럽의 가스도입 채널(루트)이 다양해짐
- 유럽 가스소비의 수입비중 증가: 50%/2015년 → 80%/2035년(증가분 상당이 미국 수입)
  - 2035년까지 미국 및 호주산 LNG 공급이 세계가스시장 이끌 전망[61]
  - 세계의 LNG 수요는 아시아가 압도적으로 이끌 전망
- 세계의 LNG 공급은 2035년까지 미국의 LNG 공급(19Bcf/d)과 호주의 LNG(13Bcf/d)가 양대 시장을 이끌 전망

61 상동, pp.54-55, LNG supplirs grow strongly led by US and Australia, LNG supply 및 LNG demand 인용.

- 이 성장 증가분의 1/3은 금후 첫 4년 동안의 미국과 호주에서 진행 중인 프로젝트가 완성되면서 이루어질 것임. 다만 그 후의 LNG 공급의 확대 실현에는 리스크가 없지 않음
- 중국, 인도, 및 기타 아시아 역내의 LNG 수요는 석유와 석탄에 의존하던 이 지역의 가스수요 증가를 가속화하는 요인이 될 것임
- 유럽 역시 유럽내의 가스 생산이 감소되는 전망에서 미국, 러시아, 호주 등 유럽 외에서의 LNG 수요가 신장되는 추세에 있음(세계가스시장의 세계화, 완전화로 1단계 발전하여 격상되는 시장화)
• LNG 거래는 파이프라인 거래보다 7배 빠른 성장: 거래의 32%/2017년 → 거래의 50%/2035년
• LNG 베이스의 거래: LNG의 카고(Cargo)화＝LNG카고는 어디든 방향전환 가능
• 수요 공급의 상황에 따라 거래 행방의 자유화
  - 전 세계를 기초로 한 세계화 1단계 접근
  - 특히 미국산 가스는 호주산(아시아 역내)보다 광범위한 지역(세계)을 커버하는 중요한 역할을 담당하는 점이 세계화로 승격하는 시장의 가속화 요인이 됨
  - 결국 이 현상은 장기가스 공급계약의 가격을 LNG 스폿(Spot)마켓 가격과 보다 한 단계 높게 연계시키는 결과를 가져옴

⑧ 미국 셰일가스 수출확대로 하락하는 국제가스가격과 활발해지는 국제가스시장[62]

전통적으로 가스의 수요를 수입으로 충당하고 있는 아시아의 LNG 바이어인 국가들의 LNG 수입상황을 보면, 2015년에 일본이 118BCM, 한국이 43.7BCM, 중국이

---

62 Agina Grigas, Harvard University Press, The New Geopolitics of Natural Gas, p.91, Downward pressure on Prices and Boosting Global LNG Markets, p.235, Meeting Chinese Demand Power og Diversified Energy Mix.ckawh.

26.2BCM, 인도가 21.7BCM, 그리고 대만이 18.7BCM으로서 이들 5개국이 세계가스 수요의 71%를 점하고 있고 이들의 수입에 공급하고 있는 국가는 카타르와 말레이 시아이다.[63]

중국, 인도, 일본, 한국 등 아시아시장의 LNG 수요가 집중되는 가운데, 공급증 가는 미국(19Bcf/일)과 호주(13Bcf/일)로서, 이의 1/3은 금후 4년간에 이루어질 것으 로 전망되어 미국 가스시장과 호주 가스시장이 아시아 가스시장의 주된 공급시장으 로서 이 중에서 미국 LNG 시장의 특성을 살펴볼 필요가 있다.[64]

(1) 미국 셰일가스시장의 확대와 글로벌 LNG시장의 구조변화 시기

미국 가스시장의 강점과 특징은, 첫째, 미국 LNG 거래는 행선지(destinations)에 관한 의무조항이 없어, LNG 매입자는 자유로운 재수출이 가능하고, 거래량을 쪼갤 수도 있다. 행선지 조항이 없는 점과 가스의 수요 공급을 반영하는 Henry Hub 가 격의 제한이 없는, 이런 미국 가스거래상 계약 구조상의 특징이 석유와 밀접하게 연관(indexing) 짙는 아시아 가스시장보다 국제가스시장에 보다 큰 활동성을 부여 한다.

둘째, 미국 LNG는 원천지에서 급속 성장할 수도 있다.

셋째, 미국 거래는 전통적으로 국제 자유무역을 기초로 하고 있다.

이상의 전제는 국경을 넘는 가스의 가스시장에서의 재수출과 거래가스의 분할 매각이 가능케 되어, 점차 석유의 현물시장과 같은 성격의 국제 가스시장으로서 그 규모가 세계시장으로 확대되고 있다.

미국 가스시장은 점차 카타르, 호주, 그리고 러시아 가스시장과도 보다 큰 경쟁 관계에 있게 되고, 미국의 시장기능적 가스시장의 특성이 점점 부각되어, 투명한 국 제시장으로서 그 기능이 확대되고 있다.

이런 면에서 미국정부는 에너지 수출 인프라 건설지원 등 가스 수출을 장려하 면서, 가스의 선진기술개발 장려 지원 및 인프라 건설 등에 정부 장려책 등으로 가

---

63 상동, p.263, 'Global Gas, the Asian Price differentials and the Potentials of US LNG' 참조.

64 BP, Energy Outlook 2017 edition, p.54, Implication of Growth of LNG for global gas market 참조.

스의 액화(ILiquidation) 코스트 인하를 도모하는 정책으로서, LNG 수출업체의 대외 진출을 장려하고 있다. 여기에는 셰일생산에 대한 새로운 기술개발과 그 응용을 독려하고 LNG의 선적 수출을 용이하게 하며, 에너지생산과 수출에 대한 규제를 풀고, 결국 미국 셰일업체의 LNG 수출 가격 경쟁력의 고취를 도모하여 대외수출 달성을 용이하게 한다.

특히 이 점은 2014년, 2015년 이래 미국 셰일업계가 국제가스시장에 진출하여, LNG 현물시장의 구조와 가격결정체계를 보다 큰 Volatility를 갖게 하는 방향으로 바꿔 놓는 데에 크게 역할을 하고 있다. 이것이 주효하여 2016년 국제가스시장에서 전반적으로 국제가스가격 인하에 미국 셰일이 큰 작용을 하였다. 국제가스시장이 보다 완전한 시장으로 승격되고, 보다 융통성이 있는 시장으로 탈바꿈하는 데에는 미국 셰일가스의 출현이 크게 기여하였다고 하버드대학의 Aginas Grigas 교수는 그의 저서 'The New Geopolitics of Natural Gas'에서 정의하고 있다.

(2) 미국, 석유 순수입국 → 석유 순수출국 → 세계 석유시장 지배자로!

셰일석유와 셰일가스붐은 석유순수입국이었던 미국을 2017년부터 셰일생산이 10백만 배럴/일이 되면서, 미국으로 하여금 석유수입을 감소할 수 있게 하였고, 2015년에 오랫동안 석유류의 금수(禁輸)조치를 해제하면서, 석유와 가스를 수출할 수 있게 하였다(2017년에는 20억cf를 수출하였음). 이런 추세가 계속되면 2022년에 미국은 완전히 에너지자립(Self Sufficiency)이 가능하고 순수출국이 될 뿐 아니라, 그때로서 사우디와 러시아보다 에너지생산을 훨씬 많이하여 세계 에너지시장을 지배하게 된다. 미국은 이런 추세를 활용하여 에너지를 무기로 삼고, 에너지 국제정치를 하는 세계의 에너지 패권자(Dominant)로 부임할 것임을 공언하고 있다.[65]

---

65 2018.2.21. FT, Washington seeks export opportunities for oil as it pursues energy dominance agenda 참조.

그림 3.28 2035년 세계 액화석유의 공급 실적 및 전망[66]

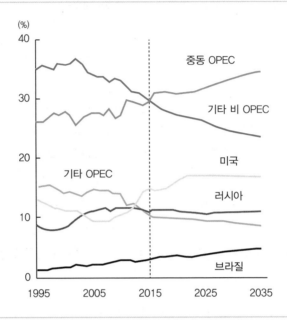

이와 관련하여 2017년 하순 폴란드(러시아의 가스공급 조정으로 어려움을 겪고 있던)를 방문한 트럼프대통령이 '외교적으로 꼬인 관계인 러시아에서 가스 공급을 줄이고, 미국이 그만큼 대신 공급할 것을 약속한 '에너지 국제정치'의 예가 미국 셰일혁명의 성공에서 자신 있게 공언한 사례로 들 수 있다.

또 다른 케이스는 2018년 2월, 미국 에너지성 차관이 유럽의 에너지국제회의에 참석하여 미국은 2022년이면 에너지 순수출국이 되니, '미국은 어떤 나라이던 석유류의 해외수입에 특정국에 과도하게 의존하여 에너지안보의 리스크를 지지 말라고 권고한다'는 기조발언을 할 정도가 되었다.

여기에 중국이 에너지를 러시아에 과도하게 의존함을 지칭하는 것으로 셰일혁명 덕으로 '미국이 사우디와 러시아를 제치고 2015년 이후, 세계 에너지생산 제1강국이 된 미국의 실력'이 보인다.

---

66 BP, BP Energy Outlook 2017, p.14, The gradual transition in fuel mix continues Share of primary energy 인용.

그림 3.29 1990~2015년 러·미·사우디의 원유생산량 추이[67]

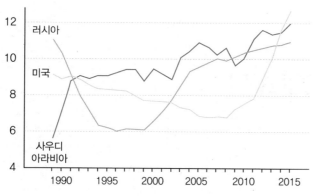

(단위: 백만 배럴/1일)

67 2016.9.22. Financial Times, Siberian Spring'.

제4장

중국의 에너지 산업과 에너지 국제정치

- 세계 제1의 에너지 수입 대국, 중국(2014년)

Global Energy Geopolitics

미·중·러·OPEC간의 에너지 국제정치

중국의 에너지 산업과 에너지 국제정치

- 세계 제1의 에너지 수입 대국, 중국(2014년) -

1 2035년 중국의 에너지 사정

(1) 2035년 중국의 에너지 사정과 세계에너지에 대한 중국의 비중

영국의 석유 자이언트인 BP사는 2016년 발행한 'BP Energy Outlook, Country and regional insights－China'[1]에서 중국의 에너지 산업의 성장과 2035년의 중국에너지 산업의 위치에 대하여, 요약·분석하고 있다.

이 바탕의 내용을 근거하여 중국의 그간의 에너지 산업의 성장과정과 2035년의 중국 에너지를 전망한 분석으로 이를 요약한다.

---

1 www.bp.com/energyoutlook. @BP p.i.c. 2016 참조.

요약

　BP는 "2035년이 되면 중국은 EU를 능가하는 세계 최대 에너지 수입국이 되고, 수입의존도는 2014년의 15%에서 23%가 될 것이다."로 전망한다.

　그 내용(2014년 대비 2035의 위치)으로서,

• 2035년이 되면 중국은 세계 에너지 소비의 35%를 점하게 된다.

• 2032년이 되면 중국은 미국을 넘어 세계 최대의 액화(liquids, LNG와 LPG)가스 소비국이 될 것이다.

• 2030년대가 되면 중국의 석탄소비는 연율 0.2%의 증가에 그쳐, 과거 20년간 연 12%씩의 증가와 대비된다.

　BP사가 본 2035년까지의 중국의 총체적인 에너지 관련 지표(2014년 대비)는 아래와 같다.

중국의 에너지 소비 증가율	2035년, 중국의 세계 에너지 소비 비중	중국의 에너지 생산 증가율	2035년, 중국의 세계 에너지 생산 비중
48%	25%	40%	20%

　2035년까지 활발해지는 중국의 에너지 시장과 에너지 산업의 변화에 대한 보다 상세한 전망을 보자.

• 에너지 수요(소비)는 48% 증가하였는데, 에너지 생산은 40% 증가에 머물렀다.

• 중국의 에너지 수요 비중은 전 세계 전체 에너지, 수요의 2014년의 66%에서 2035년에는 25%로 약화되었다. 이 동안 중국이 '세계 전체 에너지 수요 증가'의 32%를 차지(기여)한다.

• 중국의 에너지 믹스(mix)에서 석탄의 비중이 2014년에는 65%이었으나, 2035년에는 47%로 감소하였다. 그러나 그간 천연가스의 비중은 2배로 증가하여 11%가 되고, 석유의 비중은 변함이 없이 19%를 점할 것이다.

• 화석에너지(Fossil Fuel) 수요는 증가하여 석유(+63%), 가스(+193%), 그리고 석탄(+5%)의 증가로서, 화석연료가 중국의 총 에너지 수요 증가의 53%를 점한다.

　한편 재생에너지 증가는 수력(+593%), 원자력(+827%)으로서 화석연료보다 상대적으로 훨씬 빠른 성장을 할 것이다.

• 석탄의 수요는 2027년을 피크로 하여 연율 0.3%씩 증가하는데, 2028년부터 2035

년까지 감소하면서 31%의 증가에 그쳐, 수요의 비중이 51%에서 46%로 떨어진다.
- 에너지 소비를 주로 하는 교통운송은 93%가 증가하지만, 석유를 주 연료로 하되, 그 비중은 2035년에는 91%에서 86%로 하락한다.
- 에너지 소비에 대한 국내 생산 비중은 2014년의 82%에서 2035년에는 80%로 떨어진다. 따라서 그때가 되면 중국은 세계 제1의 에너지 순수입국이 된다.
- 원자력발전(原電)은 2014년부터 2035년까지 연 12%씩 증가하여, 중국은 2035년에는 세계 원자력발전(發電)량의 31%를 점하게 된다.
- 화석연료의 생산은 꾸준히 증가하여, 가스(+136%), 석유(+10%)의 증가로서, 주로 가스증산이 석유 감산(-5%)을 대체(代替)한다.
- 2035년까지 중국은 미국 다음으로 세계 제2의 셰일가스 생산국이 되어, 그때에는 가스를 138cf/일씩 국내 생산케 된다.
- 석유 수입의존도는 계속 높아져, 2014년의 59%가 2035년에는 76%가 되고, 가스 수입의존도도 그 수요가 폭증하여 종래의 30% 미만에서 2035년에는 42%가 된다.
- 중국경제가 2014년에서 2035년까지 174%나 성장함에 따라, 중국의 에너지 집중도(intensity)는 46%나 하락케 된다(에너지 효율이 상향됨을 의미).
- 중국의 온실가스 배출도는 22%나 증가하여, 2035년에는 중국이 세계 전체 온실가스배출 규모의 28%의 비중을 점하게 된다.

---

1) 중국의 에너지 수급과 에너지 정책의 시대적·단계적 변화 과정

2001년 중국의 WTO(세계무역기구) 가입 이래, 급속한 경제발전 과정에 있어 특히 필수적인 요인은 자연자원으로서, '에너지 공급과 에너지(특히 석유와 가스) 수요의 급속한 증가 현상'으로 지적할 수 있다. 이러한 에너지 중 석유는 제1 핵심되는 자원이나, 석탄(총 에너지의 74% 비중)에 주로 의지한 중국의 에너지 경제에서 석유·가스는 중국 전체 주요 에너지 중 가용 비중은 20~25%에 불과하였다.

하지만 '석유·가스의 안정적인 공급'이야말로, 중국의 에너지 안보(Energy Security)로서 중국 경제성장에 있어 가장 핵심적인 요인이 되고 있다.

우선 중국의 장기 주요(Primary) 에너지 수요전망에 대하여, OPEC(Organization of the Petroleum Exporting Countries)이 2015년에서 2040년까지 전망한 바에 의하면, 동기간 중 연평균 1.2%의 수요증가로서 2040년의 중국의 주요 에너지 세계 비중이 22.9%가 된다고 보고 있다.

이러한 수요 변화를 10년 단위로 인도와 비교하면 아래와 같다(참고로 연률 3.5%로 중국보다 에너지 수요 규모는 작으나 더 급속히 에너지 수요가 증가할 것으로 전망되는 인도와 비교).[2]

표 4.1 2015~2040년간 중국과 인도의 주요 에너지 수요 전망

연도	수요(mboel/d)				연 증가율	세계 에너지 비중			
	2015	2020	2030	2040	2015~2040	2015	2020	2030	2040
중국	62.7	69.0	79.7	84.9	1.2	22.7	23.1	23.5	22.9
인도	16.8	20.6	30.4	39.7	3.5	6.1	6.9	9.0	10.7

이같이 중국경제 발전과정에서 가장 중요한 핵심요소인 '중국의 에너지 정책과 에너지 국제정치(Geopolitics)의 변화 과정'을,

- 1990~2013년 이전,
- 2013~2014년 간,
- 2015~2016년까지,
- 2020~2034년까지의 중국 에너지 산업의 현황과 발전과정,[3]
- 2035~2040년 이후의 중국 에너지전망 분석(2016년 BP의 전망과 2015년 iea의 World Energy Outlook 2015)의 단계적 분석 및 전망의 내용을, '5단계'로 구분하여, 중국 에너지 사정과 에너지 정책의 변화와 당시의 여건과 에너지 국제정치(Energy Geopolitiics)의 발전과정을 연대별로 5단계로 나누어 살펴본다.

2) 중국의 석유전략 변화와 국제외교정책 함축 의미(1990~2013년)[4]

중국의 미래 정치적·경제적 요인은 모두 불확실하지만, 틀림없는 것은 에너지

---

2 OPEC, '2017 World Oil Outlook 2040', p.63, Table Total primary energy demand by region 인용.

3 China Energy Outlook 2020, Xiaojie XU, Chair Fellow, World Energy China Outlook, Chinese Academy of Social Sciences 참고.

4 1999년 가을, Brookings Working Paper(No.6 of 66, CEAP(Center for Northeast Asian Policy Studies), Visiting Fellow Sergel Troush, 'China's Changing Oil Strategy and its Foreign Policy Implicxations' 참조.

와 자원에 대한 수요가 빠르게 증가하였다라는 점이다. 중국의 에너지 구성의 소비 비중(Energy Mix)은 석탄사용(발전과 연료)이 주종(2011년 75%)이라면, 석유(가스 포함)의 충당 비중은 고속성장을 하면서, '반드시 빠르게 증가할 것'이라는 전망이다.

이는 두 가지 요인에서 비롯되었는데, 첫째는 중국의 운송(교통)과 산업 성장에 있어 석유가 유일하게 가능한 주(主) 에너지이었기 때문이다.

또 이는 모든 경제개발도상국의 경제발전에 뒤따르는 에너지 수요 증가에 있어 공통적인 요인으로서, 석유가 운송(traffic)과 산업발전에 제일 먼저 불가결한 수요로 나타났기 때문이다.

둘째의 요인으로 석유에 있어 경제적, 금융적, 기술적 제약요인이 크기 때문이다. 특히 에너지 중 수력발전이나 원자력발전 같은 경우에는 위의 제약요인이 더 크게 작용하므로, 그 이전 단계로 석유에 대한 수요가 더 먼저 나타나고, 원자력발전 등은 후순위로 밀리거나 경제발전이 더 진행되는 때로 미루어지기 때문이다. 중국의 경우에도 에너지 구성(믹스)에 있어, 화석 연료 중 석탄 이외에 석유 수요가 에너지 중 제1 먼저 나타나게 되었고, 다른 에너지에 대한 수요가 뒤따르는 그런 순서가 되었다.

그리하여 중국은 1993년 이래, 석유의 대외 수출보다 수입이 많아진 석유의 순수입국(純輸入國)이 되었으며, 그 후 경제발전의 빨라진 속도와 병행하여 석유수입도 빠른 속도로 증가할 수밖에 없었고, 중국의 석유 수입은 세계의 에너지, 무역과 자본의 이동(flow)에 따라 크게 영향을 받는 경우가 되었다.

여기에서 중국의 '에너지 안보'(Energy Security)와 에너지와 관련된 대외정책의 수행이 매우 중요한 과제가 된 것이다.

이와 관련하여, 블룸버그(Bloomberg)의 보고자[5]가 중국의 에너지에 관해 제시한 동 보고서의 에너지(석유 및 가스)와 관련하여 몇 가지 과제와 그 질문이 흥미로워, 그 분석을 인용한다.

첫째, 중국의 에너지 수요와 중국내 에너지 생산은 시대적으로 어느 정도인가? 중국의 에너지 생산은 자급자족일 수 있었나? 중국의 에너지 정책결정은 어떤 과정을 거쳤나?

---

5 상동, Brookings Working Paper(No.6 of 66. CEAP), Visiting Fellow Sergel Troush.

둘째, 중국의 에너지 정책과 그 전략 수행에 있어 무엇이 가장 큰 애로인가? 중국 정부가 당면한 에너지 안보(Energy Security)상의 주된 시대적 애로는 무엇인가? 중국이 택할 수 있는 대체(代替) 가능한 석유공급지역(국가)은 어디인가?

셋째, 중국이 채택한 에너지 관련 대외정책은 무엇을 뜻하며, 중국의 인접 국가의 정책적 반응은 어떠하였는가? 중국이 채택한 신규 대외정책의 방향(tendencies)은 무엇이며, 여기에서 발생한 관련된 부작용은 무엇인가? 로 나누어 살펴보자.

3) 중국의 석유공급과 석유수요의 상관관계

서구의 분석가들은 중국의 석유의 공급과 수요는 장기적으로 균형을 유지(consonance)할 것으로 본다. 이 예측은 중국 경제성장률을 연 7%를 전제로 한 것으로, 경제정책이나 목표를 더 높은 것으로 전망한 것이 아니다.

또 한편 앞으로는 중국의 석유 수요도 증가하지만, 석유의 국내 생산·공급도 그에 따라 계속 증가할 수 있을 것임을 전제로 한 것이었다. 그러나 중국의 석유의 국내공급은 그 수요 증가에 훨씬 미달하여 실제 중국의 석유 수입의존도는 2005년의 에너지 총 소비의 30~35%에서, 2010년에는 45%로 급격하게 증가하게 되었다. 이와 관련하여 미국의 '제임스 베이커 III 연구소'(James Baker III Institute)의 공공정책 보고서에서는, 중국의 미래 석유 에너지 수요에 대한 경제성장의 정도에 따라 세 가지의 시나리오를 전망하였는데, 이 중 가장 보수적으로 중국 경제성장을 전망하여, 다음 세기에는 연율 2.5%의 경제성장으로 보았다. 그래서 중국은 '그때(다음 세기)가 되면 엄청난 석유를 수입하여야 할 것'으로 전망하고 있다. 그리고 이 막대한 석유 수입 수요를 못 채우면, 중국은 경제발전에 커다란 타격을 받게 될 것으로 분석하고 있다.

즉 1980년대까지 석유 수출국이었던 중국이, 석유 매장량에 있어서도 세계 3대 매장량이었던 중국이 왜 제1 수입국이 되었을까?

이는 중국의 북동 측과 북부에 위치한 '3대 석유생산기지(다이껑, 셴글리, 리아오혜, Daqing, Shengli, Liaohe)의 정제·처리시설이 크게 훼손이 되어가고 있어 생산성이 높지 않아 큰 타격을 받은 것이 그 이유이다.

중국 서부의 신장위글지역(타림, 준가, 투-하, Tarim, Jungar, Tu-Ha)의 유전은 아직 개발이 덜 된 상태이고, 또 중국 동해안의 해상석유기지도 탐사(중국 전체의 7% 해당)가 덜 된 상태였으므로, 국내석유생산이 매우 저조하였기 때문이라는 분석이다.

그림 4.1   2014년 세계 제1 원유수입국이 된 중국[6]

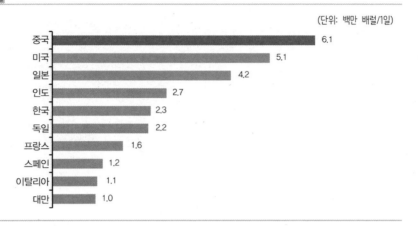

(단위: 백만 배럴/1일)

중국	6.1
미국	5.1
일본	4.2
인도	2.7
한국	2.3
독일	2.2
프랑스	1.6
스페인	1.2
이탈리아	1.1
대만	1.0

4) 중국의 높은 석유 매장량과 원유수입 금지의 해제조치

그림 4.2   중국의 광활한 석유분지와 유전지대[7]

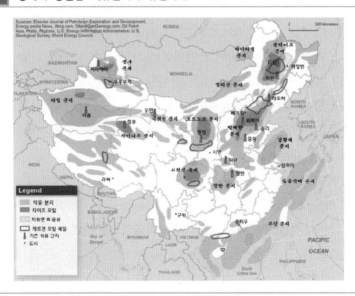

---

6 eia; US Energy Information Administration; China (May. 2015.), p.4, 'Top ten annual net oil importers' 그림 인용.

7 eia; US Energy Information Administration; China (June 2015.), p.4, 'Top ten annual net

그림 4.3   중국의 셰일오일과 셰일가스의 매장이 풍부한 지역[8]

주: Jianghan, Junggar, Sichuan, Songliao, Tarim, North China Basin 및 Ordos Basin.

또 이들 지역(육상, 중국 영해의 해상)은 그 매장량이 세계 1, 2위를 다투지만, 탐사기술의 미비, 지질상 개발의 미비와 막대한 투자자금이 소요될 수밖에 없는 중국 특유의 열악한 지질학적 환경으로 인해, 단위당 생산단가가 사우디아라비아 등 중동지역의 평균 생산단가 2달러/배럴인데 비해 높다. 즉, 중국의 석유 생산단가는 9~23달러/배럴로, 중동지역보다 8~9배나 높아, 평균 석유국내생산 코스트로서는 국제경쟁력이 없기 때문이다.

특히 2016년부터 반감(半減)된 국제유가 하에서는 국제 경쟁력이 더더욱 없어, 중국 내 자체 석유시설에의 투자와 본격적인 국내 생산의 진행이 여의치 않았고, 따라서 중국은 주에너지를 수입으로 대체·충당하였기 때문이다.

---

oil importers' 그림, p.8의 'China's largest oil fields' 'China's Oil Fields', 'China's oil Future', May 6, 2014 인용.

8 2017.6.15. 조선일보 주최 2017 에너지 미래포럼에서 리차드 뮬러(Richard Muller) 미국 버클리대학 교수가 발표한 'Energy Policy in the Trump Administration'의 자료, p.26, China's Seven Most Prospective Gas and Shale Oil Basins 인용. iea, World Energy outlook 2015, p.247.

국제유가와 중국 에너지 기업의 코스트 상승률 추이[9]

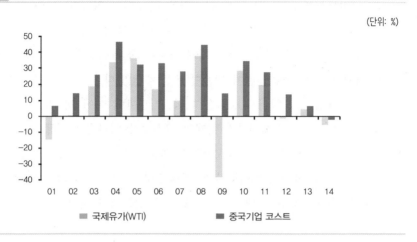

(단위: %)

■ 국제유가(WTI)   ■ 중국기업 코스트

또 중국의 토지소유권은 법적으로는 국가에 귀속되어 있으나, 리스 방식으로 거주하고 있는 주민의 권리와 탐사권 실행에는 괴리(乖離)가 매우 커서, '탐사 및 생산실현이 여의치 않다'는 문제도 심각하다.

세계 유전의 형태별·지역별 평균생산원가와 중국원가 비교[10]

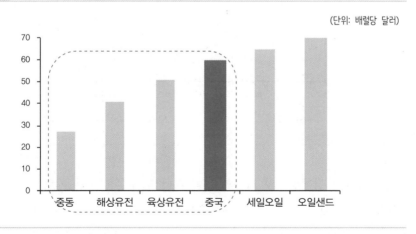

(단위: 배럴당 달러)

중동   해상유전   육상유전   중국   셰일오일   오일샌드

---

9 CEIC 및 EIA 자료 인용.

10 외신종합 및 EIA.

또 석유가격의 장기전망도 불투명해지고, 국제유가의 하락은 당분간 지속될 전
망으로, 국내생산을 위한 신규 투자는 더욱 정체되어 있었다. 그런 만큼 석유수요
증가분의 충당은 국내의 방대한 유전의 석유 매장량에도 불구하고, 국내생산이 여
의치 않게 되자, 중국은 부득이 빠르게 증가하는 국내 석유수요에 대한 충당을 결국
석유의 대외수입 증가의 실현에 의존할 수밖에 없었다.

즉 석유 매장량에 있어서 중국은 미국, 러시아에 이어 제3위의 높은 매장량의
국가임에도 불구하고, 경제개발과 경제의 고속성장에 걸맞는 석유수요 증가에 맞추
어, 중국 내의 생산증가로 자급(自給)할 수 있을 정도의 신규 에너지 탐사와 석유생
산이 여의치 않게 되자, 1998년경부터 중국정부의 에너지 정책에서 에너지에 대한
대외투자의 허용과 석유의 대외수입으로 크게 변화하기 시작하였다.

그림 4.6   **중국의 에너지 종류별 소비 비중 및 생산 목표[11]**

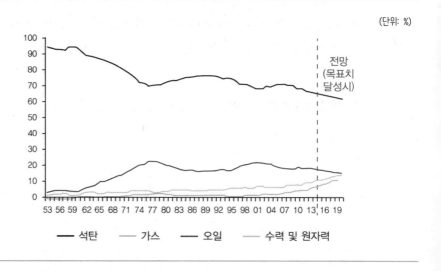

즉 중국의 경제성장의 지속과 그에 따른 원유수요 충당을 위하여는 '중국석유
수요는 국내생산의 충당으로는 태부족하여, 대외수입 의존이 불가피(unavoidable)하
고, 수입도 중국 수요의 절반 이상의 수입이 필요(2010년에는 3백만 배럴/일 필요함)하

---

11 중국 국무원 및 CEIC 국제금융센터(2015.2.3.).

다'라는 전망 하에 '대외지향의 중국석유경제'(Outward-looking oil economy)체제로 바꾸게 되었다.

그림 4.7 중국의 연대별 원유수요 증가율과 경제성장률 비교[12]

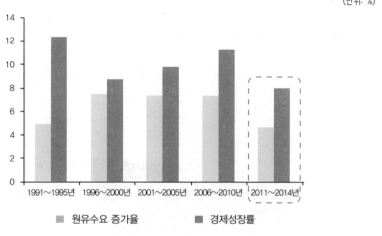

(단위: %)

　　　　■ 원유수요 증가율　　　　■ 경제성장률

그리하여 중국이 석유 수출국에서 석유 수입국으로 바뀐 지, 4년 후인 1998년(아시아 경제위기 직후, 당시 이풍(李鵬)총리)에 본격적인 '석유 수입국'으로 전환된 것이다.[13]

5) 중국이 석유소비의 수입에 의존하게 된 배경

당시의 수입에 의존하게 된 배경에는, 석유산업의 구조조정이 1994~1996년간에 걸쳐 뒤따르고, 3개의 국영석유회사의 개편 강화로 자금면에서 재무구조가 개선되었다. 이렇게 국가의 지원으로 이용 가능한 유동성이 크게 강화된 3개의 국영석

---

12 중국 국무원 및 CEIC 국제금융센터(2015.2.3).
13 중국은 석유 수입억제를 지향하였지만, 1993년부터 연평균 9.1%씩 수입이 증가하였고 1997년 아시아 외환위기 시에는 27mt(520kbl/1일)의 수입국이었으며 이는 중국 석유소비의 15%에 해당되었다. 1993년에서 1998년까지 중국의 석유수입대상국은 오만, 예멘, 이란, 사우디아라비아, 러시아, 인도네시아 및 앙고라 등지로서 이들 산유국의 생산단가는 평균 2달러대이었으므로, 중국의 9~23달러대인 국내석유생산은 비효율적으로, 가격경쟁력이 전혀 없었다.

유회사들은 적극적인 석유의 대외 수입정책을 수행하면서, 막대한 정부보유 외환으로 석유자원 확보와 탐사개발권 및 운영권을 획득하는 대대적인 대외투자가 가능케 된 것이다. 또한 방대한 석유 가스 등 이러한 에너지 대외투자는 투자대상지역이 다변화되면서 동시에 이루어졌다. 2011년과 2012년 당시의 에너지별 소비구조는 아래와 같다.

그림 4.8 **2011년 중국의 에너지 소비구조**[14·15]

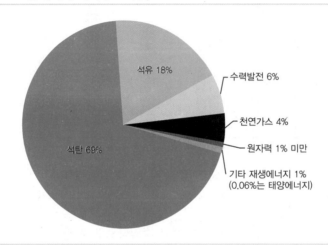

2011년 당시의 중국의 에너지 소비구조의 특징은 석탄이 69%이었으며, 석유가 19%, 수력발전의 비중은 상대적으로 높아 6%를 차지하고 가스소비는 4% 미만이었다. 그리고 다음해인 2012년의 구성에 있어서는, 석탄의 69%에는 변함이 없었으나, 석유가 20%, 천연가스의 5%로의 비중 증가로, 이미 중국의 에너지정책의 화석 연료(Fossil Fuel)중 천연가스로의 이행이 눈에 띈다. 그러면서도 그 수요에 비한 생산이 뒤를 못 따르게 되자, 석유의 대외수입으로 그 방향을 바꾸고 국영석유회사로 하여금 해외 에너지자원 확보에 나서게 하였다.

---

14 Richard A. Muller(Univ. Californuia Berkeley, Energy Policy in Trump Adminstration), p.12, China, 'A newables powerhouse' 인용.

15 eia; 2015.5.14, Int'l energy data and analysis full report; CHINA; Overview; p.4; Top 10 annual net oil importers(2014), p.8; China's oil Production and Consumption 1993~2016.

이러한 중국의 에너지별 소비구조를 2011년과 2012년의 경우를 비교하여 보면, 2011년에서 2012년의 1년 사이에 석탄비중의 감소(66%→60%), 석유의 증가(18%→20%), 천연가스의 증가(4%→5%), 수력발전의 증가(6%→8%)로 나타났고, 핵(원자력) 발전이 새롭게 시작되어 1%로 나타났다. 이런 변화는 석유의 대외수입 의존도가 꾸준히 상승하는 결과로, 2014년에는 그 수입의존도가 60%까지 상승하였다.

그림 4.9   중국의 석유 대외의존도 추이[16]

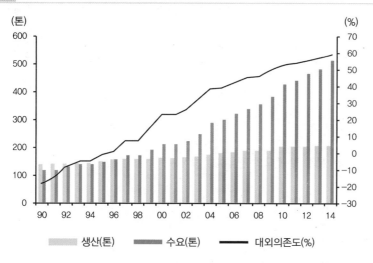

위에서 본대로 그간 중국의 석유 자급자족은 경제적, 기술적 이유에서 실현되기 어렵고, 따라서 불가피하게 수입 의존도가 높아질 수밖에 없는 사정이었음에도 불구하고, 중국정부는 석유 수입 증대를 전략적 안보상의 이유로 이를 인정하지 않고 버티고 있었다. 그러나 국내생산이 계속되는 여건의 악화로 수요를 뒷받침 못하게 되자, 결국 석유 수입의 확대정책으로 전환할 수밖에 없었다.

이런 수입확대추세는 계속되어, 2010년의 58%에서 2014년에는 60%를 넘었고, 2015년에는 69.4%까지 상승할 수밖에 없었다. 따라서 중국은 어느 나라보다 '에너지안보'를 정책적 역점과 높은 우선순위에 두게 된 것이다.

---

16 EIA, CEIC, 국제금융센터(2015.2.3.).

그림 4.10 중국의 원유 수입의존도의 급속한 증가[17]

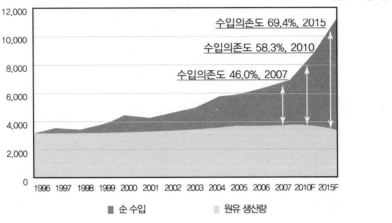

(단위: 배럴/1일)

그림 4.11 전 세계 및 중국의 원유수요 증가분[18]

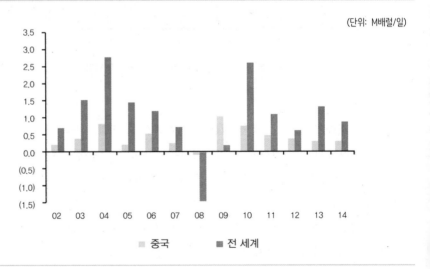

(단위: M배럴/일)

---

17 KPMG, 2009, China's Energy Sector, A clearer view, 'Growing dependence on crude oil' 인용.

18 EIA(2015.2.3.) 및 CEIC.

그리하여 중국의 원유 수입은 2000년 수요(소비)의 30% 비중에서, 2013년 5.3백만 배럴/일이 되었고, 2014년에는 전년대비 9%가 증가하여 수입은 6.2백만 배럴/일이 되었으며, 2015년 4월에는 7.4백만 배럴/일까지 확대되었다.

그림 4.12   중국의 장기 원유 수급 갭의 전망[19]

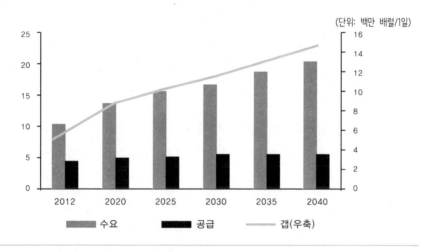

그림 4.13   2012~2030년 주요 국가별 에너지 수요 전망[20]

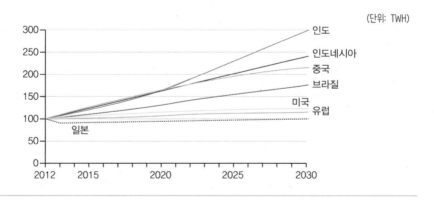

19 CEIC 및 EIA(2015.2.3.).

20 Bloomberg.

이같이 중국의 석유 수입의존도는 급증하여, 2000년의 총수요의 30%의 비중이 었던 것이 2007년에는 46% 비중이 되었으며, 2010년 말에는 58.3%가 되었고, 2015년 말에는 69.4%(근 70%)까지 증가하게 되었다.[21] 다만 중국은 에너지의 효율성 제고와 공해방지 차원에서 석유와 석탄 대신 가스도입으로 대체키로 하여, 2014년의 5.3%의 구성 비중인 가스를 2020년에는 에너지 구성의 10% 비중까지 올리기로 하였다.

(2) 중국의 3대 국영 석유회사체제로의 전환과 해외석유에의 과감한 투자: Go out 전략[22]

중국은 2008년에 실시한 정부조직 개편과 동시에 중국석유산업의 3대 국영회사 체제로의 개편과정을 통하여, 중국의 국영석유회사는 중국석유공사(CNPC, China National Petroleum Corp.)와 중국국립해외석유공사(CNOOC, China Nat'l Offshore Oil Corp.)와 시노팩(Sinopec, China Nat'l Petrochemical Corp.) 체제로 바뀌면서, 각사의 사장은 장관급으로 격상되고, 3사 공히 국가경제무역위원회(State Economic and Trade Commission)의 감독을 받는 국영석유회사의 형태로 그 체제개편이 이루어졌다.

국영석유 3사의 체제개편과 동시에 국영 3사는 국내·외 에너지 개발과 석유탐사와 생산과 그 운영을 위한 활발한 대외직접투자를 매우 빠른 속도로 실시하여, 캐나다와 페루의 경우에는, 소형에서 중간 규모의 유전(Oilfields)에 투자하였고, 인도와 인도네시아, 러시아와 파푸아뉴기니와 베네수엘라에서는 프로젝트 입찰에 참여도 하였다. 1995년에는 CNPC가 미국의 파트너와 더불어 합작사 형태로 텍사스에 있는 오래된 98개의 석유유정(油井)에 투자하였으며, 이미 1997년에는 대외투자가 더욱 활발히 진행되어 폭 넓은 대외직접투자로서, 카자흐스탄과 베네수엘라와 이라

---

21 eia; 2015.5.14, Int'l energy data and analysis full report; CHINA; Overview; p.4; Top 10 annual net oil importers(2014), p.10, Crude oil imports 참조.

22 'Go out strategy'는 1997년 이풍총리가 선언한 것으로 일종의 '에너지 외교방향'을 선언한 것이다. 이 전략은 2000년 10월에 개최된 제15차 공산당전당대회에서 채택된 정책으로서 그 후 2002년 11월 강택민주석에 의해 16차 의회에서 채택된 강령으로 이를 근거로 해외투자가 활발해지고, 2005년에는 중국의 해외투자가 500억달러를 초과하게 되었다.

크에 총 56억달러 규모의 해외유전(油田)에 대한 중국의 대외투자(해외석유사나 프로젝트의 지분 참여 포함)가 이루어졌음을 발표하고 있다.

그 후 국영 석유3사는 해외투자를 더욱 확대하여, 중국의 정유사는 중국의 기업 중 가장 많은 대외투자기업에 속한다. 이 3개의 해외 유전 중 중국은 특히 카자흐스탄의 유전 투자가 가장 장래성 있는 유망한 투자라고 평가하고 있다.[23]

이러한 국영석유 3사는 중국이 내세우는 10대 대형기업 중에 3대 석유공기업이 다 포함될 정도로, 에너지 3사 공히 대형 국영기업으로 중국을 대표하는 챔피언(Champion) 기업에 속한다.

표 4.2	2017년 중국의 자부심: 대형기업의 순위와 업종[24]			
	해외판매(억$)	비중(%)	소유	분야
Sinopec	120	27	지방정부	화학, 정제, 에너지
Petrochina	123	34	지방정부	에너지
Huawei	25	65	노동자	통신장비
Lenovo	19	57	민간	IT기술
Fosun	17	37	민간	기후
CNOOC	15	33	지방정부	에너지
WH Group	13	62	민간	식료품

주: 위의 10대 기업 중 Sinopec, Petrochina, CNOOC 3사는 에너지 기업으로 중국의 대표적 챔피언 기업임.

참고로 중국의 NOC(National Oil Corp.)인 CNPC와 Sinopec의 원가를 다른 국제 석유자이언트인 IOC(International Oil Corp.)와 비교한다. 뒤에서 보는 바 같이, 중국의 국영석유기업의 생산 코스트(특히 고정자산투자비율)가 높다.

---

23 카자흐스탄의 유전은 여러 석유 메이져가 참가한 해상 유전으로서, 2016년에 이르러서도 계속적으로 러시아, 중국, 미국, 이란 등과도 지정학적, 국제정치적으로 큰 의미가 있어 본서에서도 다양한 방법으로 이에 관하여 서술하고 있다.

24 Forbes(2017).

| 그림 4.14 | 세계 IOC와 중국 등 NOC의 석유생산 원가 비교[25] |

회사별 석유 생산비용 손익분기점, 2014년

IOC   NOC

 중국의 기술고도산업에 대한 집중지원

중국은 2017년에 들어 사기업 중 AI, 인터넷, 정보통신기업 등에 'Made in China 2025'전략에 따라 소위 BAT 등 테크기업에 절대적인 전략적 지원을 하면서, 이것이 2018년의 미·중 간에 무역전쟁을 일으키는 계기가 될 정도로 심화되었다. 이 결과로 2008년의 시가총액 10대 기업 중, 3대 석유(국유)기업이 2018년에는 Petrochina만 5위로 남고, 나머지는 AI, 정보통신기업 및 국유상업은행 등이 차지하는 현상으로 나타났다. 중국공산당 정부가 기업 소유권에 집착하지 않고 첨단기술 정책에 집중하는 방향을 볼 수 있다.

| 표 4.3 | 2008년 중국의 10대(시가총액기준)기업[26] |

순위	기업명	업종	소유	비고
1	Petrochina	석유	국유	✓
3	China Mobile	통신	국유	
3	ICBC	은행	국유	
4	CNPC	석유	국유	✓
5	중국건설은행	은행	국유	
6	중국은행	은행	국유	
7	중국 Shenwha 에너지	석유	국유	✓
8	중국생명보험	보험	국유	
9	중국교통은행	은행	국, 사영	
10	핑안보험	보험	사영	

---

25 iea.

26 2018.7.20. FT, FT BIG READ AI ARMS RACE by Louise Lucas, Chart Biggest Chinese

표 4.4	2018년 중국의 10대(시가총액기준)기업			
순위	기업명	업종	소유	비고
1	Alibaba	AI, IT	사영	
2	Tencent	AI, IT	사영	
3	ICBC	은행	국영	
4	중국건설은행	은행	국영	
5	Petrochina	석유	국유	✓
6	China Mobile	통신	국유	
7	중국농업은행	은행	국유	
8	핑안보험	보험	사영	
9	중국은행	은행	국유	
10	Kwatai Moutai	주류	민영	

(3) 에너지 안보를 위해 에너지 수입 지역 다변화를 지향하는 중국: 중동지역위주에서 러시아 등으로 수입지역의 다변화 추구

표 4.5	2000년과 2005년간의 대중국 석유수출국 비중의 변화와 의미[27]					
2000년 국가	오만	앙고라	이란	사우디 아라비아	인도네시아	예멘
비중(%)	30	16	13	11	9	7
2005년 국가	사우디 아라비아	앙골라	이란	러시아	오만	예멘
비중(%)	21	17	14	12	10	7

주: 2000년의 중국 러시아산 석유수입은 3%의 비중으로서 인도네시아 9%, 예멘의 7%보다 적었음.

중국의 에너지 수입지역의 다변화를 추구하는 과정을 2000년과 2005년을 비교하면, 중동과 아프리카국간에 빠른 변화가 일어나는 것을 볼 수 있다. 여러 가지 여건 변동과 더불어 에너지 안보에 신경을 쓰면서 중동에서도 사우디가 부각되고 이

Companies 2018 인용.

27 China's Energy Strategy, 'The Impact on Beijing's Maritime Policies', edited by Gabriel Collins, p.147, Figure 2 Changes in Key Chinese Suppiers 2000 vs. 2005 인용.

란과의 관계는 공고히 하면서, 2000년에는 3%에 지나지 않던 러시아(구소련의 해체 직전)의 위치가 2005년에 12%의 비중으로 커져가는 것을 볼 수 있다.

또 2005년 중국의 원유소비는 6.5백만bpd로서 이는 세계석유소비의 7%에 해당하였으며, 당시 중국은 미국(당시 미국의 석유소비는 25% 비중) 다음의 석유소비대국으로 일본보다 앞서 있었다. 이때 중국의 고속성장은 석유소비의 증가를 필수로 하였고, 당시에 이미 석유안보는 중국경제정책의 최우선 순위에 있었다. 이러한 석유수입은 중국석유소비의 56%가 중동에서 수입되었고, 잔여는 아프리카에서 23%, 아시아에서 14%로 중동산과 아프리카산은 믈라카해협을 통과하여야 하는 불안으로 러시아와 카자흐스탄 등 인도양과 남중국해를 항해할 필요가 없는 지역에서의 수입을 선호하면서도 아프리카를 에너지 소스의 다변화 과정의 핵심으로 중시하게 된 것이다.

다시 2014년 당시의 중국이 석유를 수입한 산유국 국가들의 국별 비중은 아래와 같다. 즉 2014년 당시까지만 해도, 중국의 석유수입은 중동을 중심(중동으로부터의 총수입 비중 3.2백만 배럴/일로서, 총수입의 52% 비중)으로 수입하고 있었고, 다만 아프리카의 앙골라, 콩고와 남수단과 러시아(11%)와 카자흐스탄과 베네수엘라 및 콜롬비아만이 비중동국가이었다.

2014년까지만 하여도 중국의 석유수입이 제1 많은 국가는 16%의 비중(2000년대 초까지 20%대의 사우디아라비아에서이었고, 러시아는 7% 이하이었음.[28])의 사우디아라비아이었고, 러시아는 11%, 앙골라는 13%로 3위이었다. 그러나 2015년부터 사정은 크게 달라지게 되었다.

---

28 2016.2.2. Business Insider, Russia vs. Saudi Arabia in China Oil Market, RBC Capital Markets 참조.

| 그림 4.15 | 2014년 중국의 석유수입 국가별 비중[29] |

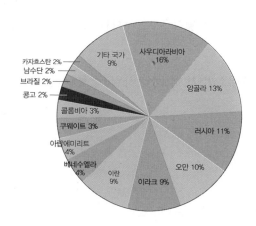

사우디와 러시아 공히 대중국 원유수출은 증가하였는데, 그 증가율의 폭이 러시아의 경우가 어떤 나라보다 훨씬 빠르게 커져서, 2015년의 경우에 사우디와 러시아 양국의 시장점유율은 공히 13~14%로 같아지는데, 2015년 12월에는 드디어 중국의 대러시아 석유 수입 비중이 대 사우디의 수입 비중을 능가하게 되면서, 러시아가 중국의 제1 석유수입 국가가 되었다.

이러한 러시아의 대중국 원유수출의 급증한 배경에는, 미국과 EU 등 서구 측의 대러시아 경제재제(Economic Sanctions)로 인한 러시아의 외환고갈상태의 상황에서 러시아의 대중국 외환결제의 필요성으로, 러시아가 중국의 수입원유 대전결제를 위안화로 결제하는 것을 수용하였기 때문이다. 이는 'Just the Dollar'의 사우디보다 러시아로부터의 수입(위안화 결제, 또는 위안화 차관의 석유로 상환)이 중국 및 러시아 양국에 공히 유리하였기 때문이다.

즉 러시아의 막대한 위안화 수요는, 예컨대 푸틴대통령의 야심작이라 할 수 있는 북극의 야말(Yamal)지역의 LNG 가스공장의 준공에 있어, 설비투자 자금의 결제(예: 러시아의 Novatek의 신설 Yamal LNG 공장의 150개의 모듈(Module)을 제작하고 있는 대

---

29 FACTS Global Energy Global Trade Information Source, inc. eia; Int'l Energy data CHINA, p.11(China's crude oil imports by source 2014).

중국 조선소 제작 공장모듈 대전 결제용 등[30])를 위한 위안화 자금소요(所要) 등에서 대중국 수입 석유대전의 위안화 결제를 러시아가 받아 주었기 때문이다. 이로서 중국이 갈망하는 Petro-yuan화의 세계석유무역에서의 통용의 전기가 마련되었다.

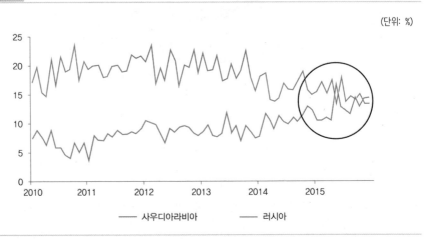

그림 4.16 중국의 총원유수입에서 러시아와 사우디의 점유비중 추이[31]

(단위: %)

물론 시베리아를 관통하는 파이프라인을 통한 러시아로부터의 가스수입은 중동과 아프리카로부터의 해운운송시간의 장시간 소요는 물론, 남중국해의 믈라카(Malacca)해협을 통과하여야 하는 중국이 느끼는 '안보상의 불안'을 해소할 수 있다는 점에서 더욱 러시아 등 중동과 아프리카 아닌 지역에서의 에너지 수입을 중국은 선호하게 된 것이다.

즉 중국이 사우디 등 중동산 원유수입에서 러시아와 카자흐스탄 등 중앙아시아로 전환하는 또 다른 배경에는, 중국의 원유수입의 중동에의 과다한 의존은 스웨즈 운하를 거친 후, 반드시 싱가포르와 말레이시아에 붙어 있는 믈라카(Malacca) 해협을 통과하여야 하는데, 여기에는 아직까지 중국 해군보다 우세한 미국 해군이 우월적

---

30 러시아의 북극 Yamal지역의 LNG 가스공장 신설에 관하여는 제5장 '러시아와 중국의 에너지 국제정치' 중 '푸틴대통령의 시주석에의 지원요청'을 참조할 것.

31 2016.2.2. Business Insider, Russia vs. Saudi Arabia in China Oil Market, RBC Capital Markets, p.2; Figure 1 Russian crude exports to China surged at the expense of the Saudis 인용.

으로 지배하고 있기 때문에, 중국으로서는 에너지 안보 면에서 우려하는 해상루트
이므로, 사우디 등의 중동산 원유수입을 러시아로부터의 석유수입으로 전환하게 된
것이다.

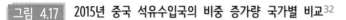 **2015년 중국 석유수입국의 비중 증가량 국가별 비교**[32]

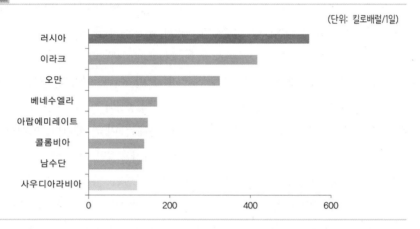

(단위: 킬로배럴/1일)

이것은 에너지 안보의 확보를 위한 에너지 수입원의 다원화 조치로서, 사우디
에서 러시아로 전환은 중국과 러시아의 양국의 이해에 맞아 떨어지기 때문이다. 그
리하여 중국의 석유업체는 정유시설이 많은 사우디에서 원유 수입 대신, 정유된 상
태의 석유수입으로 전환한 기업이 많아졌다.

2018년 중국의 Sinopec사의 자회사인 Unipec사는 사우디의 Aramco(사우디국영석유사)사로 부터의
석유수입을 40% 감소한다고 발표하고 있었다(2018.4.30. Oil Price 참조).

32 2016.2.2. Business Insider, Russia vs. Saudi Arabia in China Oil Market, RBC Capital Markets,
p.3, Figure 2 Chinese Import Growth by Region: 10 vs. 15.

(4) 중국의 'Oil-for-Loan Deal', 'Gas-for-Loan Deal' 확대

1) 장기 소프트 론으로 에너지 원천을 확보하는 중국

중국은 2000년부터, 에너지 수입정책(당시 수입의존도 30%)을 실시한 이래, 2010년부터는 본격적인 해외의 석유와 가스 에너지 생산의 원천 확보(Upstream Acquisitions)를 위해 국영석유 3사(CNPC, Sinopec, CNOOC)를 통해 막대한 에너지 해외직접투자(마침 외환보유고도 2조달러대로 급증하여 이러한 국영석유사를 통한 직접투자의 실시가 가능하였음)를 실시하였다.

그간의 '에너지 대외투자'는 주로 사우디, 오만, 이란, 이라크, 쿠웨이트 등지의 중동지역과 앙골라, 콩고, 남수단 등 아프리카 지역(중동과 아프리카 양 지역의 2014년 비중은 중동 52%+아프리카 22~77% 비중)이었으나, 근래는 미국, 캐나다, 멕시코 같은 북미지역(11%)과 브라질을 포함하고 러시아(13%), 카자흐스탄, 우즈베키스탄. 투르크메니스탄을 포함하는 중앙아시아 국가들을 망라한 광범한 지역으로 대외투자를, 그리고 다변화된 해외 지역을 상대로 직접투자(주식 지분 인수방식 포함)를 실시하였다. 2014년에 사우디와 앙골라 양국에서의 석유수입이 무려 29%의 비중을 점한 때도 있었다.

중국이 석유안보에 정책적 중점을 두는 이유 중 하나는 수단과 남수단의 전쟁으로 인하여 야기된 쓰라린 경험으로서, 2012년 초까지 수단과 남수단에서 26만 배럴/일을 공급받던 석유가 수단과 남수단의 전쟁으로 2012년 4월에는 제로로 급감하였는데, 이로 인한 석유쇼크의 피해를 당한 중국이 이때부터 에너지 자원의 다변화를 통한, 에너지 수입 안보(Energy Security)가 정책적 최우선적 고려사항이 된 것이다. 중국이 해외로부터의 또 다른 에너지 쇼크를 입은 경우가 리비아로부터의 수입의 경우로서 2012년에의 급감에서 2014년에 겨우 수입이 회복되긴 하였으나, 중국의 에너지 수입안보에 대한 불안이 경제발전에 큰 부담의 요인이 되었다.

또한 중국은 석유와 가스 에너지의 원천 투자 외에 셰일오일, 셰일가스와 석탄층 메탄(Coalbed Methane)과 심해탄화수소(Deepwater Hydrocarbon) 자원 등 비전통적(Unconventional)인 방법에 의한 에너지 생산에 관한 기술 확보에도 큰 비중을 두고, 기술획득을 위해 직접투자를 실시하였다. 그 예가 2013년 CNOOC가 캐나다의 유사

(油砂) 중심인 넥슨(Nexon)사를 151억달러(별도 +28억달러의 부채 인수, 해외인수 중 최대 규모)에 인수 투자한 것이다.[33]

여기에는 2011년, 중국의 CNOOC가 미국의 캘리포니아에 있는 '유노칼(Unocal)사를 인수하려 하였으나, 미국 의회가 석유안보라는 이유에서 반대하므로 그 인수가 무산되었고, 그 후 동사를 미국의 세브론(Chevron)사에 인수시킨 것에 대한 반발적 투자라 하겠다.

이때를 전후하여 중국의 CNOOC와 또 다른 국영석유사인 CNPC, 시노팩(Sinopec) 및 시노캠(Sinochem)까지 러시아, 캐나다, 미국 및 브라질 등의 원유생산기지의 지분인수 등을 포함한 해외 에너지 채광권 매입(ODI)을 본격화하였다.

	표 4.6	2013년 중국의 10대 해외 M&A[34]			
	중국기업	해외투자대상	투자국	금액(억달러)	산업
1	CNOOC (中石油)	Nexen	캐나다	150	채광업
3	페트로차이나	카자흐스탄 유전	카자흐스탄	50	채광업
4	페트로차이나 (中石油)	ENI의 동부아프리카 가스전	모잠비크	43	채광업
5	중국건설은행	VTB Capital	러시아	34.4	금융업
6	Sinopec (中石化)	Apache Corp	이집트	31.5	채광업
7	페트로차이나	Petrobras	페루	26.2	채광업
8	成棟投資	Uralkali	러시아	21.8	제조업
9	SINOCHEM	브라질 심해유전	브라질	15.4	채광업
10	中國中投證券	Bumi Resource	인도네시아	13	채광업

주: 2013년 중 중국의 10대 해외 M&A 중 위 표의 1, 3. 4, 6, 7, 9의 6개 프로젝트가 석유나 가스와 관계된 것임.

---

33 eia; 2015.5.14. Int'l energy data and analysis full report; CHINA, p.10; 'Crude oil imports'.
34 eia; 2015.5.14. Int'l energy data and analysis full report; CHINA, p.10; 'Crude oil imports'

중국의 국유기업의 해외직접투자와 M&A 중 '에너지와 전력'이 2015~2016년까지도 제일 높았음을 알 수 있다.

그림 4.18 중국 국유기업의 대외 직접투자 및 M&A 산업별 투자금액 비교[35]

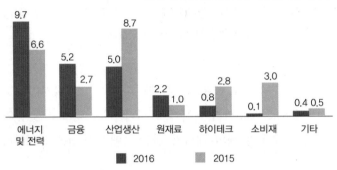

(단위: 10억 달러, 2016년까지 에너지를 위한 대외 투자가 최대 규모)

2) 산유국에 대한 석유 및 가스로 상환하는 장기 소프트차관의 실시

한편 중국의 국영석유사(NOC)가 해외 원유 및 가스 광권을 확보하는 가장 유효한 수단으로서, 석유확보를 위한 론(Bilateral oil-for-loan deals)이었는데 이 대출 잔고는 2013년 말에 이미 1,500억달러에 달하였다(2015년에 66억달러, 2016년에만 97억달러). 중국이 이같이 산유국에 차관을 제공하는 것은, 빈한한 산유국들로 하여금 매장된 에너지를 추출케 하거나 에너지 인프라를 건설케 하여, 석유를 일정한 유가로 계산하여 차관을 상환케 하는 방식의 론(Loan) 제공인 형식이다.

중국이 이러한 석유상환 론(차관)방식을 제공한 국가로는 러시아, 카자흐스탄, 베네수엘라, 브라질, 에콰도르, 볼리비아, 앙고라와 가나(Ghana)가 있다. 베네수엘라와는 수차례의 딜이 이루어져 총 450억달러에 달하는 차관이 60만 배럴/일 규모의 상환조건으로 제공되었고, 2016년 중과 2017년 초까지에도 수차례의 급전이 추가로 제공되었다. 그럼에도 불구하고 베네수엘라의 대중국 석유의 실제 공급은 27.6만 배

및 Seri 경제 포커스, 2011.6.21. 참조.

35 China Daily(2017.7.17.).

럴/일에 불과하였다.

또한 이런 '론의 방식'은 중국이 막대한 수요가 예상되는 가스의 경우(Gas-for Loan Deals)에도 실시하였는데 대표적인 예가 투르크메니스탄과 카자흐스탄에서 일찍이 시작한 가스 도입에 대한 건설자금용 차관 제공이 있다.

3) 아프리카를 중시하는 중국의 에너지 전략[36]

아프리카 중에서도 특히 서·북부와 중앙아프리카는 비 OPEC 국가들을 중심으로 석유생산 증가가 충만하였다. 이 지역에서의 석유생산은 세계의 16% 비중으로, 나이지리아는 5.2억 배럴의 매장량, 앙골라는 5.4억 배럴의 매장량과 1백만bpd를 생산하며, 수단은 536백만 배럴의 매장량과 30만bpd를 생산하며, 차드(Chad)는 9억 배럴의 매장량과 20만bpd를 생산하고 있다. 또 그 외에도 1억 배럴 이상의 매장량을 갖고 있는 아프리카 국가는 콩고, 카메룬, 남아프리카와 가나 등이 있다.

그리하여 2005년에 중국은 아프리카에서 73만bpd의 석유를 수입하였고 2020년이 되면 11백만bpd로 아프리카의 석유수출은 1997년보다 40%가 증가하여 수출은 11백만bpd가 될 것으로 전망하여 중국이 아프리카를 특히 중시하는 가장 큰 요인이 되었다.

특히 북부의 수단과는 깊은 석유교역관계에 있었고, 한때 수단 석유시장의 40%를 중국이 지배하기도 하였다. 이같이 중국이 아프리카의 산유국에 진출한 데에는 자금으로 석유생산의 인프라 투자를 시행하고, 개발에 진출하여, 한때 700개의 중국 건설회사가 아프리카에 진출하여 활동했다.

이러한 자본지출의 배경은 IMF나 세계은행이나 서방측 은행과는 달리 중국은 투자리스크에 크게 연연하지 않은 것에서 과감한 진출과 투자가 이루어질 수 있었다.

2018년 9월 중국은 53개국 아프리카 국가의 정상을 베이징으로 초대하여 대대적인 일대일로(RBI, OBOR) 행사로서 인프라 투자를 더욱 적극화 하는 연례행사를 치룰 정도로 아프리카와는 친숙하다.

---

36 China's Energy Strategy, 'The Impact on Beijing's Maritime Policies', edited by Gabriel Collins, p.186, The Energy Component of China's Africa Strategy 및 p.189, Africa's Place in China's Energy Strategy 참조.

(5) 중국의 석유안보를 위한 국제정치적 문제점: 중국이 중시하는 에너지 안보[37]

일반적으로 석유공급에 있어 국내 자급도를 낮추고, 대외수입석유로 충당하는 석유 수입의존도 비율을 올리면서 발생할 수 있는 석유안보(Energy Security)의 위험은 무엇일까? 이런 '에너지 안보'에 있어 더 중요한 것은 중국의 높은 석유 대외의존도라는 취약점에 대응하는 국제정치적(Geopolitical) 선택은 무엇일까?

여기에서 두 가지 관점에서 국제정치적인 문제점 또는 그 취약점으로 고려하여야 한다는 것이다.

그 첫째의 특징은 그간 세계의 가장 다량의 석유생산이 중동지역에서 생산된다는 점이다. 따라서 당시로서는 앞으로 당분간 중동 이상의 석유 생산·공급지역이 없을 것이라는 점이 강조되었다. 2010년에 중동(베네수엘라 포함)의 산유국 석유생산은 세계 석유생산의 45.4%를 점하고 있어, 세계 석유생산의 근 절반(切半)이 중동에서 나온다는 점이다.

또 다른 특징으로서의 취약점은 2010년 이전까지 중동지역에서 생산되는 석유가 아시아·태평양 지역의 중국, 일본, 한국 등으로 동북아시아로의 공급이 급격히 증가하고 있다는 점이다. 이는 2010년의 경우, '중동에서 생산되는 '매 두 번째 초(抄)'에 생산되는 석유'(Every Second Barrel of Crude Oil Produced in Middle East, 중동 석유생산의 1/2 (절반) 해당한다는 의미)는 동북아 지역(중국, 일본, 한국 등)으로 공급(수출)되었는데, 이런 막대한 석유 수송이 반드시 '믈라카 해협'(Strait of Malacca)을 통과하여야 중국, 일본, 한국 등 동북아 지역으로 공급될 수 있다는 점이다.

그런데 여기에서 또 다른 문제는 1995년 경 중국의 석유수입의 50%가 중동산인데, 그런 추세라면 2010년에는 중동산 석유수입이 중국 석유수입의 80% 비중까지 상승하게 되어 있었다는 점이다.

---

37 1999년 가을, 'Brookings' Series working Papers by CEAP Visiting Fellows, Number 6 of 86, Center for Northeastern Asian Policy Studies, The Brookings, p.4, Section 2 Geopolitics of Oil Security, Challenges and Choices 참조.

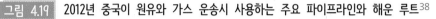

그림 4.19 **2012년 중국이 원유와 가스 운송시 사용하는 주요 파이프라인와 해운 루트**[38]

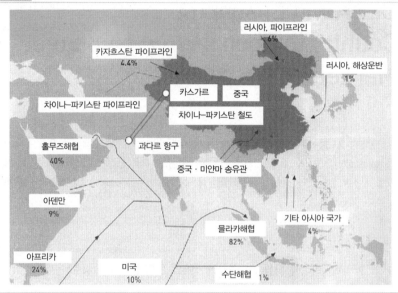

이같이 중국의 석유수입이 중동산 수입이 80%까지 확대되면, 40%를 점하는 중동의 '홀므즈 해협'(Strait of Hormuz)에서 시작하여 중동 일대에서 인도양을 거쳐 '믈라카 해협'(Straits of Malacca)까지 중국으로 수송되는 남지나해와 태평양 일대는 군사적으로 미(美)해군이 지배하고 있는 상황에서, 중국 석유수입의 82%(홀므즈 해협 40%＋아덴만 9%＋아프리카 24%＋미주 10%)가 믈라카 해협을 반드시 통과하여야 하는 중국의 에너지 안보상의 취약성(Vulnerability)이 그대로 노출되는 현상이다. 중국으로서는 이를 크게 우려 안 할 수 없는 사정이었다.

더욱이 중동산 석유의 믈라카 해협을 넘어 수입하여야 하는 경쟁국(모든 면에서의 경쟁)이면서, 석유다(多)소비국인 일본을 의식한다면, 노정되는 중국이 수입하여야 하는 에너지 안보의 취약점은 극한상황이라고 비유된다. 2012년 당시, 러시아의 시베리아 파이프라인과 카자흐스탄의 파이프라인을 통한 중국의 석유수입은 10.4%의 비중이고 미주지역도 10%에 불과하였다.

한편 2009년 중국의 CNPC사와 미얀마 석유가스공사 간에 체결되어, 2016년 연

---

38 Chindia Plus, 포스코 연구소, 2014 겨울호.

말에 개통된 미얀마 해상에서 생산(포스코 대우사)되는 25억달러 규모의 가스를 미얀
마의 키아우크퓨(Kyaukpyu)항구에서 500마일의 중국 연안성 군명(昆明)까지 운송되
는 석유와 가스를 운송하는 석유·가스 파이프라인이 중국의 '매우 선호하는 에너지
운송로'가 된 이유도 바로 여기에 있다.

실제로 2013년 7월부터 연 120억 큐빅 미터의 가스를 미얀마에서 중국으로 보냈다. 이를 두고 중국
은 깊은 바다 밑보다 육상의 파이프라인으로 운송할 수 있는 더욱 안전한 에너지 안보를 확보하였
다는 점을 강조한다.[39] 그러나 여기에는 또 다른 중국이 우려하는 문제점이 있는바, 이는 미얀마의
반(反) 중국 감정이다.

그림 4.20   현재 및 미래에 다원화된 중국의 석유와 천연가스 수입 경로[40]

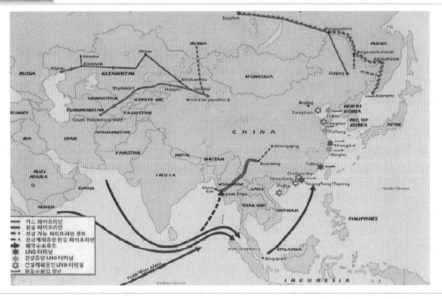

39 2014.2.5. Bloomberg Businesweek Christen Larson, China's Oil Pipeline Through Myanmar
Brings Both Energy and Resentment 인용.

40 2011.6.21. SERI 경제포커스.

위 표의 점선은 러시아와 카자흐스탄에서 중국, 투르크메니스탄에서 중국, 미얀마에서 중국으로 오는 파이프라인으로 2010년 경까지 건설 중이었거나 방금 개통된 라인을 뜻한다.

한편 러시아는 북극의 LNG가스단지(Yamal 가스단지 등)를 개발하면서, 북극의 빙하가 녹아드는 7월에서 10월까지를 북극항로에 쇄빙가스운반선(16척의 LNG 운반선을 수주한 한국의 대우조선해양이 2018년 봄까지 이 중 6척을 인도하였고, 나머지 6척은 건조 중에 있음)을 투입하여, 중국, 한국 및 일본 등지로 LNG선(LNG Carriers)을 항해케 하기로 하였다. 신설되는 동북항로는 러시아산 가스를 중국으로 운송하여 중국 에너지원 다변화에 기여할 것이다.

그림 4.21 러시아 해빙기의 북극항로를 통한 중국으로의 가스공급 구상[41]

---

1) 중국 석유산업의 중·저유황성분의 정유 과정상 에너지 안보적 취약점[42]

또 하나 중국의 에너지 정책상 동북아의 경쟁국과의 '에너지 안보' 측면에서 특히 문제점으로 고려하여야 할 점은, 중국 석유산업의 정유과정의 생산설비가 국제적 일반적 추세와는 다르게 '중·저유황(中·低硫黃, low sulfur)성분'의 석유정제를 위

---

41 2017.5.24. 동아일보, '中, 일대일로 이어 북극항로 '一路' 구상 본격화' 인용.

42 1999년 가을, Brookings Working Paper(No. 6 of 66, CENAP(Center for Northeast Asian Policy Studies), Visiting Fellow Sergel Troush, 'China's Changing Oil Strategy and its Foreign Policy Implicxations' 참조.

주로 한 것으로, 이런 성분의 석유생산은 90년대 당시의 국제적인 성향과 동떨어지고 있었다는 점이다. 이를 중국 에너지 안보상, 공급측면에서 보면, 일본, 한국, 인도네시아와의 석유 도입의 경쟁력 면에서 비교하여, 뒤떨어지는 에너지 정책상 중국의 또 다른 취약점이라 하겠다. 이런 취약점의 개선을 위하여서는 막대한 정유시설 개선 투자가 필요한 처지이다. 따라서 여러 각도에서의 취약점을 보완하는 방향이 중국의 에너지 안보 전략을 수립하여야 할 배경이 되었고, 세계 에너지시장의 불확실성도 고려하면서, 중국은 '새로운 에너지 전략'을 수립하게 된 것이다.

2) 중국의 신에너지 전략의 방향: 에너지 수입원의 다변화 배경

중국의 신에너지 정책의 다변화의 방향은 아래와 같다.

첫째, 국제적인 석유거래와 석유개발에 있어 정치적, 지리적인 면을 고려하여 '모든 달걀을 한 바구니에 담는 어리석음(愚)'은 회피할 수 있는 한, 회피(回避)한다. 즉 석유수입을 석유의 종류와 공급의 지역과 도입 국가를 다변화(多變化)한다는 것이다.

둘째, 해외의 석유개발과 생산되는 석유의 도입은 가능한 한, 모든 코스트는 '석유 공급자의 부담'으로 국제석유시장으로 나오게 한다.

셋째, 증가하는 석유공급의 비중을 중국으로 오게 하는 경우에, 중국 소유 파이프라인의 네트워크와 중국의 정유시설 인프라를 감안하여, 중국의 편리한 쪽으로 결정한다(2018년 초, 중국의 미국산 LNG를 Chenerie Terminal에서 LNG Carrier로 운반하는 것도 편리성에 의한 선택이었음을 의미한다).

넷째, 국가 간 '특별한 유대관계'를 고려하고, 무기 거래도 참작하여 최상의 조건과 최저가격의 공급이 이루어지도록 한다는 것이다.

그리하여 특히 1995년 이후, 중국의 해외석유개발과 공급 계약은 확대되었는데 당시에는 주로 이라크와 베네수엘라에서 대량 수입하는 것으로, 그리고 중소규모는 페루, 캐나다, 미국에서 도입하는 계약을 체결하였다. 그러나 이로써 막대한 원유 수입수요를 이 지역에서만 충당할 수 없어, 석유안보의 차원에서 중동에 가름하는 석유 공급수요를 충당할 수 있는 국가나 지역을 찾게 되었는데 이 수요를 충족할 수 있는 공급가능지역은 오로지 두 군데만이 가능하였다.

1995년 당시에는 선택의 여지는 러시아와 최근 구소련(舊蘇聯)에서 독립한 카자흐스탄, 투르크메니스탄 등 중앙아시아뿐이었다. 따라서 중국의 석유공급의 확대는 이 두 군데에서 주로 확대케 되었다. 이 과정을 러시아와 중앙아시아 지역의 송유관 설치과정으로 나누어 보자.

(6) 중국의 에너지 주공급자로서의 러시아와 ESPO 송유관 설치 배경[43]

1) 1990년대 중반의 러시아 경제위기 수준

러시아는 세계 제3위의 석유생산국이며, 세계 최대 가스매장량의 국가이다.

또 중국과 러시아는 양국 공히 사회주의 체제에서 시장경제체제로 전환한 국가이다. 따라서 양국은 세계의 대외정책문제에 있어, 많은 경우에 동일한 입장을 취하고 있다. 이런 면에서 러시아는 중국에 대한 에너지의 장기안정적인 대량 공급국이 되고자 하는 정책을 취하게 된다. 특히 90년대 중반 이후, 러시아의 경제가 심한 곤경에 처했는데 1997년의 국가부도사태(이때 한국도 러시아의 채권국으로서 큰 피해를 입음)로 큰 어려움을 치루기도 하였다. 이때 러시아의 석유산업은 더욱 큰 위기를 맞게 되었는데 이는 1970년대 이래 러시아의 에너지의 생산과 공급이 '유럽을 상대하는 러시아의 서부지역에 집중'되어 있었고, 이 지방의 생산설비가 오래 되어 대체적으로 노후되어 있었으므로 생산성이 낮아지면서, 경쟁력이 없어져 문제가 된 것이다.

여기에서 러시아는 시설 보완과 신기술의 투입이 매우 필요하였는데 이에 필요한 막대한 투자소요 자금과 새로운 필요 기술을 충당할 수 있는 자본과 기술이 결여되어, 러시아 서부지역의 석유산업은 쇠퇴하고 있었다. 1990년대 중반에 있어 러시아의 에너지 산업의 옛 수준까지의 재생을 하기 위하여서는 총 250억달러 규모의 막대한 투자가 당시 필요한 상태로서, 연간 60~70억달러가 소요된다는 위치에서 러시아 에너지산업은 전연 그 회생의 희망이 결여된 심각한 상태에 있었다.

2) 1990년대 중반의 러시아 에너지 산업이 수출산업으로서 취약한 위치[44]

또 다른 러시아 에너지산업의 취약점은 동부시베리아에서 극동지역(중국, 일본, 한국 등의)으로의 에너지운송 인프라가 전연 결여되어, 아시아 극동지역에의 에너지 수

---

43 CIEP PAPER 2015/01, SAMMY SIX Russia's Oil Export Strategy, Two Markets, Two Faces 참조.
44 CIEP PAPER 2015/01, SAMMY SIX Russia's Oil Export Strtegy, Two Marketa, Two Faces 인용.

요에 공급할 수 있는 태세가 안 되어 있었다는 점이다. 한편, 러시아 자체 내에서도 극동시베리아 지역은 에너지가 부족한 상태에 있어, 이 사태를 러시아 국내에서 충당하지 못할 정도로 러시아의 동북부의 에너지 인프라가 매우 취약한 상태이었다.

이러한 상태에서 시베리아의 새로운 서(西) 사크하 석유광구(West Sakha oil basin, 石油田)에서의 생산 코스트는 상상을 초월하는 높은 수준으로서, 이런 비경쟁적인 여건 하에서는 장차 중국에 석유를 공급하는 것이 불가능할 정도이었다.

따라서 동 지역에 중국의 에너지 생산을 위한 석유단지에의 중국의 자본 투자 유치는 더욱이 어려운 여건에 있었다. 그러나 정치적, 안보적 중국과 러시아의 양국 관계의 긴밀성에도 불구하고, 중국의 러시아 에너지 의존도는 높아지기 어려운 여건 하에 있었다. 또 중국은 이미 정치적으로 안보면에서 연결고리가 긴밀한 러시아에의 새롭게 에너지 의존도를 더 높이기를 꺼려하였는지 모른다.

그리하여 2004년 12월, 러시아정부는 이스트 시베리안 파이프라인(ESPO, East Siberian Pacific Ocean) 건설을 추진하되, 파이프라인을 두 라인으로 하여, 한 라인은 러시아 극동부의 태평양으로, 다른 라인은 중국의 다이찡(Daqing, 大慶)으로 하여 러시아로서 극동진출과 중국에의 공급이라는 두 가지의 목표를 동시에 달성키로 하였다.

이로서 2005년 4월, 러시아의 결정은 한 라인은 동부시베리아의 오브라스트(Oblast) 주의 어투스크(Irktusk)의 Tishet에서 러시아 극동의 Perevoznaya만(灣)으로 가고, 중국으로 가는 지선을 뽑아 중국국경에서 70km 떨어진 아무르(Amur) 지역의 Sovorodino 촌으로 가는 파이프라인을 건설키로 하였다. 이 라인이 완성되면 송유 총용량은 1.6 백만 배럴이 되며, 건설비용은 115억달러로 추정되었다. 이 프로젝트에 대한 중국과 러시아간의 딜은 2006년 푸틴대통령의 승인을 얻어 석유운송의 전문(국영)사인 러시아의 Trasneft사가 맡기로 하였다.

이 과정에서 러시아와 중국 간의 오일산업의 'Integrative'에 대한 개념이해의 차이로, 러시아는 극동시장을 중국, 일본, 한국(남·북한) 등을 통틀어 '한 시장'으로 이해하였고, 중국은 중국시장만을 별도의 독립된 시장으로 이해하여 서로 다른 컨셉을 하나로 이해·조정하기까지 오랜 진통이 필요케 되었다. 러시아는 당초 중국을 극동시장의 일부로 이해하였음에 대하여, 중국은 중국시장의 방대성에서 극동시장의 일부가 아닌 '중국만의 시장'인 점을 강조하게 되었다. 이 차이점은 러시아가 '동북아의 전략적 석유저유시스템'(Regional hydrocarbon market backed by Northeast Asian strategic petroleum reserves)에 대한 설립과정에서 나타났다. 러시아는 자연적으로 이 리서브시스템의 설립에서 주동적 역할을 하려 함에 대하여 중국은 독자적 방향에서 양국간 대립과 이견이 노출되기도 하였다.

이런 현상은 특히 사할린 프로젝트 PSA(Production Sharing agreement)에도 그대로 나타나, 특히 러시아의 사할린지역의 생산 석유와 가스의 수출정책을 다루는 과정에서 일본을 선호하던 러시아와 중국과의 의견차이로 2000년대 초반에 큰 진통을 겪기도 하였다. 또 이 당시는 미국도 사할린생산 가스를 수입하는 위치에서 미국, 러시아, 중국, 인도 등 다자간 에너지 무역에서 이견이 표출되기도 하였다.[45]

러시아와 중국의 석유가스수입에 있어서의 또 다른 이견차를 노정시킨 예는, 2003년 11월 Rosneft와 Sinopec와 한국가스공사가 4,887km의 가스파이프라인을 중국에 건설하고 다시 이를 통해 한국으로 수출하기로 한 프로젝트에 얽킨 이야기다. 이 프로젝트에서 30년간 340억 큐빅메타의 가스를 2008년부터 2017년을 피크로 하는 계약에 대한 논의에서 중국은 총 6,000억 큐빅메타의 가스 전체를 몽땅 중국으로 수입할 것을 주장하기도 하였다.

이런 과정에서 일본까지 포함하여 중국과 경쟁을 통해 더 좋은 조건의 수출을 시도하던 러시아와 중국간에 이견이 노출되는 진통이 수차례 있었다. 이때도 러시아는 일본을 중국과 나란히 시베리아 투자에 참여시켜 유리한 조건의 투자를 받으려는 러시아와 중국간의 이견 노출이 여러 번 있었다.

이렇게 중국, 일본, 남북한의 석유가스 수요가 러시아 공급자의 경쟁으로 유도되는 유리성의 추적이 오랜 진통을 겪기도 하였다.

그러나 ESPO 프로젝트는 2006년 중국과 러시아간에 협의가 시작되어, 2014년에 결실을 맺어, 동 계약으로서, 중국은 국내 천연가스 수요의 40%를 러시아산으로 충당하게 되었다. 이는 중국의 에너지 안보상 안전한 것으로 취급되고 있다.

동 가스의 규모는 엄청난 것이지만, 전반적으로 공급되는 가스는 중국 가스수요의 40%를 충당하면서도 동 계약은 에너지 안보면에서(후에 2000년대에 들어와 중국은 석유의 장기도입, 가스의 장기도입에 관해 러시아의 국영석유사인 로스내프트(Rosneft), 국

---

45 China's Energy Strategy, 'The Impact on Beijing's Maritime Policies', edited by Gabriel Collins, pp.210-213, 'Energy Nexus in the Eurasian Heartland' 참조.

영가스사인 가스프롬(Gazprom)과 또 신생 민영가스사인 노바택(Novatek)사와) 석유와 가스 도입의 2030년까지의 장기도입 계약을 체결하게 된다.

이때에 ESPO 파이프라인을 중국 다칭(大慶)에서 다이렌(大連)까지 연장키로 하였다. 결국 전체적으로 2016년에 이르러, 러시아는 사우디아라비아를 제치고, 중국에 원유를 제일 많이 공급하는 제1대 공급국이 된 것이다.[46]

2014년 5월 21일 중·러 간 천연가스 공급 협상 타결
• 2018년부터 30년간 380억㎥ 공급(연간 소비량 23% 확보)
• LNG 및 러시아 대유럽 수출 가격 대비 유리한 가격
• 전체 계약 규모는 4,000억달러(약 410조원)
• 중국은 유럽 대비 40조원 절감 효과

그림 4.22 동부러시아의 석유기지와 ESPO(East Siberian Pipeline)[47]

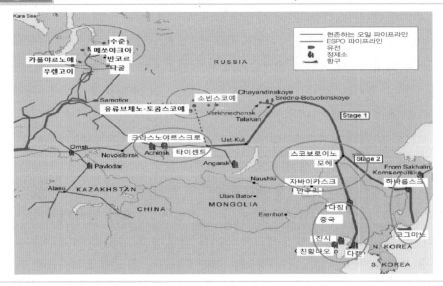

---

46 "새정부에너지 정책에 바란다", 2017.6.15. 서울대 김태유, 조선일보 주최 2017 미래에너지포럼 자료 및 CIEP Paper 2015/01, 'Russia's Oil export strategy: Two Markets, Two faces' p.15, Figure 3 Oil Fields in Eastern Russia and ESPO Pipeline Source, Argus 인용.

47 CIEP, 2016.1.7. Clingendeal Int'l Energy Program 지도 인용, CIEP, 'Russia's Oil Export

그림 4.23   2013년 ESPO 라인의 에너지 바이어 지분 비중[48]

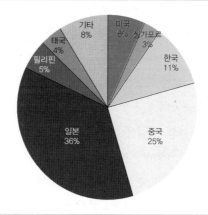

3) 중국의 새로운 에너지 공급자가 된 중앙아시아와 가스공급 다변화: 카자흐스탄,
   투르크메니스탄, 아제르바이젠 및 조지아와 연결

카스피안(Caspian) 해역의 에너지와 관련하여, 중국의 CNPC사는 카스피안 해역
에 있는 2개의 유전(아쿠투이빈스크(Aktuibinsk)와 유젠(Uzen))의 석유 개발권을 미국
석유사(Texaco와 Amoco)와 러시아의 석유사와의 경쟁에서 이들을 따돌리고 따냈다. 그
러면서 동시에 카자흐스탄의 유전으로부터 중국의 신장 자치구를 연결하는 3,000km
의 송유관을 설치하기로 하였다. 또 다른 250km의 송유관은 카자흐스탄에서 투르
크메니스탄을 거쳐 이란의 국경까지 설치하기로 하였다.

중국의 이런 과감한 해외투자는 총 90억달러가 소요되는 프로젝트로서, 이를
두고 중국의 일종의 투기(Speculation)로 평가하는 사람이 많다.

그러나 동 카자흐스탄의 파이프라인 중 중국 내 코리아(Koria)에서 신장위글자
치지구의 샨샨(Shanshan)까지 482km의 구간은 2016년 이미 완공되었으며, 샨샨에서
해난(海南)성의 류앙(Luoyang)과 사천(泗川)성의 팽저우(Pengzhou)까지의 라인은 그
건설이 이미 막바지에 이르러 있었다.

Stretagy: Two Markets Two Faces', p.15, Figure 3 Oil Fields in Eastern Russia and
ESPO Pipeline China 인용.

48 상동, CIEP, 2016.1.7. Russia's Oil, Figure 5 ESPO Buyers by Share in 2013 인용.

중국의 CNPC가 8년간에 걸쳐 건설하고 있는 이 파이프라인이 완공되면, 이 라인으로 카자흐스탄의 카샤간(Kashagan) 해상석유단지에서 중국으로 파이프라인을 통해 연간 25백만톤(480k배럴/일, 카자흐스탄의 원유수출량의 16%에 해당)의 원유를 공급하게 될 것이다.

이렇게 중국은 앞으로 카자흐스탄에서 더욱 많은 양의 원유와 가스를 도입할 것이라고 기대하고 있다. 중국의 카자흐스탄의 카샤간(Kashagan) 해상석유단지와 카자흐스탄으로부터 원유와 가스 수입은 카자흐스탄의 또 다른 석유가스단지인 텐키즈(Tengiz, 1991년부터 가동, Chevron, ExxonMobil, Lukoil & BP 합작)와 카라챠가낙(Karachanak, BG, Eni, Chevron, Lukoil 및 KazMunaiGaz 합작으로 1984년부터 가동)단지로부터의 수입이 더 증가하여, 중국의 카자흐스탄으로부터의 가스 수입의존도는 장기적으로 또 전체적으로 더욱 높아져, 중국가스 수요의 40%까지 카자흐스탄에서 도입될 전망이다.

- 중국은 가스 소요의 30%를 카다르(Qatar)에서 수입하고 있는 바, 이를 점차 줄이고 카자흐스탄으로 방향전환을 하는 것도 에너지 안보적 측면에서 가급적 믈라카 해협 통과를 감소하려는 에너지 공급원의 다양화 측면에서의 고려라 할 수 있다.
- 2013년 9월, 시(習)진핑 주석이 '일대일로(OBOR) 이니셔티브'의 경제적 벨트(육상루트)의 'OBOR 이니셔티브(RBI)의 최초의 선언(제안)을 한 지역을 카자흐스탄의 수도 아스타나(Astana)에서 행한 이유와 그 배경'을 알 수 있다.
- 또한 2017년 6월 8일, 카자흐스탄의 수도 아스타나에서 열린 SCO(상하이협력기구, 일명 가스동맹, 가스의 OPEC)정상회의에서도 인도와 파키스탄을 SCO의 정규회원으로 승격 가입시킬 것을 의결하고, 이로서 중국과 러시아와 중앙아시아 국가들(카자흐스탄, 기르키스탄, 우즈베키스탄 등)만의 중심인 SCO의 범위 확대를 통해 남아시아와 인도양으로의 중국의 영향력을 확대할 수 있게 하였다. 또한 껄끄러운 인도와의 협력을 모색하는 계기를 마련하는 과정으로 볼 수 있다.

왜냐하면 중앙아시아에서의 원유공급과 가스공급의 확대는 에너지 국제정치의 어려움에도 불구하고, 중앙아시아를 거쳐 중국의 신장(新疆, Xinzhang)자치구로 그리고 최종으로는 유럽으로 진출하는 파이프라인을 통한 에너지 운송과 철도, 육로 운송을 통하여 서방 진출이 용이하기 때문이다.

중국은 실크로드(OBOR) 이니셔티브(RBI)의 벨트(육상)라인의 추진배경으로서, 에너지 안보를 고려하여 러시아를 포함한 중앙아시아로부터 에너지 수입 확대와 에너지 안보를 위한 카자흐스탄과 투르크메니스탄으로부터 이미 파이프라인을 통하여 오래전부터 에너지 수입을 하고 있는 점이다. 중국의 신장위글자치구의 발전과 파키스탄의 '과다르(Gwadar) 항구'의 개발과 동 CPEC(중국-파키스탄의 經濟回廊)와의 매칭으로, 날로 깊어지는 중앙아시아 국가를 통한 에너지 안보 확보와 그를 통하여 중국은 모든 면에서 중앙아시아를 거쳐, 더 활발히 유럽으로의 진출을 계획하고 이를 강력히 추진하고 있기 때문이다.

즉 중동에서의 에너지를 중앙아시아로, 그리고 중앙아시아로부터 중국(신장위글자치구)으로의 에너지 확보전략에서도 중국은 카자흐스탄과 투르크메니스탄 및 우즈베키스탄 등 중앙아시아 국가를 특히 선호하게 된 것이다.

(7) 급증하는 중국의 LNG 가스 도입과 아시아 에너지 센터 구상

1) 중국의 LNG 가스로의 전환과 공해감축 대책

중국은 장기적으로 '범아시아 글로벌 에너지 브릿지'(Pan-Asia Global Energy Bridge)를 구성하여 아시아의 에너지 공급국으로서 러시아, 중동, 중앙아시아를 연결하고, 에너지 수입국으로서 중국, 일본과 한국을 연결하여 중국이 '국제에너지 센터'의 역할을 하겠다는 방대한 계획으로 이런 에너지 정책을 추진 중에 있다.

확실히 중국은 이러한 지정학적 전략적 목표로 하는 방향에서 움직이고 있고, 수요가 생산을 앞지르고 있는 상황에서 불가피하게 그 정책목표의 하나로서 현재 중국이 강력한 의지를 갖고 추진 중에 있는 '실크로드(OBOR, RBI) 경제벨트'의 주안점의 하나가 '에너지 안보'로 보아야 하겠다.

그림 4.24 2000~2013년까지 생산보다 소비가 더 증가하는 중국의 에너지 정책[49]

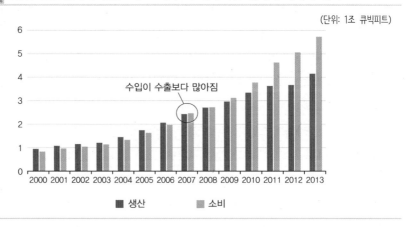

(단위: 1조 큐빅피트)

수입이 수출보다 많아짐

■ 생산   ■ 소비

중국은 앞으로 경제성장률에 있어 어느 개발도상국보다도 높으며 따라서 에너지 수요도, 어떤 국가보다 높다.

그림 4.25 새로운 정책 시나리오에 따른 주요 국가들의 주요 에너지 수요 전망 및 GDP 전망[50]

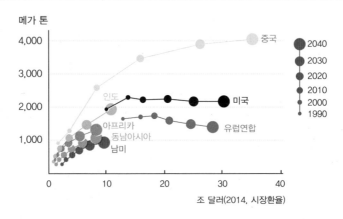

메가 톤

조 달러(2014, 시장환율)

---

49 EIA, China, International Energy Data and analysis, p.16, 'China's natural gas production and consumption 2000－2013' 인용.

50 eia; (Int'l Energy Agency) World Energy Outlook, p.61, 그림 'Primary energy demand and GDP by selected region in the New Policies Scenario 1990－2040' 인용.

이런 성향은 중국의 러시아로부터의 에너지 수입에 있어서도 일본과 거의 동등한 수준까지 왔으며, 한국보다는 훨씬 앞선 형국이다.

그리하여 러시아는 1차적으로 중국에 대하여 에너지를 공급하는 국가들을 대륙기준으로 묶고, 이로서 중국 기준의 공급자의 에너지 안보와 에너지 공급의 다기화를 도모하면서, 현재 추진 중에 있는 여러 개의 파이프라인을 엮어 그 네트워크에 일본과 한국의 투자참여를 하도록 유도한다는 방대한 계획으로 보아야 하겠다.

이 파이프라인은 현재의 신장지구에서 중국의 동쪽으로 연결된 것을 전체라인으로 그 연결고리를 확대하고, 그럼으로써 중국을 '범(汎)아시아의 글로벌 에너지 교량'(Pan-Asia Global Energy Bridge)의 역할을 할 수 있게 한다는 목표라고 하겠다. 이렇게 중국이 에너지 브릿지의 역할을 하게 되면, 현재의 중국 해안의 엄청난 정유시설은 중동과 중앙아시아를 연결하는 새로운 에너지 관련 비즈니스를 창출할 기회가 생길 수 있을 것이고, 또한 동시에 '중국의 에너지 취약성'을 해결하는 여러 성과가 나타날 수 있다는 분석이다. 물론 이렇게 되자면, 장기적인 시나리오로서 여러 가지 전제(ifs)가 해결되고 또한 막대한 투자와 중국경제의 미래전망과 그 성과에도 달려 있다.[51]

2) 중국의 가스화 터미널의 확충: 세계가스의 8%를 소비하는 가스소비대국

중국의 가스(화, Regasification) 터미널은 2006년 '다펭(Dapeng) LNG'사에서 천연가스를 도입하기 시작하면서 그 후 급증하였다. 공해 축소용 LNG 수요가 급증하면서 중국은 세계에서 일본, 한국 다음의 제3의 가스 수입국이 되었다(최근에는 중국의 가스 도입량이 한국의 도입량보다 많아졌다).

이같이 하여 중국은 2013년의 895Bcf 가스수입에서 2014년에는 7%가 증가한 957Bcf의 수입국으로서 그때 전 세계의 LNG 수요의 8%를 소비하는 대소비국이 되었다. 그 후 낮은 경제성장률로 인해 LNG 수입도 상대적으로 수입 추세가 낮아졌으나, 수입 가스의 재가스화(Regasification) 설비는 확대되었으며, 이런 추세로 가스소

---

51 Brookings, China's Changing Oil Strategy and its Foreign Policy Implications, pp.8−9 참조 인용.

비는 계속 증가하여, 2017년까지는 4.4Bcf/일 만큼 확대되게 되어 있다. 한편 이미 2015년에는 LNG가 12개의 주(主) 터미널로 수입되게 설비가 되어 있으며, 호주와 북미주의 가스 증산으로 LNG의 국제 가격은 하락하게 되어 있었다.

그림 4.26 2014년 중국 LNG 수입의 공급 국가별 비중[52]

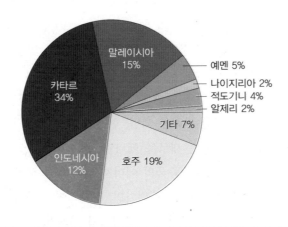

전반적으로 중국의 천연가스 수요는 중국 정부가 '청정 에너지를 선호하여 석탄용 발전설비를 축소한다'는 방침에 따라, 2012년의 5.2Tcf에서 2040년까지 17.5Tcf까지 3배로 증가하게 계획되어 있다.

(8) 중국의 석유 및 가스도입을 위해 크게 활용된 국외 파이프라인

1) 중국의 중앙아시아로부터의 파이프라인을 통한 석유·가스도입: 카자흐스탄에 대한 중국의 석유확보 초점대상지역

중국은 장기적으로 중국 내의 '원유와 가스 수입의존도는 카자흐스탄산(産)을 러시아산보다 더 우선적으로 대종을 이루게 할 것이다'라는 의미로 본다고 블룸버

---

52 eia; 2015.5.14. Int'l energy data and analysis full report; CHINA; Overview, p.26, China LNG import sources 2014 인용.

그(Bloomberg)의 보고자(Sergel Torush)는 정의하고 있다.

또한 이러한 카자흐스탄산 석유도입의 우선 현상은 중국이 '러시아와의 에너지에 대한 금융적, 전략적, 안보적 연결(의존도)의 정도가 지나치게 높아지는 것'을 회피하여, 에너지 공급원을 다기화(Not all Eggs in One Basket) 하고자 하는 중국의 에너지 전략에서 나온 반사작용으로 해석된다.

러시아와 중국 간에는 이미 러시아의 동쪽 시베리아의 이르크스크(Irkutsk)에 위치한 코비킨스코예(Koviytkinskoye) 가스전(田, Gasfield)으로, 또 대외적으로는 코비킨스코예로부터 3,000km에 이르는 파이프라인이 몽골을 거쳐 샨동(山東)반도의 동쪽 해안으로 공급하게 될 예정으로 있고, 여기에 계획 당시에 일본과 한국도 투자할 예정으로 있었다. 따라서 또 다른 석유도입을 위한 파이프라인의 설치를 중국은 러시아에 설치하는 대신 카자흐스탄을 염두에 둔 것이다.

특히 중국은 카스피안 해역에 관심을 가져 카자흐스탄과의 에너지 교역에 초점을 맞추어 1990년대 초부터 러시아가 아닌 정치적으로 미국과의 관계가 무난하였던 동 카자흐스탄의 'Seven Rivers' 일대의 에너지를 신장성으로 수입하는 것을 추진하였다. 카자흐스탄의 지정학적 위치가 강대국간의 오묘한 긴장을 해소시킬 수 있는 카자흐스탄에서의 파이프라인으로, 석유도입을 추진키로 하여 파이프라인을 건설키로 한 것이다.

그리하여 러시아와 중앙아시아간에는 2개의 석유도입 파이프라인과 1개의 가스도입 파이프라인이 되었으며 여기에 중국의 파이낸싱이 뒷받침되었음은 물론이다.

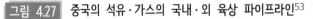

그림 4.27 중국의 석유·가스의 국내·외 육상 파이프라인[53]

2) 중국의 파이프라인을 통한 석유·가스 도입의 역사

중국의 에너지 운송용 국내 파이프라인은 오랜 역사를 갖고 있다. 대부분의 해외에서 도입되는 석유와 가스는 2006년 이래, 육로의 파이프라인을 통해 러시아와 카자흐스탄으로부터 도입되고 이를 중국 국내의 동남쪽으로 공급하고 있어, 이를 두고 서기동수(西氣東輸)라 한다.

중국의 국내 내륙으로 파이프라인을 통해 수입되는 석유와 가스의 운송 파이프라인은 크게 3개의 라인이 있다.

첫째는 러시아—중국 파이프라인(동부 시베리아 태평양(Eastern Siberia Pacific Ocean), ESPO 라인)으로서 1년에 1,500만톤의 석유를 운송하고 있다. 한편 2014년 5월 21일 중국과 러시아간의 체결된 합의에 의하여, 2018년부터 30년간 러시아 서부 유전에서 생산되는 천연가스 연 300억m³를 공급하게 되어 있는데, 러시아로부터의 가스도입을 위한 새로운 파이프라인(Power of Siberia—2 gas-pipeline)은 추가로 석유

---

53 eia; 2015.5.14. Int'l energy data and analysis full report; CHINA; Overview, p.23, Key oil and natural gas pipeline in China 인용.

파이프라인에 병행하여 건설하고 있다(2019년 말 이전 준공계획).

둘째, 또 다른 석유 파이프라인은 카자흐스탄으로부터 오는 것이다. 2007년부터 시작하여 카스피안(Caspean)해로부터 운송되고 있는 것으로 2017년 초부터는 이 라인도 확장되게 되었다. 이 파이프라인을 통한 석유도입은 카자흐스탄과 러시아에서 공급하는데, 그 원천은 카자흐스탄에서 시작하며, 이는 '중국의 CNPC와 카자흐스탄의 국영석유사인 '가스무네이가스'(KazMunay Gas, KMG)와의 합작사'로부터 카자흐스탄의 서쪽과 동쪽의 석유기지로부터 도입되는 것이다.

또한 앞으로 카스피안(Caspean)해로부터 서부 카자흐스탄의 아티라우(Atirau)에서 중국 신장의 국경에 있는 아라샨카우(Alanshankou)로 운송될 것이다.

즉 2013년까지 200,000배럴/일을, 2018년부터 400,000배럴/일로 배증(倍增)하는 것이 이 파이프를 통하여 도입되게 되어 있다.[54] 석유 파이프라인의 총 연장은 15,657마일로서 이의 70%는 중국의 CNPC가 운영하고, 나머지 30%는 다른 중국 국영석유사가 운영하고 있다.

셋째, 또 투르크메니스탄(Turkmenistan)으로부터의 가스도입은 2009년부터 투르크메니스탄으로부터 키르키즈스탄(Kyrikistan)을 거쳐 중국 내 신장위글자치구를 거쳐 상하이까지 공급되고 있다.

한편, 중국의 가스 도입에 관하여 러시아로부터 종래의 다이찡(Daiqing)에서 중국 북쪽 하얼빈(Harbin)에 이르는 연장된 새로운 가스 도입 노선이 2018년부터 건설되도록, 2016년에 러시아와 계약이 체결되었다.

그리하여 중국 국내에서의 가스 생산도 상당히 확대되어 투르크메니스탄과 러시아로부터 도입될 장기공급 가스를 포함하여, 중국의 국내생산가스의 증가는 6.3조 큐빅피트에 이르며, 2040년에는 중국 국내생산은 10.1조 큐빅피트에 이르고 여기에 러시아와 투르크메니스탄에서의 파이프라인을 통한 가스도입 증가와 기타 LNG 수입과 이와 관련된 에너지제품 수입으로 중국 가스의 국내조달은 총 17.5조 큐빅피트가 될 전망이다. 이를 보자.

---

54 eia; 2015.5.14. Int'l energy data and analysis full report; CHINA; Overview, p.11의 Pipeline connection 및 'China's Energy Strategy (中海) studies in Chinese Maritime Development, by Gabriel Collins, p.207 참조.

그림 4.28 **중국의 석유·가스 수입의 다양한 파이프라인**[55]

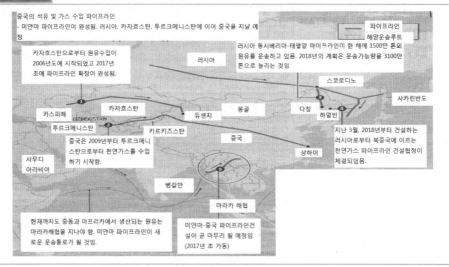

3대 석유, 2대 가스 파이프라인	Operator	Supply Volume Projected(2020)	Realistic Volume(2015)
East Siberian Pipeline (Skovorodino-Daqing) (Oil)	Rosneft, Taseneft and Pool of other co.s	600.000bpd	300.000bpd
Transit Russian oil through Sino-Kazakhstan Oil Pipeline	Rosneft, LukOil, Surgutneft and Gacpromneft	400.000bpd	50.000bpd
Sino-Kazakhstan Oil Pipeline Caspian deliveries	Kamuzunagis OJSC Kazarhabus munai and others	400.000bpd	400,000bpd
West Siberia (Altay), East Siberian gas pipeline(Gas)	Gazprom, Rosneft	80-100bil. cu.m/year	60-100bil. cu.m/y
Turkmenistan-Uzbekistan-Kazakhstan gas supplies	Central Asian Corporations.	30bil. cu.m/y	30.bil. cu.m/y

표 4.7 **중국의 대륙으로부터의 석유(3대)와 가스(2대) 공급의 파이프라인**[56]

주: 위의 파이프라인 이외에도 Rosneft와 TNK-BP 등이 운영하는 Siberia철도를 통한 50만bbl/d의 석유와 Uzbekistan에서 Almaty를 경유하여 중국에 공급하는 2만bbl/d의 석유가 있다. 또한 새로운 육상가스파이프라인으로는 미얀마에서 중국의 곤명으로 가스를 수입하는 파이프라인이 있는데 이는 중국이 선호하는 라인임.

---

55 러시아, Transneft, Gaxprom, Kaztransof과 중국의 CNPC 종합, 2015.12.17. Gazprom News Release Gazprom and CNPC sign on Power of Siberia cross—border section and other document for further cooperation 참조.

56 China's Energy Strategy, 'The Impact on Beijing's Maritime Policies', edited by Gabriel Collins, p.215, Table 3 'Major sources and Volumes of China's Continental Oil and Gas Supply' 인용.

👤💬 **중국 가스수입처의 다변화 과정**

- 중앙아시아의 파이프라인(A, B, C, D 라인)을 통한 대중국 석유가스 수출(중국 수입)의 지속적 확대[57]
  - 중국의 중앙아시아 내 파이프라인 건설의 파이넌스 담당(이점 러시아의 투자 없음과 대조적)
  - 2013년 선언 후 실시되고 있는 중국의 일대일로정책(One Road One Belt Initiative, OBOR)의 가장 큰 정책목표가 중국 신장에서 시작한 중앙아시아와 러시아를 통한 에너지 확보임
- 2006년 투르크메니스탄과 30Bcm의 대 중국가스공급 계약 체결
  - A Line: 2009년부터 대중국, 투르크메니스탄에서 A 파이프라인 1년 반만에 파이프라인 건설·가동, 1,830km, Turkmenistan, Uzbekistan, Southern Kazakhstan을 거쳐 중국의 신장위글자치구의 Hogos로 운반, CNPC의 건설비용 파이넌스
  - B Line: 2010년 가동, 2011년 가동, 연 30Bcm 공급, 41억달러 차관 제공(대 Ashagabat)
  - C 라인: 2015년 완공, A, B, C 라인의 운송량, 55Bcm으로 확대
  - D 라인: 1,000km, Uzebekistan, Tajikstan과 Kyrgystan을 거쳐 총 85Bcm 운송으로 확대(총 2025년까지 65Bcm, Turkmenistan 10Bcm, Uzebekistan 10Bcm, Kazakhstan에서 각각 공급)

3) Gazprom과 CNPC간의 가스빅딜

한편 중국은 2014년, 2015년에 걸쳐 러시아의 가스프롬(Gazprom)사와 중국의 CNPC 간에는 장기적 가스도입을 위한 '빅 딜'이 이루어졌다

양사의 빅딜에는 실질적으로 러시아의 푸틴대통령과 중국의 시진핑 주석간에 양국이 처한 에너지 수출과 중국의 가스수요층을 위한 수입에 관련된 2030년까지의 국제정치(Geopolitics)를 둘러싼 빅딜이 이루어졌는데 이에 따라 '새로운 가스시장의 수요와 공급상태'가 이루어지게 된 것이다.

---

57 Agnia Grigas, Harvard University Press, 'The New Geopolitics of Natural Gas', p.205, The Politics of Isolated Suppliers The Caucasus and Central Asia, p.226, Exports to China 인용.

그림 4.29 중국 천연가스의 공급확대 복합 구조(2012 → 2040)[58]

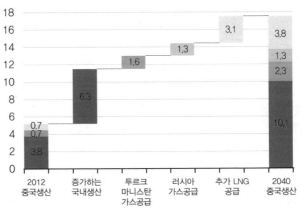

(단위: 1조 큐빅피트)

따라서 위에서 보는 바, 2040년까지의 전망은 eia가 2014년 8월에 전망한 것으로 '중·러간의 가스빅딜'이 이루어지기 전 상황과 2014년 말과 2015년 이후 중·러의 양국 수뇌간에 에너지 국제정치의 빅딜이 이루어진 후의 중국의 에너지 전망으로 구분하여 새롭게 전망하여 볼 수 있는 상황이 되었다.

또한 미얀마의 시트(Siete)항으로부터 중국 군밍(崑明)까지의 신설 파이프라인이 2017년 초부터 연결되어 가동되고 있다. 중국이 기피하는 남지내해의 믈라카 해협을 통과하지 아니해도 되는 라인으로서 따라서 중국의 미얀마로부터의 파이프라인에 대한 선호도가 매우 높다.

중국 국내에서는 CNPC가 약 77%의 가스를 생산하고 있고, 시노팩(Sinopec)은 사천성의 '푸꽝'(Puguang) 천연가스 기지에서 나머지 가스를 생산하고 있다.

---

58 eia, 2014.8.20. 'Today in Energy' Russia−China deal will supply Siberian Natural Gas to China northern, eastern provinces, p.1의 Chinese natural supply mix(2012−2040) 인용.

4) 시주석과 푸틴대통령간의 양차 빅딜의 의미: 시주석 추진 일대일로와 푸틴대통
   령의 EAEU의 연계·결합[59]

중국 시주석이 강력하게 추진하는 일대일로전략이 러시아와 중앙아시아를 주축
으로 유럽으로 서진(西進) 확장된 배경에는 러시아가 수년간 공들여 주도해 이끈 유
라시아 경제연합(Euraian Economic Union, EAEU)을 무시할 수 없다.

2000년 들어 중국과 러시아 양국의 중앙아시아 5개국과의 무역관계는 중국이
러시아보다 훨씬 빠른 속도로 성장하면서, 중국의 동 지역에 대한 영향력이 확대되
고, 경제관계가 더 깊어졌지만, 반대로 러시아의 위치는 국제유가(가스가격) 하락과
서방측의 대러시아 에너지·경제제재(Sanction)로 큰 곤경에 처하게 되었다.

특히 외국인 투자를 갈망하고 있는 유라시아 지역에 중국의 투자자(특히 에너지
분야)로서의 등장은 절대 필요로 한 것으로, 서방측의 오일메이져(IOC)나 러시아의
국영 석유사에 대체하여 CNPC나 Sinopec같은 중국 국영석유기업이 대형 투자자로
등장하였다. 그리하여 카자흐스탄에서도 천연가스를 중국으로 수입하는 성과가 이
루어졌으며, 세계 가스생산의 제2대국인 투르크메니스탄에서는 동국의 가스 수출의
61%를 중국의 CNPC가 구입하는 처지가 되었다.

또한 중국은 유라시아 신생국에 많은 정유공장, 시멘트공장 등에도 투자하였다.
여기에 중국의 중국개발은행, 중국수출입은행 및 다수의 중국국영기업이 해외 투자
의 경우에 금융상 지원을 한 것이다. 그리하여 그간 러시아의 영향권 내의 유라시아
국가에 대한 경제적 영향력에서 중국이 러시아를 훨씬 압도하게 되었다.

이러한 과정에서 중국은 '실크로드 전략'(OBOR, RBI)에 대한 대 러시아의 꾸준
한 동의를 구한 나머지, 드디어 2015년 5월 모스코바를 방문한 시(習)주석은 러시아
설득에 박차를 가하고, 이때 모스코바 카네기 센터에서 러시아의 푸틴대통령과 시
진핑 주석 간에 '실크로드의 육상 프로젝트와 러시아가 주도하던 EAEU를 연결
(linking)하는 식의 협정'을 체결하게 되었다. 이때 양국의 두 수반은 EAEU와 실크로
드벨트는 '유라시아 대륙과 중국은 "하나의 공통이익"을 위해 협조키로 하는 새로운

---

59 중국 시주석과 러시아 푸틴대통령의 주도로 이루어진 러시아 가스프롬의 대중국 CNPC간의
   러시아 동부, 서부 가스라인을 통한 68bcm(38bcm 동북부+30bcm 서부)의 2030년까지의 가
   스공급 장기계약은 4,000억달러의 규모의 빅딜인바, 이루어진 배경과 의미는 중국의 뉴 실
   크로드와 관련이 된 것이다.

파트너로서 연계(連繫)한다는 취지에 합의한다'고 하면서, 동 취지에 양국 수뇌가 합의서명을 하게 된 것이다. 이로서 유라시아경제동맹(EAEU)은 중국 주도의 신 실크로드 '이니셔티브'에 연계(link)한다는 방향이 강화·설정되었다.

이와 같은 과정 끝에, 중국 주도의 '실크로드 이니셔티브'의 추진에 러시아는 "EAEU 추진을 OBOR에 연계(連繫, linking)한다"는 명분으로 중국에게 양보하고, 러시아는 '제2의 리더'로서 후퇴하였다. 이때에 아울러 러시아의 극동개발과 극동개발 철도사업 및 북방의 가스개발(Yamal 반도에서의 노바택(Novatek)사의 가스개발)에 중국 CNPC사의 지분참여 확대 및 장기가스공급계약 체결 등을 실크로드 경제개발산업에 편입시키기로 결정하였다. 동시에 우선 모스크바에서 러시아의 카잔(Kasan)까지의 770km의 고속철도 건설을 중국의 투자자금에 의해 즉각 착수키로 하고 이미 건설 중에 있다. 또한 러시아의 제안에 의한 '중국-몽골-러시아를 잇는 경제회랑'을 구축하여 러시아의 발전을 견인키로 하였다.[60]

이같은 장기가스 공급계약으로 푸틴대통령에게는 중국이라는 '국제정치적인 동지'(Geopolitical Ally)를 얻은 것뿐 아니라, 가스프롬(Gazprom)사로서는 중국국영석유공사(CNPC)라는 '유럽 의존형의 가스수출 감소'의 대타(代打)시장을 극동지역의 중국에서 찾은 셈이다.

또 중국으로서는 절대적으로 필요한 가스 도입을 러시아의 시베리아에 신설하는 가스파이프라인[61]의 활용과 북극의 야말(Yamal)반도에서 노바택(Novatek)사가 새롭게 생산하는 가스를 북극 항로를 활용하여 수입하는 새로운 '루트'(7~10월, 1년 중 4개월간)를 통하여 쇄빙선에 의한 LNG 가스를 도입함으로써, 중국이 갈망하는 '에너지 도입지역의 다변화'를 이루고 있는 것이다. 이렇게 중국으로서는 러시아를 관통하는 가스파이프라인이나, 원유·가스 운반선이 남지나해의 믈라카 해협 통과를 회피하면서, 별도의 북극 항로로, 중국으로 직접 도입할 수 있게 된 것이다(1년에 1/3

---

60 동 경제회랑은 2014년 9월, 상하이협력기구(SCO) 정상회의에서 시(習)주석에 의해 제안된 것으로, 중국의 철도, 러시아의 유라시아 철도와 고속도로 연결, '몽골의 초원의 길 이니셔티브'를 연결하는 것으로 2015년 7월 러시아 우파시에서 3국 정상이 3국 중장기 로드맵을 채택하여, 실크로드경제벨트와 러시아의 유라시아대륙교 건설 및 몽골의 초원의 길을 연결시키기로 합의하였다.

61 중앙아시아가스관(CACGP)은 2009년과 2010년 A선이 B선이 각각 개통된 것으로, 투르크메니스탄에서 우즈베키스탄과 카자흐스탄을 거치면서 3국의 가스를 신장위그르자치구 등으로 공급되는 A, B, C, D선을 통한 가스 수입으로 전체 중국 가스 수입 물량의 40%에 해당한다.

이상의 기간에 북해로선(Northsea Route)으로 수입 가능케 됨).

이와 같이 수요자(중국)와 공급자(러시아)의 이해가 맞아 떨어진 것으로, 특히 경제적으로 취약한 러시아에게 중국은 가스 바이어로서, 2030년까지 안정적 '가스장기 매입계약'이라는 커다란 선물을 안겨 준 셈이다.

이같이 러시아의 '가스프롬'(Gazprom)사로서는 중국 CNPC와의 가스공급의 장기계약으로 아시아의 판매시장이 확보된 바, 블라디보스토크(Vladivostok)의 LNG 프로젝트(VLNG)와 사할린(Sakhalin)과 야말(Yamal) 가스 프로젝트의 가스 생산이 가능케 되었고 '파워 오브 시베리아'(Power of Siberia) 가스 운반파이프라인의 설치가 필요하게 되어 비로소 ESPO 건설이 빛을 보게 된 것이다.

그림 4.30   러시아가 개척한 새로운 북해 항로[62]

또 동 프로젝트의 성공으로서 2025년까지 아시아지역의 '68bcm의 가스'를 공급(2013년 대유럽가스 수출 162bcm에 비견)할 수 있는 확대된 아시아 가스시장으로 러시아의 극동 진출(Pivot to Asia)이 비로소 가능케 된 것이다.

---

62 2014.7.12. Economist, 'China pursues it's interest in frozen north, Polar Bearings' 그림 인용.

[참고] 2017년 국제유가 상승이 가져온 산유국의 석유수입 증가 효과

이같은 중국과 러시아의 '가스 빅딜'(Big Deal)이 마침 2014년 11월, APEC정상회의 참석차 베이징을 찾은 오바마 미국대통령이 중국과 파리기후협정을 1년 앞두고, 상호 탄소배출감축에 노력하자는 양국합의를 매우 의미 깊게 하고자 한, 미국 측에 대하여 러시아의 '파워 오브 시베리아 파이프라인'(Power of Siberia Pipeline)을 통한 중국의 30bcm의 동부가스 도입에 관한 중·러 양국의 합의 사실을 APEC회의 당시에 발표함으로써, '기후변화에 대한 미·중 합의'보다 '중·러 가스 도입에 관한 합의' 공표가 세계에너지 시장에 더 큰 충격과 파문을 주었다(러시아의 큰 곰(Gazprom)이 중국을 끌어안다)라는 해석을 미국의 에너지안보협회 갈 루프트(Gal LUFT) 수석고문은 정의하고 있다.

한편 동 계약으로 중국으로서도 커다란 이점을 얻게 되었다. 즉 '가스공급의 안보'(Security)와 수입가격면에서의 장기적 우위성이 확보된 것이다. 2017년부터 2035년까지 에너지정책상 가스소비 수요가 50%가 증가(동 기간에 세계 전체는 연 2%씩 증가함)하여 330bcm으로 확대됨으로써, '가스수입을 반드시 배증(倍增)시켜야 할 중국'으로서는 러시아와의 30년 장기 가스공급 계약으로, 그동안 중앙아시아 3국(카자흐스탄, 우즈베키스탄, 투르크메니스탄)으로부터 육상파이프로 수입하던 가격에, 러시아로부터 시베리아를 거치는 장기 대량 가스수입을 다른 2개의 루트를 통하여 충당할 수 있게 되어 경쟁력 있는 가스수입 가격으로의 조정도 가능케 된 것이다.[63]

5) 천연가스로 석탄을 대체하는 중국의 가스 에너지 위치[64]

이리하여 천연가스의 중국 내 증산과 수요에 충당할 가스도입 확대를 추진한 중국은 "2016년 말 파리에서 체결된 '파리기후변화협정'(Climate Change Agreement in Paris) 가입에 따른 가입국의 공해 감소 노력의 약속 이행이 된다"(COP21)는 전제하에서, 중국의 석탄에서 가스로 대체하는 에너지정책 수행의 효과를 감안하는 천연

---

63 이때 중국의 주장으로 미국이 한국에 설치하려는 '고고도미사일 방위시스템(THAAD)이 한국에 배치하는 것에 대하여도 양국은 반대한다'는 내용이 동 양국 성명에 포함되었다.

64 중국의 에너지 중 천연가스의 2040년 위치와 비중을 전망하는 좋은 분석전망이 iea가 발간한 'World Energy Outlook 2015'에 있어, 이의 많은 부분을 인용한다.

가스의 수입 규모와 국내 가스생산의 계획 목표를 제시한 바 iea(International Energy Agengy)는 'World Energy Outlook 2015'의 발간물에서 전망한 '새로운 정책 시나리오'라는 전망과 실적을 요약하여 보자.

여기에서 기후변화정책 이행을 위한 에너지정책의 판도와 특히 가스 에너지의 중대성을 이해할 수 있다. 즉 새로운 에너지정책 하에서 전 세계적으로 화석연료 중에서도 가스의 수요(발전용 포함)와 산업상 및 교통을 위한 연료로서 가스 수요 증가가 제일 높다.

전 세계의 가스 수요는 2040년이면 5.2조tcm으로 전망하고 있고 특히 수요에 있어 가스 생산국의 경우에는 운송비 절감 등의 이유로 사용이 많아 가스의 소비증가율도 높으며, 수입국에 있어서는 가스의 높은 운송코스트로 인하여 소비 증가가 훨씬 낮다. 그러나 그럼에도 불구하고 중국의 경우에는, 2013년에서 2040년까지 가스의 누적적 연평균 증가율이 4.7%로서 어떤 국가보다 높으며 동 기간 중 수요 증가 규모도 418bcm(인도 122bcm)으로 중국의 수요증가가 특히 높다.

이러한 중국의 천연가스의 수요의 구성의 변화는, 2013~2040년 간의 일반적인 천연가스 수요의 요인별 내용이 다른데, 특히 중국의 경우, 천연가스 수요증가를 요인별로 보면, 석탄 화력발전소의 석탄사용 감소에 대체되는 가스용 발전(發電)과 산업용 가스 사용의 증가와 건축물의 에어컨 등의 사용 증가와 승용차 등의 운송용이 중국의 경제구조의 변동과 맞물려, 중국의 가스 사용과 수요의 급증 요인으로 작용하고 있다. 즉 중국의 승용차의 사용 증가와 미국의 승용차 증가속도가 2015년에는 동등하여 지는 추세에서도 이를 추정할 수 있다.

| 그림 4.31 | 새로운 정책 시나리오(INDC)[65]에서 중국의 섹터별·지역별 천연가스 수요변화[66] |

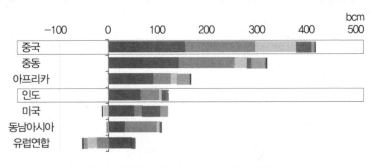

■ 발전용 ■ 산업용 ■ 건물 ■ 운송 ■ 기타 에너지분야 ■ 기타

| 표 4.8 | 새로운 정책 시나리오(INDC)하의 국가별 천연가스 수요 전망[67] | | | | (단위: bcm) |

	2013	2020	2030	2035	2040	2013~2040 변화	연평균 성장률
미국	743	802	810	831	851	108	0.5%
일본	127	102	103	104	104	−24	−0.8%
카스피안	113	136	161	173	184	71	1.8%
러시아	481	446	447	455	465	−16	−0.1%
중국	173	315	483	546	592	418	4.7%
인도	52	68	121	148	174	122	4.6%
아프리카	119	144	196	232	285	165	3.3%
브라질	38	37	51	67	78	40	2.7%
전 세계	3,507	3,849	4,486	4,837	5,160	1,653	1.4%
유럽연합	471	452	477	475	466	−5	0.0%

65 iea, 'World Energy Outlook 2015', p.199, Figure 5.3 Change in natural gas demand by key sectors and region in New Policies Scenario 2013−2040 인용.

66 INDC라 함은 2015년 회원 각국이 UN에 제출한 'Intended National Determined Contribution'의 약자로서 각국의 '온실가스축소계획'을 뜻한다.

67 iea, 'World Energy Outlook 2015', p.197, Table 5.2 Natural Gas Demand by regioin new Policy Senarios 인용.

한편 새로운 정책시나리오(INDC)에서 글로벌 천연가스의 2040년까지의 변화된 생산전망에서 두 가지의 특징을 찾아볼 수 있다. 하나는 러시아의 가스 국내 생산이 미국 다음으로 꾸준히 증가하는데, 이는 러시아가 서방측의 러시아에 대한 경제제제(Economic Sanctions)에 따라서 파이난싱이 어려워 질 것 임에도 불구하고, 러시아의 가스 생산이 대폭 확대되는 현상으로서, 러시아의 이미 체결된 대중국 장기 가스 수출용이 크게 증산될 것이라는 점이다. 또 다른 특징은 중국도 2025년부터 2040년까지 가스의 중국 국내생산을 대폭 확대한다는 점이다. 다만 미국의 셰일가스 생산은 2025년까지는 크게 증가하나, 그 이후에는 큰 증가없이 프래트(flat)하다는 점이 또 다른 특색이라 하겠다.

그림 4.32 INDC에 의한 세계 주요국의 천연가스 생산 전망[68]

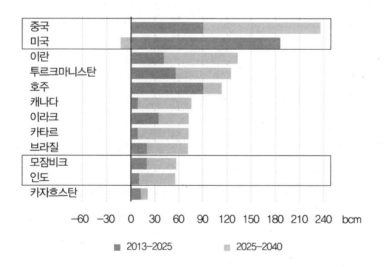

68 iea, 'World Energy Outlook 2015', p.201, Figure 5.6 Change in natural gas production in selected countries in the New Policies Scenarios 및 p.235, Figure 6.3 Change in unconventional gas production in selected countries in the New Policies Scenarios 인용.

| 표 4.9 | 새로운 정책 시나리오(INDC)에 따른 지역별 천연가스 순거래량[69] | | | | | |

지역별 순수입 2014년	순수입(bcm)			수요에 대한 비중		
	2013	2025	2040	2013	2025	2040
OECD 유럽	-232	-316	-360	45%	60%	68%
중국	-52	-192	-238	30%	48%	40%
일본, 한국	-177	-153	-155	98%	99%	100%
인도	-18	-51	-84	34%	53%	49%
동남아시아	55	34	-11	25%	14%	53%
지역별 순수출 2014년	순수출(bcm)			생산에 대한 비중		
	2013	2025	2040	2013	2025	2040
러시아	205	228	251	30%	34%	35%
카스피안	76	124	177	40%	45%	49%
중동	127	87	159	23%	13%	18%
호주	26	98	116	39%	64%	65%
북미	-28	82	95	3%	8%	8%
사하라 이남 아프리카	29	63	83	54%	59%	39%
북아프리카	55	41	61	37%	25%	28%

따라서 2040년이 될 때까지 러시아는 미국에 바짝 쫓아가는 가스생산의 세계 2위의 생산국(수출 제1대국)이 될 것이다. 또 중국도 수요 증가는 물론 국내생산에 있어 신기술 등으로 "2025~2040년에는 과거 2013년에서 2025년까지의 생산보다 훨씬 많은 가스의 국내생산을 달성한다"는 목표를 설정하고 있다.

6) 생산증가에도 불구하고 가스를 계속 수입하여야 하는 중국

지역별 비전통가스(Unconventional Gas)의 순수입국과 순수출국의 2013년 대비 2025년과 2040년까지의 전망을 보면, 유럽과 일본(100%), 한국(100%) 및 인도와 동남 아시아 국가는 물론 순수입이 꾸준히 증가하고 있다. 중국도 국내생산 증가에도

---

69 iea, 'World Energy Outlook 2015', p.216, Table 5.5 Natural Gas net Trade by region in the New Policies Scenarios 인용.

불구하고, 2040년이 되면 2025년의 45%보다는 수입이 다소 감소하되, 그러면서도 40%대의 가스수요를 해외에서의 수입으로 충당하여야 한다.

한편 수출국으로서는 러시아와 카스피안(Caspean) 연안국들과 아프리카 국가들과 호주의 출현으로 이 국가들의 가스 순수출국으로서의 비중이 높아진다. 이의 특징으로서는 새롭게 호주가 수출 스타로 40%대의 수출국에서 65%대의 수출국으로 출현될 전망이다.

이로서 중국은 2040년이 되면 미국, 중동에 이어 러시아를 제치고 세계 3대 가스소비국이 되어, EU연합보다 더 많은 가스를 소비하는 국가가 될 것인데, 여기에 중동의 다수국을 지칭하는 중동임을 감안하면, 중국은 미국 다음의 제2대 가스소비국이 될 것이다.[70]

그림 4.33 새로운 정책 시나리오 하의 세계 5대 가스소비국(중국의 소비대국으로 부상)

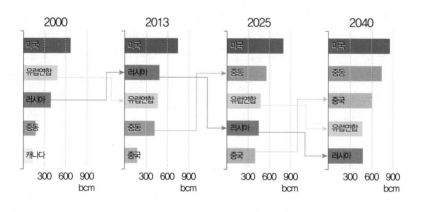

---

70 iea, 'World Energy Outlook 2015', p.198, Figure 5.2 Top five gas−consuming regions in the New Policies. Scenarios 인용.

② 남중국해의 막대한 석유·가스 매장량과 에너지 수입 루트

(1) 왜 중국은 남중국해에 대한 배타적 도서영유권 주장이 강한가?

중국은 왜 200해리의 배타적 경제수역을 주장하면서, 남중국해의 도서영유권과 인조섬을 중심으로 소유권을 주장하고, 거기에서 1,000마일의 방공식별구역(Air Defence Identification Zone)을 주장하는 것일까? 또 주변 아시아 국가들은 가만히 있다가 왜 갑자기 남중국해의 영유권을 주장하는 것일까? 왜 중국은 남중국해의 3개의 인조섬(Artificial Islands)에 어마어마한 군사시설을 설치한 것일까?

그 이유로서는 여러 요인이 있겠으나, 우선 제일 먼저 제기되는 요인은 남중국해의 지하에는 막대한 양의 석유와 가스가 매장되어 있기 때문으로 풀이된다.

남중국해는 남북 길이 2,900km, 동서 길이 950km의 폭을 지닌 동남 아시아의 해상이다. 5대양 이외의 가장 넓은 바다로서 여기에는 중국, 베트남, 말레이시아, 브루나이, 필리핀, 대만 등에 둘러 싸여 있다. 태평양과 인도양을 연결하는 동해상으로 연간 4만 여척의 선박이 운행하며 한국과 일본으로 운송되는 석유 수송 선박의 80~90%, 중국행 수입 석유의 60% 이상이 남중국해와 믈라카(Malacca) 해협을 통과한다.

1) 풍부한 석유와 가스가 매장된 남중국해[71]

중국은 남중국해에 석유 1,620~2,200억 배럴과 가스 565Tcf가 매장되어 있는 것으로 알려져 있다. 중국 국영석유기업인 CNOOC는 홍콩 동남부에서 320km 떨어진 유전인 '야쩽(Yacheng) 13−1단지'에서 반잠수식 시추선을 투입해 가스를 개발하여 2014년 이래, 연 175Bcf를 생산하였고, 2018년이면 연 180Bcf를 생산할 것으로 보고 있으며, 이 생산된 가스는 홍콩 발전소용으로 공급하고 있다. 또 동사는 2013년 초, 중국 정부의 승인을 얻어 미국의 코노코 필립(ConocoPhilips)사와 합동으로 '펭갈'(Pengal 13−1)구역에서 중국 최대의 FPSO(Floating production, storage, and

---

71 eia, 2015.5.14. China, Offshore(SCS, South China Sea) 참조.

off-loading) 설비를 활용하여 190,000배럴/일씩 석유를 생산하고 있다.

또 남중국해의 남쪽 방면(특히 珠江 입구 분지)에서 CNOOC사는 앞으로 동사의 해상가스 생산의 53%를 생산할 계획이다. 이는 남지나해의 동쪽 심해에는 더 많은 매장량이 있는 것을 발견하고, 장차 'EOR 기술'을 활용하여 이곳까지 확대 생산할 계획으로 있기 때문이다.[72]

이리하여 천연가스가 풍부하게 매장되어 있는 남중국해의 동쪽 해상으로 눈을 돌린 중국의 국영 석유사들은 미국의 '허스키(Husky) 에너지사'로 하여금 심해의 '리완'(Liwan) 3-1 광구에서의 가스 생산을 2014년 말부터 착수하는 것을 허가하였다. 또 동사는 '판유'(Panyu) 34-1 광구에서 2018년까지 180Bcf/y의 가스를 증산할 계획[73]으로 있으며, 그 생산된 "가스의 주(主)처리를 리완(Liwan)기지에서 시행한다"고 발표하고 있다.

또 CNOOC는 '칭동난 분지'(Qingdongnan Basin)에서 두 개의 거대한 가스 매장지를 새로 발견하였는데, 이 기지는 '링슈후이(Lingshui) 17-2 기지'와 '링슈후이(Lingshui) 25-1 기지'로서 CNOOC사는 이 중 특히 전자인 '링슈후이(Lingshui) 17-2 기지'에는 중국에서의 최대의 매장량이 있는 것으로 보고, 그 규모를 3.5Tcf로 추정하고 있다.[74]

이런 거대한 가스 매장량이 남중국해에서 발견되자, 국제 오일 메이져(IOC)인 세브론, BG, BP, '안달코'(Andarko)와 Eni사 등은 남중국해(SCS)에서의 가스 생산을 위하여, 서둘러 중국이 발표한 남중국해의 '심해 탄화수소'(Deepwater Hydro-carbon)의 증산을 위한 중국의 '생산분할계획'(PSCs, Production Sharing Contracts) 입찰에 참여하여, CNOOC, CNPC 등 중국 국영 석유사(NOC)들과 탐사계약을 체결하게 되었다.[75]

---

72 2015.3.27. CNOOC, '2014 Annual Reports' and 'Key Operating Areas'(Assessed Apr. 2015) 참조, eia, China, 2015.5.14. p.36에 의거.

73 2014.3.31. Oil & Gas Journal, 'Husky, Liwan starts production from Liwan 3-1' 참조.

74 2015.2.18. Reuters, 'China's deepsea gas find holds over 100 bcm reserves state media'; eia, China, p.18, 2015.5.14. Endnotes 75.

75 eia, 2015.5.14. China, p.18. 한편 중국 육상(Onshore)의 석유생산에 관하여는 국제석유자인트(IOC)와 중국국영석유사(NOC)와 생산분할계약(PSCs)을 체결한 코노코필립스, 셸, 셰브론, BP, BG, 허스키(Husky), 안달코, Eni가 단독 또는 중국국유사와 JV형태로 참여하고 있다. eia, 2015.5.14. China, p.5 참조.

또한 가스가 풍부한 남중국해에서 그 규모가 작지만, 남중국해 심해의 여러 곳의 석유매장지를 발견한 CNOOC는 2014년에 남지나해의 동쪽에서 석유 222,000 배럴/일을 생산하였는데, 이는 펜유(Panyu) 10개 지역, 엔핑(Enping) 24개 블록, 루펭(Lufeng) 7개 블록이 이에 해당되며, 금후 115,000배럴/일을 추가 생산할 계획이다.[76]

이상의 진전으로 미루어 금후 석탄수요를 반드시 천연가스로 대체하여야 할 중국으로서는 막대한 석유와 가스가 매장되어 있는 '남지나해에 200해리의 배타적 경제 선언', 소위 '인조섬'(Artificial Islands) 상의 방공(防空)시설을 설치하고, 이어도의 영해권 범위에 대하여는 자국 영역임을 주장하고, 난사(南沙)군도(스프래틀리, Spratly), 서사(西沙)군도(피라셀, Paracel)에서의 영유권을 주장하고, '방공식별구역(CADIZ, China Air Defence Identification Zone)'을 설정하고, 이를 주장하는 등, 여러 가지의 인근 국가와의 분쟁의 실마리가 되는 배경을 알 수 있다. 소비수요의 70% 이상의 에너지(석유 및 가스)를 외국에서 수입·의존하는 중국의 '에너지 안보를 위한 국제정치'(Energy Geopolitics)의 전개를 하고 있는 남지나해의 영유권 주장의 배경에는 막대한 에너지(석유·가스)가 해저에 매장되어 있음[77]이 가장 큰 요인임을 알 수 있다.

중국의 급증하는 천연가스의 수요에의 대처는 당분간 대외수입으로 충당하는 수밖에 없어, 가스공급의 대외의존도가 급상승하였는데, 이 과정을 보면, 2009년 9%이던 대외의존도가 16%/2010, 24%/2011, 29%/2012, 32%/2013으로서, 2013년에는 32%까지 급상승하여, 가스수요 증가 = 가스의 대외수입 증가의 형태를 나타내고 있다. 가스 수요가 큰 만큼 남중국해의 방대한 가스매장량이 중국의 영유권 주장을 강경하게 한 배경이 되고 있음을 반증한다 하겠다.[78]

---

76 eia, 2015.5.14. China, p.6 참조.

77 2016년 7월 13일자 FT는 당시 헤이그(Hague)사법재판소가 필리핀이 4년전 제기한 영해의 지배권 소송에서 승소한 것으로 보도하고 있다.

78 2014.4.24. Economist 참조.

2) 미·중 분쟁의 최대 핵심이 된 남중국해

중국의 남중국해에 대한 중국의 확고한 영유권 주장과 관련하여, 2017년 4월 6일자 뉴욕 타임즈지에는 'G. 라크만'(Rachman)이라는 파이낸셜 타임스지의 외교담당 평론가가 '트럼프대통령은 어떻게 중국과의 난제(Puzzle)를 풀 수 있는가?'라는 재미있는 분석을 하고 있다. 여기에서 중국과의 남지나해상의 문제로 골몰하고 있는 남중국해의 인접국가로서 필리핀과 호주와 태국과 캄보디아의 경우를 예로 들고 있다. 또 라크만(G. Rachman)은 '트럼프대통령의 대 중국 외교정책'과 관련하여 해결하여야 할 중요한 3가지 문제를 제시하였는데, 이 세 가지 주제는 '중국의 대미무역흑자(흑자규모 4,000억달러)와 '북한의 핵 보유', 마지막으로 '중국과 미국의 남중국해에서의 분쟁'을 꼽고 있다.[79]

그림 4.34 중국의 방공 식별 구역(China's Air Defence Identification Zone, CADIZ)[80]

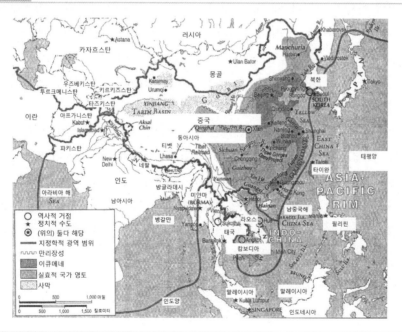

79 2017.4.6. NYT Godeon Rachman, 'How Trump can solve his Chinese puzzle?' 인용.
80 Saul Bernard Cohen, 'Geopolitics', The Geography of Int'l Relations, p.281 인용.

3) 중국 에너지 안보의 중요성과 미 해군과의 관계[81]

이같이 미 해군이 우월적 위치에서의 남지나해의 해상 루트에 대한 중국의 에너지(석유, 가스)안보에 대한 불안으로 믈라카해협을 거치지 않는 러시아, 중앙아시아 및 미얀마 등지의 육상파이프라인의 석유 도입을 선호했다(남지나해의 석유매장량은 168~220bil 배럴, 가스매장량은 16Tcm에 불구, CNPC 추정).

한편 일본은 56%, 한국은 24%, 중국과 대만은 각각 19%씩 남지나해를 통과하는 등 2011년 세계 LNG 거래의 1/2이 남지나해에서 이루어졌다.

중국에 가스를 공급하는 카타르, 말레이시아, 인도네시아, 호주의 LNG의 대중수출은 그 운송되는 에너지의 3/4가 아시아 국가대상으로 이뤄지고 있어 이것이 남중국해를 거치고 있다. 한편 육상가스운송을 선호하는 중국과 중국의 중앙아시아(투르크메니스탄, 카자흐스탄, 우즈베키스탄)의 파이프라인을 통한 추가적 가스수입은 2025년에 총 85Bcm(65Bcm 키르키즈스탄, 10Bcm 우즈베키스탄, 10Bcm 카자흐스탄)이 될 것이다.

이러한 정황의 남지나해의 LNG 운송과 석유운송은 미 해군의 영향력 하의 믈라카(Malacca)해협과 Suez운하의 통과가 불가피해 중국의 남지나해 통과 에너지 해상운송의 기피 이유로서 중앙아시아와의 연장은 중국이 추진하는 일대일로 정책(RBI)과 연계되었고, SCO(Shanghai Cooperaton Organization)과 러시아, 중앙아시아와 연관된 것이다.

미얀마 파이프라인을 개통한 중국은 건설 중인 파키스탄의 과다르(Gwardar) — 티벳(위글-신장)라인인 3,200km와 러시아의 ESPO(East Siberian Pacific Ocean, 기존외 2019년 신규완공 예정) 및 Rosneft(석유)와 Gazprom(가스)와의 장기공급계약을 계기로 남지나해의 믈라카해협을 통과하여야 하는 운송의 회피가능성을 실현하고 있다.

또 2014년 5월에 체결된 가스공급규모는 전체적으로 4,000억달러 규모로 본다. 그 외 2017년, 러시아의 Yamal지역의 Novatek사의 북극해를 통과하여 CNPC에 가스를 공급하는 계약 체결(후술)도 동일한 취지이다.

---

81 Agina Grigas, Harvard University Press, The New Geopolitics of Natural Gas, p.227, 'Russian Gas. Exports to China' 참조.

Gidion Rachman은 최근 그의 저서 'Easternization'에서 서구시대는 끝나가고, 중국 등의 '아시아 세력'(Eurasia, 중국, 러시아, 터어키, 이란 등)이 등장하면서, 특히 서태평양을 중심으로 하는 '힘겨루기 현상'이 일어나고 있다고 하면서, 미국은 하강(下降)하고 중국은 일어나는 현상을 지적하고 있다. 중국이 미국에 뒤진 해군의 무기력 강화에 총력을 경주하고 있는 것을 그 예로 들고 있다.[82]

③ 중국의 장기적 에너지 전략 추이와 함축적 의미: 기후변화대책

중국은 2010년대에 들어, 더 이상 좋은 조건의 에너지 공급이 유지될 수 없고 중국내 생산도 원활치 않을 전망이기에, 해외 에너지원(源) 확보를 위한 대외투자의 확대와 에너지원(源)의 다기화, 에너지 운송루트의 다양화를 꾀하는 '에너지 안보'를 대외정책목표의 핵심으로 삼게 된 것이다. 더욱이 2000년대 후반부터는 경제성장이 지속되는 가운데, 석유 2백만 배럴/일의 수요를 훨씬 초과하게 될 것으로 전망하게 된 중국은 저공해 에너지를 중심으로 하는 에너지 정책의 대전환을 기하게 된 것이다.

그림 4.35　감소하는 중국의 국내석유생산과 빨라지는 중국 원유수입 증가 속도[83]

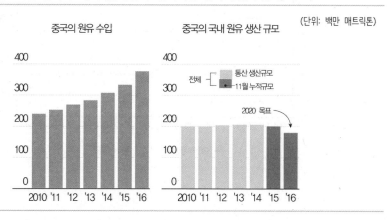

82　2017.4.21. wsj, 'Remaking Our World Order' 제하 Rachman, 'Easternization' 서평 인용.
83　2017.1.18. wsj, 'China Expects Output Of Crude Oil to Slump'.

그림 4.36 중국의 파이프라인을 통한 석유수입과 정유설비 확장[84]

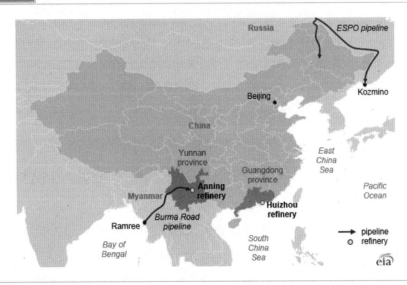

그림 4.37 2012~2020년 중국의 GDP와 에너지 수요 전망[85]

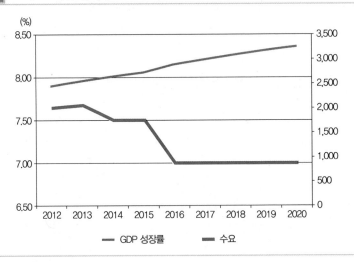

---

84 2018.2.5. eia, 'US Energy Information Administration', China surpassed US in World Largest crude oil importer's location of increased crude oil imports in China(2017) 참조 인용.

85 'China Energy Outlook 2020', Xiaojie Xu(Chinese Academy of Social Sciences 2014.7.15).

(1) 중국 에너지 구성 변화의 요점: 대미 에너지 수입의 증가 및 대미석유 ·가스 수입 중단

▌공해가 작은 에너지 구성과 도입지역의 다변화: 에너지 정책 대전환

또한 증가하는 에너지 수요의 충당에 있어서는 에너지 구성을 공해 없는 에너지를 확충키로 하고, 화석 연료 중 석탄의 대폭 감소, 석유의 효율화 개선으로 전체적인 수요를 감퇴시키고, 천연가스와 태양광과 풍력에너지를 증대시키며, 수력댐의 증설로 수력발전을 확대시키면서, 원자력 발전소를 대폭 확대 증설키로 하였다 함은 이미 본 바이다.

중국의 장기적인 에너지 전략정책의 대전환의 핵심은, 에너지 공급원의 전환을 사우디아라비아, 쿠웨이트, UAE 등의 중동지역에서 러시아 및 카자흐스탄과 투르크메니스탄 등 중앙아시아의 각국으로 추가 분산하고, 이들 국가들로부터 에너지의 장기적 공급계약(탐사와 정유 포함)과 이의 운송을 위한 파이프라인의 신설과 그 확장에 정책적 전환 포인트가 있다고 하겠다.

여기에 중국이 수요 증가에 부응하는 보다 적극적인 해외 에너지원에 대한 투자가 병행되어 실시하게 되었다. 중국의 에너지정책의 대전환의 또 다른 저의는 러시아와 미국으로부터의 에너지 의존도를 낮추자는 목적도 함축되어 있다. 그러나 2018년 하반기 들어 미·중 무역전쟁이 심화되면서, 중국은 대미석유와 셰일가스수입을 전면 중단하면서, 이를 나이지리아 등 서부아프리카에서의 석유수입으로 대체하고 있다.[86]

---

86 2018.10.19. INSIDE U.S.OIL, 'U.S. energy exports to China plummet as Trump trade war bites'; Russel 인용.

표 4.10	2016~2017년 미국산 석유·가스 주요 수입국 현황[87]		(단위: 백만 배럴)
2016		**2017**	
캐나다	110.2	캐나다	119
네덜란드	14	중국	79(9배 이상 증가)
쿠라카우	10.8	영국	38
중국	8.3	화란	35
싱가포르	7.6	한국	20
일본	6.1	프랑스	12
영국	5.9	싱가포르	11

참고

2017년 미국의 대중수출의 품목별 규모는 민간용 항공기(총수출의 12.3%), 대두(8.7%), 자동차(8) 반도체(4.3), 기계류(4), 다음 6위로 석유(Crude Oil)가 차지하며 3.7%의 비중을 차지하고 있다. 미국의 셰일혁명으로 석유수출대국이 된 것을 실감한다. 7위는 플라스틱으로 되어 있다.[88]

그림 4.38 중국의 주요국별 원유 수입량(1위: 러시아, 2위: 미국)

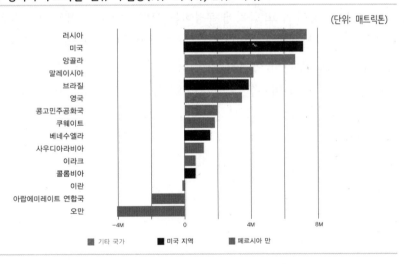

---

87 2017.12.12. Bloomberg, 'US fuels the world as shale boom powers record oil exports' 및 2018.3.7. FT, US pipelines pivot south to Gulf termianls as shale booms, Top importere of US CRUDE OIL, 2017 인용.

88 2018.5.9. FT, M. Wolf의 'Trump. declares trade war on China'의 'What the US exports most to China' 참조.

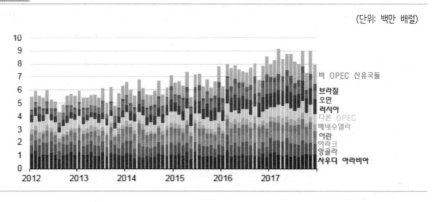

그림 4.39 **2012~2017년 중국의 석유수입국별 연도 수입량 추이**[89]

(단위: 백만 배럴)

또한 범(汎)아시아 에너지의 브릿지 역할을 중국이 담당한다는 목표로 '중동과 중앙아시아와 러시아를 묶어 이들 지역의 에너지 공급을 파이프라인으로 연결하면서, 중국 동해안의 방대한 정유 시설을 활용하고 또 실크로드의 육상과 해상운송루트를 이용하는 '범아시아 에너지 센터' 역할을 중국이 담당해보자는 원대한 목표 하에서 그 방향으로 중국은 현재까지도 활동하고 있다.

(2) 중국의 미세먼지 감축대상과 녹색혁명: 중국발 미세먼지는 감소할 것인가?

1) 중국의 탈석탄 전환정책

• 중국의 석탄의존도 줄이고, 청정에너지 비중 확대, 지속적으로 추진
• 2017. 10. 18. 19차 공산당 전국대표회의에서 시진핑 주석 '綠色發展理念' 강조
 − 기술혁신, 청정에너지 최신설비 연구 강화, '청정에너지 공급능력 강화'
 − 각 지방성장에게 경쟁적으로 평가제 도입, 인사에 반영
 − '청정 에너지 비중 확대'를 최우선과제로 할 것, '중국 한다면 한다'
 − 2022년 동계올림픽 베이징 개최시, 이에 대한 대비(미세먼지 감축)
 − 철강공장 동북부 및 티베트 위글지역으로 이전

89 eia. China surpassed the US as China crude oil imports in 2017, 'China crude oil imports by source' 인용.

표 4.11 2016-2020년 중국 에너지 발전 13.5 계획: 에너지 믹스[90] (단위: %)

에너지 목표	2015(실적)	2020(목표)	증감률
(1) 1차 에너지 믹스			
석탄	64.0	58.0	-6.0%p.
非 화석 에너지	12.0	15.0	3.0%p.
천연가스	5.9	10.0	4.1%p.
(2) 발전용량(發電容量)			
非 화석 에너지	35.0	39.0	4.0%p.
석탄 화력	59.2	55.0	-4.2%p.
(3) 발전량(發電量) 믹스			
非 화석 에너지	27.0	31.0	4.0%p.

주: 비화석에너지는 원전, 풍력, 태양광, 수력, 바이오 등을 의미, 화석에너지=석탄, 석유, 가스.

그림 4.40 2020년 중국의 에너지별 소비 목표: 2014년 대비 친환경정책으로의 전환과 실시[91]

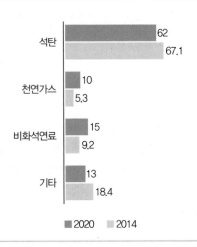

(단위: %)

석탄 62 / 67.1
천연가스 10 / 5.3
비화석연료 15 / 9.2
기타 13 / 18.4

■2020 ■2014

---

90 2018.1.8. 에너지연구원, 세계에너지시장 인사이트 18-1, p.20, 중국, 에너지발전 13.5 계획
   상의 주요 목표 인용.

91 China Daily, 2014.11.20.

2) 2020년까지 에너지 믹스에서 석탄의존도 대대적 감축

• 석탄의존도를 64%에서 58%로 −6%p. 줄이고

• 비화석 에너지(특히 가스)를 12%에서 15%로 3%p. 늘리고

• 천연가스를 5.9%에서 10.0%로 4.1%p. 올림

 − 부실석탄기업 과감히 퇴출, 낙후된 석탄 생산설비 퇴출, 83억톤 감축(2020)

  탄광수, 10,800개/2015 ⇒ 7,000개/2017로 축소

• 발전(發電)용량에서 '비화석 에너지'를 27%에서 31%로 4%p 확대

 − 천연가스 수입·공급 증가, 원전대국, 원전굴기(原電崛起) 지향

 − 북부지역 난방용 주 에너지, 석탄 → 청정 에너지원으로 대체

 − 지역실정 감안한 청정에너지 난방(보급률 50%/2019 → 70%/2021)

 − 신생 에너지 적극 활용

그림 4.41 **2040년 신정책 시나리오(INDC)에 따른 중국의 주 에너지별 수요** [92]

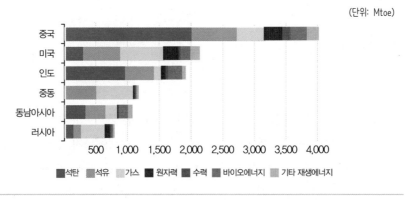

(단위: Mtoe)

■석탄 ■석유 ■가스 ■원자력 ■수력 ■바이오에너지 ■기타 재생에너지

주: 중국은 2040년에는 에너지 중 가스, 원전, 수력이 큰 비중을 차지할 것임.

---

92 새로운 정책 시나리오에 의한 주요국의 주에너지별 수요, 2014, World Energy Outlook 2015, p.73 참조.

표 4.12	중국의 에너지원별 설비 확장 계획[93]		
설비 확장연도	2000~2014	2014~2020	2020~2030
(1) 재생 에너지(GW)	13	41	92
중: 풍력	8	21	52
중: 태양광	0	10	29
(2) 화석 연료(GW)	66	110	57
중: 석유(GW)	1	0	0
중: 가스(GW)	2 →	17	11
중: 석탄	63	93 →	45
(3) 원자력(基)	1	10	6

주: 상기 설비확장계획의 50% 이상은 2025년 이후임(중국의 당분간 석탄사용 불가피성을 의미), 그러나 원자력 발전은 꾸준함.

표 4.13	중국의 풍력, 태양광, 원자력 용량과 생산능력 계획(2020년 목표연도)		
	2020년 목표	용량배수(2014-30)	생산배수(2014-30)
풍 력	200GW	4배	6배
태양력	100GW	10배	19배
원자력	85GW	6배	7배

3) 중국의 재생가능 신청정 에너지로 원전확대와 원전굴기 지향[94]

- 천연가스로 전환과 기타 재생에너지(태양광, 풍력발전(發電))과 병행
  - 2017년 중국재생에너지 투자, 전 세계 재생에너지 투자 2,800억달러의 절반을 중국이 투자(대전년 30% 증가,[95] 동 기간 미국투자는 405억달러에 불과)
- 정부의 전기차 지원확대로 글로벌 시장 석권 목표(중국내 EV 차량 10% 목표)와 병행[96]
- 중국의 주에너지로 석탄사용상의 문제점(2040년의 중국의 에너지 믹스)

---

93 Ener, Global Energy Scenario to 2040, To our future energy, p.250 인용.

94 모든 자료는 中國能源發展十五三規劃; 2014.11.30. China Daily; 2018.1.8. 한국에너지연구원 '중국 에너지발전계획 13.5 계획상 주요목표'; 2014년 '새로운 정책시나리오에 의한 주요국의 주 에너지별 수요.'; eia, World Energy Outlook 2015. p.219를 감안한 것이다.

89 2018.7.17. OILPRICE, How China will wins The Solar Race? 및 2018.7.20. NYT Farhad Manjoo의 'How to beat China in the tech race' 참조.

96 2018.7.24. 중앙일보 Business, '전기차 글로벌 전쟁터된 중국 – 이제 시동 건 한국' 인용.

- 2016~2017년 총 43기(44.3GW), 2018년 9월 가동중인 원전 38기(37.MW)[97]
- 2018~2020년 9기(9.05GW)의 추가 가동
- 중국 원전의 해외 진출: 영국 Hinkley Point C(2015년 3월 기 착공), Sizewell C(2025년 착공), Bradwel B(2025년 착공 예정), 2개 프로젝트로 중국의 광핵그룹(CGN)과 중국 3세대 원전기술 '화룽 1호' 적용
- 2014~2030년: 원자력 용량 배수 6배, 생산 배수 7배로 확장 계획(일본 원전 참고)
- 40년이 넘는 원전은 폐로(閉爐)하여 2030년의 원전비중 15%대로 하락
- 2050년부터 폐로가 이어져, 원전비중은 10%대로 하락할 전망
- 화력발전 비중은 83%/2016 → 56%/2030(LNG 27%, 석유 3%, 석탄 26%)로 하락
• 중국의 석탄 주 연료로 사용상의 문제점과 그 대책
- 중국이 당면한 에너지 수요 증가 및 대기오염을 해결: '탈석탄 전원(電源)'
- 중국의 북부지역은 난방용 석탄 공급 10수년, 양자강 북부지역 주민 수명이 남부보다 5~6년 짧음(하버드대, MIT대, 베이징, 칭하대 공동조사 연구발표)
• 중국의 재생 에너지원(源)
- 2020년까지 최종에너지소비에서 비화석 에너지 및 천연가스의 비중을 각각 15%, 10%까지 높일 계획
- 석탄 비중은 58%까지 낮출 계획
- 청정전원 개발정책: 저탄소전원비중 발전설비 60%, 발전량 50%까지 확대, 신규 재생에너지 발전용량의 40%를 점하고 있음
- 중국의 수송연료 전환정책: 대기오염이 심각한 징진지(京津冀, 베이징, 천진, 허베이)지역을 중심으로 차량용 에타놀 혼합 휘발유 보급의 적극화
• 중국의 원전강국, 원전대국, 원전굴기(崛起)
- 중국의 원자력＝청정에너지로 인식, 2018년에도 건설 가동되는 신규원전(4기)이 지속적으로 증가할 것

---

97 2018.7.8. 매경, 中의 원전굴기 '차세대 원자로 첫가동', '中, 원전위주 에너지 체계개편' 및 2018.9.4. 조선일보, '中 산둥성에—아시아 최대원전 시운전 돌입, 서울과 500km 떨어진 곳에 하이양(海洋)1호', '中 상반기 원전발전량은 전년 동기비 12.5% 증가, 2018년 하반기 4기의 시운전 추가, 중국 발전량의 4.1%를 원전으로 충당', '중국 원전은 대부분 한국과 인접한 중국 동해안에 밀집' 참조.

- 13.5계획 기간 중 원자력 가동규모는 58GW, 30GW로 확대
- 2017년: Yangjiang 4호기, Fuqing 4호기가 가동됨, 2017.9. 총 가동 중 원전 37기(35.8GW, 주로 동해변)는 한국서해 월편
- 2018~2020년: 9기의 원자로(9.05, 주로 중국의 동해 해변)는 한국서해 월편에 위치

4) 소형 원자로분야에서 굴기를 지향하는 중국 원전: 칭화대 원자력에너지연구소 주축의 소형 원자로분야에서 경쟁[98]

원전은 전통적으로 거대한 스케일과 자본투자규모의 과다성으로 무공해 에너지 중 태양광이나 풍력발전에 비해 경쟁력이 없다. 따라서 최근의 국제적 원자력 발전사들은 작은 원자로(현재의 1,000MW에서 50~300MV의 원자로로 소형화하여 태양광이나 풍력발전과 경쟁력을 갖출 태세를 준비 중에 있고 2040년이면 본격화 할 것이라 함)에 대해 연구 중에 있다. 여기에 중국의 칭화대학내 신 원자력 및 에너지연구소(INET)는 영국의 기존 Hinkley Point 발전소의 지분을 취득한 후, 일찍부터 소형 원전건설 및 연구에 참여하고 있으며, 영국(Hinkley), 프랑스(Flamanville), 핀란드(Okiluoto)와 스웨덴(Leadcold), 미국(ARC) 등의 8개의 선진 원전사들과 컨소시엄을 형성하여 참여하고 있다. 태양광, 풍력발전 등에도 막대한 투자를 하고 있는 중국이 원전(대형 진행 중, 소형 연구 중)에 있어 에너지 테크에서도 앞서간다는 야망이다(2년전 시주석이 영국을 국빈방문하면서 'Hinkley 원전'을 방문하여 칭화대학 연구팀을 격려한 바 있음). 중국의 테크 분야에서는 적극적으로 특히 가스 활용과 원전으로 파리기후 협정에서 2030년까지 공해감소를 약속한 방향으로 가고 있다.

또한 FT지는 BP사의 2018년 '에너지 전망'에서 2040년까지 에너지 중 원전에 대한 세계적인 수요는 꾸준하게 남아있을 것을 예견하고 있다. 우리는 왜 중국이 에너지정책에서 '원전굴기'의 기치를 높이 드는가를 알 필요가 있다. 이는 에너지에 관한 한 아무것도 없는 한국의 탈원전 발상은 중국, 러시아, 일본에 비해 열악한 여건에서 취하기 어려운 정책이어서가 아닐까?

---

98 2018.7.25. FT, 'Nuclear sector heads for smaller‒scale future; Mini reactor offer lower costs and reduced risk‒essential for responding to competition from solar and wind' and 'Tsinghua Univ. Institute seals UK deals' 참조 인용.

(3) 융통성을 보유한 중국의 에너지 전략

중국의 급증하는 에너지 수요와 에너지 전략은 여러 가지 국내외적인 불확실성에 따라 다르게 되어 있다. 국내적으로는 우선 중국경제의 미래 성장의 정도에 따라 총체적인 에너지 수요의 양적 규모와 에너지 믹스(mix, 구성)가 달라질 수 있다. 에너지 소비층의 총체적인 수요와 경제적인 여건 변화에 따라서도 달라질 수 있다. 또 대외적으로는 석유와 가스 등의 에너지 국제시장에 관한 불확실성, 즉 석유와 가스의 국제가격, 전반적인 국제관계, 세계 각국의 국제관계에 따라 달라질 것이고 특히 중국의 경제와 세계경제에서의 위치에 따라 달라질 수 있다.

그림 4.42 2040년 새로운 정책 시나리오에 따른 주요국의 주에너지별 수요[99]

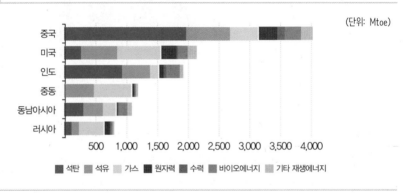

중국은 에너지의 순수입이 거의 영원히 이루어져야 하는 상황에서 에너지에 관한 국제정치적(Geopolitical) 여건 변화에 대응하면서, 새로운 대외적 에너지정책이 수립되어져야 한다.[100]

중국은 새로운 에너지 정책은 파리기후협약(Paris Climate Agreement)과 연관하여 온실가스의 배출을 감축시키는 약속의 목표달성을 위해, 주요 에너지 중 국내에서

---

99 새로운 정책 시나리오(INDC)에 의한 주요국의 주에너지별 수요, 2014, World Energy Outlook 2015, p.73 참조.

100 새로운 정책이라 함은 INDC로서 UN Climate Summit in Paris(CPO 21)에 각국이 제출한 지구 온난화 방지를 위한 각국의 이산화탄소의 감축 약속을 뜻한다.

생산하는 전통적, 비전통적 LNG와 해외에서 수입하는 액화가스의 비중을 포함하는
'액화가스의 총 수요(소비) 비중'을 2013년의 5%대 수준의 구성비에서 2040년에는
12%대까지 상승시키는 목표 하에 이를 실시 중에 있다.

그림 4.43 **새로운 정책 시나리오에 따른 중국의 종류별 비전통적 가스 생산 규모**[101]

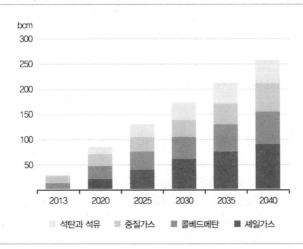

여기에서 중국의 국내가스 생산이 그리 크지 않은 가운데, 중국의 2040년의 90
bcm 규모의 비전통적인 가스 생산에 있어서도, 셰일가스의 비중이 가장 크다는 특
징을 나타내고 있다. 이 셰일가스의 규모는 현재 미국의 셰일가스 규모의 1/4에 해
당된다고 전망한다. 역시 셰일가스는 당분간 미국이 전 세계의 셰일가스 시장을 지
배할 것으로 보인다. 한편 중국의 중질가스와 석탄의 가스화시킨 것을 포함한 중국
의 가스류는 2040년에 45~65bcm이 되고 중국 전체 가스는 주에너지의 12%의 비
중으로 구성되게 되어 있다.

---

101 'World Energy outlook 2015', iea(Int'l Energy Agency), p.249 참조.

| 그림 4.44 | 중국 천연가스 수입의 종류별·운송방법별 추이[102] |

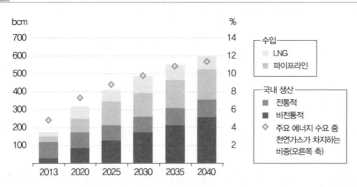

(4) 석탄발전에 갈음하여 재생에너지에 의한 발전을 대폭 확대하려는
중국의 기후대책

중국은 UN에 제출한 INDC에서 석탄에 대용할 에너지로서 2030년까지 특히
2025년 이후에 풍력과 태양광 에너지의 설비와 생산을 확대하고 원자력 발전설비도
대대적으로 확대할 계획을 수립한 바, 이를 보면 다음과 같다.

| 표 4.14 | 중국의 에너지원별 설비 확장 계획[103] |

설비 확장	2000~2014	2014~2020	2020~2030
재생에너지(GW)	13	41	92
중: 풍력	8	21	52
중: 태양광	0	10	29
화석연료(GW)	66	110	57
중: 석유(GW)	1	0	0
중: 가스(GW)	2	17	11
중: 석탄	63	93	45
원자력	1	10	6

주: 상기 설비확장계획의 50% 이상은 2025년 이후임(중국의 당분간 석탄사용 불가피성을 의미).

---

102 'World Energy outlook 2015', iea(Int'l Energy Agency), p.249 참조.

103 Ener, Global Energy Scenario to 2040, To our future energy, p.250 인용.

이를 2020년을 목표연도로 할 때와 풍력, 태양광, 원자력을 용량과 생산능력 확대 계획을 배수로 보면 아래와 같다.[104]

	2020년 목표	용량배수(2014~30)	생산배수(2014~30)
풍력	200GW	4배	6배
태양력	100GW	10배	19배
원자력	85GW	6배	7배

한편 2025~2040년까지 중국, 인도와 미국, 일본 등의 에너지의 수요를 2013년과 2025년을 묶음으로 하여 에너지 종류로 비교하여 보면, 아래 표와 같다.

제1의 특징은 기후변화와 가장 밀접한 관계의 석탄은 2040년까지 10%만 증가하여 630백만 톤(석탄 환산)이 증가할 것인데, 중국은 2026년 이후에 2040년까지 35% 감소(중국의 경제체질 개선으로 제조업에서 서비스 분야로 전환, New Normal Eco로 전환, 다만 2030년까지는 상한선에 이르기 전까지는 연 14%까지 일단 증가)키로 약속하였다. 한편 미국(2005년 Peak, 그 후 1/5 수준으로 감소, 2040년까지는 1/3 수준으로 감소), 일본 등은 감소할 것이나, 다만 인도(곧 미국을 능가하는 석탄 제2 소비대국, 중국수요의 1/5 수준)와 동남아시아(중국 제외)가 특히 후반에 대폭 증가할 것으로 전망된다.

반대로 중국은 석탄 이외의 석유와 특히 천연가스를 포함해 원자력발전(原電)과 재생 에너지(수력, 태양력, 풍력 등)에서 2013~2025년 중에 증가한 규모와 거의 맞먹는 증가를 계획하고 추진하고 있다.

---

104 Ener, Global Energy Scenario to 2040, To our future energy, p.250 인용.

그림 4.45   2025~2040년(2013~2040년 대비) 주요국의 기후대책과 에너지별 수요 전망[105]

(단위: 메가 톤)

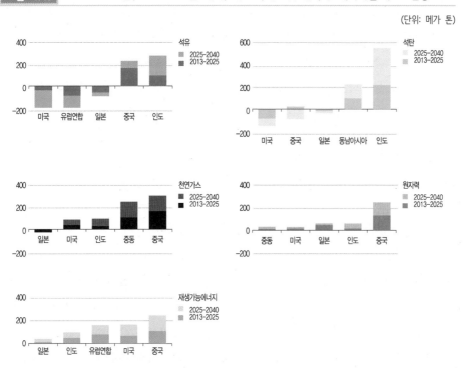

그림 4.46   국가별 증가하는 재생가능에너지 분야에서의 전력생산 추이(2030년 지역별·종류별)[106]

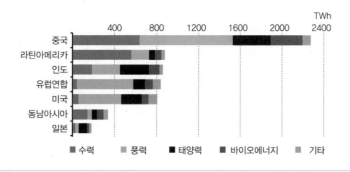

105 'World Energy outlook 2015', iea(Int'l Energy Agency), p.64, Change in Demand by Fuel and selected region in the New Policies Scenario.

106 'World Energy outlook 2015', iea(Int'l Energy agency) 인용.

1) 중국 재생에너지 등 장기에너지 정책을 미루게 하는 불안 요인

위에서 본 바, 중앙아시아 국가 중 최근에 급증하는 카자흐스탄의 에너지 매장량의 급증과 반대로 중동 정세의 불안정에 따른 국제에너지의 불안정한 흐름, 러시아의 경제적 취약성과 서방측의 경제제재에 따른 러시아의 에너지 공급시장으로서 위험도 상승 등 모든 국제관계의 불확실한 에너지 관련 요인들이, 중국의 장기 에너지정책에 관련된 결정을 연기하게 하고, 특히 중국의 에너지 파이프라인 설치에 관한 투자 결정과 그 방향 설정을 불안하게 하고 있다.

따라서 이런 불안한 요소가 중국의 에너지에 관련된 중동, 중앙아시아 및 러시아와의 관련된 장기투자나 상업적인 확약을 주저하게 만든다.

2) 이란과의 호혜적 외교관계를 유지하고 있는 중국

중국의 러시아와 가스도입에 관한 도입 단가와 신설될 가스 파이프라인의 건설과 투자에 관하여 10여년이 경과되도록, 구체적인 최종적 결정을 하지 않았던 현상이 이를 설명하고 있다. 그러나 전반적으로 에너지에 관련되는 한, 중국은 '에너지와 관련되는 파트너 국가'와는 다양한 호의적 외교 관계를 유지하고 있고 그 대표적인 예가 이란과 이라크와의 관계 유지를 들 수 있다. 특히 이란의 경우 미국과 대표적인 마찰이 일어나고 있음에도 불구하고, 중국은 이란과 특별한 국제정치적 외교관계를 유지하고 있다. 이로서 중국은 또 다른 에너지수입 대전의 감액을 달성하고 있다고 할 수 있다(실제로 2016년, 서방측의 경제제재를 받고 있던 동 제재(Sanction) 중에 중국은 오히려 매우 저렴한 에너지를 공급받고 있음). 그런 의미에서도 중국은 이란과 이라크와는 서방측의 양국과의 관계 변화에 상관없이, 매우 우호적인 외교관계를 유지하고 있고 또 앞으로도 우호관계를 유지할 것이다. 에너지 국제정치의 중요 단면을 볼 수 있다.

2017년 7월 초, 불란서의 오일메이져인 토탈(Total)사는 이란 국영석유사(National Iranian Oil Co.)와 사우스 파스(South Pars)가스기지에서 2020년에 생산되는 가스개발을 계약하였다. 이 프로젝트에는 중국의 CNPC(지분 30%)가 Total사와 같이 지분참여를 하였는데 동사는 러시아의 야말(Yamal)지방의 노바택(Novatek)사 가스 프로젝트의 20% 주주(중국의 Silk Road Fund의 지분 9.9%와는 별도)로서 러시아에 대한 중국의 파이넌스에 관련이 깊다. 따라서 같은 멤버인 Total사와 이란의 가스 프로젝트에 같이 참여한 바, 에너지 국제정치로서 의미가 크다. 특히 중국은 이란을 선호하는 바, 이는 가스운송의 안보면, 저렴한 석유단가 등 경제면에서 매우 유리하기 때문이다. 더욱이 현재 건설 중인 '파키스탄의 과다르(Gwardar)항이 중국의 신장위글자치구로 가는 파이프라인의 직행건설이 완공'되면, 이란산 가스의 도입은 에너지 안보면과 단거리의 안전운송이라는 점에서 더욱 유리하게 된다.[107]

 Total사의 이란에서의 철수

한편 2018년 5월에 프랑스의 1대 석유사(IOC)인 Total사의 CEO가 이란 내의 '사우드 Pars프로젝트'(Total사와 중국의 CNPC사와 50:50 합작)의 투자에서 철수한다고 발표하여 영국, 독일, 프랑스의 자국기업을 살리려는 노력에 찬 물을 끼얹는 결과를 초래하고 있다. 이란의 방대한 석유와 가스의 매장량에 비추어, 앞으로 4,000억달러 규모의 석유부문 인프라에 방대한 투자가 필요한 처지에 Total사의 철수(비록 현재까지 Total사는 40백만 유로 투자에 불과)는 이란에 타격은 물론, 핵협정을 살리려는 유럽 3국의 노력의 성과를 의심되게 할 것이다.

이같은 Total사의 철수의 결정 배경은 미국의 세컨다리 보이콧(Secondary Boycott)의 실시 시, Total사의 많은 미국 내 기업 활동이 제한되고 90% 이상을 활용하고 있는 미국계 은행에서 파이낸싱의 길이 막힐 것을 우려한 조치이다. Total사의 지분은 중국의 CNPC의 인수가 가장 유력하다. Total사는 러시아의 야말(Yamal)반도에서 가스생산 프로젝트에 Novateks의 51%, Total 20%, CNPC 20%, 나머지 9%는 Silk Road 펀드가 9%를 인수하여 수출 가동을 시작한 성공적인 케이스의 파트너이나, 이란의 경우는 제재가 심할 것 같아 철수하기로 결정한 것 같다.[108]

---

107 2017.7.4. WSJ, 'Oil Giant Total Plows Into Iran' 참조.

108 2018.5.17. FT, 'Total threat to pull out of Iran dents EU hopes of saving accord' 참조.

(5) 변모하는 중국의 에너지 안보

1) 중국의 에너지 안보와 국제정치

또 다른 에너지와 관련된 국가와의 외교관계는 무기거래(중국산 무기 판매)에서 찾을 수 있다. 특히 중국은 UN 안보리의 강대국 대표로서, 중국과 '에너지로 관련을 맺고 있는 국가들'에게 이들 국가의 대변자 역활을 하면서 이들 국가에의 자국산 무기판매를 하고 있다. 그 대표적 예가 이라크로서 중국은 이라크를 대변하면서 에너지를 수입하는데 있어 우호적인 조건으로 수입하였다. 또 다른 예가 카자흐스탄은 중앙아시아국가로서 구소련으로부터 독립(CIS)하는 과정에 중국이 적극 지원하는 과정에서 오히려 러시아보다 중국의 주동이 된 '실크로드(OBOR) 이니셔티브'에 앞장서게 되는 과정까지 중국은 카자흐스탄과의 긴밀한 에너지 관계를 정립하고 있다. 또 다른 에너지 관련된 개발도상국으로서는 아프리카의 앙골라(Angola)와 수단(Sudan)을 들 수 있다. 이들 양 국가가 아프리카의 인접국들과 분쟁으로 어려울 때, 중국은 정치적, 군사적으로 양국을 지원한 바 있다.

이리하여 2000년대에 진입하기 이전, 두자리 수의 경제성장을 달성한 중국(당시까지 에너지 확보를 위한 제대로 된 국내나 대외직접 투자없이도)이 중동산 에너지를 매우 좋은 조건으로 도입할 수 있었던 배경으로서, 당시의 낮은 석유가격 등 국제 에너지시장의 좋았던 여건 때문이라고 평가된다.

2) OPEC과도 원만한 에너지 국제정치를 유지하는 중국

또한 그러기에 고도경제성장의 유지를 위해 최소한 2백만 배럴/일의 원유 공급(수입)이 필요하였던 중국이 원활한 중동산 석유의 공급으로 에너지 충당이 가능하였고, 여기에는 석유수입을 비교적 유리한 조건으로 공급받은 중국의 에너지 안보정책이 주효하였던 것이다.

이리하여 에너지 3강(强) 중 중국의 특수성을 요약하여 살펴보면,

- 순 가스수입국으로 남는 超(초)강대에너지 수요국(순 수입국) 중국
- 러시아의 가스수출 대체(代替) No. 1 대상국으로 부상한 중국
- 2017년부터 미국의 Shale LNG를 장기계약으로 도입하면서, 앞으로 국제가스 거래소를 상하이에 설치하려는 중국

- 기후 변화(Paris 협정)에 적극 참여하려는 기후대책에 따라 중국의 가스수요(석탄 대체)의 급증과 장기적 가스 확보에 나선 중국
- 에너지 안보의 중요성으로 에너지 수입원의 다변화(Diversification)를 도모하는 중국(특히 미 해군의 영향하의 믈라카(Malacca)해협과 Suez운하를 통과하는 에너지 물동량 해운 운송 회피)
- 에너지 안보를 위해 해상운송보다 가스의 파이프라인 수입 또는 LNG의 북극항로나 태평양항로를 선호하는 중국
- 특히 미국의 셰일 등장으로 에너지 전략보다 가스의 도입가격의 상업화를 강조하는 중국이 되었다.

(6) 중국의 에너지 정책 변화와 위안화 석유선물 거래 실시: 미국 셰일붐을 맞는 중국의 에너지 전략은 상업적 거래로!

1) 석유·가스 수입 제1대국인 중국의 에너지 정책 변화

- 미국의 셰일가스의 붐으로 가스의 LNG 형태로의 도입 비중 증가
  - 파이프라인을 통한 장기가스 도입 비중은 감소(수요(소비)는 1980~2010년 53Tcf → 113Tcf(2배 증가), IEA 발표에서 수요는 2015~2021년간 174Tcf, 매년 1.8% 증가, BP, 2015년 예측[109])
- 중국 가스 수요도 매년 5.4%씩 증가(중국 가스소비 중 LNG 수입가스 비중이 증가(공해 감소대책과 병행): 소비의 50%/2015 → 소비의 80%/2035, 수입 가스로 충당하여야 함)
- 중국의 CNPC사는 미국 Chenerie사와 LNG 가스의 장기수입 계약을 체결(연 1.2백만톤의 LNG 도입, 2023~2043년간)
- 세계의 순가스수입국으로 남는 超(초) 강대 에너지 수요국(순수입국)인 중국[110]
  - 가스 수요의 급증으로 당분간 가스 수입 불가피(특히 LNG의 해상선박운송이 아닌 파이프라인을 통한 가스 수입 확대)

---

109 BP, Energy Outlook 2017 edition, p.35, surpport gas consumption in key world markets 참조.
110 Agina Grigas, Harvard University Press, 'The New Geopolitics of Natural Gas', p.126, Next Geopolitics of Natural Gas, p.237, China in the Gas Markets 참조.

- 2015년 중국 가스도입은 59.8bcm(26.2bcm은 LNG, 33.6bcm은 천연가스)로서 세계 4대 가스 수입국(Piped Gas의 수입, 총 가스 수입의 56%에 불과)
- 2010년: 13bcm LNG로, 3bcm 천연가스 파이프라인 수입
- 러시아의 가스수출 대체(代替) No. 1 대상국으로 부상한 중국
- 2007년 고속경제성장의 중국의 에너지수요 증가[111]
  - 세계 에너지 총 수요의 1/5이 중국 수요
  - 세계 에너지 수요 증가(2025년까지 연간 1/3씩 증가)의 50%가 중국 수요
  - 석탄 난방, 석탄발전(發電)에서 공해 감축으로 석탄을 가스로 우선 대체
  - 이는 중국의 노령화, 도시화(Urbanization)가 석탄에서 가스로 전환, 촉진
- 세계 전체의 Energy Efficiency의 증가로 에너지 의존도가 감소하는 성향과 역행
- 2015년 중국의 에너지시장은 세계 최대로 성장하는 에너지 수입국
  - 발전용 LNG의 최대 수입국(세계 LNG의 8%가 발전용 수입)
  - 중국에 12개의 LNG 터미널 건설, 세계 대량 가스거래에 대비
- 중국은 2018년 3월 Shanghai International Oil Exchange 발족으로 동 석유 선물거래를 위안화로 실시
- 2016년 미국산 LNG Sabine Pass[112]를 통해 Suez Canal을 Panamax 탱커로 운송하는 중국으로 수출 시작(가스 소비 25BCM/2000 → 197Bcm/2015, 이 중 1/3 을 대외수입으로 충당)
  - 미국산 셰일가스 수입 계기로 러시아의 수입가스가격 재네고로 인하가 가능
  - 호주가 중국(CNPC, CNOOC)의 LNG 가스 최대 공급국, 그 외 카타르, 인도 네시아, 말레이시아, 모잠비크 등에서 가스 수입(중국 가스도입은 세계 LNG 거래량의 8%, 19.83Metric Ton/2014)
  - Turkmenistan, 카자흐스탄, 우즈베키스탄의 가스를 도입하고, 'Central Asian Gas Pipeline' 건설 완료

---

111 Meghhan L. O'Sullivan, Windfall, p.48, Uncertainty of Demand 참조.

112 Sabine Pass의 소유주인 Chenerie사는 10년에 걸쳐 200억달러를 투자하여 Shale Revolution 과 더불어 가스수출에 재미보고 있다.

- 이를 통해 13Bcm LNG 가스를 도입
• 중국은 미국의 셰일기업인 Devon Energy와 Cheasapeake 지분을 인수
- 캐나다 에너지사의 지분을 위해 150억달러 이상을 투자

2) 자체 셰일가스 매장량을 개발·생산하여 급증하는 국내수요 충당 시도

국내 생산확대 시도에도 불구하고 중국의 셰일가스와 석유개발의 한계성(51Bcm/2005 → 138Bcm/2015에도 불구)으로 목표 일정을 2020년으로 연기했다. 중국은 순석유와 순가스수입국으로 2020년까지 에너지 믹스의 10%를 가스로 대체하는 한편 중국은 세계 최대의 셰일가스 매장량(31tcm)을 보유한 자국 내 셰일가스 개발·생산을 1차로 사천성(泗川省)에서 추진코자 세계대형 IOC 등과 공동개발에 착수하여 2014년에 125개의 구멍을 시추하고 74개의 구멍에서 생산을 시도(셰일가스분야에 30억달러 투입)하였다.

그러나 중국의 토지제도(국가에서의 임차)의 특성과 생산의 절대요소인 물의 부족, 생산가스 제품의 운송 태세의 인프라 미비, 셰일가스 생산 기술의 후진성 등으로 자체 개발은 2020년경(생산목표 40~60BCM, 국내수요의 1/5 충당)으로 미루고, 순수입에 매진하는 가스 순수입국으로 남아, 러시아, 카자흐스탄, 투르크메니스탄 등 중앙아시아와 미국, 동남아, 아프리카, 호주 등 에너지 안보를 위한 에너지 수입선(先) 다변화에 정책의 초점을 맞추고 있다.

3) 중국의 가스수입국으로의 변화와 미국 셰일시장에서의 가스 수입 확대

세계 경제대국인 중국은 미국과 러시아 같은 에너지를 생산하고, 수출하는 국가와는 달리 3위권(2017년 한국을 추월 2위국)의 셰일 석유와 가스의 매장량 규모에도 불구하고, 방대한 셰일가스와 석유 수요를 카타르 등 중동 산유국과 중앙아시아, 러시아와 최근에는 미국에서 셰일가스를 수입하는 위치에 있다.

중국은 매년 1/5(20%)씩 가스 수요가 증가하고 있다(2013년까지 가스 소비의 1/3 수입이 불가피한 중국 가스 수요).

그림 4.47	중국의 에너지별 순수요 증가량[113]

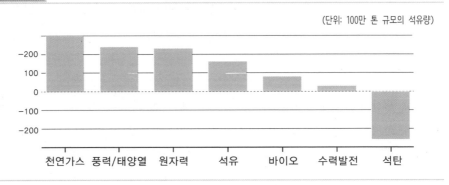

주: (단위: 100만 톤 규모의 석유량)

천연가스 풍력/태양열 원자력 석유 바이오 수력발전 석탄

그림 4.48	2017년 중국의 LNG 수입 격증[114]

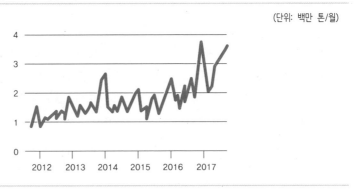

(단위: 백만 톤/월)

주: 2016년 이전 25%였던 LNG수입 비중이 2017년 10월에 이르자 48%까지 증가.

4) BP, 2017년 Energy Outlook 전망: 중국의 수입가스 수입 형태

중국 수입가스의 2/3는 LNG(형태) 수입 증가로, 나머지 1/3은 러시아와 중앙아시아에서의 파이프라인 수입으로 충당될 것이다.

2015년 러시아의 Altai로부터 중국서부로의 프로젝트는 연기, 실제로 경쟁력 있는 미국산 셰일과 호주산 가스의 해상운송으로 대체하는 것이다.[115]

---

113 'China's Energy Gorilla Will Eat less and do more', p.3, Liam Denning, 2017.11.14. Bloomberg.

114 Bloomberg, 2017.10.7.

115 NBR, 2016.12. Meghan L. O'Sullivan, Essay, ASIA: A Geopolitical Beneficiary of the New Energy Environment 참조.

2017년 및 2018년부터 미국의 셰일가스를 LNG 형태로 도입이 시작됐다.

(7) 중국의 셰일가스 도입을 위한 미국과의 장기도입계약 체결(2018년 초)

중국의 CNPC사는 2018년 2월, 미국 Texas에 있는 Chenerie사로부터 연간 120만톤의 LNG를 2023년부터 2045년까지 22년간 멕시코 만에서 선적하여 중국으로 수입하기로 결정하였다.

이는 중국의 공해 제거 정책에 대응하기 위해, 석탄 대신 가스로 발전(發電)을 대체하려는 장기전략(脫석탄정책)에 근거해 미국의 중국과의 무역역조 시정에도 도움이 되었다.

2011년의 미국의 셰일혁명으로 나타나는 또 다른 특징으로서, 2000년대 중반 들어 급성장하는 미국 셰일가스 LNG 가스 시장은 세 가지의 강점을 갖고 있어 급속히 성장한다고 지적된다. 이 강점은,

- 석유 및 가스수입의 제1대국으로서, 중국 내에 상하이 선물거래소 산하에 석유거래소를 설립하고, 해상운송 LNG가스 도입처를 미국, 캐나다, 호주 등지로 다변화를 도모함
- 동시에 CNPC사는 미국 Texas에 있는 Cheniere사(2016년, 멕시코만에서 가스를 한국에 수출한 회사)와 최초로 미국액화천연가스(LNG) 연 1.2백만톤씩 수입하는 장기공급계약(2023~2043년간)을 체결하였는데 이는 중국의 공해제거정책의 일환에도 속함[116]

이같이 중국은 석유수입의 제1대국이 되면서, 상하이에 원유선물거래소를 설치하여, 2018년 3월 26일부터 위안화거래의 석유선물거래를 시작하면서, 자유무역지구(Free Trade Zone)에서 실시하는 외국인 석유선물거래를 허용하였다. 이로서 중국은 WTI 선물유가와 유럽의 Brents 국제유가에 다음가는 '제3의 국제선물유가를 벤치마킹하는 중국의 국제유가'가 되고자 하는 발판을 마련한 것이다. 석유거래가 달러화가 아닌 위안화 표시 거래라는 또 다른 특징을 살리는 방편이 되었다.

---

116 2018.2.10. FT, 'Cheniere signs long term China LNG exports deal' 참조.

(8) 미국발 셰일석유·가스의 풍요를 맞은 때, 중국 에너지 정책방향 전환으로 에너지 시대의 격상 도모

- 2017년, 세계석유수입대국이 된 중국의 자국석유시장의 격상 도모, 위안화의 대달러화에 대한 도전의 일환책(petrodollar에 대한 petro-yuan의 반기)
- 2016년, 중국 미국산 석유수입 8.4mbd
- 2017년, 중국의 미국산 석유수입 63.4mbd, 8배로 증가(eia, 2018.2.5).

그림 4.49   미국의 석유수입이 감소하면서, 세계 No.1 규모의 순원유수입국이 된 중국[117]

한편 중국은 청정 에너지 발전(發電)을 위한 가스소비의 급증(2035년의 중국의 가스 소비수요의 85%를 수입으로 충당)에 대처하여, 미국산 LNG 가스를 파이프라인이 아닌 액화(liquified)가스를 LNG 가스(냉동)운반선으로 수입하여 2035년까지 가스 소비의 80%를 충당하여야 하는 중국 정부로서는, 이에 대처하는 석유와 가스에 관계된 정책으로서 2018년 초, 두 가지 획기적인 에너지 정책의 조치를 취하였다.

---

117 2014.11.13. '2014 Energy Outlook', U.S. Energy Information Administration.

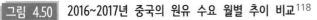
그림 4.50   2016~2017년 중국의 원유 수요 월별 추이 비교[118]

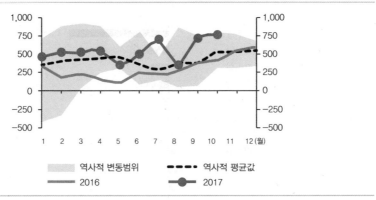

역사적 변동범위   역사적 평균값
2016   2017

2016년, 2017년에 이어, 2018년까지도 중국의 석유수요 증가에 석유생산이 훨씬 뒤쳐지면서 공급 갭이 커지게 되자, 중국은 미국의 셰일석유와 가스도 수입키로 하였다. 이는 마침 미국 트럼프 정부의 셰일에너지 수출 확대를 통한 America First 정책으로서, 미국 무역적자 폭의 축소를 도모하고자 그 일환책으로 이미 2017년, 미국이 셰일석유와 가스 수출의 독려를 본격화하였던 시기이다. 이와 관련, 미국은 대중무역적자 감소를 위해 철강재와 알루미늄에 대한 고관세 부과를 예고하면서 미국산 비행기, 자동차, 대두(大豆)와 천연가스 도입을 중국에 요청하였다.

이에 중국은 2016년 미국산 석유와 석유류 제품 수입을 2016년의 8.3백만 배럴에서 2017년에는 63.4백만 배럴로 무려 8배로 급증하는 수입을 행하였는데, 앞으로 중국 경제의 수요측면에서 이런 성향(trend)이 더욱 확대될 것이 확실한 전망이다. 이에 중국의 의미 있는 두 가지 거보(巨步)를 취하였다는 점에서 중국의 에너지정책의 기민성을 볼 수 있다. 최근 들어 중국의 원유 수요는 급증하고 반대로 생산은 감소하고 있다.

이러한 수요증가로 미국산 석유와 가스를 2016~2017년을 계기로 확대하였던 중국은 2018년 중순 이후 미국이 중국의 수출에 대한 제재가 강화되자 미국산 석유와 가스수입을 일체 중단하고 석유는 서부아프리카에서, 가스는 호주와 카타르 등지에서 대체 수입하고 있다.[119]

---

118 'OPEC Monthly Oil Market', 2017.12.13.
119 2018.10.19. Inside US OIL, 'US energy export plummet as Trump trade war bites' 인용.

그림 4.51   2018년 비 OPEC 주요 국가들의 원유 생산량 변화 전망[120]

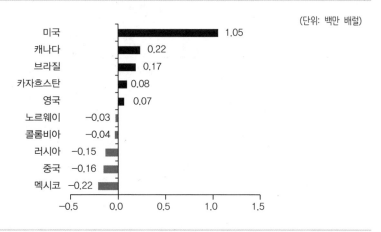

주: 비 OPEC 국가의 생산 증가는 0.99mb/d.

따라서 수요와 자체공급의 갭은 확대될 수밖에 없다. 중국의 경우, 생산은 감소하면서 수요는 증가하니, 에너지 수입이 늘 수밖에 없다. 이에 중국은 에너지수입을 다변화하면서 미국의 셰일도 그 수입을 급격히 확대하고 있다.

그림 4.52   최근 급증하는 중국의 LNG 수입[121]

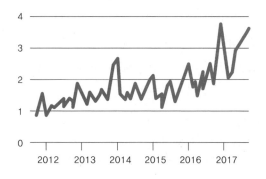

주: 2016년 25%, 2017년 10월 48% 증가.

---

120 'OPEC Monthly Oil Market', 2017.12.13. p.43, 'Annal supply changes for selected comtries in 2018' 인용.

121 2017.10.7. Bloomberg 참조, FT의 그림 인용.

(9) 금후 중국의 주 에너지 수요변동: 가격리스크 및 공급리스크 대비

- 2015년 이후 2035년까지 중국 에너지 수요와 Energy Mix의 중대 변화 전망
- 석탄 감소, 석유 중립, 가스와 원자력 발전, 재생에너지의 수요 급증
- 원유·가스 등 에너지 가격과 공급의 리스크 회피용 석유선물, 거래시장 설립 필요성(Nymex WTI, LME의 Brents 다음가는 국제원유선물시장유가; 벤치마킹국제유가 목표)
- 위안화로 거래되는 제3의 국제원유선물시장유가로 벤치마킹유가가 되는 목표
- 중국의 석유 및 석유제품 수요의 급증[122]: 2018년 1월 중 석유수입 3억 배럴, 2013년 11월의 거의 2배

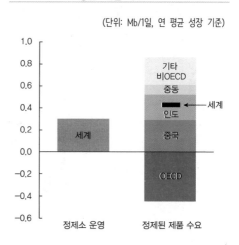

그림 4.53 세계 지역별 에너지 소비실적 및 전망[123]

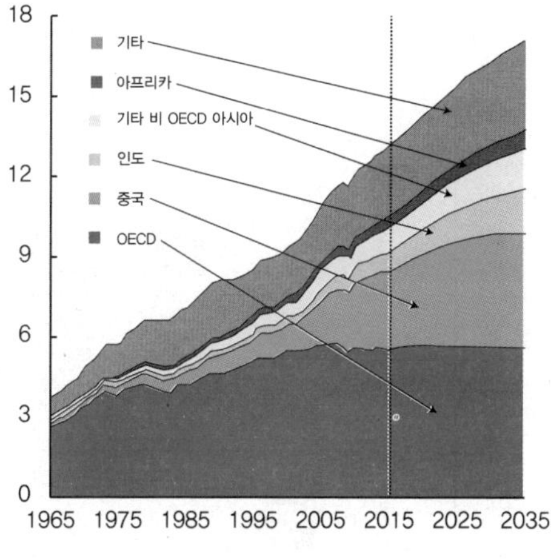

그림 4.54 2015~2035년 주요국들의 정유 제품 수요[124]

---

122 2018.3.18. ICIS, Insight: China oil futures—the dawn of a new petrocurrency(Petroyuan) 참조.

123 BP, Energy Outlook 2017, p.12.

124 BP, Energy Outlook 2017, p.30.

그림 4.55 중국의 주 에너지 연료별·연대별 수요 증가 추이[125]

(단위: 백만 톤/1년)

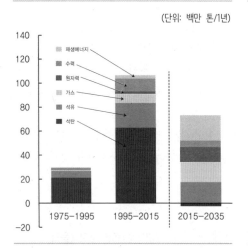

그림 4.56 중국의 주요 에너지 종류별 비중 추세[126]

(단위: %)

그림 4.57 중국의 발전원천별 코스트 추이 및 전망[127]

(단위: 달러, 2015년 생산량 기준)

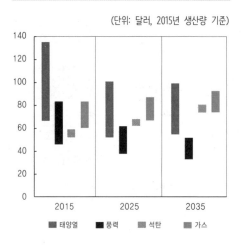

그림 4.58 중국의 원자력 발전수요 실적과 전망[128]

(단위: TWh)

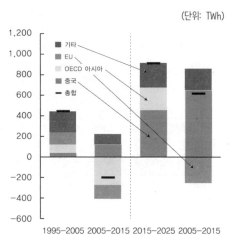

125 BP, Energy Outlook 2017, p.60, 2017 BP 참조 인용.

126 BP, Energy Outlook 2017, p.60, 2017 BP 참조 인용.

127 BP, Energy Outlook 2017, p.50, 2017 BP.

128 BP, Energy Outlook 2017, p.36, 2017 BP.

(10) 중국석유선물거래소의 설립과 석유선물거래 시작[129]

상하이 선물거래소 산하에 상하이 국제에너지거래소(INE, Internatinal Energy Exchange, 上海能源交易中心)에 상장하여, 위안화 거래가 가능한 석유선물거래 2018년 3월 28일 시작하였다.[130]

1) 중국 상하이 석유선물거래소에서 최초의 위안화 표시 석유선물거래: 중국 국무원 석유선물상장 승인

중국증권감독위원회는 중국상하이선물거래소(SHEF, Shanghai Future Exchange)[131]의 자회사로 중국석유거래소(INE)를 설립하기로 하여, '첫 거래대상으로 "2018년 3월 26일 석유선물거래를 거래소의 거래가격기준으로 거래를 시작"하되 그 거래는 위안화로도 가능하다'고 중국증권감독위원회가 발표하였다.

표 4.15 중국 INE 원유선물 주요 명세[132.133]

항목	내용
기초자산	고유황 중질유(Medium Sour Crude Oil)
계약단위	1,000배럴/계약(lot)
거래통화	1위안화(RMB)/배럴(세금 불포함)
최소가격변동폭	0.1RMB/배럴
1일 가격제한폭	전일 정산가의 +-: 5%(출발일 10%)
결제방식	최근 12개월의 최종거래일의 5연속 거래일(실물인수도)
거래시간	북경시간 오전 9:00-11:30 오후 1:30-3:00
상장된 계약	8분기 계약 후, 최근 12개월간 계약
거래증거금률(%)	선물 계약가액의 7%(2018.3.5. 발표)

---

129 2018.2.10. FT, 'China launch aims to create first Asian benchmark for oil deals' 참조.

130 2018.2.10. FT, 'China launch aims to create first Asian benchmark for oil deals' 인용.

131 중국에는 상하이증권거래소에서 분리한 상하이선물거래소가 있다. 거래소 안에서 선물거래를 하는 한국과 다르다.

132 에너지연구원 연구보고서 15-11, 상하이선물거래소 원유선물상장의 의미, p.18, INE, '원유선물 주요상품명세' 및 INE(上海能源交易中心 (INE)), Contract Specification 참조.

133 2018.3.12. Xinhwa Economic Watch, China gears up for launch of crude oil futures 참조.

동 석유거래소의 거래 현물의 인도는 자유무역지구(Free Trade Zone, 따라서 동 석유선물에 대한 외국인의 위안화로 직접투자가 가능한 첫 (상품)선물거래임)에서 이루어지며 보관유지는 동 지역 내의 저장탱크에서 이루어진다는 것이다.[134]

2) 상하이선물시장의 원유선물 상장과 추진 배경

- 세계 제1의 석유수입국가로서 중국의 석유가격 결정기준의 마커(Marker)로서 기능 확보와 석유리스크의 최소화(Risk, Management) 도모
- WTI(Nymex)와 Brent(ICE) 다음 가는 아시아–태평양지역의 제3의 벤치마크의 국제석유가격 출현 목적

이는 2016년부터 중국의 석유수입이 미국의 석유순수입 규모를 앞지르고 있으면서 2035년에 이르면, 전 세계 석유수요는 110백만 배럴/일로서 이때의 증가 규모는 15백만 배럴/일이 될 터인데, 이 증가 규모의 절반(7.5백만 배럴/일)이 중국의 수요 증가로 일어나게 되어 있다.[135] 이때 중국에 대한 외부 세계의 석유공급은 13백만 배럴/일로서 미국, 중동, 러시아 등의 저가석유공급이 가능한 지역에서 공급이 발생한다.

이같이 중국은 석유의 자체수요와 공급에서만도 거래규모가 세계적인 수준의 석유 '바게인 파워'(Bargain Power)가 될 것임을 활용하고 석유거래의 리스크를 최소화하면서 중국의 '세계석유 가격의 기준(benchmark) 결정'이 가능케 하고자 국제석유거래소를 설립한다는 점을 강조한다. 이같이 중국에서 결정하는 석유 선물의 기준가가 되는 국제 석유가는 미국 중심의 Nymex의 WTI(West Texas Intermediate)나 유럽, 중동, 아시아에서 선호하는 ICE의 Brent 유가의 다음가는 제3의 국제유가의 벤치마크 순위가 되게 하는 것이 중국의 목표이다.

이는 두바이상업거래소(DME)와 도쿄상품거래소(TOCOM)가 성공하지 못한 데에서 중국 상하이석유선물이 여건상 '제3의 벤치마킹할 국제석유선물'로서의 국제석유가격이 될 가능성이 커졌기 때문이다.[136]

---

134 2018.2.10. FT, 'China launch aims to create first Asian benchmark for oil deals' 참조.
135 BP, Energy Outlook 2017 edition, p.25, ──is largely met by increased supply from low cost producers 참조.
136 에너지연구원 연구보고서 15–11, 상하이선물거래소 원유선물상장의 의미(성공가능성) 참조.

앞으로는 석유 외에 가스 거래도 이 선물거래소에 추가 확대될 것은 명확하다. 가스에 적용되는 미국의 Henry Hub보다 중국은 싱가포르 거래소의 가스가격에 연계함을 더 선호한다.

3) 중국 petro-yuan의 원유선물 시작의 타이밍

중국이 원유선물거래를 시작할 수 있는 타이밍이 오랜 과정 끝에 드디어 그 여건이 조성되었고 필요성이 대두되었다.

첫째의 배경으로서는 마침 2018년 초의 시기는, 바로 수년전부터 세계석유 소비와 원유의 교역중심이 동북아시아(특히 중국을 중심으로 한 일본과 한국)로 이동하고 있는 점이다. 2016년의 중국의 석유소비는 579백만톤으로서, 유럽 전체 소비의 613백만톤에 조금 못 미치는 정도로 확대되었고 이는 미국의 863백만톤의 소비에 곧 근접할 것이라는 예상이다.

석유거래에 있어서도, 2015년의 경우에 유럽은 4.5백만 배럴/일의 수입으로서, 미국보다 많은 석유의 달러화표시의 최대 수입 지역이었으나, 중국에 대하여는 '중국 밖의 투자자는 달러화 표시가 아닌 위안화의 거래에 뛰어들 준비가 아직 되어 있지 않다는 설도 있다.

표 4.16 중국 원유선물계약제도의 강약점에 대한 SWOT 분석[137]	
강점(Strenghth)	약점(Weakness)
세계최대 원유 수입국	위안화 거래
정유설비 및 비축설비 확대	제한적인 중국 금융시장 개방
역내에 글로벌 원유선물 부재	강력한 경쟁상대 존재
동남아와 동북아의 연결 지점	중국의 빈번한 금융시장 불안
기회(Opportunities)	위협(Threats)
미국, 유럽, 아시아 간 차익거래 기회	중국 거대 국영 석유사의 과도한 지배력
미국, 유럽 공백 거래 종료 이후 해소	일본과 미국 등 서방의 견제

137 에너지연구원 연구보고서 15–11, 상하이선물거래소 원유선물상장의 의미, p.28, 중국 원유선물계약의 SWOT 분석 인용.

또한 기존의 두바이 유(油)를 대신할 아시아 역내의 원유수급을 제대로 반영할 새로운 벤치마킹할 마커(Marker)원유가 없어 이를 찾아야 할 시점이라는 점이다.

그러면서도 중국이 오래 갈망하고 있는 '위안화의 국제화'(internationalization)의 한 방편으로서, 위안화를 포함시켜 석유거래 통화의 다변화를 모색할 시기라는 점이다.

물론 이 문제에 관한 한, Petrodollar의 벽이 워낙 높아서 petro−yuan이 이를 헤치고 나가기에는 여러 가지 난관이 예상되고 또한 오랜 시간이 필요할 것임은 물론이다. 예컨대 다이련선물거래소에서 상장 거래되는 철광석 선물의 경우, 매매 오더의 수준이 달러화 표시거래보다 비싸고 가격의 변동폭이 아주 유동적이며, 가격 결정과정이 취약하다. 여기에 외환리스크가 작용되는 것이다.[138]

이러한 여건 하에서도 중국은 2035년까지 중국자체의 소비되는 석유와 가스거래에서 압도적인 제1의 Buyers Market의 에너지 국제시장으로서의 강점을 살리고, 석유거래 국제 가격의 시장원리에 따른 수요와 공급 원칙을 살리면서, 위안화(IMF의 5번째 특별인출권(SDR) 구성 기축통화)로 원유선물거래가 가능케 시도하는 '상하이 원유선물거래를 2018년 3월 28일 시작한 것이다. 중국금융시장개방의 확대로도 이해할 수 있다.

원래 중국은 국내석유선물을 1993년에 일찍이 시작하다 2012년에 이를 중단하고, 그간 오랫동안 시행치 못하였다가 2018년 3월까지 끌게 되었다. 이 배경에는, 2014~2015년의 국제유가하락파동 (2017년 중순까지 국제유가가 50달러대 이하에 머물러 있던 사정과 중국의 금융시장과 주식시장의 불안정)에서 여러 여건상 석유선물거래를 시작할 수가 없었다.

중국석유거래소의 시작단계는 석유이지만, 곧 가스거래에도 중국 석유거래소는 가스 관련 상품을 상장하여 가스의 '바게인 파워'(Bargain Power)로서 국제가격 형성에 기여하면서 국제석유거래소의 한 축(軸)을 맡을 것으로 보인다.

---

138 2017.10.17. Bloomberg, 'The Petroyuan's Time Has'nt Come' 참조.

4) 중국의 기존 3개 상품선물거래소의 활발한 거래와 성장과정

한편 이미 중국에는 상하이선물거래소(SHFE)의 금속선물, 다롄상품거래소(DCE)의 금속 및 농산물선물과 정저우(鄭州)선물거래소(ZCE)의 농산물 선물거래의 성공사례는 방금 시작하는 상하이 원유선물의 성공에 큰 도움이 될 것이다.

2011년부터 시작한 중국상품선물(Commodity derivatives)의 거래 연도별 회전규모(turnover)는(원래 중국의 투자자는 투기적 투자를 선호하는 특성이 있다),

- 중국의 상품선물거래시장의 회전거래(Turnover)률[140]: 거래 회전률은 목측
  - 2011(14), 2012(14), 2013(19), 2014(19), 2015(21), 2016(27), 2017, 1−11(23)

또 다른 활발한 중국의 상품선물거래를 보여 주는 지표로서 평균 보유기간으로 보면,[141] Nymex의 WTI 원유가 44시간임에 비해,

- 다이련 상품거래소(DCE), 철광석(Iron Ore): 5.3시간
- 상하이 선물거래소(SHFE), Steel Rebar: 6시간
- 상하이 선물거래소(SHFE), 니켈(Nickel): 10시간

중국의 상품투자자들은 금이나 석유나 투자시간을 하루를 넘기지 않는 성향이다.

---

139 2018.2.23. FT, Asia LNG derivative volume quaruple as trade in the fuel grows more active 및 2017.3.8. FT, OPEC/hedgr funds diss. miss, OPEC official says hedge funds lack 'basic' grasp of market 참조.

140 2017.12.14. Bloomberg, 'All Chinese Oil Traders Want for Christmas Is a Futures Contract', Chinese commodities derivatives trading and turnover expoldied in the past 6 Yrs 인용.

141 상동.

　　이런 성향의 상품투자자들은 석유선물이 출현하면 금속상품투자와 같은 초(超)단기선물투자를 행할 것이라고 Bloomberg는 전망하고 있다.

그림 4.59　중국의 3대 상품선물거래소의 최근 연도별 거래규모₩[142]

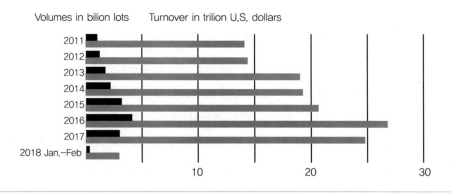

(단위: 계약건수 10억건, 유통금액조 $)

주: 위 표의 작은 막대기는 10억 단위 계약건수, 긴 막대기는 거래(조$) 규모로서, 특히 2015년, 2016년에 걸쳐 선물거래가 급격히 증가한 것을 알 수 있다.

5) 석유선물의 위안화거래에 따른 문제점과 의미: 투자이익 해외송금 완화의 필요성

　　2017년 10월 12일자, Bloomberg는 중국인민은행의 좌우사우촨(周小川)총재의 말을 인용하면서, 당시에는 사소한 것 같으나 두 가지 중대한 개혁이 곧 발표될 것이라고 예고하였었다. 그 하나는 '외국인의 중국내 투자조건의 완화'이고 또 다른 개혁조치는 바로 '원유선물의 실시'라고 시사하고 있었다. 특히 후자는 외국인투자자의 이익금의 해외 송금조건의 완화라고 정의하고 있다. 외국인의 투자가 위안화로 표시되었어도, 외국인 투자가 위안화로 표시되어 이루어져 있으면, 그 이익금의 본국으로 송금시에는 자본 규제를 완화하여 이로서 외국인 투자를 유치하겠다는 것이다.

　　그는 여기에서 이 조치는 위안화의 국제거래사용을 촉진하는 것으로서, 석유선물에 대한 위안화의 활용 가능성을 크게 부여함으로써, 중국이 수입석유의 종류

---

142 중국증권거래 협회 및 S&P Platts 분석자료 참조.

(WTI와 Brents 선호, 우대)와 수입 가격에 대한 보다 큰 콘트럴을 할 수 있게 한다는
것이다.[143]

이 원유선물거래의 위안화의 거래의 인정은 '위안화의 국제적인 사용(international
ization)을 확대'하는 것으로서, 석유가격을 정할 때에 위안화로 표시하는 방법의 고
도화로 국내외 투자자를 만족시킬 수 있도록 발전시킨다는 것이다.

또 다른 토픽은 금융산업에 관한 것으로 예컨데 은행주식에 대한 외국인 투자
한도의 현재와 같은 25%의 상한선을 조정한다는 것으로 이는 오랜 중국의 특히 '은
행업에 대한 실링'(Ceiling) 상한으로 지적되어 왔다.

6) 중국 금융당국의 외환시장 개입과 위안화의 석유선물거래

결국 석유선물의 성공여부는 외환통화당국자가 얼마나 간섭 없이 시장 기능에
맡기느냐에 큰 관건이 달려 있다고 하겠다.

마침 석유선물을 시작하는 그 즈음에 중국인민은행의 행장도, 그리고 그 위에
서 전체 통화정책과 금융정책을 조정지휘하며 감독하는 부수상(유해)도 새로 교체된
타이밍이기에 새 팀에 의해 선 보이는 '위안화 표시의 석유선물이 자유무역지구'에
서 처음 실시되는 이상 그 귀추가 주목된다.

2017년, 아시아(특히 일본, 한국, JKM)시장의 LNG 스왑계약(Derivatives) Hedge 거
래(장외거래)는 4배로 확대되고 LNG 거래는 1회 이상, 현물거래의 4%만이 파생선물
거래였는데 현물거래가 증가하면서 파생선물거래도 확대되었다.[144]

JKM의 파생가스선물 거래업체는 2017년 초 20~30개 업체에서 2018년 초 30~
40개 업체로 늘어났다.

7) 미국의 대이란 제재로 호황을 맞은 중국 상하이 석유선물시장

중국의 이란산 석유수입은 이란 석유생산의 1/4에 해당하는 최대수입국이며,
이란산 석유수입은 중국 석유수입의 8%에 해당된다. 중국의 대이란 석유수입은 위

---

143 2017.10.12. Bllomberg, 'Oil Futures in China Would Be Transformational', It could be
   first step in removing capital controls on remittance of foreign investors profits 참조.

144 2018.2.23. FT, Asia LNG derivative volumes quadruple as trade in the fuel grows more
   active 참조.

안화로 결제되므로 달러화 거래제재에 해당되지 않는다.[145]

또한 중국은 이미 위안화로 이란과 결제하는 경우가 많아 졌으며, 2018년 3월부터 실시하는 중국의 위안화에 의한 석유선물거래(Shanghai crude oil futures)는 미국의 핵협정 탈퇴 후에 거래량/일이 25만건으로 확대되어 이란 제재 직전의 2배로 폭증하여 세계석유선물의 12%를 차지하였다. 이에 중국은 WTI선물시장과 Brent선물시장 다음가는 제3의 벤치마킹 석유선물시장이 되는 것을 기대하게 되었다. 중국의 석유시장에서는 이미 Non-달러화에 의한 석유거래가 확산되고 있다.

8) 중국 CNPC의 미국 체니어사와 장기가스 도입을 위한 MOU 체결[146]

시장원리에 의해 정해지는 국제시장가격에 의한 중국의 미국 LNG가스의 운송도입과 중국의 미국과의 무역역조 시정 노력을 위해 중국이 2016년과 2017년에 걸쳐 미국의 셰일LNG가스의 해상수입을 확대하면서, 2018년 2월에는 중국의 CNPC사는 미국 텍사스에 있는 LNG가스 거래 1위사인 체니어(Cheniere)사와 25년에 걸친 가스장기계약을 체결하였다.

미국정부는 '에너지산업의 활성화 방안'으로 '미국 전 해안의 석유와 가스개발의 금지 조치'를 트럼프대통령이 미국 국내부(Department of Interior)를 통해 해제하였다. 동시에 미국 멕시코 만에서의 비전통적인 셰일 LNG가스의 운송선 수출을 독려하기 위해 수출 인프라 건설도 적극 장려하고 있다.

이같이 미국의 걸프만 일대의 가스수출은 멕시코와 브라질, 콜롬비아 등 남미로의 가스수출과 더불어 최근에는 확장된 파나마 운하를 통과하는 대 아시아 수출(중국, 일본, 한국, 대만 및 인도) 등으로 시장이 급격히 확대되고 있다.

145 2018.5.14. Reuters, 'China's crude oil futures boom and looming Iran sanctions' 참조.
146 2018.2.10. Cheniere signs long-term China LNG exports deal 참조.

이는 2018년 초, 멕시코(1위), 한국(2위) 다음으로는 3위의 미국 LNG 가스수입국인 중국이 2020년까지의 미국 LNG가스의 흐름을 전망하면서, Cheniere사를 상대로 25년간에 걸친 가스 장기도입 계약을 체결한 것이다.

여기에는 막대한 대중국 무역적자를 우려하면서 중국에게 상품거래 무역적자 시정을 압박하는 트럼프대통령(2017년 11월 중국방문)에게 응답하려는 중국 정부의 CNPC에 대한 권유(지시)가 작용한 것 같다.

이 MOU에서 CNPC는 Chiniere사에게 연간 1.2백만톤의 가스를 2023년에서 2045년까지 공급받는다는 내용으로 2018년부터 부분적으로 시작한다는 것이다(수출가격 10.50달러/백만 Btu., US Henry Hub 2.60달러).

9) 석유선물거래의 시작: 6개월간의 평가[147]

세계 제1의 석유수입국이 된 중국은 국제석유거래의 벤치마킹이 되고, 동시에 위안화로 국제석유거래를 하기 위해 2018년 3월 중순부터 시작한 위안화에 의한 국제석유선물거래는 9월에 접어들면서, 이에 대한 평가가 나왔다. 그 요지는,

- 3월에서 4개월이 지나면서 세계석유거래의 7%가 상하이석유시장에서 이루어짐
- 선물시장의 활발도를 나타내는 선물계약건수와 미결제약정(open interest)은 대단히 활발하여, 2018년 7월의 경우, 세계석유선물거래(WTI와 Brents거래 포함)의 14%의 비중을 점하게 되는 등 급증하여, 제3의 두바이상품거래소(Dubai Mercantile Exchange)의 계약건수를 초과하게 됨
- 이 정도의 규모가 되기에는 Brents 유가의 경우에는 20년(2decades)이 경과하여 비로써 도달한 것을 감안하면, 상하이 석유선물이 얼마나 가파른 거래규모가 되는 것인지 알 수 있다. 특히 중국 감독당국은 그간 9월물이 실제 인도되는가에 관심이 많았는데, 거래 중 11건을 실제 인도하는 실적을 보여주었다(대부분의 인수자는 중국의 국내 국영·사영 석유기업).
- 또 초기 6개월에 선물거래가 활발하였던 배경에는 유가의 변동성도 크게 작용하였다. 이란에 대한 미국의 경제제재 예고와 이를 둘러싼 중국과 미국의

---

147 2018.9.4. Reuters com./article, 'Breakviews – Shanghai's early market win threatens oil duopoly' 참조.

무역분쟁 등은 국제유가의 출렁거림에 크게 작용하였고 선물거래 약정은 크게 활발할 수 있었다. 다만 상하이거래소의 거래는 바로 직전월의 석유가 변동에 치중함으로써 장기적인 사이클에 의존하는 WTI와 Brents의 경우와는 다른 특징이 있다.

- 또 하나의 취약점은 바로 이 기간에 미국과 중국의 무역분쟁에서 발단된 위안화와 대달러 환율이 커다란 쟁점사안이 되어 중국중앙은행(PBoC)이 위안화 환율변동의 기준에 대한 큰 폭의 조정이 있었음은 중국 최초의 석유선물거래(특히 위안화 표시)에 커다란 리스크 요소가 된 나쁜 타이밍이었다고 하겠다. 그러기에 최초 6개월의 선물시장에 Glencore, Trafigura, Vitol 같은 세계적인 대형상품 거래투자가의 거래 참여가 없었고, 오직 중국의 국내국영석유사를 중심으로 중국의 석유기업만이 대거 참여하는 약점이 문제로 남는다. 아마 미·중 무역분쟁의 커다란 소용돌이 속에서 중국인민은행이나 기타 정책당국자가 위안화의 조작없는 환율 안정성 유지에 신경 쓸 겨를이 없었을 것이다.

필자도 이 점을 중국 위안화 표시 석유선물제도의 가장 큰 취약점으로 생각한다. 언제 '위안화 환율에 간섭 없는 위안화석유선물시장'이 될 것인가는 커다란 관심 속에 사태의 추이를 지켜볼 뿐이다.

석유선물시장에 환율당국자의 간여 없는 시장이 되게끔 선물거래소 관계자가 호소한들, 치열해지는 미·중 무역 파도 속에 반응 없는 메아리가 될 것으로 보인다. 선물이란 대상(상품)물이던 통화이던 어떤 환경과 여건 속에서도 Long과 Put는 이윤을 챙기는 시장(한편에서는 엄청난 리스크를 지면서)이기에 더욱 그 전망이 어렵다.

미·중 무역전쟁을 예견하지 못한 타이밍에 '위안화 석유선물거래'를 중국이 시작한 타이밍을 잘못 잡은 상 싶다.

2018년 3월 중순, 미국은 무역적자(2017년 3,750억달러) 감축방안으로 철강과 알루미늄에 대한 수입관세를 대폭 인상하면서, 중국에 대하여는 특히 미국산의 수입확대를 요청하였는데, 수입확대 가능 요청품목으로서, 자동차, 비행기, 대두(콩) 외에 천연가스의 도입 확대를 요청하고 있다. 이러한 요청이 전망되자 위에서 본 CNPC의 미국산 가스 1.2백만톤을 2023년부터 2024년까지 Chenirie사를 통해 장기 공급받는다는 계약을 서둘러 체결한 것으로 보인다.[148]

---

148 2018.3.12. FT, 'White House asks Beijing buy more in 100bn$ trade deficits plan' 참조.

제5장

에너지 강대국 러시아의
최근 석유·가스 사정

-구소련 해체와 과도기를 거친 후, 에너지 무기화를 통한 푸틴대통령의 러시아 재건

Global Energy Geopolitics

미·주·러·OPEC간의 에너지 국제정치

에너지 강대국 러시아의
최근의 석유·가스 사정

-구소련 해체와 과도기를 거친 후, 에너지 무기화를 통한 푸틴대통령의 러시아 재건-

① 석유 강국 구소련의 해체 과정과 석유·가스 산업의 쇠퇴[1]

(1) 구소련의 석유·가스 산업의 시작: 제2의 석유생산국(1950~1980년대)

- 1975년, 한 때 세계 제1의 석유생산국이었던 소련
- '시베리아의 Novesibirrsk는 석유 위에 떠 있다'할 정도의 막대한 석유저장

러시아의 석유와 (천연)가스는 Saratov지역에서 중앙볼가(Volga)의 북동지역의 카마(Kama)강 분지의 서부 우랄(Ural)기슭의 Perm지역에 많이 매장되어 있다. 그래서 이 지역을 '제2의 Baku'(Azerbeizen의 수도로서 구소련(USSR)에서 가장 석유가 많이 나는 지역)라 칭한다. 그리하여 1950년부터 1975년까지 이 지역은 소련의 가장 큰 석유생산지가 되었고, 또한 소련의 제1의 정유센터가 되었으며, 이 지역의 석유생산으

---

1 Vagit Alekperov, 'Oil of Russia' Past, Present, & Future: Top Manager's View, 2011, Printed USA, Chapter 1 The Russian Empire 'Black Gold' 참조.

로 2차 대전 후, 1960년대에 걸쳐 소련은 제2의 석유 생산국이 될 수 있었다.

또 이때 소련은 유가(油價, 소련의 석유 제조원가가 매우 낮았음)를 덤핑으로 세계시장에 풀었는데, 이는 소련이 세계석유시장의 '마켓 셰어'를 획득하기 위한 조치이었다.[2]

이후 1957년에 러시아의 유명한 지질학자인 A. 트로피누크(Trofinuk, 우랄－볼가 지역의 석유단지를 이미 발견)는 그의 지질연구소를 시베리아의 Novesibirsk로 옮기면서 '시베리아는 문자 그대로 석유 위에 떠 있다'(Siberia is literalliy floating on Oil)라고 갈파하면서, '소련의 석유와 가스의 새 시대를 시베리아를 중심'으로 열게 되었다.

이렇게 서부 우랄지역은 에너지가 아주 풍부한 서부 시베리아에 밀리게 되었고, 서부 시베리아는 '제3의 Baku'로 명명되게 되었다.[3] 1965년에 발견한 시베리아 지역의 엄청난 석유 매장량은 소련으로 하여금, 세계 제2의 석유 및 가스 수출국(對 소련의 위성국과 서부 유럽)이 될 수 있게 하였고, 소련에서의 석유산업은 당시 소련의 GDP의 10%의 비중이 될 수 있었다. 곧 이어 미국에 순위를 내주긴 하였으나 소련은 잠시 세계 제1의 석유생산국이 되었다. 1988년 소련의 에너지산업의 비중은 더 커져 GDP상 15%를 점하게 되었으며, 석유·가스 산업에 대한 자본투자는 총투자 중 1970년의 30%에서 1988년에는 50%까지 증가하였는데 이는 그만큼 러시아 경제에서의 석유산업의 중요도를 뜻한다.[4]

여기에서 우리는 구소련의 석유·가스산업의 위치와 그 규모를 보기에 앞서, 우선 1965년부터 1980년에 걸친 구소련(USSR)의 석유생산과 서부 시베리아에서의 석유생산의 추이를 볼 필요가 있다. 이곳에서의 특징은 1970년대, 과거 소련의 석유의 주(主) 생산단지가 '볼가－우랄'(Volga-Ural) 지역에서, 1975년 이후, '서부 시베리아'로 옮겨간 것을 알 수 있다.

이때에 미국 및 유럽과 소련의 관계는 매우 원만하여, 유럽과 러시아산 가스의 수출입으로 얽힌 그때의 상호 의존도가 현재까지 이어져 오고 있다.

---

2 Jean－Marie Chevalier, 'The New Energy Crisis Climate, Economies and Geopolitics' The Legacy of Past, p.89 참조.

3 Saul Bernard Cohen, 'Geopolitics', Third Edition, Prof. of Boston Univ. p.237, Geopolitical Features, 'ECUMENE' 참조.

4 Jean－Marie Chevalier, 'The New Energy Crisis Climate, Economies and Geopolitics, The Legacy of Past, p.112, Notes. 10 인용.

표 5.1	소련의 연도별 석유생산과 서부 시베리아에서의 생산 추이[5]		(단위: 백만톤)
연도 (5년 단위)	소련 전체 석유생산	서부 시베리아 석유생산	총 생산에 대한 서부 시베리아 비중(%)
1965	267.7	0.992	0.37
1970	389	34.6	8.9
1975	541.2	163	30.1
1980	664.7	344.6	51.8

1975년 당시, 소련의 서부 시베리아 지역에서의 석유생산은 강력한 경쟁국인 미국의 석유생산보다 잠시나마 4.5%가 많은 541백만톤을 생산하여, 생산 제1 국가 이었다는 점이 특징이다. 이점은 1974년의 경우, 소련은 미국 생산의 93.2%의 비중으로 성장하여 생산하였고, 훨씬 더 이전인 1955년에는 소련의 석유생산이 미국의 20%에 불과하였던 점을 감안하면, 60년대와 70년대 중반까지 소련의 석유생산의 급성장을 알 수 있다. 그리하여 1980년에는 미국과의 격차가 벌어져, 665백만톤(이 때 서부 시베리아는 344백만톤 생산으로 전체의 52% 비중)을 생산한 소련이 미국보다 오히려 9.8%나 더 생산하면서 한때 미국보다도 우위로 올라섰었다. 이런 현상은 마치 미·소간 전쟁을 연상케 한다.

여기에는 서부 시베리아의 혹독한 악천후 속(추울 때는 −50℃)에서 인프라도 변변치 않던 시베리아의 생산여건에서, 소련의 수천명의 엔지니어와 석유생산 작업자들의 생산활동에 전념할 수 있게 한 위에, 당시의 소련의 에너지 당국자가 물질적, 재정적으로 석유산업에 집중적으로 지원한 것이 주효하였다. 또 당시의 효율적인 경영시스템과 새로운 기술과 엔지니어링이 가미되어 나타난 성과라고 평가하고 있다.[6] 특히 서부 시베리아는 나쁜 기후조건 속에서도, 미증유의 빠른 속도의 생산성과로 나타나, 그만큼 당시 소련의 경제에 크게 기여하였다. 그리하여 1970년대는 통틀어 러시아의 석유생산 노동자, 금융, 재료, 기술 등 모든 여건 면에서 전체적으로

---

5 Vagit Alekperov, 'Oil of Russia Past, Present, & Future; Top Manager's View', 2011, Printed USA, Chapter 1 The Russian Empire Black Gold, p.151, Table 14 USSR Total and Western Siberian Oil Production by year 인용.

6 Vagit Alekperov, 'Oil of Russia Past, Present, & Future: Top Manager's View', 2011, Printed USA, Chapter 1, p.151, The Russian Empire Black Gold 참조.

충분한 석유생산이 가능케 기여하였다고 평가된다.

이렇게 1976년에는 소련은 563백만톤의 석유와 가스를 생산하여, 1975년에 비하여 22백만톤의 석유와 가스를 증산하였고, 새로운 798개의 석유구멍(油井)을 뚫어 유정(油井)수를 4,453개로 목표로 잡고, 목표치만큼 유정을 뚫는 것을 달성하였다. 한편 1,184개의 생산이 단절된 유정은 폐쇄하였고, 서부 시베리아 지역에 7개의 새로운 생산단지를 개발하여 생산을 시작하고 현대적인 압력장치를 가동하였다.

또한 코미(Komi)—ASSR에서 Usinsk와 Vazeyskoye 석유단지가 가동되었으며, 코미네프트(Komineft)사는 그 목표를 달성할 수 있게 되었다.

이로써 1976년에는 소련은 전년보다 석유 22백만톤을 더 생산하여 563백만톤의 석유와 가스를 생산케 되었다. 또 이 시기에 석유산업에 투입된 투자자본도 확대되어 석유산업에 44억 루불이 투입되었으며, Nithnevartov에서 Kuybyshev의 1,333마일의 석유 파이프라인이 완공되어 가동되었다. 이듬해인 1977년에는 소련은 595백만톤의 석유를 생산하고, 1.6백만 피트의 석유시추(drilling)를 하기도 하였다. 이때 증산된 석유수출은 주로 유럽으로 향하였으며, 석유 이외의 가스 수출은 유럽의 가스 수입의 1/3을 차지하였는데, 이는 주로 우크라이나(Ukraine)를 통해 파이프라인으로 이루어졌다. 이 가스는 동부 유럽과 중앙 유럽 국가들에 수출되었다.

이때의 파이프라인은 벨라루스(Belarus), 우크라이나, 폴란드를 통해 서부 유럽과 유럽의 해변국가들에까지 수출되었다.

(2) 구소련과 미국의 에너지 과학 협조

그러면서 소련 정부는 신기술 도입을 목표로 가장 선진된 미국과의 협조를 해나가기로 하여, 미국의 에너지 성(省)과 과학적 기술협력을 하는 협정을 체결하였으며, 미·소 양국의 학자와 기술자의 협력 체제를 정립하였다. 이때 소련의 과학자와 기술자는 미국 측에 '212~392°F(화씨)에서의 석유생산에 관한 공동연구'를 제안할 정도로 당시에는 미·소 양국은 에너지 부문에서의 공조관계가 원만하였다.

그리하여 소련은 1978년 6월, 아제르바이젠의 수도 바쿠(Baku)에서 최초의 국제석유 및 가스 박람회를 개최하여 소련과 다른 국가들과의 안정적이며 우호적인 에너지 체인을 형성하는 전기를 마련하는 움직임도 있었다. 이때만 하여도 많은 미

국의 에너지 관련 학자와 에너지 기업의 관련자들이 동 전시회에 참가하였다. 통계
상으로는 참가한 해외방문자가 110,000명이었다고 발표하고 있다.

(3) 세계위기 당시, 소련의 독재적 관료주의 산업체제와 석유 · 가스 산업

1) 구소련의 초대형 독재적 관료주의 산업의 한계성

그러나 소련의 거대한 초대형 관료주의의 독재적 산업형태로는 급격하게 변화
하는 서방의 시장경제의 빠른 속도의 변화에 적응할 수 없고, 국제경쟁력을 상실한
소련의 경제는 이에 따르지 못하고 빠르게 하강할 수 밖에 없었다.

특히 서방측의 대량생산체제와 새로운 신기술이 등장하면서, 소련의 경제는 하
강속도가 빠르게 붕괴되기 시작하였다.

1980년대 초의 에너지 위기를 맞아, IT기술과 연관된 서방측의 산업혁명에 소
련의 낙후된 체제로서는 이에 맞설 수 없었다. 이는 세계적으로 유가가 하락하면서
소련은 에너지 관련 석유산업에 신규 투자를 할 수 없었던 반면, 서구(미국, EU 및 일
본 등)의 70% 이상의 에너지를 절감(conserve)하는 신기술이 등장하던 시대에 소련은
정체되고 낙후될 수밖에 없었다. 그때의 브레즈네프(Breznev) 시대의 9차(1970~1975
년) 및 10차(1976~1980년) 양차의 5개년 경제개발계획과 같은 스탈린식 경제모델로
서는 급속도로 변화 · 발전하는 서방측 세계경제에 대처하기에는 역부족이었다. 특
히 석유와 가스와 같은 에너지산업은 급격하게 하강할 수밖에 없었다.

때마침 일어난 세계적인 에너지 위기는 서부 시베리아산 석유같은 원자재(구소
련의 수출의 83~85% 비중)를 팔아 소련이 필요로 하는 식량과 생필품의 겨우 15~17%
의 조달하기에도 바쁘게 되었다.

당시에 급락한 원자재 가격은 1970년도와 같은 동일한 양(규모)의 에너지를 수
출하여도, 국제유가의 하락으로 소련은 연간 100억달러의 손실을 보는 형태가 되었
다.[7] 소비에트 연방의 근로자들은 노동에 대한 인센티브도 없었고, 소련 공산당 정
부는 페이퍼 워크만 강조하는 데에서 경제는 급격히 하강할 수밖에 없었다.

이런 현상의 누적은 1980년대 후반 들어 소련의 1인당 소득(per Capita)은 세계

---

7 상동, p.151, 'Heading for a Crisis' 인용.

77위로 급락하였고, 1970~1980년 간의 소련의 세계 무역비중은 4%에 지나지 않게 되었다. 이 기간의 소련의 군대는 아프카니스탄을 포함한 세계 36개의 분쟁지역에 파견되었고, 그나마 궁핍하게 된 외화(硬貨, 소중한 원자재를 헐값에 팔아 획득한)를 낭비하게 되었다.

2) 1976~1980년간 석유와 가스생산의 급격한 감소

이리하여 10차 5개년기간(1976~1980년) 중에 석유생산은 하락하기 시작하였으며, 1975년의 석유와 액화천연가스의 35백만톤 생산이, 1980년에는 19.4백만톤으로 급격하게 감소하였다. 이는 예컨대 26차 CPSU대회에서 공산당 지도부는 엉뚱하게도 "소련의 석유노동자는 사회주의적 경쟁체제를 잘 활용하여 5개년 목표달성을 앞당겨 달성하자"고 시대에 동떨어진 구호로서, 석유산업과는 전혀 안 맞는 이념을 역설하는 현실에서 그때에 풍미하던 세계흐름에 역행하고 있었던 배경에서 알 수 있다.

동 시대에 경제활동에서의 인센티브를 찾아야 하는 마당에 이와 동 떨어진 사회주의적 이념을 역설하는 시대적 여건이 에너지 산업을 포함한 1980년대 후반 전반적 소련 경제와 산업을 침체케 하였던 배경이었음을 알 수 있다.

소련 공산당의 석유산업계에 안겨 준 또 다른 과오는 석유산업과는 전혀 무관한 사업이나 과제를 석유기업에 주었던 것이다. 예컨대 식량자원 마련을 위해 석유기업들이 농업단지를 마련케 하는 일 외에도, 식량재배와 축산단지를 마련하게 한 일로서, 1970년에 석유산업이 48개의 국영농장을 관리하게 하였던 예가 그것이다.

이때의 석유기업의 자회사로서 농장은 그 규모가 17,000 에이커에, 여기에 종사하는 석유생산과는 관련이 전혀 없는 농업 인력만 10,000명이었다.

3) 1980~1990년 유명무실한 석유·가스의 증산계획과 미달성

1981년 3월, 26차 공산당 전당대회는 '제11차 5개년계획(1981~1985년)과 1990년까지 기간의 소련의 경제적 사회적 발전을 위한 기본 방향'을 채택하면서, 1985년까지 석유와 가스를 683~719백만톤을 생산하고, 6,138마일의 석유 파이프라인과 2,356마일의 석유제품 운송 파이프라인의 건설을 계획하고 있었으며, 인조형 승강기를 활용하는 시추공(孔) 수는 80%를 증가시킬 것을 계획하고 있었다.

그러나 석유산업계는 오히려 동 계획 기간 중 석유와 액화 가스 생산 증가 계획을 대폭 축소하는 방향으로 가게 되어, 1982년과 83년의 실제 계획과 생산 실적상 차이가 컸으며, 실제 1983년에는 소련의 석유와 가스는 679백만톤의 생산에 그쳤다. 다음 해에는 석유생산이 더욱 감소하여 675백만톤에 머물렀다.

4) 공산당 통치력의 한계와 증가된 국제석유공급으로 더욱 침체된 소련경제

이 모든 과정은 결국 당시 공산당의 통치력에 한계가 있었다는 증거이면서, 석유기업들이 수출로서 획득한 소중한 외화(경화)를 석유의 개발투자에 투입하지 못하고, 국가가 생필품 등의 수입에 사용한 결과에서 비롯되었다는 해석이다.

예컨대 1985년의 소련 석유생산은 656백만톤(이중 시베리아의 비중은 388.8백만톤이었으나 서부 시베리아는 목표달성에 실패하였는데, 이는 신기술장비에 투자하지 못한 데에서 나온 결과임)으로 석유 수출은 52.8%로 증가하였으나, 수출대전으로 수취한 외화를 석유산업의 신규 기자재 수입이나 개발(이때 소련의 신기술에 맞게 재건을 하기 위한 자본투자만 2,000억 루불이 소요된다는 추계[8])에 투입되지 못하고, 식량이나 소비재 수입에 사용되었다.

따라서 경제성장은 하락할 수밖에 없었다. 이때 사우디아라비아는 석유를 증산하였고, 미국은 그때까지 취하고 있었던, 전략적 보유 석유 리서브(SPR)의 사용금지(첫 번째 오일쇼크 이후 취하여 온)를 해제하였다.

따라서 세계에 석유공급이 일시에 증가하면서, 1991년 세계 유가는 8달러 배럴대로 하락하게 되었고, 석유수출에 의존도가 높았던 소련은 더욱 입지가 어렵게 되고, 소련의 총부채는 800억달러대에 이르러, 외화(硬貨)의 부족으로 필요한 식량조차 구입할 능력이 결여되었다. 이에 1991년의 혼합경제(시장경제와 통제경제)를 지향하려던 소련의 M. 고르바초프(Mikhail Gorbachev) 서기장은 황급히 G7국가들에 지원을 요청하면서 G7회의에 참석하여 G7국가에 소련의 경제적 지원을 요청하였으나, 국제지원 요청도 무위로 끝나면서, 소련의 석유산업을 포함한 소련의 경제는 더욱 더 큰 혼돈 속에 빠지게 되었다.

---

8 Vagit Alekperov, 'Oil of Russia Past, Present, & Future: Top Manager's View', 2011, Printed USA, Chapter 1 인용.

② 푸틴대통령 취임 후 '가시밭길'을 가야 했던 러시아의 시장 경제와 석유·가스 산업의 변혁

(1) 푸틴대통령 집권 후, 에너지는 러시아 국제정치의 실질적·전략적 도구

1) 옐친의 급속한 민영화조치가 초래한 실패의 후유증

1991년 12월 25일, 당시 소련의 대통령이었던 고르바초프(M. Gorbachev)는 TV에 나타나 "소련에서 독립된 국가들의 협의체(Commomwealth of Independent States, CIS)가 발전되는 과정에 있어, USSR의 대표인 것을 포기하고 다음과 같이 결단한다. 이 말이 끝난 후에는, 소련의 붉은기(赤旗)는 하강하고, 소련(USSR)은 실질적으로 존재하지 않게 된다"고 선언하였다.

이는 이미 그로부터 2주 전, 러시아의 보리스 엘친(Boris Yelchin) 차기 대통령과 우크라이나의 L. 크라브척(Kravechuck) 대통령과 베라루스(Belarus)의 S. 슈스케비치(Shushkevich) 대통령 간에 "소련 영토위에 '새로운 독립된 국가들의 공동이익 협의체'(CIS)를 구성할 것을 협의하고, 소련은 더 이상 존재하지 않음을 토의·결정한 바가 있었음"을 의미한다.

그로써 1991년부터 소련은 더 이상 존재하지 않았으며, 연방정부로서의 러시아의 신정부는 급격한 시장개혁(Market Reform)조치를 취하여 '가격의 자유화'(Price Liberalization) 조치 및 '국유기업의 사유화'(Privatization of state enterprises)와 대대적인 '정부 예산의 삭감'과 '대외무역의 자유화 조치'를 취하였다.[9] 이는 1992년 선언 때부터 러시아의 구 정부의 연방체제에는 심각한 제도적 사회정책적인 위기에서 그동안의 구 생산 체인이나 경제관계나 금융체제의 붕괴에서 발생하는 혼란과 어려움이 나타났는데, 소련 경제의 GDP는 1989년에서 1998년까지 10년 동안에 반토막이 났고, 1992년 한 해 동안에 GDP는 15%나 하락하였다. 이 기간 중 천연가스의 소비는 13%가 감소하였고 석탄과 석유의 소비는 반감되었다.

---

9 Vagit Alekperov, 'Oil of Russia Past, Present, & Future: Top Manager's View', 2011, Printed USA, Chapter 1 The Russian Empire 'Black Gold', p.91 참조.

그 중에서도 특히 외환부족의 환란(換亂)에서 야기된 차질은 석유와 가스부문에 집중적으로 나타났고, 석유산업부문이 가장 심각한 타격을 받게 되었다.

특히 석유부문은 군사장비의 확충과 더불어 막대한 신규 투자가 필요하였음에도 불구하고, 태부족한 외환사정(특히 엘친대통령의 재선거목적으로 외환낭비가 더 심하여졌고, 따라서 외환고갈이 촉진되었음)으로 이를 감당치 못하고 결과적으로 중대한 차질이 발생할 수밖에 없었다.

이같이 1992년부터의 개혁에 따른 차질은 석유부문에 특히 심각하게 나타나 당시의 '연료 및 에너지성' 장관이 정의한 바 같이, "생산지의 생산량만큼 감소하는 매장량에 보전·대체하여야 할 탐사시설과 첨단기술에의 신규투자가 뒤따르지 못하고, 에너지 보전(Conservation)을 위한 투자 자금과 기술적 뒷받침도 없어, 석유기업들이 50% 이상의 설비의 감가상각을 충당하지 못하게 되었다"고 실토하였을 정도이었다. 환경오염의 문제는 그것대로 심각하여졌고, 당시의 2만 여개의 석유관계 조합과 석유기업들은 누적된 부채상환도 못하면서, 체납세금까지 겹쳐 에너지 관계기업의 총부채는 580억달러에 달하여 러시아 경제는 중대한 위기에 처하게 되었다.[10]

이런 어려운 상황에 1986년에는 Chenrobyl 원자력 발전소가 붕괴되면서, 석유와 전력산업계는 일대 충격에 휩싸이게 되었고, 여기에서 석유부문에 대한 일대 개혁의 필요성이 제기되면서, 급격한 석유산업의 구조 개혁 조치를 취하게 되었다.

2) 시장경제로의 전환과정에서 졸속한 경제개혁의 결과

1991년 소련 경제가 해체되면서 독립된 러시아정부는 급진적인 시장경제로의 전환과정에서 인민의 생활수준의 급격한 악화와 국가저축은행(국영) 예금의 평가절하와 기업의 결제지연 조치 등은 중공업뿐 아니라 전체 농업과 경공업 등 실물경제 전반에 미친 영향이 컸으며, 그 중에서도 석유와 가스산업에 미친 악영향은 제일 컸다고 해도 과언이 아니다.

소련의 급격한 시장경제로의 개혁은 붕괴되는 과거의 '지시하는 행정체계'(Command -Administrative)에서 '시장경제(Market Economy)로 전환하는 과정' 중에 더욱 혼란스럽

10 Jean–Marie Chevalier, 'The New Energy Crisis Climate, Economies and Geopolitics', The Legacy of Past, p.92, 'From post–Soviet Russia to modern Russia'.

고 갈피를 잡기가 어렵게 되었다. 구소련(USSR)의 70여년의 통치기간 동안 '획일적인 경제시스템'으로 단순한 노동 분업, 집중되고 높게 특화된 생산과 기술의 분업체제, 지역적 위치에 상관없는 기업 간 강제적 협업체제 등 오랜 기간 동안 지내온 구소련의 경제권 시스템이 '시장경제'(Market Economy)로의 전환하는 과정은 결코 단순할 수도, 용이할 수도 없었다. 따라서 1990년대 초, 러시아의 개혁과 개방은 실패에서 시작하여, 커다란 재난 속에서 거시경제와 미시경제 부문에 걸쳐, 침체가 일어날 수밖에 없었다.

그리하여 IMF의 추산에 의하면, 1992년 러시아의 GDP는 19% 하락하였으며, 1993년에는 다시 12%가 감소하였고 1989년부터 1994년 중반까지 5~6년간에는 거의 반토막이 되었다는 것이다.[11]

이러한 혼란과 차질은 구소련의 시절부터 누적되어 온 것으로, 예컨대 석유운송의 파이프라인의 설치는 거리와 위치를 상관하지 않고 설치되었으며, 이외에도 여러 비경제성과 불합리가 석유산업 전반에 나타나, 1992년의 석유산업은 구소련의 해체과정을 겪으면서, 과다부채에 신음하게 되었다.[12]

3) 3그룹으로 구분·추진한 국유 석유·가스 산업의 졸속한 민영화

소련의 해체시기의 B. 옐친(Boris Yeltin) 대통령은 준비 없이 국유기업의 민영화를 급격하게 추진하면서 1992년 11월, '석유와 정유부문과 석유제품의 생산 국영기업, 생산조합, 과학적 생산협회 등의 주식회사로의 전환'에 관한 행정명령(1403호)을 발하였다.

이 행정명령에 따라 석유관계 기업은 3가지의 그룹으로 분류되었는데, 이는 과거 소련 석유성(省)에 속하였던 국유석유기업을, 첫 번째 그룹으로, 석유와 가스 조합으로서 통일된 절차상의 조직(Unified Process Complex)으로서 이미 민영화된 기관이 이에 속한다.

두 번째 그룹은 국영 석유사로서 LUKOil, Yukos, Surgutneftgaz의 3개사는 수차례에 걸친 장관회의에서 논의되고, 1993년 4월 22일에 민영화대상으로 최종 결정

---

11 Vagit Alekperov, 'Oil of Russia Past, Present, & Future: Top Manager's View', 2011, Printed USA, Chapter 1, p.92, 'The Thorny Path to a Market Economy' 참조.

12 상동, pp.379-380, The Thorny Path to a Market Economy 참조.

된 것이다. 여기에는 'Tuyman(TNK) oil production 조합'과 5개 주요 정유소와 18개의 '중앙 및 북서 지역과 볼가지역과 우랄지역의 석유제품 공급조합'이 포함된다.

이외에도 Sibneft(Siberian Oil)과 Rosneft사가 1992년과 1995년 사이에 민영화대상에 포함되었다.[13] 그리하여 1992년에서 1995년 사이에 국유주식의 범위를 100%에서 0%로 축소하면서 민영화를 꾀하였다.

다만 Rosneft만이 순 국영기업으로서 유일하게 남았다가, 2006년 이후에 동 국유주식이 처분되었다. 이는 2006년 Rosneft사가 증권시장에서의 106억달러 규모의 IPO(주식의 공개모집)를 실시하였고, 그 후 동사의 주식을 처분하였음을 의미한다. 또 다른 기업들은 예컨대 Tatneft사와 Bashneft사는 각각 CIS 독립국가인, 타타아스탄(Tatarstan)과 우랄볼가지역의 바쉬코토스탄(Bashkotorstan)의 소유로서 러시아의 국유기업이 아니었으므로 대상기업이 아니다.

동 '석유기업의 주식회사로의 전환을 위한 시행규칙'에 따르면, 자회사라 함은 모(母)회사가 석유사의 자본금의 38%에 해당하는 주식을 가졌을 때를 뜻하며, 러시아 '국유재산 처리회의'(Council)의 40%의 주식처리를 위한 공개 입찰시, 40%의 주식을 취득한 것을 의미한다. 또한 외국인은 어느 경우에나 15% 이상의 주식을 소유할 수 없게 되어 있었다.

세 번째 그룹은 석유와 석유제품의 운송을 맡은 기업으로서 Transneft, Transneftproduct사로서 이의 민영화는 동사 주식의 49%를 뜻하며, 3년 이상 소유할 수 없다.

이 민영화 조치는 2단계로 나뉘었는데, 1차는 14개의 수직적 종합 에너지사와 Gazprom 주식회사와 250개의 '독립된 회사'(Independent So.s)로서 1990년 중반까지 경쟁하는 석유회사를 민영화하였고, 2번째의 민영화는 통합절차를 거친 LUKOil, Surutneftegaz, Yukos, Sibneft, Tyumen Oil Co.(TNK), Sidanco, Tatneft, Bashneft 등으로서 중요한 생산과 기타 자산을 민영화 대상으로 한 것이다.

그러나 위에서 본 제한 규정과 규범에도 불구하고, 러시아의 석유기업의 민영화는 다른 선진시장 경제국가들의 경우와는 달리, 전체적으로 성공적이라 할 수 없다.

---

13 Jean-Marie Chevalier, 'The New Energy Crisis Climate, Economies and Geopolitics', The Legacy of Past, p.93, 'The oil sector' 참조.

4) 민영화가 성공 못한 이유

성공적이 안 된 데에는 몇 가지 이유가 있는데, 이는 민영화를 통해 석유산업의 생산성을 높이고자 하였으나, 생산성이 향상되기는 커녕, 오히려 석유산업의 성장성이 유지되도록 현대화하는 데에도 실패하였다.

즉 대부분의 석유기업들은 민영화 후, 생산성이 향상되지 않았고, 신규투자자금의 조달과 투입도 Yukos, Sibneft나 TNK 등 국유석유기업들이 1995년과 1996년의 자금이 매우 어려운 때에 차입하였던, 그 차입금에 대하여 인수자들이 'Loan–for–Stocks'로 주식가격의 일부만 내고 차입금은 상계하면서 주식을 인수하였기 때문에 차입자이었던 국유석유기업에는 민영화가 되면서도 실질적인 신규자금의 조달됨이 없이 일부분에 불과한 구 채무를 주식양도로 상쇄·삭감하는 것에 불과하였다.[14]

그리하여 소수의 과점주주(내부거래자, Insider)와 대출을 해 준 은행들이나 채권자들이 Yukos와 TNK와 Sibenneft의 새로운 과점주주로서 시장가격의 단 몇 %만 내면서도 과점주주가 되어 석유사를 컨트롤 할 수 있게 되었던 것이다.

이때 민영화의 대상으로 당시 러시아 정부가 내놓은 민영화의 방안은 일반적인 시장경제국가와 다르게 처음부터 문제점이 많았다. 즉 매각 대상의 석유사의 주식은 38%에 불과하였으며, 석유사를 컨트롤 할 수 있는 49%의 국유석유사의 소유권의 유지기간은 3년으로 한정되었다. 신생된 주식회사 주식의 25%는 무의결권 우량주이었고, 보통주식은 매각 대상이 아니었다. 또 외국인 투자는 발행주식의 15%를 상한으로 제한하고 있었다. 수직형 종합석유사(Vertical Integrated Oil Co.)의 경영진에 대하여는 러시아 정부의 승인대상이었고, 따라서 이런 기업에 대한 컨트롤은 일정 기간동안 경직할 수밖에 없었다.

5) 졸속으로 서두른 러시아와 동구권 공산국가의 민영화 실체와 서방과의 차이점

이러한 러시아와 공산권에서 풀려난 동구권 국가들의 국영기업의 민영화(1991~1995년간)는 발전된 선진국의 민영화와 여러 면에서 차이점이 있다.

우선 러시아와 동구권국가들의 예고된 경제개혁의 수순이 앞선 시장경제국가들의 민영화와 차이가 많다. 무엇보다 특징으로서 구공산권 국가에는 시장경제, 자본

14 상동, p.93 참조.

주의의 상징인 소위 자본시장(증권시장)이라는 인프라가 없었다.[15]

그러므로 설혹 생산이 급격하게 감소할지라도, 수익성이 낮아진 당해기업을 평가하는 방법이 없었다. 또 공산권에서는 일반 민간그룹(노동자, 퇴역자, 실직자 등 대중투자자)은 실제 돈이 없어 공개입찰에 참여할 수 없었다.

따라서 당국이 급진적(radical) 국유석유기업의 민영화와 자율화 조치로서, 기대하였던, 이들 민영화된 주주들(실질적 신규 자본을 투입할 주주 아닌 민영화의 기회 포착자, 일종의 내부 거래자)에게 민영화를 실시하였음에도, 석유기업이 막상 필요한 신규자본투자는 민영화 후에도 일어나지 않았다. 따라서 민영화를 하였으면서도, 인수한 민간 대주주들이 생산성 향상과 현대화를 위하여 필요한 투자 조치는 이루어지지 아니하였다.

그리하여 러시아 석유산업의 생산은 1988년의 568백만톤에서 10년 뒤인 1998년에는 민영화를 실시하였음에도 신규투자가 이루어지지 않은 상황에서 석유생산은 오히려 300백만톤으로 감소하였다. 생산성의 향상이 없는 가운데 종업원 수만 100,000명에서 300,000명으로 3배로 증가하여 나타난 당연한 결과이다.

또 1988년의 지질 조사와 심해에서의 석유시추 활동도 한심할 정도로 정체·후퇴하여 과거의 1/5 규모로 축소되었다. Yukos, TNK, Sibneft의 3대 석유사는 생산 활동에서가 아니라, 내부의 금융 및 회계처리의 교묘한 수법으로 생산(외형)을 늘리는 방식으로 이윤을 챙기는 일에만 몰두하고 있었다. 이런 경향은 거액의 세금 포탈(Tax evasion)을 도모하여 부당하게 회사의 시가 총액 증가를 조작하여 후일에 과점주주(Oligarch)로서의 차익을 노리는 경영이었지, 결코 장기적 석유기업의 건전한 성장을 도모하는 경영은 아니었다고 평가된다.[16]

급격한 민영화를 한다고 취한 국유주 매각 조치가 엉뚱한 결과가 나온 터에, 더욱이 1998년의 국제유가는 바닥을 친 때이어서, 마침 러시아의 국영석유사에 눈독

---

15 이점 중국의 증권시장도 상하이거래소가 1990년에, 심천거래소가 1992년에 발족하였으나 한동안 유치한 단계를 거쳤고 한국의 증권시장을 전중국의 증권맨이 벤치마킹을 하였고, 당시의 필자는 1992년부터 1998년까지 증권거래소 이사장으로서 이들 중국증권업계의 방문자들에게 거래소시장을 보여 주면서, 자본주의의 개념을 주입시키는 데에 상당한 시간을 보냈다. 러시아는 다른 동구권 국가와 함께 그러한 전환과정이 없었다고 하겠다.

16 Jean−Marie Chevalier, 'The New Energy Crisis Climate, Economies and Geopolitics,' The Legacy of Past, p.94 참조.

을 드리는 외국 메이져(IOC)에게는 헐값에 러시아 민영화된 석유사의 지분인수를
하기에 절호의 기회이기도 하였다.

그래서 이런 헐값 인수가 좋게 되었던 2003년에 BP사는 TNK사의 지분의 절반
(切半)을 67.5억달러에 인수하였고, 2005년에는 Sibneft사는 Gazprom에 130억달러
에 매각되었다. 또한 2004년에 Yukos사는 Exxon Mobil에 250억달러에 매각하려
다, Yukos의 CEO인 호도로코프스키(Khodorkovsky)가 세금 포탈 및 사기 등의 이유
로 긴급 체포되면서 불발로 이루어지지 않는 일이 있었다(이후 동 주식은 국가로 추징
되어 Rosneft에 귀속됨으로서 실질적으로 Putin의 영향력 아래 놓이게 되었다).

그래서 당시 러시아의 석유전문가인 M. 골드만(Goldman)은 그의 저서 '러시아
의 민영화: '비뚤어진 러시아의 개혁'이란 논설[17]에서 러시아 국유석유기업의 민영화
과정을 "미국의 강도 귀족(rubber barons)을 '아무것도 아닌 것'을 '무엇인가 물
건'(something)으로 만들었다면, 러시아 석유기업의 새로 된 과점주주들은 '무엇인가
가치 있는 물건'(something)을 '아무것도 아닌 것'으로 만들어 버렸다"고 야유를 하기
도 하였다.[18]

참고 중국의 개혁·개방 과정과 러시아의 졸속한 민영화 조치의 차이

중국은 1990년대 개혁과 개방정책을 쓰면서도, 덩샤오핑(鄧小平)옹의 '중국은 자본주의의 좋은 것
도 살리고 사회주의도 좋은 점도 살리는 흑묘백묘(黑描白描)론에서 비롯한 '중국식 사회주의 시장
경제'를 써야 하고, 이때의 국유기업의 민영화도 '조대방소'(沠大放小)라고 갈파하면서, 국유기업
중 '큰 것은 붙잡고 작은 것은 놓아 준다'는 원칙하에, 국유기업은 '전인민의 공유(公有)'이기 때문
에, 국가(전인민)에 필요한 석유, 통신, 은행 등의 기업은 공유로서 이의 민영화(사영화)는 후로 미
루고, 조그만 국유기업(주로 지방성 소유)만 우선 민영화하였다.

바로 이점이 급진적으로 민영화를 추진하다 실패한 러시아와 동구권 국가들의 시장경제의 어프로
치가 다르다. 이렇게 러시아와 동구권 국가들의 서둘러 국유기업을 민영화하고, 결과적으로 실패한
점은 오늘날 좋은 비교가 된다.

17 Marshal I Goldman, 'Putin and Oilgarchs Foreign Affairs' Nov.—Dec. 2004년 및 Jean—Marie
Chevalier, 'The New Energy Crisis' Climate, Economies and Geopolitics', The Legacy of
Past, p.94 인용.

18 Jean—Marie Chevalier, 'The New Energy Crisis Climate, Economies and Geopolitics', The
Legacy of Past, p.94 인용.

여기 참고로 2008년 미국 포춘지 선정 글로벌 500대기업 중 중국기업을 보면,
중국의 덩샤오핑옹의 그 지혜로움을 볼 수 있다. 1, 2, 3, 10, 11, 17위가 중국의 '에
너지 관련 국영기업'이다.

표 5.2	2008년 포춘 500대 기업에 포함된 중국 국유기업과 기업별 수입[19] (단위: 백만 달러)	
순위	기업	수입
1	China Nat'l Petroleum & Chemical (Sinopec, CNPC)	207.8
2	China Nat'l Petroleum Corp. (Petrochina)	181.1
3	State Grid	164.1
4	ICBC	70.8
5	China Mobile	65.0
6	China Construction Bank	58.0
10	Sinochem	44.5
11	China Southern Power Grid	41.1
17	China Nat'l Offshore Oil (CNOOC)	38.0

위 표에서 보듯, 중국의 중요 석유, 통신, 은행산업 등 국유기업은 포춘 500대
기업에 들어가면서, 특히 그중에서도 에너지기업은 높은 랭킹의 외형순위를 갖는
기업으로서, 공산당의 직접 지휘를 받고 정책을 뒷받침하고 있는 점이 '급진적 민영
화 조치'를 취하고 성공치 못하고 실패한 러시아와 동구권 국가들의 시장 경제화된
과정과 상이하다.

19 2008년 미국 Fortune지의 'Global 100' 참조.

2017년 10월 공산당 제19차 대회를 주재하면서, 시진핑(習近平)주석은 앞으로 중국은 '막스레닌주의'에 근거한 '디지털 레닌주의'를 택하면서, 강력한 국유기업의 구조조정을 시행하는 혼합형 시장 경제를 실시할 것을 예고하고 있다. 이는 집권2기를 맞는 시주석이 국유, 지방정부 소유의 국유기업의 효율성을 제고키 위해 항공, 통신, 석유화학분야(집권1기의 철강, 원전, 해운, 조선업의 국유기업 합병 등 구조조정에 추가)의 '혼합소유제'를 실시하여 영리성이 강한 기업의 경쟁력 강화를 도모하겠다는 취지를 선언함으로써 중국식 사회주의로서 기업몽(企業夢)을 키우겠다는 방향을 제시한 바 있다.[20]

6) 러시아 에너지 산업체의 민영화 직후, 세계 석유·가스의 주요 생산국 현황

아래의 표는 러시아의 에너지 산업민영화 이후인 2003년도에 석유부문에서는 사우디와 러시아와 미국 3개국이 석유생산량, 매장량, 석유수출면에서 종합적으로 우위를 다투고 있었음을 알 수 있다.

표 5.3   2003년 세계 주요 산유국들의 석유 관련 지표[21]

단위 국가	확인매장량		생산량			수출		소비	
	10억톤	%	백만톤	%	r/p비율	백만톤	%	백만톤	%
사우디	56.1	22.9	474.8	12.8	73.3	354.7	21.3	67.0	1.8
러시아	9.5	6.0	421.4	22.2	154.7	154.7	9.3	124.7	3.4
미국	4.4	2.7	341.1	9.2	11.3	n.a.	n.a.	914.3	25.1
이란	18.0	11.4	190.1	5.1	92.9	113.6	6.8	54.0	1.5
멕시코	2.3	1.3	188.8	5.1	11.6	97.5	5.8	82.6	2.3
중국	3.2	2.1	169.3	4.6	19.1	n.a.	n.a	275.2	7.6
베네수엘라	0.2	0.1	153.4	4.2	24.8	128.5	7.7	23.9	0.7
노르웨이	1.4	0.9	153.0	4.1	8.5	148.0	8.9	9.6	0.3

---

20 2017.10.20. 매일경제, '시진핑의 企業夢 국유기업 수술해 제2의 아리바바 키운다' 참조.

21 기현수 편집, 러시아, 위대한 강대국을 재현을 향한 여정, p.151의 러시아 에너지외교의 물적 토대 마련 참조.

또 가스의 생산과 수출, 소비에 있어서는 러시아와 미국이 1위, 2위를 다투고 있다.

표 5.4	2003년 세계 8대 천연가스 생산국 현황 비교[22]								
국가 \ 단위	확인 매장량		생산량			수출		소비	
	조 입방메타	%	10억 입방미터	%	R/P 비율	10억 입방미터	%	10억 입방미터	%
러시아	47.00	26,7	578.6	22.1	81.2	131.77	29.0	405.8	15.7
미국	5.23	3.0	549.5	21.0	9.5	16.82	3.7	629.8	24.3
캐나다	1.66	0.9	181.5	6.9	9.2	96.60	21.7	87.4	3.4
영국	0.63	0.4	102.7	3.9	6.1	15.20	3.3	95.3	3.7
알제리	405.2	2.6	82.8	3.2	54.5	33.08	21.4	21.4	0.8
이란	26.69	15.2	79.9	3.0	100+	3.52	0.8	80.4	3.1
노르웨이	2.46	1.4	73.4	2.8	35.2	68.57	15.0	4.3	0.2
인도네시아	2.56	1.5	72.6	2.8	35.2	3.74	0.8	35.6	1.4

7) 1차 민영화 후, 러시아식 자원의 국유화 조치 이후 러시아 석유·가스 산업계의 판도 변화 : Yukos의 재국유화로 국제석유 챔피언이 된 Rosneft

- '러시아식 자원의 국유화'(Russian Style Resource Nationalism) 시행
- 푸틴대통령의 '에너지 자원의 국제정치(Geopolitics)의 정치적 무기화'

22 기연수 편집, 러시아, 위대한 강대국 재현을 향한 여정, pp.145-146, 푸틴의 '에너지자원에 대한 전략적 사고(思考)'.

| 그림 5.1 | 1945~2015년 러시아의 석유와 가스 생산 추이[23] |

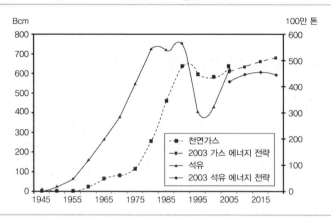

이런 과정을 거치면서 1990년 중반부터는 러시아의 14개의 대형 석유사와 거대한 '가스프롬'(Gazprom)사와 또 다른 250개의 소위 '독립된(Independent) 석유사'들은 총체적으로 새로운 석유산업 간의 경쟁체제에서 생산에 임하게 되었다.

그리하여 과거 USSR 시대와 같은 제1 석유 생산국은 아닐지라도, 2002년에서 부터 러시아의 석유·가스산업은 상위 석유생산국의 위치로 일단 되돌아왔다.

이때 소위 새로운 에너지전략(ES 2020)에 의하여 취하여진 '러시아의 석유·가스 산업계 판도의 구조 개혁'과 '러시아식 자원의 국유화'(Russian style Resource Nationalism') 를 위한 몇 가지 변화된 조치의 내용을 보면, 우선 석유생산기업의 40% 수준의 셰어를 컨트롤 할 수 있게 될 주식을 국가가 급진적으로 재국유화(Renationalization)하였다. 즉 국유 석유기업인 Rosneft사가 러시아의 '국책적 톱 석유사'가 되기 위하여, 러시아 정부의 결단(Putin 대통령의 결정)으로 Yukos의 호도르코프스키(M.Khodorkovsky) 회장의 탈세, 사기, 횡령사건을 문제 삼아 2005년 Yukos의 산하기업인 Yuganskneftegaz를 Rosneft사가 인수하고, Verknochonskneftgaz와 Udmurtnef와 파크오일 등 에너지 기업을 적극적으로 인수하여 수직적으로 Rosneft는 거대한 국영석유기업(그룹)이 되었다.

23 'The New Energy Crisis, Climate, Economics and Geopolitics', Edited by Jean—Marie Chevalier, Foreword by Claude Mandil, 2015.

Rosneft사의 생산량(10억 배럴, 오일 동등량)과 수익(tn 루블)[24]과

> 한편 러시아의 천연가스는 1990년의 약 6,550억 입방메타의 가스를 생산하다가, 소련의 붕괴 후, 5,700억 입방메타로 가스 생산의 감소를 초래하였다. 그러나 2003년에 5,786억 입방메타까지 생산이 증가되면서, 생산량의 근 30%대를 수출하고 또 파이프라인을 통해 1,510입방메타까지의 가스를 수출하였다. 이렇게 러시아는 국내가스 소비가 많았음에도 불구하고, 전 세계에서 가스를 제일 많이 수출하는 국가(생산의 50% 비중)가 되었다.

한편 외국 석유 메이저들과 전략적 동반자(Strategic Alliance)가 되기 위하여, LUKOil은 ConocoPhilips사와 합작회사로서, 그리고 2003년 BP사는 TNK에 투자하여 50：50의 합작사가 되었으나, 동사는 2012년과 2013년에 합작형태를 끝내고 Rosneft가 이 합작사를 전체 인수(BP는 Rosneft사 주식의 18.5%를 BP－TNK의 Rosneft사로 양도(讓渡)하는 대가(Swap 방식)로 취득)하여, 이미 2005년에 Yukos를 인수한 Rosneft는 석유 생산에 관한 러시아 제1의 챔피언이 되었다.[25]

8) 국제가스 챔피언으로 성장시키기 위한 Gazprom사의 확대·재편

또 가스프롬(Gazprom)사는 구소련의 정부부서인 '가스산업부'(Soviet Ministry of Gas Industry)를 1989년 국영사업기업인 가스프롬으로 개편하여 러시아를 위하여 정책적으로 종전의 소련의 연방이었던 국가들(CIS)에 가스를 판매함에 있어, EU에 수출하는 가스가격보다 현저하게 낮은 가격으로 수출하게 하였다. 그러므로 가스프롬사는 경제위기시에 러시아 경제의 버팀목 역할을 하던 중, 2004년에는 국유주식 비율을 종래의 38%에서 50%＋1주로 확대하고, 2005년에는 Sibneft사를 Gazprom의 자회사를 통해 인수함(130억달러 인수 대가 지불)으로써 안정적인 경영권을 확보하였다. 또 사할린(Sakhalin)에너지사의 지분을 영국과 화란의 외국사로부터 50＋1%씩 매입하면서, 가스프롬사는 명실 공히 글로벌 가스시장의 가장 영향력 있는 플레이어의 하나가 되었다. 푸틴대통령은 2016년에 가스프롬을 515억달러의 자본금의 주

24　2017.4.20. FT, 'Russian Arctic Enterprise' 인용 및 2012.9.21. upi.com의 BP, Rosneft in talles oree TNK－BP 참조.

25　eia, RUSSIA, updated Jul. 28. 2015, p.8, Sectoral organization, BP in Russia 참조.

식회사(정부 주식비율 50.2%)로 키우고 동사를 과거수상이었던 D. 메드베데프(Medvedev)를 초대회장으로, 그리고 그 후 현 회장인 A. 밀러(Miller)에게 맡기었다. 이 같은 과정으로서 가스프롬사는 러시아의 '자원(에너지) 국가주의'(Resource Nationalism)의 강화 및 러시아의 가스 외교(Gas Diplomacy) 또는 Gas Weaponry(무기화)의 도구의 하나로 활용되는 대대적인 기능 확대로 요약할 수 있다.

그 후 Gazprom사는 2008년, 전력부문의 지주회사격인 RAO UES(United Energy System of Russia) 산하의 다수의 전력(가스 發電)회사의 구조 개혁과 민영화 과정에서 정부주식을 대부분 인수하는 형태로, 그리고 2007년에는 러시아 최대 석탄회사인 '시베리아 석탄회사'의 주식 50+1%를 인수함으로써, 수직적 초대형 다각화된 에너지회사(Vertical Integrated Co.s)가 되었다.

9) 러시아 석유·가스 산업의 국유화 체제: 푸틴대통령의 에너지 국제정치 툴

이리하여 러시아 전체의 석유생산에서 국유기업이 차지하는 비율이 1995년 이전에는 1980년에는 80%이었다가 1995년의 민영화 이후에는 급격히 감소하였다가 2000년대 초에는 20%에 미달하였었다. 그 후 2005년과 2006년의 Rosneft, Gazprom, LUKOil 등의 사기업의 지분을 국가가 인수하면서, 국유기업의 비중이 높아진 것이다. 중국은 개혁과 개방 이래, 꾸준히 당초부터 에너지 부문의 3대 국영사 체제로 유지하고 있음과 대비된다.[26]

한편 LUKOil과 Rosneft는 확인된 석유 매장량의 규모에서 세계 10대 석유사의 반열에 끼게 되었고, Gazprom사, LUKOil사, Rosneft사의 3사는 시가 총액면에서 3사 공히 2007년에 실질적으로 5,000억달러(1조달러의 절반) 수준이 되는 거대한 에너지 기업이 되어 국제에너지 시장에서 영향력 있는 국유에너지회사(내셔널 챔피언, Nat'l Champion)가 되었다.

이들 3사의 대형 국유에너지사의 지배구조 개혁을 통하여 푸틴대통령은 러시아스타일의 '자원 국유화'(Russian-style 'Resource-Nationalism)를 이루고, 이를 Gazprom, Rosneft, LUKOil의 3사를 중심(수단)으로 에너지 국제정치(Energy Dipromacy)를 시행

---

26 기연수 편집, 러시아, 위대한 강대국 재현을 향한 여정, pp.297-300, '전략산업에서의 국가부문의 확대' 참조.

하게 되었고, 현재까지도 러시아는 에너지 수출 강국으로서 중국과 상호 협조하면 서 미국과 EU를 상대로 에너지 국제정치·외교면에서 대처하고 있다.

이들 국유석유기업은 외국투자가의 투자를 받았는 바, 외국투자가의 투자가액 은 특히 Rosneft와 Lukoil의 경우, 재(再)국유화과정에서 인수한 분을 포함하여 외국 인 투자비율이 상당히 높다. 이들 기업의 외국인 투자주식인 ADR, GDR 형태에의 투자비율이 높다는 점이다.

(2) 2013년 러시아 국유석유사의 석유생산 규모

여러 과정을 거친 2013년의 러시아 대형 국유석유사의 석유(가스 포함) 생산규 모와 국제석유기업의 대러시아 석유기업투자액을 보면 아래와 같다.

표 5.5 **2013년 러시아 국유 석유사별 석유생산 규모**[27] (단위: 천bbl/일)

회사명	생산량
Rosneft	3,997
LUK-Oil	1,703
Surgtneftegaz	1,224
Gazprom-Neft	640
Tat-neft	526
Gazprom	340
Slaveneft	335
Bash-neft	320
Russneft	316
PSA operator	278
Novatek	95
Total	10.425

27 eia, RUSSIA, updated Jul. 28. 2015. p.8, Sectoral organization, Russian's OIL PRODUCTION BY COMPANY, 2013 Eastern Research.

표 5.6	국제석유기업의 러시아 석유기업에 대한 지분투자 비중(ADR, GDR)[28]		
러시아 석유회사명	외국 투자가의 러시아 석유사의 ADR, GDR 출자 비중(%)	시가 총액(2015.1.5.) (10억달러)	외국투자가의 투자가액 (10억달러)
Rosneft	27.25	53.9	14.7
Lukoil	34.02	43.6	14.8
Gazpromneft	27.60	13.4	3.7
Surgutneftgaz	7.16	26.5	1.9
Tatneft	29.90	12.3	3.7
Bashneft	n/a	8.98	n/a
합계	26%	149.7	38.8

주: ADR, GDR은 총자본금에 대한 비율임. Rosenft의 GDR은 BP의 Rosneft에 대한 투자액 비중.

(3) 2012년 러시아 오일·가스산업의 세계에서의 위치: 2014년 미 CIA와 EIA 분석[29]

2005년 작성하여 러시아 최우선정책으로 추진하는, 러시아의 '에너지전략 2020'(Energy 2020, ES 2020)에서 본 세계 에너지시장에서의 러시아의 석유와 가스산업의 위치 (2012년 기준)를, 에너지 소비와 생산면에 관련하여 작성된 2014년의 미국 CIA보고 서와 동년의 미국 EIA(Energy Administration Agency)의 분석에서 보면,

- 러시아는 세계 4대 전력(electricity) 생산국의 하나이며,
- 러시아는 에너지 생산의 세계 3대국 중 하나이며.
- 러시아는 세계 제1의 천연가스 수출국이다. 동시에
- 러시아는 천연가스의 세계 최대의 매장량을 갖고 있으며,
- 러시아는 세계 10대 확인된 석유매장량(러시아: 3위)을 갖고 있는 국가 중 하나 이다.

---

28 Rosneft CEO, Igor Sechin at Summit of Energy.s, 'A new balance in the oil market and its implication, at Sr. Petersburg Int'l Economic Forum 2015. p.17 표 인용.

29 Mediter, ovna Kuznetsova 참조.

그리하여 2012년의 경우에 러시아에서의 에너지산업(FEC)[30]은,

- 러시아 경제에서 확실히 가장 활발(vital)하고 가장 중요한 산업이며,
- 러시아의 에너지산업은 GDP에서와 러시아의 제조업에서의 비중이 각각 약 30%를 차지하며(30%의 에너지 산업 중 석(원)유산업의 GDP 비중은 20.2%이며 천연가스는 6.6%이며 다음이 전력산업, 석탄산업의 비중 순(順)임)
- 정부예산에서의 에너지 관련 수입이 51.7%(2014년에는 65.9%로 더 높아짐)를 점하고 있으며,
- 에너지 수출에서는 석유수출이 대종(총 에너지수출의 50% 비중)을 차지하며, 천연가스는 14.4%를 차지하고 있고 다음이 전력, 석탄수출 순이다.
- 러시아 에너지산업은 과거 수세기 동안 국내공급이 국내수요를 충족함으로써, 에너지안보를 확보하였으며, 러시아의 에너지산업은 세계시장에서의 경쟁력을 갖게 되었다. 또한 구소련은 경제적 안정을 향유할 수 있었으나, 그 이후에는 여러 가지 장해요인으로 러시아경제는 수차례에 걸쳐 그 발전이 정체되고 불안정이 지속되기도 하였다.

(4) 러시아 자원의 국유화가 이루어진 배경 및 푸틴의 인맥

1) 러시아가 에너지 국가주의를 실현하는 과정에서 푸틴대통령의 철학과 뜻을 같이 하는 상트페테르부르크 시청 그룹의 러시아 에너지 기업 지배[31]

러시아의 에너지 외교(에너지 국제정치)를 이해하기 위하여는 러시아의 국내·외 정책방향에 있어 전권을 쥐고 장기집권하고 있는 푸틴대통령의 에너지에 대한 전략적 사고와 그의 경력을 살펴볼 필요가 있다. 그의 에너지에 대한 전문적인 지식과 교육의 바탕은 그가 1977년 러시아의 명성있는 연구소인 상트페테르부르크 국립 광물연구소(St. Peterburg State Mining Institute(실질적 대학, 1773년 개원))에서 취득한 박사

---

30 여기에서 에너지산업(FEC)이라 함은, 원유추출산업, 석유정제산업, 천연가스, 석탄산업 및 원자력(Nuclear Power)산업, 전력산업, 화석연료산업, 열(heating)산업, 파이프라인 산업, 송전산업 및 기타 에너지전환인프라(Energy Transmission Infrastructure) 사업을 뜻한다.

31 기연수 편집, 러시아, 위대한 강대국 재현을 향한 여정, pp.153－154, 푸틴의 에너지 자원에 대한 전략적 사고(思考)와 2003년도 세계천연가스 수출국현황 참조.

(Kandidat) 학위 논문의 제목, '러시아 경제발전을 위한 전략에 있어서의 광물자원'(Mineral Natural Resources in the Strategy for the Development of Russian Economy)을 통해 알 수 있다는 해석이다.[32]

2) 대형 국유 석유·가스사를 내셔널 챔피언으로 만들어 국가자본으로 활용: Gazprom(가스), Rosneft(석유), Transneft(파이프라인 운송)

푸틴은 1999년 동 연구소의 저널에 게재한 학위 논문에서 '러시아의 막대한 광물자원 특히 석유와 천연가스는 러시아의 지속적인 경제성장을 보장하며, 러시아의 경제적 위상을 제고할 것'임을 강조하고 있다. 그는 이런 막대한 광물자원의 부(富)를 국가발전에 활용하기 위하여는 국가가 자원 분야를 통제하고 개발하여야 한다고 주장하였다. 그러면서 그는 "러시아의 에너지기업이 서방의 '에너지 다국적기업'(IOC)과 동등한 입장에서 경쟁하기 위하여는 광물자원분야에서 국가의 지분이 다수를 차지하면서 '수직적으로 통합된 금융·에너지 대기업'(Integrated Financial Industrial Corporations, 예: Gazprom, Rosneft)을 형성, 발전시켜야 한다"고 주장하였다.

결국 위에서 본 바, 러시아의 에너지 기업의 재구성(민영사의 오르가르히(Oligarch))[33]로부터 국고로 환원된 에너지 기업의 재산권 환수와 이 재원을 국가의 통제하에 두는, 대형 국영 에너지 기업체제로 개편하여 '내셔널 챔피언'(Nat'l Champion)이 이루어진 배경이 푸틴대통령의 이러한 전략적 사고의 철학에서 이루어진 것임을 볼 수 있다.

따라서 이들 "국영 대기업은 러시아와 주변의 연합국(CIS)의 세계경제로의 통합

---

32 기현수 편집자의 '러시아 에너지외교와 동북아'를 쓴 고재남씨는 푸틴에 대하여 기술한 보고서는 Harley Balzer의 'Valdir Putin's Academic Writings and Russian Resource Policy'(2006)와 'The Putin Thesis and Russian Energy Policy'(2005년)를 참작하여 시술한 논문을 인용한 것이다.

33 오르가르히(Oligarch)라 함은 1990년대 국유기업책임자, 공산당의 간부, 국영기업의 사유화과정에 참여하여 기업을 설립한 엘리트 계층을 의미한다. 이들은 사회주의 체제하에서 교육받았으며, 러시아의 초기의 사유화과정에서 설립된 국영기업의 경영인으로 변신하여 오르가르히로 불리면서, 과거 연방보안국이나 군, 경찰출신의 정치가나 기업인들로서 푸틴의 집권 후 정부의 요직이나 국유대기업의 사장직을 맡아 기업활동에 참여하는 '실로비키'와 구분된다. 실로비키의 등장 이후 오르가르히는 더 이상 정치에 관여할 수 없었고, 이들은 권력을 상실하게 되었다. 대표적인 예가 Yukos의 호드르콥스키이다.

과정(Globalization)에서 주도적인 역할을 하여야 한다"고 주장하면서, 2003년의 '2020 에너지 전략'과 2005년의 '2030 에너지 전략'을 수립하여 이를 실천에 옮기고 있는 것이다.

그뿐 아니라 실제 주동적 역할을 하는 인물로서, 푸틴이 상트페테르부르크 시청에서 근무할 때의 동료이던 D. 메드베데프(Dimitri Medvedev, 전 가스프롬(Gazprom) 이사회 의장, 제1부총리, 총리, 대통령, 다시 2017년 중에도 총리로 활약 중)와 A. 밀러(Aleski Miller) 현 Gazprom 사장과 Yucos를 국가에서 환수하여 인수케 한 로스내프트(Rosneft)사의 현 I. 세친(Igor Sechin) 사장 등이 이 그룹에 속한다. 이들이 푸틴대통령의 지시하에 러시아의 Gazprom, Rosneft 등 에너지 자이언트를 경영하면서, 러시아의 에너지정책과 에너지 외교를 움직이며 푸틴대통령의 에너지 국제정치(외교[34] energy geopolitics)를 뒷받침하고 있다.

그리하여 2006년 2월 Romen Kupenhinsky는 그의 저서에서 'Russian Putin's Former Colleagues Make Up Today's Energy Team'이라고 정의하고 있다.

3) 러시아의 대형 에너지챔피언의 에너지 기업의 인수와 확장과정

한편 2004년 이래 푸틴대통령 Rosneft, Gazprom(Gazprombank 포함)은 '대형 에너지 내셔널 챔피언'으로 만들기 위한 에너지기업의 지분인수를 실행하였는데 그 과정을 보면 아래와 같다.

---

34 기연수 편집, 러시아, 위대한 강대국 재현을 향한 여정, p.147, 푸틴의 에너지자원에 대한 전략적, pp.202-203, 통합국영기업의 설립 2004~2008년의 국영기업의 주요 기업주식지분 인수사례 참조 인용.

| 표 5.7 | 러시아 대형 국영기업의 주요 에너지 기업 인수사례 | | (2004-2008년간, 에너지관련 only) |

피(被)인수 에너지 회사	부문	인수일자	인수방법 및 인수주체
아톰스트로이엑스트르트 (Atomstrokteksport)	원자력건설	2004.9.	Gaztrom Bank의 지분 54% 인수
통합전력시스템 (RAO UES)	전력	2004.가을	가스프롬 지분 10.5% 늘림
투압스(Tuapse)정유	정유	2004.12.	Rosneft가 소액주주들로부터 10% 지분 매입, 경영권 확보
유간스크내프가스 (Yugansknaftgaz)	석유, 가스	2004.12.	Rosneft가 76.8%의 지분을 바이칼파이넌스로부터 매입
탐베이내프트가스 (Tambeyneftgaz)	석유, 가스	2005.5.	Gazprombank가 Novatek사로부터 25% 지분 매입
노드가스 (Northgaz)	석유, 가스	2005.6.	Gaxprom이 소송을 통해 Northgaz 지분 51% 재획득
가스프롬 (Gazprom)	석유, 가스	2005.7.	Rosneft가 가스프롬 지분 10.7% 매입하여 가스프롬 정부지분을 50% 이상으로 증대시킴
세이콤내프트가스 (Seikupneftegaz)	석유, 가스	2005.7.	Rosneeft사가 Novatek사로부터 30% 지분 매수
씨브네프트 (Sibneft)	석유, 가스	2005.10.	Gazprom이 69.66% 지분 인수
베르흐촌크네프트가스 (Verknechonskneftegaz)	석유, 가스	2005.10.	Rosneft가 인테로스로부터 25.9% 지분 매입
우두무루트네프트 (Udmurtnef)	석유	2006.7.	Rosneft가 중국의 Sinopec으로부터 51% 지분 인수
씨브네프트가스 (Sibneftgaz)	가스	2006.7.	Gazprombank가 Iteera로부터 51% 지분 인수
노바택 (Novatek)	가스	2006.6-7.	가스프롬이 20억달러 지불하고 19.9% 주식 매입
사할린 에너지-1	석유, 가스	2003.초	ExxonMobil 30%, Rosneft 20% ONGC(인도) 20%, 일본석유 3사의 컨소시엄 30%
사할린에너지-2 (로얄 더치셸: 55%, 미쓰이: 25%, 미쓰비시: 20%	석유, 가스	2007.7.	가스프롬이 50+1% 지분 매입
동시베리아 가스회사	가스	2007.9.	가스프롬이 50% 지분 매입
파크오일	석유, 가스	2007.9.	로스네프트가 51.45% 매입
파크오일 서비스	석유, 가스	2007.9.	로스네프트사가 100% 지분 인수
톰스크네프트 (Tomskneft)	석유	2007.12.	Gazprom사가 50% 지분 인수
연해주 무역 항만	운송	2008.2.	Gazpromneft사가 50% 지분 인수

표 5.8	2014년 이후 러시아의 에너지 관련 대기업의 인수 및 매각 사례[35]			
인수한 에너지사	부문	인수일자	인수(매각)대상, 인수가격과 인수(매각)방법	
Glencore & Qatar[36] Investment Authority	석유, 가스투자자	2016.12.	Rosneft 주식(정부지분) 19.5%를 Glencore와 Quatar 국부펀드에 100억 유로에 매각	
TNK & BP[37]	석유가스	2013.	Rosneft가 스왑(Swap)형식으로 동사주식 지분 8.5%(550억달러)를 BP에 주고 TNK&BP 인수	
Bashneft	석유가스	2014.	로스네프트사가 사영인 Bashneft를 52억달러에 인수	
중국의 CEFC	석유가스	2017.9.	중국 에너지기업이 로스네프트사의 주식 14.1%를 91억달러에 인수 (러시아의 외화자금조달)	
		2018.3.	그 후 중국사주가 체포되어 동 거래 행방 묘연	

러시아정부의 국영기업(특히[38] 에너지 기업)을 위주로 하는 전략적 외교정책을 추진함에 있어, 해외투자자금의 유치와 더불어 러시아의 에너지기업과 광물기업(철광 및 금속기업)에 대한 외국기업의 투자를 받아드리면서, 러시아 역시 해외로의 투자를 이들 산업을 중심으로 확대해 나갔다. 여기에서의 해외기업엔 러시아 특유의 CIS 국가들이 포함된다.

4) 러시아 국유석유기업의 해외투자와 특징

다음의 러시아 대형 다국적 기업을 보면 러시아 산업의 특징을 알 수 있다.

25개의 러시아 대외진출기업의 해외투자가 러시아 전체 해외투자의 75%를 점유하고 있음은, 러시아 대외정책의 초점이 러시아가 우위를 점하는 산업인 에너지, 철강, 금속의 3대 분야에 집중되어, 소수의 특수 국영기업만이 구 소련의 CIS를 중심으로 선별적 차등투자를 유치하고 있음을 알 수 있다. 그만큼 국가의 선발적 외교적 수단 및 서방측의 금융제재로 고통받는 러시아의 외화자금조달 역할분담의 방편 자산이 되고 있는 것이다.

---

35 FT. 2016.12.1. 'Kingpin who oils the levers of Powers', Person in he News, I. Selchin 참조.

36 upi.com, 'White blouse saiees eye to low over Rosneft deal' 참조.

37 2012.9.21. upi.com, BP, 'Rosneft in talks over TNK−BP' 참조.

38 기연수 편집, 러시아, 위대한 강대국 재현을 향한 여정, p.371, 2006년 Top 25 러시아 다국적기업 (해외자산순) 인용.

| 표 5.9 | 러시아 TOP 25개 국유기업 중 석유, 가스, 광물기업이 투자한 해외 자산[39] | | | | |

(2006년 해외자산 규모순, 단위: 백만 달러)

순위	기업명	산업분야	해외자산	총자산	진출국가 數
1	LUKOil	석유	18,921	48,237	43
2	Gazprom	가스	10.572	204,228	32
3	Severstal	광업	4,546	18,806	5
4	Rusal	광업	4,150	14,200	15
6	Norilsk Nickel	광업	2,427	16,279	9
9	Novoship	운송	1,797	1,999	5
10	TNK.BP	석유	1,601	23,600	1
14	Novolipet Steel	광업	964	8,717	7
15	TNK	광업	490	에너지의 3,548	10
22	Alliance Oil	석유	211	1,144	3

다만 여기에서 국가가 에너지산업을 국가경제와 국제정치에 수단으로 활용하면서도, 재편된 러시아의 석유와 가스기업은 결코 전통적인 국유기업과는 기업 지배구조가 전혀 다르다는 특징을 갖는다.[40] 즉 주식회사화(化)는 하지만, 이는 구(舊) 소련시대의 100% 국유기업과는 다르다. 2018년에 국제상장을 상장할 예정인 사우디의 Aramco.나 중국의 증권시장에 부분 상장된 3대 에너지국영사와 그 지배구조가 오히려 비슷하다고 보아야 하겠다.

러시아 대형 에너지국책기업의 지배구조를 예로 보면, 과반의 지배력을 국가가 행사하되, 러시아의 내셔널 챔피언인 국유석유·가스사는 이윤 추구를 상호경쟁적으로 수행하는 '주식회사 체제'로서 기업경영방식이 '자본주의 룰'을 따르고 있다. 이런 러시아의 대형 석유기업의 지배구조 특징이 특히 중국의 3대 국영석유사와 유

---

39 ISSN 2019−2117, Medterranean Journal of Social Science MCSER Publishing, Rome Italy 12. Energy Strategy of Russian Federation Transformation of Vision from First Strategy to the Last 참조.

40 Vagit Alekperov, 'Oil of Russia Past, Present, & Future: Top Manager's View', 2011, Printed USA, The Investment Climate in Russia 참조.

사(부분상장, 상호경쟁원칙)하나 중국 이외의 다른 외국석유기업과는 상이하다.[41]

(5) 가스프롬의 노르드스트림-2 신규 건설

1) 가즈프럼 발틱해의 노르드스트림-2의 건설로 유럽가스공급 배증 계획

가즈프럼은 우크라이나 경유의 대유럽 가스 파이프라인을 통한 가스공급을 축소하고 이에 가름할 노르드스트림(Nord stream)-2(1,222km)의 건설로 현행의 가스공급과 배분을 배증시키려는 계획으로 독일을 포함한 유럽의 에너지사들과 컨소시움을 건설키로 하고 New European Gasline AG를 출범시켰다.

Gazprom사는 러시아 정부가 50.02%의 자본력을 갖고 있는 러시아 제1의 그리고 세계 제4위의 시가총액(3,546억달러)을 갖는 '러시아 내셔널 가스 챔피언 기업'인 Gazprom의 경우에, 과반의 정부 지분 이외의 나머지 주식은 전략적, 정책적 기타 개인투자자로 구성되어 있으며, 7.44%는 외국인투자가로 구성되어 있다.

Gazprom의 이사회 멤버에는 독일의 E.ON Rujgas AG의 이사회의장이 명단에 올라 있다. E.ON은 가스프롬의 중요한 파이프라인인 '노르드스트림-2'(가스프롬이 75% 투자한)를 설치 · 운영할 'New European Pipeline AG'(Gazprom이 51% 대주주)에 출자한 바 있고, 동 자회사에는 이탈리아의 ENI와 독일의 Enel와 E.ON이 20%의 컨소시움으로 들어와 있다.

---

41 이러한 푸틴대통령의 국가자본주의가 국유기업의 혼합형 주식회사체제로 경쟁력제고를 위해 경영의 지배구조를 '자본주의 틀'을 갖게 하는 방식은 2017년 10월 제19차 공산당 대회를 가지며, 이전의 해운, 조선, 철강 등의 국유기업의 통합을 추구한 것에 추가하여, 중국의 시 주석의 집권2기에는 석유화학, 통신사업 등의 경쟁력 확보를 위해 혼합형 국유기업의 개혁을 추구하는 방침과 매우 유사하다. 현대적 공산주의의 국유석유기업의 자본주의시장 경제의 운영방식(동종의 국유기업간의 경쟁체제)의 개선을 뜻한다고 하겠다.

그림 5.2 러시아 노르드스트림의 1, 2차 해저파이프라인 설치도[42]

2) 독일행 노르드스트림-2의 건설과 미국·발틱3국·폴란드 등의 반대

가스프롬사는 2015년 9월, 독일의 BASF사와 E.ON사와 ENGIE, 오스트리아의 OMV사와 화란의 Shell과 Uniper사와 Wintershell사(독일)와 이탈리아의 Eni사와 더불어 러시아의 비보르크에서 EU에 가스를 공급하는 'Nord Stream−2 가스 파이프라인 프로젝트 설치'(New European Pipeline AG. J.V.사 신설, Gazprom 51% 대주주)에 관한 주주합의서에 서명한 바 있다.

여기에서 5개의 EU 컨소시움 멤버사들은 이 파이프라인 설치비용의 1/2만 부담키로 하고, 잔여 투자자로서는 가스프롬이 사우디의 Aramco 등과 현재 물색 중에 있으나 장기 달러화 금융에 제재(Sanction)를 받고 있는 러시아 에너지사에게는 결코 해외장기투자자금 동원이 용이하지 않았다.

3) 유럽에너지 배분과 공급을 좌우하는 러시아의 영향력 우려에 대한 표명[43]

2018년 3월, 미국의 39명의 상원의원은 미 재무성에 보낸 서한에서 러시아의 건설계획 중인 노르드스트림−2(Nord Stream−2)는 유럽의 몇 개 국가가 노르드스트림을

---

42 2018.7.19. 조선일보, "가스관 잠그면 독일은 '러시아의 포로'" 지도, 노르드스트림 천연가스관 인용.

43 2018.3.1. UPI.com, 'US expereses clear opposition tio Russian gas pipeline' 참조.

건설하면 크레므린의 '악의적인 영향력'이 확대케 된다는 이유에서 반대한다는 뜻을 전하였다. 석유와 가스는 2030년에 가서도 수요가 16%나 증가하여 에너지수요의 1/2이 석유와 가스가 점할텐데 이런 전망에서 러시아가 발틱해저로 독일행 파이프라인을 건설하면 이는 그만큼 '발틱해 연변국가의 에너지안보'를 저해하고 '유럽에 30%의 에너지를 공급하고 배분하는 러시아의 영향력을 키운다'는 우려의 표명이다.

미 국무성은 2017년 미국이 대 러시아, 이란, 북한에 대하여 발한 '미국의 제재조치를 위반한 국가에 대한 법'(Countering America's Adversaries Through Sanctions Act)에 저촉된다고 하면서 이 Nord Stream-2의 설치는 유럽의 안보를 해친다는 의견을 발표하고 있다.

한편 2018년 7월 NATO총회에 참석한 트럼프대통령은 '독일은 새로운 Nord Stream-2라는 러시아에서 발틱해저를 통해 독일로 가는 파이프라인을 설치하고 있는바, 이는 그들 에너지(가스)의 60~70%를 러시아에 의존케 되어 러시아에 포로(captive)가 되는 것'이라고, 석유안보를 위해 미국은 이 설치에 반대한다고 천명한 바 있다. 그러나 독일의 멜켈 수상 등은 미국이 독일의 내정에 간섭한다고 반발하였다. 그 후 건설이 예정대로 착수되어 2019년 말이면 완공되게 되어 있다. 이는 종래의 육상의 경유지인 우크라이나와 폴란드, 벨라루스 등을 거치지 않는 점에서 이들 국가의 노드스트림-2의 건설에 반대도 심하다. 또한 독일 등이 이 라인을 선호하는 것은 미국의 LNG보다 훨씬 저렴한 데에서 추진하는 상업적 이유인 점을 강조하고 있다. 그러나 이 또한 푸틴대통령의 장기적인 에너지전략의 성공이라고 평가된다.[44]

그러나 72억 큐빅피트/일의 가스를 사용하는 독일은 물론 오스트리아의 OMV는 오히려 '이 파이프라인은 유럽의 에너지안보에 도움이 된다'고 할 정도이다. 또 이들 국가는 러시아산 가스가 미국산 가스보다 훨씬 저렴하고 실질적이라는 점에서 이 프로젝트를 지원하고 있고 또 계속하여 러시아산 가스를 수입하고 있다. 2017년 11월, 폴란드를 방문한 트럼프대통령은 폴란드에 미국가스를 공급할 수 있다고 장담한 적이 있다.

이와 같이 독일은 트럼프대통령이 미국산 LNG를 국제정치의 도구로 삼고 있다고 비난할 정도로 가스문제는 국제정치의 예리한 문제가 되고 있다. 그 귀추가 주목된다.

---

44 2018.10.17. OIL PRICE, 'Germany clushes with the U.S. over Energy Geopoltics' 참조.

4) 러시아 주도의 Nord Stream-2 가스파이프라인 설치의 진행: 핀란드와 스웨덴

러시아의 Gazprom사는 러시아 나르바만에서 발틱해의 해저를 통과하여 독일로 가는 해저터널인 노르드스트림-2의 신설에 있어, 핀란드의 배타적 경제구역(EEZ)의 통과에 관하여 통과구역인 관계국의 하나이면서 첫 통과국인 핀란드의 허가(2018.4.5. 이는 공해방지를 위한 'Water Act'에 따른 요구사항)를 받았다. 이는 특히 유럽에의 가스판매를 독점하려는 기도로 보아, 미국이 반대하고 있고 또 경유지이었던 우크라이나 등의 반대에도 불구하고 핀란드가 허가한 것이다. 앞으로 덴마크와 스웨덴(2018.6)과 러시아의 승인절차가 남아 있지만 핀란드 정부와 스웨덴 정부의 허가는 의미가 큰 것으로 앞으로 Gazprom의 대유럽 가스판매는 증가할 것이다.[45] 이는 노르웨이의 가스생산 수출이 감소하고 또 아프리카의 리비아도 감산하고 자연히 EU의 러시아산 가스수요가 증가하면서 파이프라인의 신설이 더 필요하게 된 것과 맞물리게 된 것이다.

5) 트럼프대통령의 노르드스트림-2에 대한 반대 표명의 진의: 미국의 자국산 에너지 수출을 위한 고도의 에너지 국제정치

2018년 7월 NATO회의에 참가한 트럼프대통령의 노르드스트림-2 가스관(러시아의 나르바만에서 독일의 그라이프스발트(Nord stream-1과 같은 지점)에 이르는 1,225km의 해저파이프라인)이 2019년 하반기에 건설이 완공되면, "독일은 완전히 러시아의 포로가 된다"(Germany is totally controlled by Russia)고 하여, 러시아는 물론 독일, 오스트리아, 화란, 이탈리아 등 러시아의 가스의존도가 크고, 노르드스트림-2 건설투자에 참여하고 있는, EU 국가들의 원성을 사게 되었다. 이는 노르드스트림-1(러시아의 비보르크에서 독일의 그라이프스발트의 1,222km)이 이미 2012년 완공되어 연 550억㎥의 가스를 수송하고 있거니와 노드스트림-2가 완성되면 이의 2배로 확대되어 저렴한 러시아산에 의존하는 EU 국가들의 참여로 진행되는 프로젝트이다. 독일은 독일이 맡은 동 스트림-2의 Baitic해 쪽의 건설을 독일의 Lubin항에서 건설을 시작했다.

---

45 2018.4.5. OILPRICE, Russia-LED Nord Stream-2 Gas Pipeline Gets First Permit In Finland 및 2018.5.8. OILPRICE, Europe Buys More Russian Gas Despite Strained Relations 참조.

이는 유럽이 2035년까지 지금의 가스수요 전망에서 1,200㎥의 가스를 추가 확보하여야 하는데, 노르드스트림 해저파이프라인의 확장없이는 미국이나 카타르 등지에서의 높은 가격으로 가스 수입에 의존할 수밖에 없는 것이다. 이는 가스수입 코스트가 엄청나게 차이가 나게 되어, 독일을 주축으로 러시아의 Gazprom이 핀란드와 스웨덴 등 EEZ(Exclusive Economic Zone) 통과의 승인을 얻어 진행하고 있는 프로젝트이다.

물론 이의 설치에 반대하는 유럽의 폴란드, 우크라이나, 에스토니아 등이 자국을 통과하지 않고 스킵하는데 대한 불만을 쟁점으로 하고 있고 최근 미국의 세일가스 대유럽 수출시장 확보를 위한 경쟁적 차원에서의 주장이라고 해석되기도 한다.

미국이 러시아의 독일행 파이프라인 건설에 반대하는 입장은 최근만이 아니라 1970년대 당시 소련(USSR)이 서부유럽에 가스 파이프라인을 건설하는 것도 반대할 정도로 러시아의 유럽행 가스공급은 미국이 반대하는 정책이었다. 가스공급이 국제정치의 한 핵심과제가 되는 배경을 알 수 있다.

이런 복잡한 과정을 거쳐, 스웨덴은 2017년 6월 7일 노르드스트림-2의 자국의 배타적 경제수역(EEZ) 내를 통과하는 파이프라인 건설을 찬반 논쟁 끝에 승인하였다.[46]

또 다른 노르드스트림-2의 건설의 걸림돌은 해저 파이프라인 건설의 환경평가이다. 특히 핀란드, 스웨덴, 덴마크 및 독일을 거쳐야 하는 과정에서 해저의 환경문제 평가가 제기되었으나 이는 결과적으로 큰 영향이 없다는 결론이 내려졌다. 그리하여 총 1,200km 연장의 110억달러 투자규모의 연간 550억 큐빅m의 가스를 러시아에서 독일로 운송하는 노르드스트림-2의 해저 파이프라인 건설은 2018년 9월 중순 독일의 Lubin항에서 착공(kick-off)되었다. 이 Nord Stream-2가 2019년 완공되면 Nord Sream-1과 더불어 양 파이프라인으로 독일과 서북부 유럽에 송출되는 LNG는 현재(55bcm/y)의 2배로 확대되어 연간 110bcm/y가 된다. 러시아는 유럽의 가스수요가 늘면 제3의 Nord Stream도 설치할 수 있다고 큰소리친다. Nord Stream-1,

---

46 2018.9.16. sputniknews.com./analysis 및 2017.12.27. upi,com/Energy-News, Gazprom sees Chinese gas pipeline online in two years 참조.

2 프로젝트는 확실히 푸틴대통령의 대미 에너지전쟁에서 승기를 잡게 된 프로젝트가 되었다 하겠다.[47]

이 노르드스트림-2가 완성되면, Gazprom의 러시아의 대유럽 가스수출 능력은 이미 가동 중인 Nord stream-1과 더불어, 그 가스수송능력이 배증(倍增, 현재 55bcm/y의 2배)되게 되는 것이고 그만큼 유럽의 가스에너지 안보는 공고히 되는 것이다. 반대로 미국의 대유럽 셰일가스는 노력에도 불구하고, 그만큼 축소되게 되는 것이다. 강대국간(미국·러시아·독일·폴란드 등) 에너지 전쟁의 한 단면을 본다.

(6) 러시아와 중앙아시아 3개국과 중국의 에너지 연계

1) 러시아와 CIS 3개국과 에너지 안보를 확보하려는 중국의 에너지 동맹화[48]: 2006년을 에너지 안보를 갈망하는 중국의 '러시아의 해'로 선언

소련에서 해방된 카자흐스탄, 키르키스탄과 우즈베키스탄의 에너지(석유·가스) 풍부국과 증가하는 에너지 수입수요를 확보하려는 중국과의 연계과정이 2000년대 초부터 이들 사이에서 단단히 얼그러졌다. 이는 중국의 서부에 위치한 러시아와 중앙아시아 3국과의 석유·가스생산국과 절대적 에너지 수요국인 중국의 지리적 접근성과 국제정치적 차원에서 2000년대 초부터 크게 결실이 이루어졌다.

마침 이때는 세계의 에너지 안보를 보장한다는 미국의 '큰 소리'에도 좌시할 수 없는, 중국의 에너지 안보에 대한 갈망이 커져가는 시점이어서 더욱 러시아를 포함한 유라시아와 중국과의 에너지수급관계가 일층 강화되었다.

이는 중국의 에너지산업의 구조적 안정성과 시스템의 안전이 절실히 요구되던 시점이었기 때문이다.

그러면서 그간 수입의 50%대를 의존하던 중동의 소위 OPEC의 산유량이 감소하기 시작하던 때이면서, 반대로 급증하는 에너지 수요를 수입(2010년 4.1mbd, 2020년 6.1mbd 수입하여야 함)으로 충족시켜야 하는 중국으로서는, 어디에선가 에너지 대

---

47 2018.6.21. OILPRICE, 'Russia pushes ahead with controversial Nord Stream-2' 참조.

48 Edited by Gabriel Collins, Anderew Erickson China's Energy Strategy, The Impact on Beijing's Maritime Policies, p.205, Fudamentals of China's Energy Security and the Role of Central Asia and Russia 참조.

체공급원의 필요가 더욱 커졌던 시기이었다(중국의 지도자들은 중국이 한 지역으로부터 30% 이상 수입의존도는 안보상 불안한 것으로 단정하고 있었다. 그때 IEA는 그냥 이대로 가면, 중국은 2015년에 중동 산유국에의 석유의존도가 70%까지 갈 것으로 전망하고 있어, 중국이 열심히 석유수입의 다원화할 수 있는 중동 이외의 지역을 찾고 있었던 시기이었다.).

이런 중국의 어려움이 '에너지 딜레마'에 빠진 시기에 소련의 해체와 더불어 에너지 강국으로 향하고 있던 러시아와 중앙아시아의 3개국 출현은 중국으로서는 '근처 서쪽 뒷동네'(Western Backyard)의 산유국으로 나타난 에너지 풍요국을 맞이하게 된 것이다.

또 한편으로는 러시아로서는 우크라이나 사태이후 유럽에 공급하는 에너지(특히 가스)규모가 감소해가는 전망(이를 Energy Dilemma라 칭함)에 비추어 그 대체수출지역으로 러시아의 동쪽(아시아)을 탐색하던 시기이었다.

그리하여 러시아는 중국과 더불어 활발한 상호관계를 유지하며 2006년에 '중국에서의 러시아의 해'(Year of Russia in China)를 만들기 위한 양국간 외교관계를 강화하기 시작하였다.

이러한 중·러 양국의 '에너지 전략적 협력관계'(Sino-Russian strategic cooperative partnership in Energy Cooperation)의 피크는 2006년 3월 푸틴대통령의 베이징방문으로 이루어졌다. 이때에 확립된 새로운 에너지 협력관계에는 win−win원칙하에 석유와 가스의 공동개발과 탐사, 합동 파이프라인의 건설, 러시아와 중국내의 석유개발을 위한 특별 기금의 설립 및 양국의 철도성과 관련 지방정부도 이에 적극 협력하기로 하였다.

2) 중·러·중앙아시아의 에너지 협력의 달성

이때의 전략적 협력원칙 하에 중국, 러시아, 중앙아시아 에너지 3국간에 달성한 협력의 내용을 보자.[49]

첫째, 러시아의 대중 에너지 수출이 보다 확고하여졌는데, 이는 Rosneft사가 말썽많던 Yuganskneftegaz를 2004년 12월에 93억달러(중국계 은행의 Rosneft에 대한 융

---

49 상동, p.217, 'New Dynamics of Sino−Russo−Central Asian Energy Cooperation in Aftermath of the Color Revolution' 참조.

자)에 매입하고, 2005년 5월 양국정부는 중국의 은행과 보험사가 러시아 은행의 자금공여와 지급보증을 원활히 할 수 있도록 협정을 체결하였다.

둘째, 러시아는 중국의 석유사(CNPC)로 하여금 극동 시베리아의 석유와 가스개발에 참여하도록 조치한 바, 2005년 7월 Rosneft사는 중국의 CNPC와 JV를 결성하여, 사할린지역의 개발과 동부시베리아 시추(drilling)에 공동참여하기로 하였다. 또 Transneft사는 중국의 CNPC와의 협정체결로서 ESPO의 한 지선(또 다른 지선은 사할린행)이 중국으로 가는 파이프라인 건설에 합의하였다.

셋째, 동부시베리아 파이프건설이 진행되면서, 중국은 시베리아에서 파이프라인 건설의 가능성을 확인하고, 2007년 4월에 석유운송을 전담하는 Transneft사는 러시아의 Taishet에서 출발하여, 중국 국경 근교 도시(중국 국경에서 70km)인 Skovorodino까지의 860km(총 2,757km)의 파이프라인을 2018년 말까지 건설키로 하였다. 여기에서 중국의 다이킹까지의 965km의 파이프라인은 CNPC가 4억달러를 투입하여 건설하기로 하였다.

이로서 신 파이프라인으로 Rosneft는 CNPC에 60만bd의 석유를 중국의 다이킹에 공급키로 하였다.

넷째, 이렇게 러시아는 Rosneft사를 러시아의 대아시아(동방)의 신규 석유수출 센터로 지명하고, 이와 관련된 운송기관(Transneft와 러시아 철도사)의 이해관계도 조정되면서 CNPC와 석유와 관련된 비즈니스(정유, 석유정제 프로세싱 등)의 이해를 공고히 하기 위한 주식지분을 인수하기로 하여, 여기에서의 첫 JV사(러시아측 51%)로 'Vostok Energy LTD'를 2006년 10월에 설립하였다.

또 다른 양국협력사인 석유화학 JV로 'Chinese-Russian Eastern Petrochemical Co.'를 설립하고 중국 내에서 20만bd의 석유정유사업을 하기로 하였다. 한편 Rosneft는 CNPC로 하여금 러시아 내에서 정유사업을 할 수 있도록 지원키로 하였다. 이를 위해 2006년 7월 Rosneft가 IPO를 러시아에서 행할 때, CNPC가 5억달러 규모의 Rosneft 주식을 인수하였다. 이렇게 양사의 상호주 투자는 Rosenenft와 CNPC의 거대 석유사의 '최고정점(cumination)에서의 장기적 협력'이라고 할 수 있다.

또 Rosneft사는 또 다른 중국의 국영석유사인 Sinopec과 협력관계를 설정하였는데, 이는 2006년 7월 전 TNK-BP의 자회사인 Udmurtneft사(Volga강 유역의 Udmurtia 공화국 내 위치)의 35억달러 규모의 주식을 인수하였다. 이는 2006년 러시아

전 총리인 Fradkov의 방중 중의 이벤트로 이루어졌다.

다섯째, 양국의 사할린에서의 협력관계 증진은 비록 늦었으나, 중국의 사할린 프로젝트에의 참여도 가능해졌다. 즉 로스네프트사는 중국측에 사할린의 석유와 가스매장 광권에 투자를 가능케 하였다. 로스네프트사는 2003년부터 국가의 사할린 지역 광권허가 획득을 Gazprom과 경쟁(가스 수출은 Gazprom 독점 license)하였는데, 다만 Sakhalin-1 지역은 PSA(생산분활계약, Production Sharing Agreement)에 의해 ExxonMobil이 갖고 있던 광권을 CNPC가 인수하여 중국 동북쪽으로 가스를 수입할 수 있는 계약을 2006년 10월 체결한 바 있다.

로스네프트사는 연 2백만tpy의 원유를 동사가 49.8%를 갖고 있는 Sakhalin-3 (중국의 Sinopec 25.1%, Sakhalin Petroleum 25.1% 지분보유) 프로젝트에서 중국으로 수출하기로 하였다. 한국은 이때 Sakhalin-3의 지분을 Sakhalin Petroleum Co.가 처분한 후에 일부지분을 취득한 바 있다.

여섯째, 이렇게 Rosneft와의 관계를 강화한 중국은 그 후, 2006년 3월 CNPC와 Gazprom과의 'Protocol on Natural Gas Supply from Russia to China'에 사인한 후, 러시아 가스공급에 대한 공급시기, 규모, 공급루트, 가스가격 결정절차 등을 정하였다. 이때 푸틴대통령이 '러시아는 총 60~80bcm의 가스를 매년 중국에 공급하는데 이의 운송을 위해 2개의 파이프라인 건설을 고려하고 있다'고 선언하였다.

그 뒤를 이어 Gazprom의 이사회 부회장인 Alexander Medvedev는 '2011년부터 Gazprom은 68bcm의 가스를 러시아의 Kovykta-Blagovesheensk를 통해 중국의 서부 Altai와 Xinjiang으로 공급한다고 선언하였다. 중국의 동부시장에 공급하는 계획이었다. 이 라인은 그 후, 실제로 여러 가지 사정으로 당분간 보류한다고 하여, 현재는 스톱 상태에 있다.

이 가스파이프라인 중 중국으로 가는 850마일의 파이프라인은 2018년 초까지 완성할 계획이며, 3,000km(2,500마일)의 Power of Siberia의 전 노선은 2019년 중 완성하여, 연간 1.3조cubic feet의 천연가스를 2019년 말(정확히는 2019년 12월 20일)부터 30년간 중국의 CNPC에 공급할 수 있다고 Gazprom의 A. Miller회장은 확약하였다.[50]

---

50 2017.12.27. upi.com./Energy, 'Gazprom sees Chinese gas pipeline online in two years' 참조.

또 러시아의 Gazprom은 중국을 포함한 아시아에 대한 가스수출의 확충(여기에는 Novatek)을 계기로 러시아의 초대형 가스액화(processing)공장을 건설할 것임을 천명하였다.

3) 중앙아시아국가의 대중국 석유가스 수출과 협력

2006년 중국과 카자흐스탄의 공동노력에 의하여 카자흐스탄의 석유와 러시아의 석유를 합하여 대중국에 수출하는 프로젝트는 비교적 원만히 진행되고 있다.

러시아의 석유사가 러시아산 석유의 대중국 수출에 있어, 카자흐스탄에서 일찍이 건설한 카자흐스탄의 파이프라인을 통한 대중수출은 러시아와 카자흐스탄의 원만한 협조로서, 러시아와 카자흐스탄 양국의 석유를 카자흐스탄의 파이프라인을 통해 중국에 수출하는 것이 순조롭게 진행되고 있다.

이같은 카자흐스탄의 대중국 석유수출 가능성의 교섭은 2003년부터 시작하였는데, 실제 첫 수출은 2006년 5월 연장한 988km의 Sino-Kazakh 파이프라인(Atasu-Alashankou, 2005년 12월 준공)을 통해 수출되었다. 이 파이프라인은 3,000km까지 연장할 수 있다.

이 프로젝트는 2006년 11월, 로스네프트사가 러시아산 석유를 카자흐스탄의 Samara에서 Atyau로 파이프라인을 통해 중국으로 1.5백만tpy를 수출하기를 희망하면서 이루어졌다. 동 수출은 2006년에는 20만bpd에서 시작하여 2007년에는 40만bpd까지 가는 계획이었다. 한편 이에 관하여 러시아의 Transneft는 2007년까지 가면, 물동량은 7백만tpy(51.3mb)까지 갈 수 있다고 전망하고 있다. 이와는 별도로 카자흐스탄에서 석유를 철도로 중국 신장까지 운송하는 라인도 있다.

또한 러시아의 Omsk시로부터 카자흐스탄의 아스타나를 경유하여 중국으로 가는 파이프라인이 있다. 이를 시작으로 Joint Russo-Central Asian Supply to China의 'Eurasian Heartland'의 new page를 열게 된 것이다.

이로써 러시아도 주변국과의 협조를 강화하여 2006년에는 카자흐스탄의 대통령과 퓨틴대통령 간에 'Energy Club'이라 할 수 있는 SCO(Shanghai Cooperation Organization)를 강화하는 계기가 마련되었다 하겠다.

한편 우즈베키스탄에서는 2005년 5월, Sino-Uzbek partnership 계약을 체결하여, CNPC가 Uzbekneftgaz에게 6억달러를 투입하여, 석유와 가스를 개발케 하고 있거니와, 카자흐스탄, 우즈베키스탄 외에 투르크메니스탄과 중국의 Almaty로 연결하는 가스를 파이프라인을 통해서도 중국에 수출하고 있다.

　2005년에 중국은 투르크메니스탄의 전 대통령의 요청으로 카스피안의 투르크메니스탄의 가스개발을 요청받은 바 있다. 이것이 투르크메니스탄의 가스를 카스피안 파이프라인을 통해 중국으로 가스를 수출하는 계기가 된 것이다.

(7) 러시아의 ESPO 건설과 대중국 가스공급의 30년 계약과 동방정책

1) 가스프롬과 중국 CNPC의 30년 가스공급계약 체결과 파이프라인 건설

　2014년 5월, 가스프롬사는 중국의 CNPC사와 중국 동북부에 2019년 말에 시작하는 '30년의 장기 가스공급계약'(Sales and Purchase Agreement for gas, 총 1.3조 큐빅피트 규모, 연간 380억 큐빅미터)을 체결하면서, 이를 위해 러시아 시베리아 Irkutsk지역의 Kovyktinskoveeks석유 단지(1987년 발견)와 Chanyandinskoye 단지(Yakutia)에서 중국의 러시아 국경도시인 Skovorodino를 거쳐, Daqing을 거쳐 하르빈으로 공급·운송하는 2,500마일(약 3,000km)의 '파워 오브 시베리아'(Power of Siberia, ESPO) 파이프라인 건설에 합의하였다. 가스프롬은 총공사비 550억달러를 투입하여 2019년 12월 준공목표로 건설 중에 있다(2017년 말 75% 건설완료).[51] 동 파이프라인의 건설자금은 중국개발은행, 중국수출입은행의 가스프롬에 대한 장기연불위안화차관으로 충당되었다.

---

51 2017.7.8. FT, 'Gazprom pipeline powers China partnership—Russia—owned corporation is ahead of target on politically significant Siberian Line' 참조.

| 그림 5.3 | 러시아의 'Power of Siberia 파이프라인'(ESPO) 흐름도[52] |

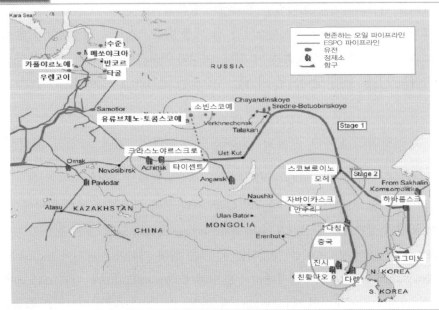

| 그림 5.4 | 러시아의 가동 중인 ESPO와 사할린-블라디보스토크의 가스라인과 건설 중인 라인(점선) |

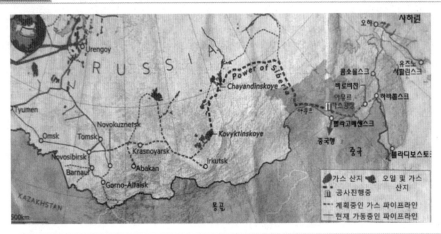

52 2017.12.27. UPI.com. 'Gazprom sees Chinese gas pipeline on line in two years' 및 CIEP Paper(2015), 'Russia Oil Export Strategy: Two Markets', Figure 2 Oilfields in Eastern Russia and ESPO pipeline(Source: Argus) 인용.

한편 가스프롬은 제2단계로 또 다른 선으로 사할린(Sakhalin)의 Khavarovsk와 Biogoveveschensk를 거쳐 코즈미노(Kozmino)까지 가는 파이프라인을 건설 중에 있다. 여기에서 북한까지는 지근거리에 있다. 러시아가 한국, 일본 등에 가스수출을 제안하는 통로가 될 것이다.

이같이 Gazprom은 대중국 동부수출 PNG 가스노선(Sila Sibili가스관, 850마일)의 2019년 12월 20일 개시목표로 건설 중이며, 기존 사할린－하바로프스크－블라디보스토크 가스관을 활용하여 러시아 극동가스의 대중국 수출(동부 로선, eastern route)도 추진 중에 있다. 동 Sakhar공화국의 지역은 영하 섭씨 62도까지 내려가는 지역이며 아무르(Amur)지역은 영하 41도까지 내려가는 한냉지역이다.[53]

Gazprom과 중국의 CNPC는 사할린의 PNG 가스를 대중국 공급의 기본조건 협약을 2017년 12월 21일 가계약을 체결하였고, 2018년 중에 본 계약을 체결할 계획으로 있다.[54]

2) 러시아 석유 내셔널 챔피언인 로스네프트의 대중국 석유장기공급계약

Rosneft사의 주식 중 국유주는 105.6억주로서 이 그룹은 로스네프트 산하의 12개의 자회사가 통합하여, 이루어진 기업으로, 정부의 지분은 Rosneftgaz가 75.16%를 갖고 있는 로스네프트의 주식을 뜻한다.

로스네프트의 980억달러의 자본금의 잔여의 주식은 광범위한 전략적 투자자, 기관투자자, 러시아와 외국의 개인투자자가 소유하고 있다. 최근까지 미국의 Citi은행이 1%의 주식(110백만 주)을 갖고 있었다. 동사의 이사회에는 영국 Barclays Capital의 의장과 미국 개인인 Hans－Jeong Rudolf가 동사의 부사장으로 이사회의 구성원으로 되어 있다. 동사는 2008년 말 확인된 탄화수소의 매장량만 세계 매장량의 2.8%를 보유하고 있다.

---

53 2018.3.21. Gazprom 발행, Eastern Gas Program, News and Events 참고.
54 에너지연구원, '세계에너지시장', 인사이트, '2018년 에너지시장 및 기후변화 대응', p.28 참조.

그림 5.5   Rosneft사의 생산량(10억 배럴)과 수익(tn루블)[55]

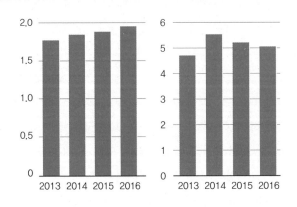

　　2017년 10월, 동사의 주식을 갖고 있는 Glencore와 카타르국부펀드가 갖고 있는 Rosneft의 주식 14.16%를 91억달러를 받고 중국의 CEFC China Energy사에 매각한 바 있는데, 이 CEFE의 사주(Ye Jianming)가 중국사법당국으로부터 불법행위로 체포당하면서 동 주식처리문제가 중국과 러시아의 예리한 문제로 부각되었다. 외화자금난의 해결방안으로 친숙한 중국에서 러시아 국영에너지기업에 장기투자자금형태로 긴급지원을 한 것이 아니냐로 보였으나, 어딘가 이상한 거래로 그 귀추가 주목된다.[56]

3) 대중국 석유와 가스를 장기 공급·운송하는 Transneft Pipeline 주식회사

　　100% 국유 '에너지 운송파이프 라인사'인 Transneft사는 국가가 75%만 소유하고 있고 이것만이 일반주식이고 나머지 잔여주식은 우선주식으로 이의 투자자는 개인투자자이다. 동사는 Transneftprodukt를 인수하였다. 전체적으로 외국인 투자자(기관, 개인)는 러시아 에너지기업에 대한 투자를 선호하고 있다. 특히 지분투자를 선호하는 외국기업은 독일의 기업으로서, BASF, E.on 등이 이에 속한다.

---

55 2017.4.20. Financial Times, 'Russia Arcitc Enterprise' 참조.

56 2017.10.12. FT, Herny Foy, Russia turns to new friends from China and the Middle East 및 2018.3.21. FT, 'China group's Rosneft deal in doubt after tycoon arrest' 참조.

③ 수직적 종합화된 러시아 대형 국유 에너지 기업의 특징

표 5.10	**2007년 수직적 종합화[57]된 러시아 석유사의 석유생산 추이[58]**			(단위: 백만톤)
수직적 종합 석유사	2007	2008	2009	러시아 전체 중 비중(%)
Rosneft	121.7	125.4	128.2	23.4
LUKOil	100.8	99.4	106.9	18.5
TNK-BP (Holding co.)	76.5	75.8		14.1
Surgutneftegaz	71.1	68.0	65.6	12.7
Gazprom Neft & Refining Subsidiaries	51.6	47.8		
Tatneft	28.5	28.8	28.8	
Slavneft	23.0	21.6	20.8	
Russeneft	15.6	15.7	14.0	
Bashneft	13.0	12.9	13.4	

주: CIS-5는 Azerbaizen, Kazakhstan, Russian Federation, Turkmanistan 및 Uzbekistan을 뜻함. wiwi는 동 자료를 BP Statistical Review를 인용하였다 함.

(1) 러시아 국영에너지사의 특징 ①

러시아의 에너지사들의 특징의 하나는 구 소련의 CIS 국가에 집중되어 있어, 당시부터 맺어진 전력 및 가스의 파이프라인과 연관된 점이 많고 따라서 다양한 에너지산업을 자회사로 거느리는 경우가 많다는 점이다.

그리하여 위의 표에서와 같이, LUKOil, Gazprom, RAO UES와 같은 대형 에너지 산업이 소련의 해체 이후에도 CIS 국가들(그 중에서도 카자흐스탄, 몰도바, 아르메니

---

57 수직적 종합 석유 · 가스기업(Vertically Integrated Corporation)이라 함은 석유 · 가스의 '생산의 전 벨류체인을 생산 · 운송하고, 석유기업은 거기에서 더 나아가 정유(refining)사업과 배분사업까지 하는 것을 뜻한다.

58 Vagit Alekperov, 'Oil of Russia Past, Present, & Future; Top Manager's View', 2011, Printed USA, p.199, Overview of Major Russian Oil Companies 참조.

아, 벨라루스 등 친(親)러시아 CIS국가)과 외교 정책적으로 그 연관성을 계속 유지·강화하고 있음을 알 수 있다.

2000~2006년간 러시아의 해외투자기업 중에서 대아르메니아 33%, 대벨라루스 28%의 투자비중은 바로 푸틴대통령이 에너지를 대형화된 국유기업을 통하여 이들 국가와의 국제정치의 수단으로 에너지를 활용하고 있음을 보여 주는 결과로 설명된다.

위의 자료에서 러시아는 2000년대 중반부터 석유부문에서 CIS 5개국 중에서도 특히 급성장하고 있어 '석유와 가스가 러시아의 전략적 국제관계 외교수단'으로 활용되고 있음을 알 수 있다. 그리하여 2008년에는 그 비중이 사우디의 13.1%에 근접한 12.4%로 가더니, 2009년에 러시아는 사우디를 추월하여 2010년의 수개월간은 세계 제1의 석유 생산국이 되었었다.

(2) 러시아의 4대 국영석유사의 특징 ②

그 후 미국의 셰일(Shale)붐으로 러시아는 미국에 석유생산 1위의 위치를 내어 주었으나, OPEC 비회원국으로 있는 러시아는 세계 석유시장에서 막강한 영향력을 사용하게 되었다. 2016년, 2017년의 미국의 Shale 붐으로 인한 세계석유공급 과잉으로 국제석유가격 폭락시에 사우디의 요청으로, 푸틴대통령이 나서 OPEC의 감산을 이끌어 내어 국제유가를 진정시킬 때의 푸틴대통령의 주도적 역할을 새로운 국제석유의 Czar(황제)로 일컫게 되었다.

한편 위의 10개의 러시아의 수직화된 종합석유사(Verticallt Integrated Co.s)의 2009년 생산은 러시아 전체 석유생산의 95.9%를 차지하고 있고, 이 중에서 Rosneft는 러시아의 23.4%를 LUKOil은 18.5%를 그리고 TNK−BP는 18.5%를 Surgutneftegaz는 12.7%의 비중을 각각 차지하여, 4개사만의 러시아 총 석유생산의 점유비중은 68.7%를 차지할 정도로 4개의 석유사의 수직적 대형화 과점현상이 뚜렷하다. 그 후 Rosneft는 TNK−BP를 550억달러에 인수·합병(다음에 상술한) 바, Rosneft의 비중은 실제 40% 정도로 팽창하여, 가스산업의 Gazprom과 더불어 양사는 명실상부한 러시아 석유(가스) 챔피언(Champion)이 되었다고 하겠다.

또한 2008년에 수직종합석유사의 탄화수소의 정유(refined)제품의 투입도 현저하여 2008년에만 총 석유생산 중 정유제품 생산이 2008년에는 48.5%로서, 2007년의 46.6%를 초과하였으며, 정유제품 회수율(Yield)은 2008년에는 72%로서 동년에 러시아 전체로서 가솔린은 39.4백만톤을 생산하였고, 디젤은 76백만톤을 생산하였다. 4대 대형석유사를 좀 더 구체적으로 보자.

1) Rosneft사의 수직적 종합에너지사로서의 특징

러시아의 수직적 종합석유사 중 로스네프트(Rosneft) 주식회사(1993년 100% 국유석유사로 출범)가 러시아의 석유산업을 지배하고 있는 양상은 아래의 수직·종합화된 석유사의 2007년, 2008년의 정유제품 투입액을 보아도 그 구조를 알 수 있다. 위에서 본 바, 민영화 석유기업의 국유화로 환원시키면서 로스네프트사는 부도가 난 Yukos를 인수하여 2004년, 그 중 Yuganskneftegaz를 우선 편입시키고, 2007년에는 Yukos의 남은 재산을 모두 매입하였다. 로스네프트사는 12개의 Yukos의 자회사를 합병한 후, 자본금을 105.9억 루블로 확대하여 정부의 승인을 받고, 로스네프트의 모기업인 Rosneftegaz가 로스네프트의 주식의 75.16%의 주주가 되었다. 로스네프트사는 러시아 전국에 걸쳐 있는 전 석유 프로젝트의 광권(탐사인가권)을 갖고 있으며, 로스네프트는 러시아의 많은 해외 석유 프로젝트(Kumangazy structure in Kazakhstan, Sakhalin projects와 Burgas-Alexadropol) 파이프라인과 알지에(Algeria)에서 러시아를 대표하고 있으며, 끊임없이 사세를 확장하여 2013년에는 TNK-BP사를 정부의 권유에 따라 550억달러에 인수하였다. 이때는 유가가 최저로 하락하는 나쁜 타이밍임에도 Sechin회장은 일을 저지르는 소위 bogeyman으로 불리운다.[59]

이런 I. Sechin의 과다 의욕적 인수확장을 위한 자금조달을 로스네프트사의 채권(회사채)발행으로 충당한 바, 만일 러시아 정부가 동사의 발행한 채권(Debt)을 일시에 사주어야 한다면 400억달러가 필요하다는 계산이다.

그 후 로스네프사는 2014년 10월에 Bashneft사를 동사의 전소유자인 Mr. Ulyukaev의 뜻에 반하여(Ulyukaev의 소유인 Bashneft사를 로스네프트에 매각하는 것에 반대하다, 매각 후 1개월 후에 구속됨) 52억달러에 인수한 바 있다.[60]

---

59 2016.12.10. FT, Person in the News, Igor Sechin, 'Kindpin who oils the levers of Power' 참조.
60 2016.12.10. FT, Person in the News, Igor Sechin, 'Kindpin who oils the levers of Power' 참조.

이런 식으로 팽창한 로스네프트사는 2014년에는 5.5백만 배럴/일을 생산하여 단 1개의 석유사로서 러시아 석유생산의 절반을 생산하는 '초대형 국유 수직적 종합 에너지사'로 확대되었다. 또 동사는 2015년 초, 서방측의 러시아 석유기업에 대한 기술 및 금융지원을 봉쇄(Sanction)하는 2014년의 제재조치로 인한 러시아의 경제적 어려움(특히 외화난(外貨亂)을 맞아 어려운 처지)을 겪는 정부를 위해 로스네프트 주식 (정부보유분)의 19.5%를 Glencore와 카타르투자청(Qatar Investment Authority)에 단돈 100억 유로에 매각하였다(푸틴의 지시와 승인).[61]

로스네프트는 또 다른 석유사인 중앙시베리아 위치한 Sistemat사(개인석유사)와 법적분쟁으로, 로스트네프트사는 Sistemat사의 자회사인 Bashneft(로스네프트 인수)사의 석유생산시설에 대한 부정확성에 대한 손해반환청구소송을 제기하여 진행 중이다. 급진적 국유화 조치에 따라 법적분쟁 등 부작용이 이후에도 끊임없이 제기될 것으로 보인다.[62]

전 독일의 총리이었던 Schroeder(푸틴대통령과 절친)는 2005년 이래 러시아의 노르드스트림(Nord Stream)[63]의 이사회 의장을 맡고 있다가, 2017년 중반, 로스네프트사의 이사회의 사외이사로서 새 직책을 수락함으로써, 독일의 메르켈 총리와 러시아와의 가교 역할(특히 에너지 분야)을 하게 되었다. 특히 독일은 러시아에의 가스의존도가 높을뿐더러, 러시아와 독일과의 관계는 매우 깊은 처지에서 슈로더 전수상의 로스네프트의 사외이사 임명은 그만큼 에너지의 국제정치(Energy Geopolitics)의 깊은 내면을 보여주는 사례라 하겠다.

---

61 2016.12.10. FT, Person in the News, Igor Sechin, 'Kindpin who oils the levers of Power' 참조.

62 2017.6.7. FT, Rosneft raises stakes in Sistema fight 참조.

63 러시아의 Nord Stream은 러시아의 대독일 수출하는 가스를 발틱해를 거쳐 독일(크라이프스발드)로 수출하는 중요한 파이프라인으로서 Gazprom이 51%의 대주주이다. 2016년 슈로더는 Gazprom이 신설키로 된 'Nord Stream-2'의 관리자로 지명받은 뒤에, 추가로 로스네프트의 사외이사를 맡은 것이다. 특히 로스네프트는 2014년 미국과 EU의 경제제재에 걸려, 독일과의 관계개선이 꼭 필요한 때로서 슈로더 전수상의 러시아의 대독일 외교에 필요한 거중인

이같이 2016년 2월까지만 해도 OPEC의 석유감산결정에 크게 동조하지 않던 러시아는 2017년 10월 OPEC의 2018년 연말까지의 감산결의에 러시아도 참여할 것을 푸틴대통령이 결정하였다. 이를 위해 2017년 10월 러시아와 사우디의 양국 석유 상들의 회동에서 원칙적으로 합의하여 OPEC의 회의에서 정식으로 결정할 정도로 러시아는 사우디와 견줄 수 있는 석유강국이 되었다. 그리하여 2017년 중 감산할 목표를 1.8백만 배럴/일로 OPEC과 러시아는 정하고 이를 2018년에도 일단 연장키로 하는 등 'OPEC과 러시아는 감산결정을 함에 있어 서로 사우디와 러시아가 주도하고 있다. 이는 미국의 셰일혁명에 대처하는 데에 사우디와 러시아가 뜻을 같이 하고 있다는 것을 의미한다.[64] 양국이 Rosneft와 Gazprom같은 에너지챔피언을 만들어 에너지 국제제정치(Energy Geopolitics)에 도구로 활용하려는 에너지 국가주의를 지향하는 푸틴대통령의 뜻이 이루어지고 있는 셈이다.[65]

또한 Rosneft사는 2017년 10월, 중국의 CEFC사와 J.V.를 설립하기로 하고 CEFC사에 Rosneft사의 국유주식 14.16%를 91억달러에 매각한 바 있다. 이는 미국과 서방측의 대러시아 석유산업에 대한 금융제재(Sanction)에 따른 외화자금난의 해결방안으로 친숙한 중국에서 러시아 국영 에너지기업에 장기투자 자금형태로 긴급 지원을 받은 것으로 보인다.[66]

그러나 2018년 중국의 시주석의 부패추방운동에 따라 CEFC의 사주가 구속되면서 Rosneft사가 동 JV를 지속할 것인지에 관한 의문이 제기되고 앞으로 어떻게 처리될 것인가는 지켜볼 일이 되었다.

2) LUKOil사

한편 LUKOil사는 최대의 수직화된 종합 국제석유사로서 석유와 가스개발과 생산, 석유제품과 석유화학제품을 생산하고 판매하는 종합석유사이다. 동사는 동부 및

물이 되어야 할 여건이었다.

64 2017.11.14. FT, OPEC bolsters 2018 demand forecast, 1.8mB/d of production cuts led by OPEC and Russia since Jan 참조.

65 2017.10.21. FT, Putins support spurs OPEC to pursue extension of oil deal to end of 2018, ft.com/oil, Push to extend OPEC supply cuts to end 2018 bolstered by Russia 참조.

66 2017.10.12. FT, Herny Foy, Russia turns to new friends from China and the Middle East 참조 인용.

서부 유럽과 구소련의 연합국(CIS[67])과 미국에도 많은 석유관련 생산시설을 갖고 있으며, 동사는 '세계 2위의 개인 석유가스사'(Vagit Alekperov, LUKOil의 1/4을 소유한 대주주, 구소련 당시 석유장관)로서 동사는 세계 석유매장량의 1.1%를 갖고 있고 세계석유생산의 2.3%를 점하고 있다. 동사의 2010년 1월로서 175억 배럴의 석유와 동등한 제품을 생산하고 있다. 동사의 제품은 다기화되어 있고, 생산은 러시아의 서부 시베리아를 포함하여 러시아 전국에 걸쳐 있다.

동사의 해외거점은 카자흐스탄, 이집트, 아제르바이젠, 사우디아라비아, 콜롬비아, 베네수엘라, 가나, 이라크 및 Cote d'Ivoire에 걸쳐 있다. 동사는 러시아 내에 최신식 정제시설을 갖고 있고 해외정제시설은 우쿠라이나에 그리고 발전소는 불가리아와 루마니아에도 갖고 있다.

동사의 Alekperov 회장은 2017년 10월 중반 Financial Times와의 인터뷰에서 미국과 서방측이 취한 러시아에 대한 경제제재는 상당기간 유효하고 당분간 해제할 것 같지 않은 상황에서 국제유가는 50달러대를 맴돌고 있었다. 이에 LUKOil사로서는 석유감산을 시행하고 있는 OPEC의 결정에 동참하여, 유가를 55~60달러 선에서 유지할 것이라고 전망을 한 바 있다. Rosneft와 Gazprom과 달리 사기업이면서 2개의 내셔널 챔피언에 흡수당하지 않고 버티는 러시아 내의 오묘한 석유자이언트사이다.[68]

3) TNK-BP

또 TNK-BP사는 원유 생산정유제품 판매를 하는 수직적 종합석유사로서 동사의 확인된 매장량은 2008년 말로서 102.5억 BOE(bbl. oil equivalent)로서, 리서브(매장량)의 개채(改替)율은 82%를 점한다. 동사는 약 200개의 라이선스를 갖고 있다. 동사의 제품판매를 위한 주유소는 러시아와 우크라이나에 1,400개의 가스 스테이션이 있다. TNK-BP사는 러시아 정부의 TNK-BP사에 대한 여러 가지 압력적 권유로

---

67 CIS란 Commonwealth of Independent States의 약칭으로, 1991년 소련이 해체되면서, 당시 신설된 11개의 독립국이 참여한 국제조직으로 역내무역증진과 협조를 위하해 출범하였으나, 현재는 대부분 탈퇴하고, 러시아, Belarus, Kazakstan, Armenia,와 Trannistria(동부 Modlova)만이 남아 있는 나약해진 국제무역기구이다.

68 2017.10.13. FT, Lukoil chief prepares for decade of Russian sanctions. Alekevrov says resolution will prove 'lengthy' as he praises deal with OPEC 참조.

550억달러에 로스네프트사에 Rosneft사의 주식 18.5%을 대가(swap)로 받고, 거의
강제로 매각되었다.

④ 러시아 국유 에너지 기업의 대형화[69]와 푸틴대통령의 대외 정책 핵심수단 마련[70]

(1) 러시아의 갈 길: 국가자본주의 확대[71]

1) 푸틴대통령의 에너지 정책에 관한 학위 논문

푸틴대통령은 일찍이 1997년 그가 다니던 대학(St. Petersberg Mining Institute)의
박사학위 논문에 러시아 에너지정책과 에너지전략에 관한 그의 철학이 잘 나타나
있다. 그의 "학위논문의 취지는 네 가지로 요약되는데,

- 러시아의 천연자원 특히 탄화수소(hydrocarbon)는 가까운 장래에 러시아 경제
  발전에 가장 중요한 핵심요소가 될 것이며,
- 러시아의 세계 3위의 가스와 오일의 매장량을 의미하는 '방대한 천연자원(광
  물)의 부(富, Wealth)'를 가장 효율적으로 개발키 위하여, 국가는 천연자원을
  잘 관리하여야 하며, 자원을 잘 개발하여야 한다. 즉 에너지산업을 시장원리
  에만 맡기기에는 너무나 중요하다.
- 이를 유도하기 위하여 러시아 내에 거대 에너지기업을 만들어 서방측의 국제
  에너지기업(IOC)과 동등하게 기술, 금융, 투자 효율면에서 우위적인 입장에서
  경쟁할 수 있도록 하여야 한다.

---

69 2017.7.24. The National Interest published on 'The National Interest', 'Vladmir Putin on
   Russian Energy Policy' Essay by Harley Balzer 참조.
70 Vagit Alekperov, 'Oil of Russia Past Present, & Future', p.199, 'Overview if Major Oil
   Companies', Table I Oil Production by Russian Vertically Integrated Companies;
   2007 – 2009 인용 및 2017.7.24. The National Interest, 'Vadmir Putin on Russian Energy
   Policy' Essay 참조.
71 기연수 편집, 러시아, 위대한 강대국 재현을 향한 여정, p.276, '푸틴 시기 러시아 경제의 구
   가부문확대' 참조.

- 이는 시장경제원리에 입각하여 운영하되, 러시아의 국익과 러시아 인민과 러시아 기업을 위하는 방향으로 가야 하므로 여기에는 국가의 개입이 필요한 혼합경제체제(Mixed Economy System)이어야 한다고 주장하고 있다. 또 그는 '에너지 대기업'을 만들되, 국유기업으로 하여, 사(私)익보다 국가와 인민을 위한 방향으로 운영되어야 한다고 '에너지의 국유화'를 선언하면서 러시아의 에너지를 '국가의 국제정치 및 국제외교의 정치수단화(手段化) 할 것'을 강조하고 있다.

그는 에너지기업을 국제무대에서 서방측과 동등하게 경쟁할 수 있도록 국가가 통제할 수 있는 근거를 마련하여 에너지기업의 초대형화와 국유화의 필요성을 강조하고 있다. 실제로 이러한 그의 철학은 2005년 4월 25일 푸틴이 국회에서 행한 연설에 잘 나타나고 있다.

푸틴이 강조하는 것은 '러시아의 지속경제성장은 에너지에 의존하여야 가능하며, 서방측의 2~3%의 경제성장을 달성하려면(Catch up), 러시아는 최소한 4~6%의 GDP 성장을 하여야 하는데, 여기에는 러시아의 대형 금융-산업 기업이 전제되어야 한다. 따라서 에너지 기업을 대형화하되, 에너지산업을 '순수한 시장화 수단'(Purely Markets Methods)에 의존케 하기에는 너무나 중요함을 강조하고 있다. 이점이 미국의 시장경제에서의 사유인 에너지기업과 러시아의 국영석유산업과의 차이점이다. LUKOil같이 비록 사유기업 같은 형태를 띠우고 있는 기업이면서 완전히 정부 관리를 받는 기업도 역시 미국과 다르다. 러시아에서 에너지산업은 국가의 세입과 일자리 창출이라는 면에서 너무나 그 기능이 막중하여 에너지 기업은 국가의 통제와 지시에 따라야 한다는 것이다.

러시아 경제가 에너지산업에 의존함(GDP의 50% 비중, 대외수출수입의 70% 비중)은 최소한 21세기 중반까지는 가야 하겠는데, 여기에는 러시아의 '군사용 타운과 에너지산업용 타운(company town)의 현대화'도 한 조건으로 꼽고 있다.

이는 에너지 산업과 군사적 기술면에서 전문 인력의 안정화를 도모하기 위한 방법으로 에너지 산업과 에너지 기업이 투자하는 군사용 타운 건설도 제시된다. 흥미 있는 일이다.

2) 에너지 산업의 거대화를 위한 거대 금융기관의 설립 필요성과 26개 신설

또 특히 푸틴대통령이 강조하는 것은 에너지 산업이 설혹 경영이 잘 되어도, 에너지기업이 자체적으로 연관된 제품 및 관련 산업분야의 금융·투자까지 해결할 수 없는 '파이낸싱(financing)의 제약'이 있는 바, 러시아의 에너지 송출용 파이프라인의 60%가 노후화된 것(1999년 이래 20년 이상 사용)의 "2/3의 노후설비를 개비(改備)할 수 있는 파이낸싱을 위해서도, 새로운 대형금융 에너지그룹(Large financing industrial groups, FIG)을 설립하여야 한다"는 것이다. 실제로 그는 취임 후 26개의 국책금융기관(종전에 2개에 불과, 신설된 Gazprom Bank가 신설금융기관의 예)을 신설하였다.

또 이 신설된 금융사가 국내외(CIS 및 기타 개발도상국 포함)의 기술과 에너지 설비개선을 금융지원하고 대형 에너지사의 설비 및 기술개선 프로젝트와 필요한 인프라건설도 지원(출자와 금융)키로 하자는 것이다.

이러한 개혁의 초기에는 국제유가급락 등 어려움이 나타났으나, 러시아는 '자원의 효율화'(Resource Conservatism)라는 서구보다 한 단계 뒤늦은 '혼합형 에너지 정책'으로 서둘러 서방의 선진된 석유산업과 경쟁하는 기반을 확보하기로 정책을 추진한 것이다.

3) 구정권의 졸속한 에너지 정책 실패와 그로부터 얻은 교훈

그러나 러시아는 위에서 본 바, 시장개혁과 개방을 시작하여 민영화를 시작한 1990년대 초반에 걸쳐 행한 시장화의 조치는 실패로 끝났다. 반대로 이 시기에 서방측은 최첨단의 기술개발로 3차 산업분야에서도 러시아를 앞서 가고 있었고, 이에 푸틴은 2002년 집권하자마자, 단안을 내려 "천연자원 분야에 대한 기본적·전략적 목표는 정부의 행정적·경제적 수단을 합리적으로 병합하여, 자원분야의 효율적 개발과 규제를 가할 수 있는 법률적 기반을 마련하는 것"이라고, 에너지 분야에 대한 정부(대형국영 에너지 기업)의 에너지 개발의 인가권과 수수료 기준의 개발권(exploitation, 개발권의 연장, 보존 포함)을 부여하는 권한의 법적 근거를 마련키로 하였다. 실제 동 법적 근거는 이로서 에너지개발권의 개인의 재산권화(化)하는 것을 막았다.

4) 푸틴의 에너지국가자본주의 실현을 위한 에너지 운영권 국가환수 조치

이로써 푸틴은 국가의 체질을 강화하고, 자원분야를 효율적으로 운영하고 그럼으로써, 당시 깊은 수렁에 빠진 러시아 경제를 구하고, 에너지의 운영권한을 국가로 환원하며, 단기적 경제발전에 에너지정책이 무엇보다 중요한 정책수단인 것을 재확인하였다.

| 그림 5.6 | 푸틴대통령의 Rosneft와 사할린개발에 관한 화상회의[72] |

특히 그는 방대한 러시아의 에너지 매장량(특히 셰일석유와 가스)을 최대한 잘 활용하여, 국가경제발전에 도움을 주고 러시아의 국제적 위상제고를 에너지를 통하여 강력한 국가의 에너지정책을 실시하기 시작하였다.

| 표 5.11 | 2008년 세계 확인된 석유 매장량의 지역별 비중[73] |

지역	중동	CIS-5개국	아프리카	중앙 및 남아메리카	북미
비중(%)	59.9	10.1	10.0%	9.8	5.6

---

72 Rosneft의 'Annual Report 2014', p.70 인용. 푸틴대통령이 Rosneft 회장인 Iqorr Sechin과 사할린 도서의 석유개발을 위한 신기술 개발에 관한 화상회의를 하고 있다.

73 wiiw Research Reports(363), 'Current State and Prospects of Russian Energy Sector', p.3, Global Proven Oil Reserves by Region and of 2008. in % of world total 인용.

표 5.12	2008년 CIS-5개국의 확인된 석유 매장량의 국가별 비중				
국가	러시아	카자흐스탄	아제르바이젠	우즈베키스탄	투르크메니스탄
C-5중 비중(%)	62.2%	31.3	5,5	0.5	0.5

그림 5.7   세계 10대국의 천연가스 잔존 매장량[74]

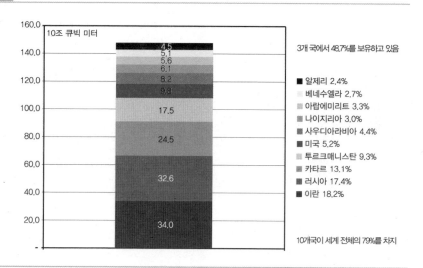

주: 러시아는 이란에 이어 세계 2위의 천연가스매장량 보유국임.

또 한편 세계적으로 볼 때, 러시아는 세계가스의 18.2%를 보유하고 있는 이란 다음으로, 17%를 보유하는 세계 제2의 가스 보유국으로 오히려 카타르(Qatar)보다 가스보유가 많다. 이런 가스는 여러 가지 사유로, 가스중심으로 에너지 소비구조를 개선하려는 중국의 가스수요에 맞추어 중국과는 2030년까지 약 4,000억달러 규모의 가스공급계약을 체결하였고, 시베리아의 Eastern Siberia−Pacific Ocean(ESPO)의 새로운 가스관을 건설하면서 공급하는 Gazprom과 중국의 CNPC간에 장기 공급가스계약(세계 최대 규모 가스공급계약)을 2014년 5월에 체결할 정도로, 러시아경제에는 여러 가지 면에서 가스생산·수출이 큰 역할을 할 수 있게 되었다.

---

74 BP, Statistical Review of World Energy 2015, 'Global natural gas markets: Prospects for US exports?', p.3, Ronald D. Ripple(Ph.D, Energy Business & Finance 전공 및 미국 Tulsa 대학교 교수).

표 5.13	기술적으로 매장량면에서 셰일 오일·가스 채취가 가능한 10개국 현황[75]				
셰일 가스			셰일 오일		
순위	국가	(1조 큐빅피트)	순위	국가	(10억 배럴)
1	중국	1,115	1	러시아	75.8
2	아르헨티나	802	2	미국*	78.2
3	알제리	707	3	중국	32.2
4	미국*	596	4	아르헨티나	27.0
5	캐나다	573	5	리비아	26.1
6	멕시코	545	6	아랍에미리트	22.6
7	호주	429	7	차드	16.2
8	남아프리카	390	8	호주	15.6
9	러시아	287	9	베네수엘라	13.4
10	브라질	245	10	멕시코	13.1
총 46개국		7,550	총 46개국		418.8

5 러시아 연방정부의 에너지 전략(2020, 2030)

(1) 2020 에너지 전략: 에너지는 푸틴의 국제외교정치 수단

푸틴정부는 2003년 5월 22일 'Project 에너지 전략 2020'을 발표하면서, 동년 8월에 정식으로 푸틴정부의 '에너지 전략'(ES, Energy Strategy)으로 채택하였다.

이는 과거 수차례에 걸쳐 채택된 에너지 전략의 최종버전(Version)으로 가장 종합적인 차원에서의 '러시아의 방대한 에너지 전략'이라 할 수 있다.

이 전략은 1990년대 소련이 해체되고, 러시아가 새로운 체제로 전환되는 과정에서 채택된 전략으로 이때에 '석유 광물채굴세'(Mineral Extraction Tax)가 신설되고, '전기 에너지 산업개편'(Electrical Industry Reformation)도 실행되었으며 또 이때부터

75 'The Growth of U.S. Natural Gas: An Uncertain Outlook for U.S. World Supply', p.43, 2015.6.15. EIA.

터키(Turkey)에 천연가스를 운송 · 수출하는 파이프라인인 '블루 스트림'(Blue Stream, 길이 750마일)이 2003년에 개통되었던 시기이다.

그리하여 이 전략은 러시아 에너지성(省)의 첫 번째 'Project—Energy Strategy of Russia—2020'(ES 2020)으로 채택되었다. 2003년 8월 28일 채택된 ES 2020을 요약하여 살펴보겠다.

1) 2020 에너지 전략의 목표

러시아는 자연자원을 효율적으로 사용하며, 이 자원은 경제성장의 지속을 위하여 인민 생활의 향상과 국가의 세계적 이익을 위하여 활용되어야 함을 목표로 하고 있다. 러시아는 에너지와 강대하고 강력한 연료에너지 단지(fuel-energy complex)를 보유하고 있어 이것이 경제발전의 기초가 되며, 국내 · 외 정치의 수단(tool)이 되는 것이라고 천명하고 있다. 또 '세계 에너지시장에서 국가의 역할은 국제정치적 영향력 행사에 따라 좌우된다'고, 러시아에 있어, '풍부한 에너지는 국가의 국제외교정치(Energy Geopolitics)의 수단'임을 강조하고 있다. 여기에서 에너지 산업은 전인민의 생활 수준 향상에 중요한 역할이 있음을 적시하여, 실제 몇몇 기업인의 개인적인 이윤 추구의 대상이 아님을 명시하고 있다.

이점은 위에서 본 중국이 1990년대 개혁과 개방을 하면서도 에너지, 은행, 통신 같은 거대 국영기업은 당분간 '전인민의 자산'으로 중요 국유기업의 민영화를 후일로 미루고 국가와 '전인민'(국가)을 위해 활용되어야 하는 전략적 국가자산임을 역설한 덩샤오핑의 노선과 같이 하고 있음을 알 수 있다. 이는 동 석유기업의 졸속한 민영화 실시의 실패와 그 후, 푸틴대통령이 민영화하였던 에너지기업을 도로 국가로 환수한 정책의 합리성을 이로서 뒷받침하고 있다.

러시아의 거대한 대표적 에너지 국유기업인 가스프럼(Gazprom)의 대외 투자 및 활동면을 보면 상업적 측면보다 다분히 러시아와의 상대국과의 외교적, 정치적 관계에 따라 국유에너지회사 경영의 기본방향으로 최우선되었음을 볼 수 있다.

대표적인 것이 가스 수입대전의 체납과 가격분쟁을 일으킨 친서방국인 우크라이나 경우에 우크라이나에 대하여는 가스공급을 중단하고, 나중에는 크리미아(Cremia)반도에 침공하면서도, 같은 파이프 1. 운송료 체납국이었던 드니에스트르공화국에 대하여는 천연가스를 지속적으로 공급하였고, 또한 그루지아(Grugia)와 영토분쟁을 일으키고 있는 남오세타니아에 대하여도 가스공급을 중단하지 않고 지속하고 있었다.[76]

또 다른 예로 러시아의 통합 에너지 시스템인 UES는 아르메니아, 그루지아, 몰도바 및 우크라이나 등에 전력공급을 확대하였고, 가스프롬은 카자흐스탄과 몰도바의 가스생산시설과 같은 인프라설비에 투자를 확대하여 그 지배권을 강화하였다.

따라서 2000년에서 2006년에는 러시아의 해외 투자면에서 아르메니아 33%, 벨라루스 28%로 높은 비중이 되었는데 이는 국유기업의 해외투자 역시 국제정치적 소원(疎遠)관계에 따라 좌우된다는 것을 나타낸 사례라고 하겠다.

러시아의 푸틴대통령이 러시아의 에너지산업을 더욱 대외국제정치에 활용한 것은 러시아가 G7과 IMF와 WTO 등에 가입을 추진하면서 본격화되었다. 그리하여 러시아의 G8 가입을 반대하는 국가들이 약화된 틈을 타서 2006년 G8의장국이 되면서, 국제경제체제에서 러시아의 절대적인 무기인 에너지안보문제를 상페테를부르크(St. Petersburg)에서 개최된 G8의 주의제로 상정하면서, 러시아의 국제정치 외 국제경제의 주도권 확보에 노력을 하며 어느 정도 성과를 거두었다 하겠다.[77]

---

76 기연수 편, 러시아 위대한 강대국 재현을 위한 여정, p.153, '러시아의 세계화와 기업들의 해외 투자 그리고 국부펀드, 국가안보전략의 일환인가 아니면 Globalization의 추세인가?' 참조.
77 기연수 편, 러시아 위대한 강대국 재현을 위한 여정, p.362, '김석환의 러시아의 세계화와 기업들의 해외투자와 국부펀드' 참조.

2) 2020 에너지 전략의 생산실적

이렇게 2002년 푸틴대통령의 취임 이후, 2003년 ES 2020에서 시작한 러시아의 에너지전략은 특히 2004년 이후 2006년을 거쳐 2008년까지 성공하였는데 이 움직임을 CIS-5와 기타지역과 2004, 2006, 2008년간으로 세분하여 그 특성을 추출하여 타국과 여타 지역과 비교하면 흥미 있는 결과가 나온다.

1998~2016년 러시아 석유 및 가스 매장량 잔존연도[78]

(단위: 100만 배럴/1일, 12개월 평균)[79]

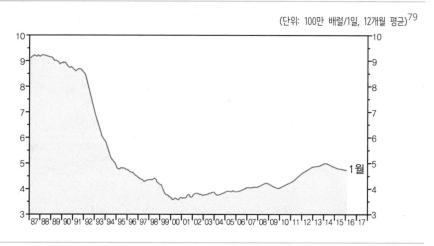

주: 해당 지역의 석유 수요의 잔존연도는 2000년까지 급감하는 추세를 보이고 있음.

2001년을 고비로, 2008년이 되면서, 러시아의 세계시장에서의 석유생산비중은 12.3%에 이르러 사우디, 미국과 더불어 세계 3대 석유생산국에 이른다. 사우디와 러시아 양국의 석유생산은 세계생산의 1/4(사우디 13.1%＋러시아 12.4%＝25.5%)을 차지하는 비중으로서, 2017년의 석유감산결정에 관하여 OPEC을 대표하는 사우디와 러시아의 양국 에너지장관이 OPEC의 감산을 2018년 말까지 연장하는데에 합의함으로써 미국 및 이라크 등을 제외한 산유국 대부분이 감산할 정도로 비 OPEC 국가인 러시아의 세계석유부문에서의 영향력이 세어졌다.

---

78 BP, Statistical Review of World Energy.

79 'Energy Briefing: Global Crude oil Demand & Supply', p.17, Dr. Edward Yardeni, 2016.3. Yardeni Research, Inc.

그림 5.9 비 OPEC 국가인 러시아의 석유생산 추이[80]

(단위: 백만 배럴/1일)

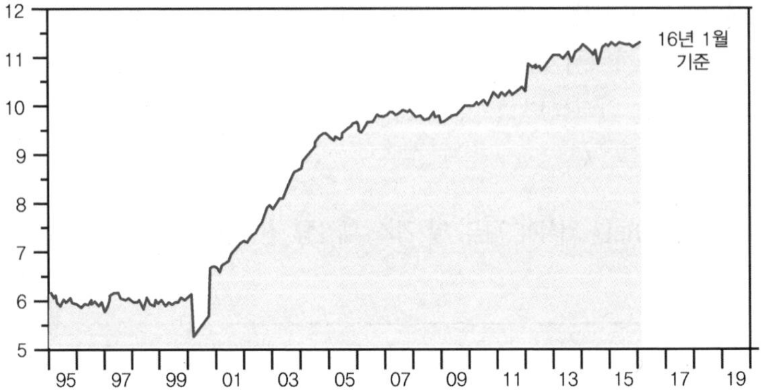

표 5.14 2004~2008년 러시아와 여타 국가·지역의 석유생산 추이[81] (단위: 천배럴/일)

국가 또는 지역	2004년	2006년	2008년	세계 비중(%) (2008)
중: 러시아	9,287	9,769	9,884	12.4
중: 카자흐스탄	1,297	1,426	1,554	1.8
중: 아제르바이젠	315	654	914	1.1
CIS-5개국	11,244	12,160	12,671	15.5
중동지역	24,788	25,499	26,200	31.9
아프리카	9,268	9,992	10,285	12.4
아시아 태평양	7,804	7,810	7,928	9.7
북미주	14,137	13,732	13,131	15.8
세계 합계	80,256	81,089	81.820	100.0
중: OPEC	34,658	36,007	36,705	44.8
중: 사우디	10,688	10,853	10,846	13.1

80 'Energy Briefing: Global Crude oil Demand & Supply', p.25, Dr. Edward Yardeni, 2016.3. Yardeni Research, Inc.

81 상동, p.11의 표 인용.

3) 2020 에너지 전략의 특징

위의 표의 2004~2008년까지의 CIS−5의 석유생산 추이의 특징을 러시아를 중심으로 보면, 2008년에는 유가하락과 세계경기의 불안으로 러시아의 생산은 감산되어, 러시아는 북미주, 사우디보다 작은 3위를 유지하였으나, 전반적으로 증가속도가 빠른 것을 알 수 있다. 이후 2008년부터 러시아는 석유공급 3대국 중 하나로서 부상하였음을 본다. 이는 러시아가 OPEC 멤버가 아니므로 사우디보다 석유생산의 조절에 있어 융통성이 있어 생산의 증가속도가 OPEC회원국 특히 사우디보다 빠르다는 특징을 갖고 있다. 그만큼 러시아가 석유의 생산과 대외수출에 융통성을 갖고 있는 것이다.

러시아가 전반적으로 구소련의 세계시장의 '석유비중을 유지하려면 막대한 신규투자(특히 노후생산시설 개체용)가 필요한데 이의 충당이 여의치 않은 점이 걸림돌이 되고 있음에도 석유·가스생산이 증가하였음은 러시아 푸틴식 에너지 전략이 주효하였음을 뜻한다 하겠다.

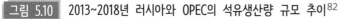

그림 5.10 **2013~2018년 러시아와 OPEC의 석유생산량 규모 추이[82]**

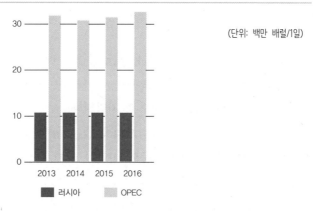

그러나 러시아의 문제로서 과거의 노후시설 외에 또한 극지와 원거리생산지에의 수송상 기술적 애로를 극복하는 투자도 여의치 않은 점이 애로사항으로 나타나

---

82 2018.7.7. Reuters, 'South Korea turns to Kazakh CPC oil as USsanctions on Iran loom' 참조.

고 있다고 후술한다.

그럼에도 불구하고 러시아를 포함한 CIS-5개국은 빠른 속도의 다이나믹한 형태의 성장세를 볼 수 있다. CIS 5개국 중에서는 러시아 이외의 카자흐스탄과 아제르바이젠이 세계시장 비중으로 각각 1.8%와 1.1%를 차지하고 있다. 특히 카자흐스탄은 러시아와 더불어 대중국 석유수출규모가 크게 확대되었다. 최근 2018년 한국은 이란산 석유도입에 대체하여 카자흐스탄의 카스피안산 석유(중경질유로 한국석유기업이 선호)를 수입하기 시작하였다.

2018년 11월에 있게 된 미국의 대이란 석유수입금지 제재조치를 앞두고 한국은 이란산 석유 수입을 2018년 상반기에 전년동기에 비해 34.5% 감소(42만bpd에서 27만bpd로 축소)시키면서 대신, 카자흐스탄의 CPC(Caspean Petroleum Consortium) 브랜드와 러시아의 카스피안해역 생산 석유를 대체하여 러시아의 발틱해안의 Yuzhnaya Ozereyevka 터미널을 통해, 2018년 상반기에 총 4백만톤의 석유(2017년 상반기 수입실적 1백만톤의 4배)를 GS Cattex를 통해 수입하였다. 카자흐스탄의 CPC 브랜드는 이란산 light 원유와 응집도가 같으며 가격도 경쟁적이므로 한국정유업계가 선호하는 품종이다.[83]

러시아와 카자흐스탄의 석유생산 급증의 배경은 세 가지로 집약되는데, 이는 당시의 '지질학적 지식'(Geological Knowledge)과 '첨단의 기술'(Current Technologies)과 '석유가의 수준'(Current Prices)으로 지적된다.

특히 당시 러시아의 신규탐사의 기술은 높은 코스트 절감 수준이어서 과거의 과다경비를 상쇄하고, 석유사들의 이익이 크게 향상되었다. 또한 석유가는 장래에 대한 기대치를 높여 석유사들은 투자를 왕성하게 실행하였다. 다만 '확인된 매장량'은 이미 소진된 만큼의 양의 회복이 가능치 않은 문제점을 안고 있었다.

한편 러시아와 인근 CIS의 천연가스 생산추이를 2004년, 2006년, 2008년으로 보면, 특히 가스부문에서 러시아가 앞서감을 볼 수 있다.

또한 석유와 가스의 연도별 국내소비와 순수출의 구성을 2000년에서 2009년까

---

83 2018.7.7. Reuters, 'South Korea turns to Kazakh CPC oil as US sanctions on Iran loom' 참조.

지의 추이를 보면, 석유수출비중이 가스비중보다 크지만, 전체적으로는 가스생산이 빠르게 증가하고 있는 것을 볼 수 있으며, 가스매장량도 주변의 어느국가보다 러시아가 비교안 될 정도로 큰 것을 알 수 있다.

그림 5.11 2000~2009년 러시아의 주요 석유와 가스 생산, 소비 및 수출 추이[84]

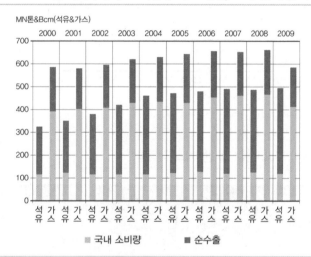

그림 5.12 2008년 말 기준 CIS 5개국의 확인된 가스 보존량[85]

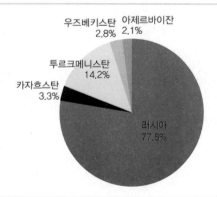

84 'Energy Briefing Global Crude oil Demand & Supply', p.13, 'Russia's oil and gas production, consumption, and exports, 2000－2009' 인용.

85 Research Report, Current State and Prospects of the Russian Energy Sector, p.4, Vasily

그림 5.13   러시아 석유 및 가스의 국내 소비수요 추이[86]

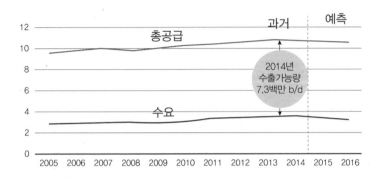

그림 5.14   러시아 주요 석유 및 천연가스 매장지[87]

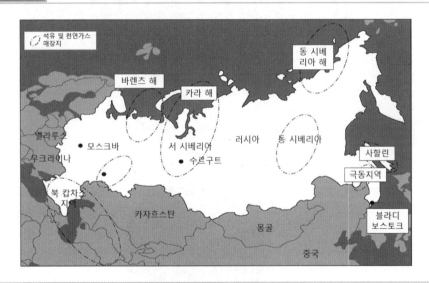

Astrov, The Vienna Institiute for International Economic Studies 인용.

86 EIA, Russia; lasr updated Jul. 2015, p.3, Russia's petroleum and other liquids supply(total) and consumption.

87 Research Report, Current State and Prospects of the Russian Energy Sector, p.8, Vasily Astrov, The Vienna Institute for International Economic Studies 인용.

(2) 푸틴대통령의 에너지 국제정치 수단이 된 가스프롬의 러시아 가스 생산의 독점적 위치

1) 가스프롬의 러시아 국내가스생산의 80% 비중: 16만km의 파이프라인

2008년 당시 러시아의 세계 가스 생산비중은 20%인 바, 이는 러시아 국내 가스 생산의 80%를 가스프롬(총 종업원수 376,000명)사가 생산하고 있다. 또 가스프롬사는 16만km의 파이프라인을 관장하면서, 가스프롬은 세계 최장의 파이프라인을 소유하고 운영하고 있다. 여기에 더하여 2006년부터 가스의 해외수출은 가스프롬이 독점하고 있다. 즉 가스프롬만이 가스를 파이프라인과 선박(가스운반선)으로 해외 수출할 수 있었다.

러시아의 가스 생산은 비교적 정체적(停滯)으로 고정되어 있다. 이는 CIS−5개국 중에서 카자흐스탄과 아제르바이젠 양국이 2000년에서 2008년간 3배로 생산이 확대된 것과는 대조될 만큼, 러시아의 독점적 가스프롬의 가스생산은 정체되어 있다. 실제 위에서 보는 바로 가스프롬의 가스생산은 2002년부터 수년간 감소하고 있는데, 이는 그 전에 비교적 가스생산이 많았던 데에서도 연유된다.

그러나 이런 가스생산의 침체는 역시 이 분야에 대한 신규 투자가 저조한데에서, 나타난 결과로 요약된다.

2) 가스프롬의 가스 주생산지

2005년 이전에 가스프롬사의 가스생산은 서부시베리아의 Nadym−Pur−Taz지역과 Yanburg 지역과 Urengoy 단지에서 생산하는 생산량이 가스프롬 생산량의 절반을 차지하고 있었는데 이 지역의 가스를 캐고 나서, 생산에 따른 소모량이 커지면서 1999년부터 생산량이 감소하기 시작하였다. 그간 동 지역의 생산량의 감소는 새로운 Zapoloyamoye와 Yuzhno−Russkote지역의 가스 생산으로 상계하였다고 할 수 있다. 그러나 채취하고 난 연후에 새로운 투자가 뒤따르지 못하면서 가스 생산이 정체되기 시작하였다. 그리하여 가스프롬은 2005년 이후의 새로운 필드를 찾아, 특히 아세아 지역의 수출을 모색하기로 하였다.[88]

---

88 이점에 관하여 푸틴대통령은 북극과 Yamal 지방의 가스개발과 생산에 대한 가스프롬에 대한

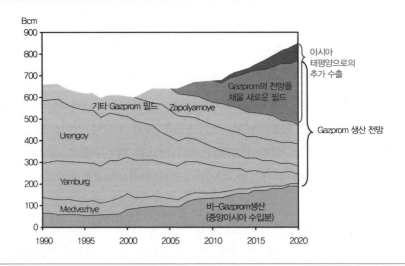

그림 5.15   러시아 가스수출실적(2005년)과 2020년까지 지역별 수출전망[89]

2010년 세계은행은 러시아의 ES2020년의 의욕적인 석유 및 가스생산 목표를 달성하기 위하여는 2020년까지 연간 200억달러의 투자가 필요한 바, 이는 미국과 서방측의 경제제재와 장기금융 제재(Sanction)로 국제금융시장에서의 러시아 에너지사의 외화자금 차입(장기 채권발행)과 Exxon-Mobil사 같은 서구에너지(IOC) 파트너사의 특정지역 개발투자가 금지되어 러시아는 더욱 외화자금 동원에 어려움을 겪고 있다고 해설하고 있다. 바로 이 사정이 가스프롬, 로스네프트사 등 내셔널 챔피언이 그 지분을 대량 중국 CNPC 등에 매각한 배경도 된다.

또 일부는 사할린-1지역과 사할린-2지역에서 생산과 기타는 소위 '독립된 가스생산사[90]인 Purgaz사 등에서의 생산품을 인수하는 방법으로 충당하게 되어 있다.

제약을 가하면서, Novatek사로 하여금, 북극 Yamal 가스단지를 개발케하여 노바택사가 북극 야말가스개발에 성공하게 되었다(후술).

89 Research Reports(363), 'Current State and Prospects of the Russian Energy Sector', p.17, Trends in natural gas production, Figure 9 Russian gas supply outlook(Gazprom 2009) 인용.

90 독립된 가스생산사로서는 Yamal 프로젝트를 개발한 Novatek사를 비롯하여 LUKOil, TNK-BP 및 Surgutneft사 등이 이에 속한다.

(3) 러시아 Gazprom과 호주 자이언트 Gas Projects의 IOC들과 아시아 가스시장에서 예상되는 치열한 경쟁[91]

1) 로얄더치셸의 호주 내 세계 최대 '부유가스생산시설' 가동과 가스시장 경쟁격화: 오일 자이언트의 저공해 에너지 산업으로의 전략적 전환 차원의 투자전환

2017년 8월, 로얄 더치 셸(Ryal Dutch Shell)사가 한국의 삼성조선소에서 140억달러를 투자하여 완공한 세계최대의 '해상부유식 가스생산설비'(Floating Gas Production Vessel, 축구장 4배의 길이, 최신형 영국항공모함의 9배의 무게)가 5,000km의 거리를 터그보트에 끌려, 호주의 동북쪽 해안(Prelude)에 도착하여 25년간 가동할 준비태세를 갖추었다. 또한 그 바로 직전에는 셰브론(Chevron)사가 주축이 되어 ExxonMobile, BP, Eni 등과 협동하여 880억달러를 투자해 호주의 Wheatstone과 인근의 Gorgeon 지역과 Tchthys 등지에서 가스 생산을 2017년 9월부터 시작키로 하면서, 전 세계에 가스공급은 2014년에서 2021년까지 약 50%의 추가공급이 이루어지게 되었다. 러시아의 가스공급에 대대적인 가스공급의 경쟁자가 출현한 것이다.

2) FSRU의 활용과 가스공급의 광범화

이로서 세계는 생산된 기체형태의 압축가스를 액화시켜 장거리의 해상 운송식으로 2~3개월에 한번씩 액화가스를 공급하게 되었고, 이를 다시 재(再)가스화하는 시설이 급증설하게 되면서 세계시장의 가스공급시장은 갑자기 급팽창하고 동시에

---

91 2017.9.8. 'FT BIG READ ENERGY', The hydrocarbon industry is investing heavily in LNG Projects to secure their future in a decarbonizing world, 'Big Oil Bets on Gas' 참조 인용.

수요도 확대되는 전환의 시기를 맞게 되었다. 여기에 맞추어 세계가스 수입국의 연안에 FSRU(Floating Storage and Regasification Units) 설치가 급증하게 되었다.

　이런 새로운 가스수요의 수용이 가능케 된 지역으로 인도네시아, 파키스탄, 요르단, 콜롬비아 등이 이에 해당하는 국가들로서 새로운 가스수요가 그 편리성에 의해 그만큼 확대되는 셈이다. 러시아의 Yamal반도의 Novatek이 프랑스의 Total사와 중국의 CNPC와의 가스를 생산하는 프로젝트도 이에 해당한다.

표 5.15	2015~2016년 세계 곳곳에서 공사 중인 각국의 주요 LNG 액화 설비 프로젝트[92]					
국가	프로젝트	Bcm/y	Bcf/d	Mtpy	주요 주주들	가동 목표연도
인도네시아	동기-세노르 (Donggi Senoro) LNG	2.7	0.26	2	Mitsubishi, Pertamina, Kogas, Medco	2015
인도네시아	셍강(Sengkang)	2.7	0.26	2	Energy World Corporation	2015
콜롬비아	카리브해 FLNG	0.7	0.07	0.5	Pacific Rubiales, Exmar	2015
말레이시아	MLNG Train 9	4.9	0.47	3.6	Petronas	2015
호주	고르곤(Gorgon) LNG	21.2	2.05	15.6	Chevron, Shell, ExxonMobil	2015
호주	글래드스턴 LNG	10.6	1.03	7.8	Santos, Petronas, Total, Kogas	2015
호주	호주 태평양 LNG	12.2	1.18	9	ConocoPhillips, Origin, Sinopec	2015
말레이시아	PFLNG 1	1.6	0.15	1.2	Petronas, MISC	2016
미국	사빈 패스(pass) LNG	24.5	2.37	18	Cheniere Energy	2016
호주	윗스톤(Wheatstone)	12.1	1.17	8.9	Chevron, Apache, KUFPEC	2016~17
호주	Prelude FLNG	4.9	0.47	3.6	Shell, Inpex, Kogas(한국)	2016~17
호주	Icthys	11.4	1.1	8.4	Inpex, Total	2017~18
러시아	야말(Yamal) LNG	22.4	2.17	16.5	Novatek, Total	2018+
말레이시아	PFLNG 2	2.1	0.2	1.5	Petronas, Murphy Oil Corporation	2018
미국	코브 포인트(cove point) LNG	7.1	0.69	5.2	Dominion	2018
미국	카메룬(Cameron) LNG	16.3	1.58	12	Sempra Energy	2018~19
미국	Preeport LNG	18	1.74	13.2	Freeport, Macquarie	2018~19
총합		175.4	17	129		

92 BP, Statistical Review of World Energy 2015, 'Global natural gas markets: Prospects for

이는 세계적인 '자이언트 에너지'사(IOC)가 석유와 석탄에 비해 가스배출이 낮은 청정가스의 특성에 맞춰, 전략적으로 가스생산에 대대적인 투자(betting)를 확대하므로 나타난 결과이다. 가스는 가스로 전기를 생산할 때에는 석탄보다 탄소가 절반밖에 배출되지 않으며, 건강에 유해한 질소산화물(nitrogen oxide)이 석탄보다 75% 작게 배출되는 연고이다. 이는 대형 오일 자이언트들이 화석연료 중 유해탄소가 가장 낮은 가스 생산으로 전략적 투자전환을 하므로서, 또한 앞으로 나타날 전기자동차(EV)의 출현에도 대비한다는 전략에서 비롯된 것이다. 이로서 석유산업은 또한 미래적인 태양광과 풍력발전 같은 재생에너지 출현에도 가스 생산으로 미리 대체하여 대비한다는 전략이라고 하겠다. 물론 태양과 풍력은 자연조건에 따라 크게 영향을 받음으로 가스발전의 수요는 그런 특수한 때에도 안정적이라는 장점을 석유자이언트들은 계산하고 있다.

3) 오일 자이언트의 탄소배출에 대한 과세에 찬성하는 이유: 가스로 주 생산 전환[93]

이같은 오일 자이언트들의 가스생산에 크게 베팅하는 배경으로, 세계적 오일자이언트들은 2030년이면 가스의 비중이 에너지 중 석탄의 비중을 완전히 앞서간다는 전망에서 비롯되었다. 이점이 바로 중국의 시(習)주석이 2016년 파리기후협약 협정 시, 중국은 '2030년부터 세계 가스배출상한 기준을 준수할 것'이라고 약속한 시기라는 점을 이해할 수가 있다.

이러한 배경으로 인하여(즉 2030년까지 중국의 석탄 화력발전에 일부 의존의 불가피성 강조) 세계적인 오일자이언트들이 탄소배출에 대한 국가의 높은 과세(Taxation of Carbon Emissions)를 지지하는 이유도 여기 있는 것이다.

특히 중국의 경우에 정치적으로 석탄사용에서 오는 환경오염의 문제는 심각한 만큼 가스수요는 폭발적으로 증가하게 되어 있다. 따라서 이에 대한 가스 공급은 종래의 중동지역과 새롭게 러시아에서 뿐 아니라, 호주의 대대적인 가스 생산도 중국의 수요충족에 일조를 하게 되어 있다. 2017년부터 중국은 미국의 셰일가스 공급도 장기계약하여 도입하기 시작하였다. 중국이 가스공급의 다변화를 실현하고 있는 것이다.

US exports?', p.21, Ronald D. Ripple(Ph.D, Energy Business & Finance 전공 및 미국 Tulsa 대학교 교수).

93 2017.9.8. FT, 'Big Read: Energy' 참조.

4) 2013년 세계 석유 순수출과 순수입국

그림 5.16 2013년 세계 석유 순수출과 순수입국

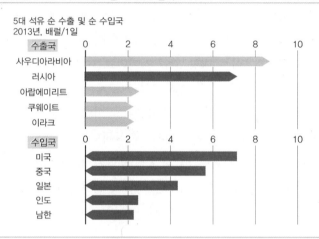

2013년까지 사우디의 원유 수출이 러시아보다 많았으나, 2010년에는 러시아가 원유 생산에 있어, 사우디를 능가하여 잠시 1위가 되었다.

2015년에는 미국의 셰일오일과 셰일가스의 증산으로 전체 원유생산의 생산기준으로 미국, 사우디, 러시아의 순위가 되었다. 미국은 2013년까지 중국을 앞선 석유수입의 제1수입국이었다.

그림 5.17 1990~2015년 러·미·사우디의 원유 생산량 추이[94]

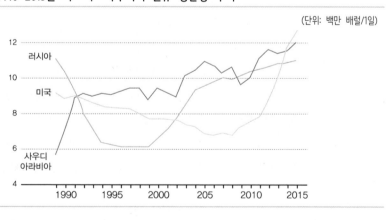

94 2016.9.22. Financial Times, 'Siberian Spring'.

(4) 2020 에너지 전략상 러시아의 석유 · 가스 대외수출

그림 5.18 2013년 러시아 원유 및 콘덴세이트 석유수출 지역별 규모[95]

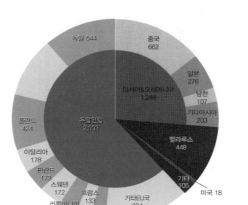

(단위: mb/d)

1) 러시아의 석유수출대국으로 부상하는 중국

러시아 석유수출의 대유럽의 비중은 점차 감소하면서 그 대체시장으로서 아시아, 그 중에서도 중국이 부상하고 있다. 특히 앞에서 본 바 있는 ESPO 라인을 통한 대중국 및 아시아지역으로의 수출은 2040년에는 완전히 유럽보다 커질 것이라고 러시아의 과학아카데미(Russian Academy of Science)는 전망하고 있다. 그때가 되면 러시아의 대유럽 석유수출은 절반으로 감소될 것으로 전망하고 있어 이에 대한 러시아의 고민이 깊어지고 있다.[96]

---

95 U.S. Energy Information Administration, "Russia", Updated Jul, 2015, p.8, eia, Russia's Crude Oil and Condensate Exports by destination by countries 2014 인용.

96 CIEP, Paper(2015), 'Russia's Oil Export Strategy: Two Markets, Two Faces', p.21 참조.

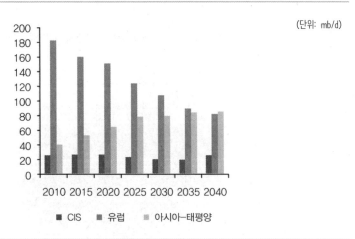

그림 5.19   2010~2040년 러시아 원유 수출의 지역별 실적과 전망[97]

(단위: mb/d)

■ CIS   ■ 유럽   ■ 아시아-태평양

유럽행 러시아의 원유수출은 주로 Druzba 파이프라인으로 이루어지고 있어, 이 파이프라인 통과만으로 Transneft사는 파이프라인 통과료로 연 15억달러의 수입을 거양하였다. 유럽행 원유수출은 감소(주로 영국, 노르웨이, 덴마크, 폴란드 등)하고 있으나, 러시아로서는 수출지역의 다변화의 목적으로 이의 유지를 원하면서 세제 등 각종 혜택을 마련하고 양호한 품질의 석유수출을 추진(원유 대신 디젤유와 Jet유, 원래 러시아는 원유보다 더 품질 높은 청정석유제품의 생산이 가능)하고 고품질 정유시설을 개비하는 등 다양한 대책을 추진하고 있다. 러시아의 유럽행 석유수출이 감소하는 대체 지역으로 사우디아라비아(890,000b/d), 나이지리아(810,000b/d) 카자흐스탄(580,000b/d), 리비아(560,000b/d) 등이며 유력한 새로운 대유럽 수출 대체 지역으로 모잠비크 등 서아프리카, 카스피안 연안지역과 라틴아메리카 지역이 있다.

2) 러시아의 가스 수출

세계에서 이란과 더불어 매장량 크기를 다투는 러시아는 2012년 가스매장량에서는 근 1.2조 큐빅피트로서 세계 1위를 차지하고 있었다. 수출에 있어서는 2014년에는 7.1Tcf의 가스수출의 90%를 유럽의 수입선(先) 파이프라인으로 수출하고 있었다.

---

97 'Russia's Oil export strategy: Two Markets, Two faces', p.29, CIEP, Paper 2016.1.7. 인용.

러시아가 천연가스를 수출하고 있는 유럽국가의 순위는 2014년의 경우에, 독일, 터키, 이탈리아, 베라루스(Belarus), 우크라이나 순이다.

그림 5.20 매장량이 확인된 국가들의 천연가스 매장 순위 및 매장량[98]

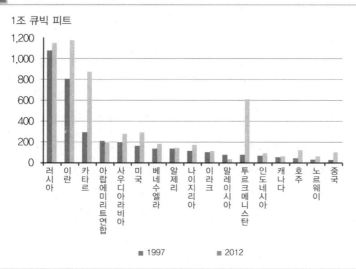

그림 5.21 2014년 러시아 천연가스의 수출 대상국별 비중[99]

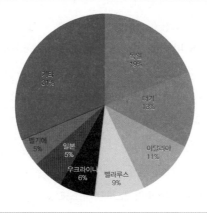

98 Oil & Gas Journal, 'World wide Look at Reserve and Production', Dec.1.2014. 및 BP, Statistical Review of World Energy, 2013, Historical data work book.

99 eia, 'Russia', Last up graded Jul. 25. 2015, p.22, Figure 7 Share of Russia's natural gas

3) 러시아 파이프라인 사업: 세계 에너지 역사상 기록적인 'Power of Siberia' 건설

- ESPO 파이프라인: 3,000km 연장, 55억달러 투입한 인프라 건설, 2019년 12월 20일 개통 목표(2018년 3월 77.5% 건설, Gazprom 발표)
- 4,000억달러 공급 규모, 30년간 1.15조 큐빅미터(380억cm) 가스공급 계약
- 중국 가스시장의 12% 비중
- 카자흐스탄으로부터 계획 중인 신규 West Siberia Line(2,150km)은 별도임

러시아의 석유, 천연가스를 수송하는 파이프라인(가스관, 송유관)은 국영기업인 가스프롬(Gazprom)과 트랜스네프트(Transneft)사가 거의 독점하다시피 맡고 있다. 이는 에너지 수출은 국가차원에서 콘트롤하고 있는 것에서 유래하고 있다. 따라서 에너지 수출을 러시아의 '국가자본주의 실현'의 한 방편으로 삼고 있는 푸틴대통령의 에너지외교의 한 수단이 되고 있는 파이프라인을 의미한다.

외국계 석유사나 러시아의 사유(私有) 에너지사는 혹 석유수출을 증대시키기 위한 것일지라도 러시아 정부는 송유관 건설을 허가하지 않는다. 그 예가 2003년 러시아의 당시 주요 석유사인 LUKOil, Sibneft, TNK, Yukos 등이 석유수출을 위해 시베리아의 무르만스크(Murmansk)를 연결하는 송유관을 건설하려 하였으나, 푸틴정부는 이를 거부하면서 Transneft사만이 국내 파이프라인을 건설할 수 있다고 천명하였다.[100]

또 다른 예외는 TransSakhalin 파이프라인으로서 'Sakhalin Consortium-2'로서 동부 러시아를 관통하여 중국으로 가는 라인과 아시아 특히 일본과 한국으로의 가스수출을 목표로 하는 것이나 대일본 수출도 기대만큼 증가하지 않아, 확장계획을 정지한 상태로서, 이에 대하여는 이미 본 바이다.

4) 국제적으로 복잡하게 얽힌 CPC 파이프라인

다만 카자흐스탄과 러시아 흑해의 노보로시스크(Novorossisk)항을 연결하는 1,580km의 'CPC(Caspean Petroleum Consortium) 파이프라인'은 일찍이 강대국의 국제정치의 고

---

exports by destination 2014 인용.

100 기연수 편, '러시아, 위대한 강대국 재건을 위하여' P.142, 러시아 에너지 외교와 동북아' 송유관/가스관 현황 참조.

려 하에서 강대국 간의 세력균형의 결과로 나타난 파이프라인으로서 카자흐스탄의 텐키즈(Tengiz) 석유단지에서 러시아 흑해의 항구인 노보로시스크로 연결된 라인이다.[101]

따라서 이 파이프라인의 주주구성은 러시아 정부(Transneft사 24% 비율) 외에도 카자흐스탄 정부(KMG사 19%)와 미국 석유자이언트인 Chevron, 화란의 Shell(Rosneft와 J.V)사와 Lukarco BV 등의 산유국 석유사 등이 참여하고 있다.

이 CPC 라인은 2개국의 정부의 국유석유사인 CPC-R(러시아)와 CPC-K(카자흐스탄)와 CPC Co.가 운영하는 복잡한 구조이다.

2007년 러시아는 석유가스분야에서 동국의 국세가 상승하자 'CPC 라인의 용량을 확대할 것'을 주장하여 당시 용량의 2.5배인 67백만톤에 이르도록 확대하였다. 국력의 배경을 알 수 있다.

그림 5.22 **카스피안 파이프라인 컨소시엄(CPC)**[102]

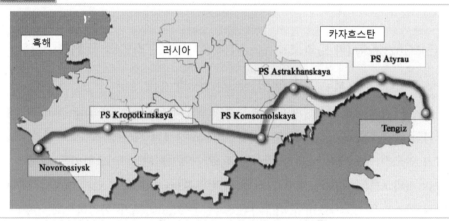

주: Tengiz 단지에서 러시아의 Novorossiysk 항구까지 이어지는 파이프라인은 1500km에 달함.

---

101 이 파이프인은 에너지 파이프라인과 EU, 중, 미의 카스피안海의 석유를 둘러싼 강대국간의 에너지 관련 국제정치가 잘 나타난 역사적 결과물이다. Aerial Cohen, 'The Road to Independence Energy Policy and the Birth of Nation', p.215 참조.

102 Aerial Cohen, 'The Road to Independence Energy Policy and Birth of Nations', p.164, The Caspean Petroleum Consortium(CPC) 인용.

카스피안 해(Caspean Sea)는 바다라는 주장과 호수라는 주장이 카스피안 해의 연변 5개국간에 오랜 격론의 대상이 되어 왔다. 남한국토의 4배에 이른 면적(37만㎢)에 7,000km의 해안을 갖는 카스피안호수는 그 해안에 이란, 아제르바이젠, 러시아, 카자흐스탄과 투르크메니스탄의 5개국에 둘러쌓여 있다. 여기에 국경을 접하고 있는 5개국 중 러시아와 이란은 카스피안을 호수라고 주장하여, 호수로 인정되면, 연안국의 합의로 그 경계선을 확정하고자 할 것이며, 그리되면 12해리 공해개념은 없어지나, 반대로 카자흐스탄, 투르크메니스탄 및 아제르바이젠의 주장같이 카스피안해를 바다로 인정하면, 호수변의 12km까지 자국영토로 인정받는다. 그리고 영해 바깥은 공해(公海)로 인정되어 교통이 자유러워진다. 그러나 UN 해양법에 국제법상 호수를 정의한 조항이 없다. 분쟁의 소지가 계속 상존하던 중, 2018년 8월 12일 카자흐스탄의 수도 Aktau에서 개최된 카스피안해 인접 5개 국가회의에서는 러시아의 양보로 소형3국의 주장대로 합의가 이루어져 아제르바이젠의 해저 파이프건설이 이루어지게 되었다. 이는 러시아산 카스피안 해저파이프로 가스수출의 길이 확대되는 것과 바터 대신 '딜'이 이루어진 것 같다.

(5) Gazprom(가스)과 Transneft(석유) 파이프라인의 독점적 운영

1) 러시아 동부·서부 석유 파이프라인과 항구별 수출 항구

외국 에너지사에 대한 '파이프라인 불허정책'과 Gazprom과 Transneft사의 '파이프라인 독점정책'은, 근본적으로 에너지정책은 경제적 차원에서만이 아니라, 국가전략과 안보적 차원에서 국가가 관리하고 있기 때문이다. 파이프라인은 실제 국가가 에너지외교를 수행하는 데에 가장 핵심적인 툴(tool)이 되고 있기 때문에 러시아 정부는 가스관은 Gaxprom이, 석유파이프라인은 Transneft가 독점적으로 운영하게 하고 있는 이유이다. 이런 연유와 배경에서 중소형 에너지업체가 생산하는 가스는 Gazprom에 팔도록 규정하고 있고 생산된 석유는 Transnef사의 파이프라인(가스는 Gazprom의)을 통해서만 운송할 것을 강요하다시피 하고 있다.

러시아 석유의 항구별 수출 규모는 2014년의 경우에 아래와 같다.

| 표 5.16 | 2014년 러시아 석유 항구별 수출규모[103] |

항구	규모(1,000b/d)
Novorossissk	1,332
Primorsk	815
Ust-Luga	556
Kozmino	487
De Kastri	161
Total	3,737

2004년의 러시아의 중요 원유 운송 파이프라인을 동부와 서부로 나누어 보면 다음과 같다.

| 표 5.17 | 러시아 주요 원유 파이프라인(서부)[104] |

위치	현황	용량 (백만b/d)	총연장 (마일)	공급지역	행선지	완성연도
Druzba	가동중	2	2,500	서부시베리아, 우랄볼가지역	유럽	1964년
발틱(Baltic) 파이프 시스템	가동중	1.3	730	Druzba와 연결	핀란드의 Primosk 港	2001년 완공
서북 파이프 라인 시스템	不가동	0.3	50	Druzba와 연결	Baltic의 리투아니아, Latvia	2006년 이래 불가동
CPC	가동중	0.7	940	카자흐스탄의 Tengiz	발틱해의 Novorosisk항 (러시아)	2016년 1.3백만/d로 확장
Baku -Novororisk	건설중	0.16	430	Kuyuma field 2018년으로 연기	ESPO와 연결	2018년으로 연기

---

103 eia, US Energy Information Administration, Russia updated July 28. 2016, p.21, Russia's crude exports by port 2014 인용.

104 eia, US Energy Information Administration, Russia updated July 28. 2016, p.8, Russia's major crude pipelines 인용.

| 표 5.18 | 러시아 주요 원유 파이프라인(동부)[105] |

위치	현황	용량 (백만b/d)	총연장 (마일)	공급지역	행선지	완성연도
Trans Skahlin	가동중	0.2	500	사할린지역 (동북해상)	사할린 남쪽 Prigorodnye 태평양 항구	2008년 완성
ESPO (East Siberia Ocean Pipeline)	가동중	ESPO-1-1.2 ESPO-2-0.5 Now1.0 by 2020 China spur-0.3 Now 0.6 by 2018	ESPO-1 -1.700 ESPO-2 -1,300 Daqing spur-660	동부 사할린지역 연결 파이프라인 서부시베리아 및 Yamal-Nenets지역	러시아 스코로 보로디노에서 갈림, Kozmino 태평양 항구 경유, 중국 다이찡에서 다이린까지 연장	ESPO-1: 2009 완성 ESPO-2: 2012 완성 (중국 다이찡 2010 완성)
Purpe Samotior 파이프라인	가동중	0.5	270	Yamal-Nenets Ob Basins	ESPO 파이프라인 연결	2011년 완공
Zapolyarye -Purp 파이프라인	건설중	0.6(0.9까지 擴張可)	300	Zapolyarye& Yamal-Nenets	Purpe Samotior ESPO 파이프라인 연결	2016년 계획
Kuyumba-Taisget	건설중	0.16	430	Kuyumba단지 2018년까지 연기	ESPO 파이프라인 연결	2016년 계획연기 단지연기 순연

| 그림 5.23 | 주요 수출경로별로 구분한 러시아 원유 수출[106] |

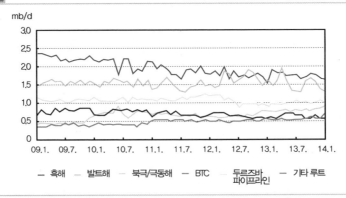

─ 흑해 ─ 발트해 ─ 북극/극동해 ─ BTC 두르즈바 파이프라인 ─ 기타 루트

105 eia, US Energy Information Administration, Russia updated July 28. 2016, p.8, Russia's major crude pipelines 인용.

106 CIEP, 2016.1.7. 'Russia's Oil export strategy: Two Markets, Two faces', p.26 인용.

2) 러시아 가스프롬의 가스생산과 독립적 가스파이프라인 수송과 수출

러시아는 세계최대의 천연가스의 매장량을 갖고 있으며, 세계 제2의 (건성)천연가스 생산국이다. 특히 국영 가스프롬은 천연가스의 업스트림에서는 독보적인 존재이다. 최근 노바택(Novatek)사가 북극의 Yamal반도에서의 가스생산이 성공하고 있지만 아직 Gazprom의 러시아내에서 가스사업의 비중은 절대적이다(가스프롬 47Bcf/d, Novatek 6.0Bcf/d).

표 5.19 **2013년 러시아 에너지회사별 천연가스 생산[107]**

회사	Bcf/d
Gazprom	47.2
Novatek	6.0
Rosneft	2.6
LUKoil	2.0
Surgutneftegaz	1.2
ITERA	1.2
PSA operators	2.7
Others	1.8
Total	64.6

표 5.20 **2013년 러시아 지역별 천연가스 생산[108]**

지역	Bcf/d
서시베리아	57.7
Yamalo-Nenets	53.7
Khanti-Mansiisk	3.5
Tomsk	0.5
동시베리아와 극동 지역	3.4
Sakhalin	2.7
Irkutsk	0.3
Krasnoyarsk	0.2
Yakutsk	0.2

---

107 'EIA International energy data and analysis, Russia', EIA, 2015.8.6, p.12, Table 5.
108 'EIA International energy data and analysis, Russia', EIA, 2015.8.6, p.12, Table 6.

2013년 러시아 천연가스의 운송은 총체적으로 총연장 10만 마일이 넘는 고압 (高壓) 파이프라인과 26개의 지하 가스저장시설로 이루어진 인프라로 구성되어 있다. 대부분의 러시아 가스송유관은 구 소련시대에 건설된 것으로서, 송유관의 75% 이상은 건설된 지 20년 이상이 경과된 것으로, 러시아 에너지 손실률이 특히 높은 사유가 된다. 그리하여 천연가스 운송을 독점하고 있는 가스프롬(Gazprom)은 2000 대년에 들어와 후술하는 야말(Yamal)가스 단지와 동부시베리아와 중국과 같은 새로운 수출지역과 기존의 유럽과 우크라이나로 운송하는 파이프라인 신규 건설과 그 교체에 막대한 투자(중국으로 향하는 East Siberia의 3,000km의 ESPO 라인건설에만 440억달러의 건설투자가 소요됨)를 하고 있다.

특히 앞서본 바, 미국과 서방측의 특수지역 시추개발과 달러화표시의 금융을 봉쇄당한 처지에서 러시아의 국영에너지사의 파이난싱이 어려운 진 때이어서 신규 투자의 금융의 어려움이 겹쳐 온 것이다. 결국 이런 어려워진 금융환경에서 에너지 거래를 통한 거대한 금융지원이 중국측으로부터 위안화금융으로 이루어진 것이다.

그림 5.24   러시아 석유·가스 생산기지와 에너지 수출인프라[109]

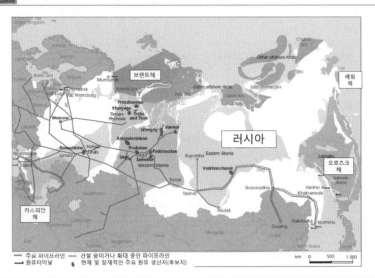

---

109 CIEP, Russia's Oil Export Strategy: Two Markets, Two Faces, p.11, Russia's Oil Producing

한편 러시아의 천연가스 운송용 파이프라인시스템도 석유의 파이프라인과 같이 오래된 서부와 최근의 동부로 나누어 살펴보자.

표 5.21   **러시아 천연가스 파이프라인(서부) 현황**[110]

설비명	현황	용량 (Tcf/년)	총연장 (길이, mile)	공급받는 지역	시장	비고
Yamal-유럽	가동중	1.2	1,000 이상	서부 시베리아 Urengory 포함	폴란드, 독일 등 북부 유럽	
Blue Stream	가동중	0.6	750	서부 시베리아 Urengory 포함	터키 흑해 경유	2013년 가동 시작
North Stream-1	가동중	1.9	760	서부 시베리아 Urengory 포함	독일, 발틱해 경유, 북유럽 (아래 지도)	2011년 가동 시작
Uregoy-Ukhata Bovanenkovo -Ukhta Torzhok	가동중, 건설중	6.0 상한	1,500 이상	Bovanenkovo 야말 반도, Uregoy지역	서부 러시아, 유럽	Uregoy- 2006년, Ukhta- 2012년
Soyuz -Brotherhood	가동중	6.0 가능 상한	2,800 이상	사할린 단지	사할린 LNG 공장 남부 사할린	2018년 시작
Southern Corridor	건설중	2.2	서쪽 루트 550마일 동쪽루트 1,010마일	서부 시베리아단지 Urengoy 지역 포함	터키 및 유럽 (터키 파이프라인 경유)	건설중 서부루트 2012년 착공
TurkiStream line 1	건설 완료	0.6	500 이상	서부 시베리아단지 Urengoy 지역 포함	터키	2018.4.30. 완공
TurkiStream lines 2-4	건설중	1.7	500 이상	서부 시베리아단지 Urengoy 지역 포함	남동 유럽 (터키 경유)	2017.5.착공 2019년 완공계획
South Stream	취소	2.2	560 (해상)	서부 시베리아단지 Urengoy 지역 포함	흑해 경유 남동 유럽	Turkish stream으로 대체 (2014년 말)

Basins and Export Infrastructure(Source eia) 참조.

110 2018.4.20. CIEP, 'Russia's Oil export strategy: Two Markets, Two faces', By Sammy gix

3) 러시아 동부 파이프라인으로 가동·건설·계획 중인 파이프라인

특히 시베리아 동쪽을 관통하여 중국행을 추진키로 합의한 '파워 오브 시베리아'(Power of Siberia)라인과 서부 시베리아를 거쳐 Altai를 통과하여 중국으로 들어가는 2코스(당분간 연기)는 러시아와 중국과의 관계를 확장하는 의미있는 파이프라인으로 양국의 수번의 합의하에 이루어지고 있는 '중국과 러시아의 에너지 국제정치의 극치'라고 할 수 있다. 단, 최근 미국, 호주, 아프리카, 멕시코 등의 가스생산의 급증으로 에너지공급여건이 변화하자, 중국은 Altai프로젝트를 연기할 것을 제안하여 보류중에 있고, 오히려 미국의 세일가스의 장기도입을 계약한 바 있다.

그림 5.25   러시아 동쪽에 건설되고 있는 천연가스 수송 인프라[111]

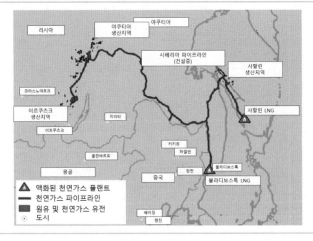

주: 블라디보스토크 항에서 대중국, 대일본, 대한국 가스의 수출을 계획하고 있으나 여의치 않음.

---

p.23 인용.

111 'eia-China deal will supply Siberian natural gas to China's northern, eastern provinces', 2014.8.20. EIA 인용.

그림 5.26	러시아의 가스생산과 중국과 연결된 파이프라인(Altai 라인과 ESPO)[112]

주: 이 중 Altai 파이프라인은 미국 셰일가스 등 여건변화로 중국측 요청에 따라 연기됨.

표 5.22	러시아의 확대되는 사할린지역에서 동방행 LNG 수출[113]

설비명	현황	용량 (Tcf/년)	총 연장	공급 받는 지역	시장	비고
트랜스(Trans) 사할린	가동중	0.3	1,120	사할린 북부 해상	사할린 LNG공장 Progorondno, 남측 사할린 섬	2008년 가동 시작
사할린- Khabarovsk- Vladivostok	가동중	0.2	1,120	사할린 북부 해상	아시아행 LNG, 신규 파이프라인 블라디보스토크 LNG 또는 신규 파이프라인	2011년 시작 1.1Tcf/년
중국행 Power of Siberia 동부 수출 루트	건설중	1.3	1,370	동부 러시아 Yakutia 지역, Chayodinskek 단지	동부 시베리아- 북동 중국	2019년 말 가동 시작 공표
Power of Siberia 완성 루트	건설중	2.2	2,490	Yakutia지역의 Chayodinsk와 Irkutsk의 Kovytk 단지	동부 시베리아단지 Vladivostok LNG 또는 신규 파이프라인 건설	2019년 또는 그 후
Altai 서부 루트	계획중 보류	1.1	1,620	서부 시베리아 Urengoy 지역	중국행	2020년 이후(미정)

112 2017.7.8. FT, 'Gazprome Pipeline powers China partnership' 사진 인용.

113 eia, Russia; Last up date July 28. 2015, p.16, 'Table Russia's Liquified natural gas pipelines' 인용.

4) 러시아 가스 수출에 의존할 수밖에 없는 EU

2014년, 러시아 7.1 Bcf의 가스는 대부분 파이프라인을 통해 유럽으로 수출하였는데, 이는 독일(19%), 터키(13%), 이탈리아(11%), 베라루스와 우크라이나가 천연가스 수출의 대종을 이루고 있다. 유럽 이외는 일본이 5%를 점하는데 이는 사할린에서의 가스 도입이다.

이런 EU와 러시아의 관계가 2018년에 들어 영국에서 러시아의 이중스파이에 대한 화학독극물로 살해한 사건과 러시아의 미국대선에 개입한 사건 등으로 EU와 러시아가 긴장관계에 있었음에도 불구하고 노드스트림-2의 건설에 독일과 화란 및 오스트리아 등이 참여하고 건설에 통과하는 핀란드와 스웨덴 정부의 허가를 획득한 것은 예년의 겨울에 EU의 가스수요가 점차 확대되어 2018년 1/4분기에 Gazprom은 이미 전년 동기보다 6.6%가 증가한 가스를 공급하였다. 이는 특히 리비아 등 아프리카에서 공급하던 가스가 감소되면서 이들의 수요까지 러시아산 가스로 전환되는 상황이 되었다. 또한 러시아가스는 미국산 셰일보다 더 경제적인 면에서 결국 유럽은 러시아와 정치적 긴장관계에도 불구하고 러시아산 가스에 의존할 수밖에 없는 처지가 되었다.[114]

한편 러시아의 단일 액화천연가스를 생산 수출하는 사할린(Sakhalin) LNG생산기지는 2009년부터 시작한 최근의 가스기지로서 당초의 계획된 용량은 9.6백만 톤이었다. 2011년 사할린의 액화천연가스 수출은 500bcf 규모로서, 이는 일본 79%, 한국 18%, 중국, 대만, 태국이 각각 1%씩의 비중인 바, 사할린 천연가스의 수출은 일본의 비중이 압도적이다.[115]

---

114 2018.5.8. OILPRICE, 'Europe Buys More Russian Gas Drspite Strained Relations' 참조.

115 Exxon의 극동 LNG 프로젝트에서의 탈퇴는 미국과 서방측의 대러시아의 특수석유부문에 대한 제재조치에 따른 것으로, 이 탈퇴조치와 이에 대한 Rosneft의 Exxon에 대한 14억달러의 손해배상청구에 대하여는 후술한다.

| 표 5.23 | 러시아 액화천연가스 파이프라인[116] |

설비명	지역	상태	용량 (백만 메트릭 톤/1년)	시작연도	주주
사할린 LNG	태평양 해안	가동중	9.6	2009	Gazprom, Shell, Misui, and Mitsubishi
야말 LNG	북극해 해안	건설중	16.5	2017	Novatek, Total, and CNPC
발틱 LNG	발틱 해안	계획중	10	2018	Gazprom
블라디보스토크 LNG	태평양 해안	계획중	15	2018	Gazprom
사할린 LNG(확장)	태평양 해안	계획중	5	post 2018	Gazprom, Shell, Mitsui, and Mitsubishi
극동 LNG	태평양 해안	계획중	5	2018-19	ExxonMobil, Rosneft, ONGC Videsh, and SoDECO(일본 컨소시엄)
Gydan LNG	북극해 해안	계획중	16	2018-22	Novatek
Pechora LNG	북극해 해안	연기됨	10	-	Rosneft
Shtokman LNG	북극해 해안	연기됨	30	-	Gazprom

가스프롬의 가스 수출은 계속 증가하여 2018년 1월부터 4월 중순까지 동사가 해외에 공급(수출)한 가스는 622억cm로서 이는 전년 동기보다 6.9%(37억cm)가 증가한 물량이 된다. 이 기간 중 특색은 위에서 본 바 있는 금후 2019년 이후에 Nord Stream-2에서 공급하기로 한 오스트리아에 74.5% 증가, 화란에 108% 증가, 프랑스에 9.5% 증가한 수출이 이루어졌다. 그리고 가장 큰 수출 대상국은 독일로서 동국에는 21억cm의 가스수출이 이루어졌다.[117]

아울러 2018년 8개월간에는 가스생산이 전년 동기에 비하여 20.1%가 증가하였다.

이 같은 Gazprom의 생산증가는 대외가스 수요 확대에 맞추어 이루어지면서,

---

116 eia, Russia, Last up date July 28. 2015, p.16, Table Russia's Liquified natural gas pipelines 인용.

117 2018.4.4. Gazprom의 Gas Experts News, Gazprom Gas Exports to Europe Rise 6.3% Since Start of 2018 참조.

다시 Gazprom은 2017년 12월 초 자본예산을 2018년 중에 총 138억달러를 투자하기로 이사회에서 결정하였다.

이 투자 프로젝트에는 가스전환(transmission) 파이프라인, 진행 중인 중국행 ESPO 파이프라인 건설 및 Nord stream-2의 해저파이프라인 건설이 포함되어 있다. 이런 결정을 발표한 Gazprom의 밀러회장은 이 자리에서 가스프롬의 동방(eastern)진출 전략의 하나로서 중국의 CNPC와 30년간 연간 1.3조cm의 천연가스공급 계약이 체결되었고, 이는 건설 중인 'Power of Siberia'를 통해 중국으로 수출키로 하였음을 재강조하였다. 참고로 노드스트림-2의 건설을 위해 독일 에너지사인 Wintershell과 러시아 석유재벌인 M. Fridman의 DEA그룹이 합병이 이루어진 후에, 이 규모의 천문학적 투자계획이 발표된 것이다.[118]

5) Yamal 반도의 Novatek사의 가스생산과 수출

러시아 가스산업의 또 하나의 특징은 러시아가 민영기업인 Novatek사의 Yamal 단지의 가스개발, 생산 수출을 허가하여 2017년말부터 북극항로를 통하여 아시아지방으로 수출키로 한 바, 이의 쇄빙선 없는 LNG운반선의 건조를 한국의 대우조선해양(DSME)에 건조의뢰 후, 2017년 봄에 1호선을 성공적으로 건조·인도하여, 1호선인 Christophe de Margerie호가 노르웨이의 함메르 페스트에서 LNG를 싣고, 북극항로를 돌아 한국 보령항까지 성공적으로 운행한 바 있다.

그림 5.27 한국 DSME가 건조한 LNG운반선 제1호(Christophe de Margerie호)[119]

---

118 2018.3.28. UPI.com. 'Gazprom lays out 2018 financial plan' 참조.
119 2017.9.1. Korea Herald, 'Price of the Northwest Passage'.

그림 5.28 온난화로 인해 쇄빙선 없이 북극항로로 빠르게 운행한 유럽-한국 항해[120]

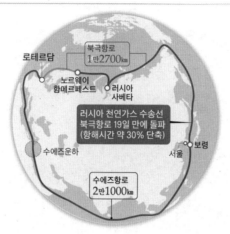

참고 북극 야말반도의 Novatek의 가스 프로젝트(I)의 성공과 이에 대한 중국의 파이낸싱 지원

- 푸틴대통령의 북극의 야말(Yamal)가스 프로젝트에 대한 애착과 중국에 북극 가스생산 프로젝트 파이낸싱(Project Financing) 요청
- 시(習)주석에게 Yamal 프로젝트 금융상 SOS를 구한 러시아의 푸틴 대통령에게의 선물(위안화금융)
  - 중국개발은행과 중국수출입은행의 양 국책은행의 120억달러의 장기차관 공여
  - 실크로드 펀드의 노바택(Novatek)사 지분 9.9%를 12억달러에 인수, 지분 참여(중국: [CNPC 20%+실크로드펀드 9.9% = 29.9%] 노바택사의 제2 대주주)
- 중국의 파이난싱으로 미국의 대러시아 금융제재의 장벽을 뚫고 1차 Yamal 가스 프로젝트의 성공으로, 고무된 푸틴 대통령
- 2017년 11월, Novtek의 Yamal 가스공장 준공식에 참석하여, 러시아가 가스 1등 생산국임을 강조하면서, 북극의 제2의 Yamal 프로젝트의 확대를 지시한 푸틴대통령(이때 사우디의 석유상인 Khalid al Faith를 초청하여 러시아와 사우디의 대미 셰일붐에 대처하는 OPEC과 러시아의 협력을 과시한 푸틴대통령)

---

120 2017.9.20. 중앙일보, '온난화로 얼음 얇아진 북극항로, 쇄빙선 없이 유럽~한국 첫 항해'.

그림 5.29 2018년 초, 러시아 북극의 Novatek사의 Yamal 가스공장(1차 Train) 준공식에 참석하여 성공적인 북극 프로젝트에 만족해 하는 푸틴대통령[121]

주: 2018년 1월 준공된 러시아 북극 Yamal반도의 LNG 가스공장(1차 Train), 2차 Train은 2018년 8월 준공, 3차 및 4차 Train은 2019년 중 준공예정(Total사는 동공장 19.4% 지분, Arctic 제2LNG 프로젝트에 10% 참여).

그림 5.30 Novatek사의 러시아 제2대 LNG 가스공장[122]

---

121 2018.2.8. Financial Times, 'US shale boom fuels Russian-Saudi alliance'.

122 2018.10.16. FT, 'Total underlines Russia Commitment'의 'The Yamal LNG plant in the Arctic Circle is run by Novatek' 인용.

6) 노바택사의 북극 야말가스 프로젝트 성공이 불러온 북극 제2가스 프로젝트 열기

2014년 미국의 대러시아의 특수 석유 프로젝트에 대한 1차 제재조치가 우크라이나 침공을 이유로 가해졌을 때, Novatek사의 270억달러의 북극가스개발 프로젝트에 대하여 아무런 투자가도 관심을 갖고 있지 않았다. 따라서 노바택사는 공장건설 파이난싱을 포함하여 여러 가지 고난 끝에 중국의 시진핑주석의 러시아에 대한 배려로, 중국개발은행과 중국수출입은행과 일대일로펀드의 지분참여로 서방측의 금융제재에도 불구하고 가스공장의 파이난싱이 해결되어 공장건설이 준공되었다. 즉 후 첫 생산품인 가스가 아이러니하게도 미국 보스톤의 난방용으로 수출되고, 16척의 쇄빙 가스운반선(한국의 대우조선해양이 제작하여, 5호선은 기인도하고 현재도 제작이 진행 중) 중 1호선(Christophe de Margerie호)이 러시아의 북해항로를 따라 한국의 보령항까지 성공적으로 시운전하였다.

또 동 Novatek사의 Christophe de Margerie(983ft)호는 2018년 8월 북극의 Sabetta항을 떠나 북해항로를 따라 Bering해협을 지나 중국의 당산(唐山) 터미널까지 쇄빙선의 도움 없이 항해한 바 여기에 소요기간은 19일로서, 이는 유럽을 향한 서부항로로 스웨즈 해협을 통하고 믈라카 해협을 통하여 중국 당산에 오는 데에 소요기간 40일과 비교된다. 이로서 북극항로로 중국에 오는 코스트는 톤당 64달러에 비해 서부항로는 톤당 91.5달러가 되어, 백만 btu당 0.20달러가 절약되어 Novatek사는 총 16억달러를 절약한 셈이 된다는 것이다. 따라서 dsme가 3개의 가스운반사로부터 수주하여 건조 중에 있거나 이미 인도한 다른 선주의 LNG 캐리어 15척을, 모두 러시아 당국의 북극항로의 항해 승인을 받아, 아시아 행 LNG 가스운반에 투입한다는 것이다(여기에서 아시아라 함은 중국, 일본, 한국 및 대만까지도 포함, 야말산 가스의 56%는 아시아 행으로 예정됨).[123]

그리하여 2018년 초 러시아의 상트페테르부르크에서 푸틴대통령과 사우디 석유장관이 참석 하에 명명식을 갖게 된 후, 러시아는 제2의 북극가스 프로젝트(Arctic LNG Project-2)를 시작하기로 결정하면서 세계적인 가스사들은 너도나도 제2 북극 가스 프로젝트에 지분투자를 선망하게 되었다. 이는 예정된 준공일자보다 앞당겨 가스공장이 준공되었고 공사비도 예산보다 절감하면서 러시아의 국내기술로 공장이 완공

---

123 2018.10.17. PetroEconomist, 'Novatek Arctic LNG project defies US sanction' 참조.

되는 등 모든 면에서 성공하였다고 하겠다. 따라서 프로젝트의 파트너인 프랑스의 Total사와 중국의 CNPC는 물론 다른 국제적인 가스 관련사들이 제2의 북극가스 프로젝트 지분 참여에 앞다투게 되었다. 특히 야말프로젝트는 북극항로를 이용하면서 남반부의 스웨즈 운하의 항로를 이용하는 것보다 21일이나 빠르게 운송될 수 있다는 장점이 크게 부각되었다. 이에 특히 가스 수요가의 북극가스 선호도가 상승하고, 그리하여 노바택사는 어느 투자자를 택하고 어느 투자자의 투자를 취할지 선택에 골치 아플 정도로 투자가 증가하면서, 동사의 GDR이 런던거래소에 37%의 프리미엄이 붙어 상장되었고, Total사는 Arctic LNG 2 프로젝트의 10%의 비중이 되었다[124]

또한 중국의 CNPC(20%의 기존투자+)와 일본의 마루베니사도 큰 지분투자를 하였다. 한국의 가스공사 Kogas도 2018년 중순 문재인대통령의 방러기간 중 '한국가스공사와 Novatek사는 상호양해각서(Mutual Interest)를 체결한 바 있다. 또 사우디의 Aramco(사우디 석유장관의 준공식에 초청되어 참석한 바 있음)도 지분투자를 협의 중에 있다.

이 모든 정황은 결국 미국의 경쟁국인 러시아의 북극가스개발을 저지하려는 미국의 의도에 반한 현상으로 푸틴대통령의 가스사업을 비국유기업인 Novatek에 떼어 준 결단부터 크게 성공한 것이다. 이런 연유로 푸틴은 러시아가 자랑하는 아이스하키의 러시아 아이스하키 클럽(Kontinental Club)의 회장으로 노바택사의 소유자인 Timchenko를 임명한 배경도 여기에 있다.[125]

(6) 미국 LNG의 대유럽 수출증가로 나타날 러시아 등 타지역에 영향[126]

- 미국의 셰일 경쟁이 심화될 가능성 있는 러시아에 대한 셰일생산 가능성 견제
- 미국의 셰일 붐을 맞아 새로운 수출시장으로서의 러시아에 대한 견제로서 미국기업의 러시아에 대한 셰일기술 및 셰일장비 및 서비스 제공의 금지

---

124 상동 참조.

125 2018.8.2. FT, Herny Foy의 'Novatek resilience is reason why its Arctic project is hot stuff' 참조.

126 Meghan L. O'Sullivan, Windfall, p.176, 표 8-2 Impact of US LNG on European Gas Supplies 2020-2025 참조 인용.

표 5.24	2020~2035년간 미국 LNG 수출 구성비 변화(3케이스): 0, 9, 18bcf			
	2014년	0bcfd	9bcfd	18bcfd
러시아	65.3	53.0	17.7	44.7
중동	0.0	4.2	4.3	4.1
아프리카	11.1	8.6	6.9	6.1
라틴아메리카	21.5	12.8	28.7	25.8
미 국	–	–	11.6	18.9

위의 표는 2014년에 비한 미국의 LNG의 수출 구성비의 변화에 있어 대 EU는 미국생산이 18bcfd이었던 2014년의 0%에서 18.9%로 증가할 것이고 상대적으로 러시아의 비율은 65.3%에서 44.7%로 급락하여, 이는 미국이 러시아 가스수출 시장을 EU에서 빼앗아 가는 것을 의미한다.

이 표에서도 미국이 셰일 붐을 맞아 EU와 아시아시장으로 수출시장을 확대하면서 러시아의 셰일 붐이 일어나지 않도록 미국의 '첨단의 셰일 노하우'(Horizontal Drilling, Hydralic Frackening)와 ' 첨단의 셰일 석유가스생산 장비'를 미국 석유기업이 러시아에 제공치 못하도록 러시아에 대한 석유개발 및 달러화 표시 장기금융금지의 제재조치(Sanction)를 취한 배경을 이해할 수 있다.

(7) 러시아와 터키의 파이프라인과 Blue Stream으로 맺어진 연결고리

- 터키(Turkey) 가스 파이프라인과 깊은 지정학적 관계
  - 러시아의 북해연안의 Anapa에서 흑해 해저(최저 수심 2,200m)의 630km 길이의 파이프라인으로 터키의 Kiyikoy 어촌의 Therace 지방으로 연결하고 거기에서 터키와 남유럽, 남동유럽과 연결되는 Pao Gazprom의 2개(線)의 병행하는 가스파이프라인의 건설
- Caspean 연안과 러시아, 중앙아시아국과의 관계에서 TBC, TurkStream(I, II)건설과 Blue Stream과도 연결하는 양국의 깊은 국제정치적 상호관련성

　　한편 터키는 지정학적으로 러시아와 중앙아시아와 이란, 시리아 등 중동의 여러 국가와 면하는 위치에 있어, 특히 석유와 천연가스의 유럽행이거나 대서양으로 나가는 통과거점으로서 하나의 중요한 허브(Hub)를 이루고 있다.

　　Gazprom은 2019년에 만료되는 계약으로서, 2018년 중순까지도 13bcm의 가스를 우크라이나와 불가리아를 통해 유럽에 가스를 수출하고 있거니와, 2019년에 만료되면 새로운 가스송출 루트로서 건설 중인 투르크스트림을 발틱해저를 통해 터키에 수출하는 계획으로서 파이프라인을 건설 중에 있다. 불가리아는 투르크스트림이 자국을 통과하기를 기대하면서 동 파이프라인의 확장을 기대하나, 러시아는 최종으로 그리스까지 가스공급을 계획하고 있어, 불가리아는 그간의 통과국가인 우크라이나와 더불어 가스통과루트에서 제외될 전망이다. 가스를 둘러싼 국제정치가 여기에서도 치열한 경쟁속에 이루어지고 있다.[127]

> **그림 5.31**　터키의 주요 석유와 가스 운송 파이프라인의 연도(가동중, 건설중)[128]

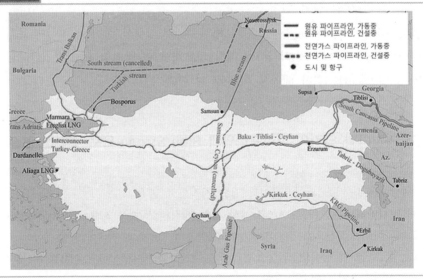

127　2018.7.8. Energy Reorters/Production, 'Bulgaria opens loop for TurkStream' 참조.

128　eia, Turkey, int'l energy data and analysis, revised Aug. 7. 2015, p.1, 'Turkey's major oil and natural gas transit pipelines' 인용.

　그간 특히 러시아와 카스피안(Caspean)연해와 중동에서 대서양과 유럽으로 운송되는 석유의 통과항구로서, 그리고 최근에는 천연가스의 통과항구로서 중요성이 커지고 있다. 최근에는 북해(North Sea)에 면한 러시아의 Novorogssisyk 항구와 조지아(Georgia)국의 Supsa항에서 탱커로 터키해협(Turkish Straits, Bosporus와 Dardannelles의 수로)으로 운송되는 석유와 북 이라크에서 파이프라인으로 터키의 지중해연안의 Ceyhan항의 석유 터미널을 거쳐 유럽 등 서구시장으로 운송되는 에너지가 급증하고 있다. TurkStream – 2의 건설은 2018년 3/4분기까지 완료할 목표로 건설되고 있다.[129]

그림 5.32 　터키의 석유 및 기타 액화연료 소비 및 생산(좌), 천연가스 소비 및 생산(우)[130]

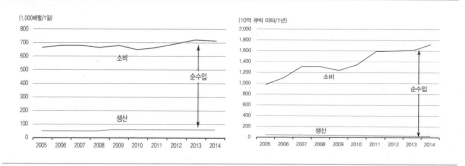

(8) 러시아의 2020 전략상 대극동 LNG사업

　러시아에는 2009년부터 '사할린 LNG'사가 운영하는 9.6백만톤(연간 460Bcf) 규모의 LNG 터미널이 1개 밖에 없었다. 이 터미널에서 일본과 한국에 LNG를 장기적으로 공급하고 있었다. 이를 '사할린 LNG'사는 2011년 3.2백만톤(150Bcf)으로 터미널을 확대하여, LNG를 단기현물시장에서 판매(수출)하면서, 2014년에는 일본(79%)을 주로 하여 한국에 18% 해당 양을, 그리고 중국, 대만, 태국에 각각 1%씩 수출하였다. 한편 러시아는 2013년에는 Gazprom사 외에는 가스를 수출할 수 없었던 '가스

---

129 eia, Turkey, int'l energy data and analysis, revised Aug. 7. 2015, p.1 참조.

130 2015.8.6. EIA, 'EIA International energy data and analysis, Turkey', p.5.

수출에 관한 법'을 개정하여, Novatek(Yamak LNG 60%, 프랑스의 Total 20%, 중국의 CNPC 20%의 합작사,[131] 민영)사와 Rosneft사에 대하여 가스수출권을 인정하면서 제2의 LNG 가스화(Liquidification) 라인(Train) 3개를 증설하여, 3개의 신설가스 라인은 각각 연산 5.5백만톤의 가스생산을 2017년까지 완공키로 하고 남 Tambeyskoye에서 야말반도의 서북쪽까지 가스를 끌어오기로 하였다.

표 5.25	러시아 액화천연가스(LNG) 파이프라인과 대주주 현황[132]

설비	지역	상태	용량(백만 메트릭 톤/1년)	시작연도	주주
사할린 LNG	태평양 해안	가동중	9.6	2009	Gazprom, Shell, Misui, and Mitsubishi
야말 LNG	북극해 해안	건설중	16.5	2017	Novatek, Total, and CNPC
발틱 LNG	발틱 해안	계획중	10	2018	Gazprom
블라디보스토크 LNG	태평양 해안	계획중	15	2018	Gazprom
사할린 LNG(확장)	태평양 해안	계획중	5	post 2018	Gazprom, Shell, Mitsui, and Mitsubishi
극동 LNG	태평양 해안	계획중 (연기)	5	2018~19	ExxonMobil(철수), Rosneft, ONGC Videsh, and SoDECO (일본 컨소시엄)
Gydan LNG	북극해 해안	계획중	16	2018~22	Novatek
Pechora LNG	북극해 해안	연기됨	10	–	Rosneft
Shtokman LNG	북극해 해안	연기됨	30	–	Gazprom

---

131 러시아는 미국 및 EU의 대러시아 우크라이나 침공에 대한 석유시추기술 및 달러화금융제재로 외화사정이 어려워지자, Yamal 프로젝트의 원활한 완공을 위하여 Yamal LNG의 Novatek 지분 9.9%를 중국의 Silk Road Fund에 20억달러에 넘기고, Yamal LNG는 50.9%의 주주로 남았다(본서 제4장 참조할 것).

132 U.S. Energy Information Administration, eia, "Russia", Up dated Jul. 2015, p.116, Table 8 Russia's Liquified natural gas pipelines 인용.

| 표 5.26 | 2013년 러시아 지역별(서부와 동부) 천연가스 생산[133] |

지역	Bcf/d
서 시베리아	57.7
Yamalo-Nenets	53.7
Khanti-Mansiisk	3.5
Tomsk	0.5
동 시베리아와 극동지역	3.4
Sakhalin	2.7
Irkutsk	0.3
Krasnoyarsk	0.2
Yakutsk	0.2

(9) BMI가 본 러시아 석유와 가스의 미래

국제저유가시대에 겹쳐 닥아온 러시아에 대한 서방측의 경제제재는 이에 대한 대처방안으로서, 석유와 에너지 수출에 대한 MET(광물에너지세)의 세율인상을 어렵게 하고 또한 러시아의 에너지부문의 다운스트림의 현대화 프로그램을 늦추게 하였다. 그간 2015년 러시아의 석유생산은 일시 증가하였으나 2018년에는 감소할 것이 예상되는 가운데, 가스생산이 이를 상쇄시켜주고 있다.

여기에서 2016년 1월 Fitch그룹의 BMI연구소가 러시아 에너지성(省)과 EIA의 자료를 근거로 한 2013~2019년까지의 러시아의 석유와 석유제품의 생산과 소비, 천연가스의 생산과 소비전망을 요약하면서 러시아의 에너지부문을 정리한다.

---

133 2015.8.6. EIA, 'EIA International ererygy data and analysis, Russia', p.12.

표 5.27	2013~2019년 러시아 주요 에너지 생산, 수요 전망[134]					
	2014	2015f	2016f	2017f	2018f	2019f
원유, NGPL, 기타 제품(bd)	11,300	11,396	11,269	11,146	11,155	11.136
Dry 천연가스 생산(bcm)	635.4	636.3	640.1	645.9	647.8	669.1
Dry 천연가스 소비(bcm)	452.0	636.3	649.1	645.9	647.8	669.1
정유제품 생산(b/d)	5,904.1	5.707.5	5,741.7	5,747.5	5,759.0	5,770.5
정유제품 소비 & 에타놀(b/d)	3,494.5	3,379.3	3,379,3	3,458.8	3,458,8	3,507.2
Brents(USD/bbl)	99.5	57.0	56.0	55.0	60.0	64.0

주: f는 forecast, 러시아 에너지성, 미국의 eia의 자료임.

이로서 러시아의 석유와 가스부문의 종합적인 성향은 다음과 같이 요약된다.

요약

- 석유수출세는 2016년에는 하락할 것을 예상하였으나, 동결되어 2,000억 루블(33억 달러)의 세입을 가져 왔음(시추작업이 서방측의 경제제재의 위협에도 불구).
- 비액화수출에 대한 광물추출세(MET, Mineral extraction tax, Gazprom 부담)를 2016 년에는 인상할 것인바, 1,000억 루블(16.2억달러)이 갹출(醵出)될 것임
- 러시아의 정유소의 Euro-V 연료기준(fuels standard)의 적용은 6개월간 연기되었 는데, 이는 Rosneft의 현대화 계획을 완성할 수 있도록 하기 위함임
- 세계적인 석유의 저가와 러시아의 모든 석유회사에 적용된 서방측의 제재조치 (Sanction)로 Rosneft의 2015년 보다 생산증가가 이루어지지 못하였음
- 2015년 9개월간 러시아의 석유증산은 평균 106.8백만 배럴이 되고 있음
- 중질유와 기존 석유단지의 발전이 석유생산고의 유지에 핵심임
- BMI는 2016-2017년에는 석유생산은 하락하지만, 2018년에는 중국으로의 수출 증가에 힘입어 회복될 것으로, 전망하고 있음
- 유럽의 가스수요의 회복으로 가스생산이 증가할 것이고, 중국의 가스수입수요에 힘입어, 2019년에는 중국이 러시아 가스의 제일 큰 수입국이 될 것임
- BMI사는 러시아의 Yamal LNG 프로젝트는 Novatek사의 서방측의 경제제재에 따 른 파이난싱 문제로 9.9%의 주식을 중국의 실크로드펀드에 매각하였음에도 불구

---

134 BMI Research(A Fitch Group Company; Russia Oil & Gas Report, Published Date 01. Jan 2016. Headline Forecasts(Russia 2013-2019)) 인용.

하고 연기될 우려가 크므로 BMI는 Yamal의 첫 수출은 2019년에야 이루어질 것
이라고 봄(그러나 푸틴 대통령도 야말프로젝트의 '기간내 성공'에 크게 격려를 받고 북
극의 가스개발을 한층 독려하고 있음)
- 국제유가의 최저치와 서방측의 경제봉쇄(Sanctions)를 맞은 2014~2015년의 러시
아 경제의 어려움을 슬기롭게 극복한 것은 과거에는 경제성장으로 푸틴대통령의
인기(Popularity)를 유지하였으나, 현재는 푸틴대통령의 절묘한 '에너지(석유와 가
스)를 중심으로 한 국제정치'(Geopolitics)로 러시아가 잘 극복하고 있다고 2016년
12월 26일자 NYT에서 EBRD의 Sergel Guriev는 이같이 평가하고 있음[135]

6 러시아의 2030 에너지 전략

(1) 2030~2035년 에너지 전략

1) 러시아의 2030 에너지 전략의 목표

러시아가 2009년 11월에 결정한 '2030년 에너지 전략'에서는 그 목표를 에너지
산업의 효율성을 제고하여 경제성장을 지속케 하며, 에너지산업 발전의 우선순위를
조정하여 러시아경제를 창조와 발전의 계기로 삼았다. 이같이 에너지산업을 러시아
전략목표로 삼고, 이를 21세기 새로운 러시아의 브랜드로 삼아, 21세기에는 러시아
를 세계적인 지도적 국가에 설 수 있게 하기 위하여서다.

이렇게 목표로 삼는 것 중에 러시아 경제, 사회적 위치를 강화하며, 세계적인 금
융위기 속에서도 북극의 개발과 군병력의 개편을 도모하며, '가스수출국가 포럼(Gas
Exporting·Countries Forum)을 모스코바에 창설하여 동 국제회의를 개최하며, BRIC(브
라질, 러시아, 인도, 중국의 4개국으로 구성) 정상회의의 1차 회의를 Yakaterinberg에서
개최하였다.

---

135 2016.12.26. NYT Segial Guriev의 'In, Russia, it's not the economy, stupid. A president's
   popularity used to depend on growth, Now it depends on geopolitics 인용.

2) 2030년 에너지 산업의 국가적 목표와 전략방향

또한 에너지산업의 러시아에서의 획기적인 발전과 성장을 통해 사양화된 러시아를 강대국가로의 위치로 환원하는 계기로 삼아야 할 것이라고, 러시아의 에너지산업의 중요성을 특히 강조하였다. 이로써 21세기에는 1990년대에 사양화된 러시아의 국력을 강대국(Greatest Power)의 반열로 격상시키면서 최고수준의 에너지산업을 국제정치적, 외교적인 목표에 활용하는 수단으로 삼아야겠다는 전략방향을 제시하고 있다.

그리하여 2014년 2월 14일에는 러시아연합정부와 러시아의 기업가와 산업가 연합의 합동으로 '러시아의 2035년 에너지전략'을 2015년 2월까지 수립키로 하였다. 이때 여기에서 강조된 것은 '러시아의 연료와 에너지 자산'(FEC, Fuel and Energy Complex)은 국가경제발전의 엔진이 되어야 하고, 여기에서 연방정부의 역할은, 단순한 발전의 엔진에서 진일보하여 '러시아경제에 걸맞는 인프라를 조성하는 것으로 전환'하여야 하며, "이는 다양화(diversification)하며, 기술수준의 향상(Growth)과 '인프라의 제약'을 최소화하는 것"이라고 선언하고 있다.

이렇게 2008년에 마련된 '2030 전략과 2035 전략'의 목표를 전망함에 있어 2008년에 나타난 실적을 2020년과의 전망과 그 차이로 살펴보면,[136]

- 우랄(Ural)지방의 원유가는 2000년의 27달러/bbl에서, 2008년에는 94달러/bbl로 상승하여, ES 2020에서의 예측치를 4배나 초과하였고,
- 연료와 에너지 자원의 수출은 2000년에서 2008년에는 1.6배가 증가하여, 당초의 2020 전망보다 9.6%나 증가하였으며,
- GDP는 2000년에서 2008년까지 65%가 증가하여, ES 2020의 전망을 11%나 초과하였다.
- 실제 연료와 에너지자원의 추출(抽出)과 생산의 흑자규모가 26%로서, 2000년의 예상치 대비 2.6% 초과하였고,
- 연료와 에너지 자원에 대한 국내 수요도 10%가 증가하여, 예상치의 5%나 초과하였다.

---

136 ISSN 2019-2117, Medterranean Journal of Social Science MCSER Publishing, Rome Italy 12, Energy Strategy of Russian Federation Transformation of Vision from First Strategy to the Last, pp.162-163, ES 2030 참조.

이같이 모든 면에서 ES 2020년보다 초과됨은 2008년 당시 예측치가 2000년대 초의 '세계적 경제위기'(Global Economic Crisis)를 반영하여 예측한 것으로서, 2008년에 나타난 실제치와는 그 차이가 크게 발생한 것이다.

또한 ES 2030에서는 무엇보다 창조적 효율적·에너지산업의 발전을 강조하여 이 기간에 러시아 전체의 창조적 발전이 이루어졌고, 산업의 효율성을 강조하여 이것이 실현되었다. 이로써 러시아경제가 세계경제의 한 축(軸)으로 진입하였으며, 에너지산업의 인프라가 새로워지고 현대화되었기 때문이다'라고 지중해 사회과학 저널(Mediteranean Journal and Social Science)은 분석하고 있다.

즉 2000년대 말(2008~2009)이 되면서 우려하던 세계적인 경제위기는 해소되었고, 여러 가지 창조적인 개발의 성공으로 러시아경제의 에너지산업에 대한 지나치게 높은 의존도가 감소되면서, 2030년의 기본 경제지표의 전망이 2005년의 전망치에 비해 하향·조정되었다. 여기에는 '에너지 콤플렉스'(Complex)에의 의존도의 하향과 GDP에서의 에너지 산업의 비중 하향, 에너지산업의 수출 비중의 하향, 에너지산업에의 자본투자 비중의 하향 등이 요인 중에 포함된다.

3) 2030년 러시아의 에너지 전망과 2005년 수치와 비교

이리하여 2005년의 실적과 2030년의 러시아경제의 전망을 비교하면,

- GDP와 러시아의 수출에서 에너지산업의 비중은 2005년의 1.7배 비중이 되며,
- GDP에 대한 에너지 산업의 자본투자의 비중은 3배나 증가할 것으로 전망하며,
- 에너지부문에 대한 총 자본적 지출(투자)은 1.4배의 비중으로 높아진다.
- 이는 반대로 GDP에 대한 에너지 집중도가 2배 이상 감소(효율성 제고)하는 것을 뜻한다.
- 또 전력부문의 자본집중도는 1.4 이상 감소하게 되어 있어, 효율성이 크게 제고될 것이고,
- 연료와 에너지산업은 전체적으로 국가발전에 중요한 위치에 있게 된다.
- 특히 이 모든 발전은 시베리아와 극동지역의 에너지 인프라 개발이 추가되어, 러시아경제의 1.6배의 '지속 가능한 경제발전'에 추가되는 요소가 된다고 전망하고 있다.

이를 달성하기 위하여, 구체적 실행방안으로서,

- 에너지산업의 효율화를 도모키 위하여, 에너지산업이 필요한 '인프라'를 발전시킨다.
- 러시아는 '유라시아 지역의 리더'로서 '유라시아 에너지 트랜지트(Transit) 시스템'을 완공시켜, 활발한 대화로서 지역적 에너지시장에서의 에너지 가격의 안정과 시장 예측이 가능케 한다.
- 러시아 에너지산업은 완전히 새로워져야 하는데, 이는 현대적이고 기술적, 효율적이며, 지속가능하여야 하며, 자원뿐 아니라 인간자본적인 면에서 창조적인 잠재력 면에서도 보다 새로워져야 한다.
- 러시아와 인접지역 국가의 '에너지 안보의 보장'을 뜻한다.
- 이를 위해 새로운 지역의 탐사와 개발이 필요하다고 요약하고 있다.

4) ES 2030년 목표달성을 위한 3단계 조치[137]

이 모든 것을 달성하기 위하여 ES 2030은 3단계의 조치를 취하여야 한다고 예고하고 있다.

이는 2005년에 수립한 ES 2020년에 목표한 것과 큰 차이가 있다.

- 1단계(2009~2013년): 경제위기에서 탈피하여 신경제를 추구하며 에너지부문의 현대화를 도모하는 것이다. 에너지 탐사의 기회를 잘 포착하여, 새로운 인프라 건설과 고정생산시설 개선을 도모하고, 조기 시작한 중요 프로젝트를 완성하고, 지역간 개발을 도모하여 다음 단계에 대비할 때까지 완성시켜야 한다.
- 2단계(2015~2020년): 2단계는 바로 1단계를 어떻게 수행하느냐에 달려 있다. 신경제에서 인프라를 형성하고, 창조적 발전을 도모하는 단계이다. 에너지 산업 (FEC)은 현대화를 거친 1단계의 계승으로, 에너지효율의 증강과 경제와 에너지부문에서의 에너지 Saving이 일어나고 에너지부문의 발명이 일어남으로

---

137 ISSN 2019−2117, Medterranean Journal of Social Science MCSER Publishing, Rome Italy 12. Energy Strategy of Russian Federation Transformation of Vision from First Strategy to the Last, p.163, Presumption in ES 2020 및 2011.4.11. 스톡홀름에서 개최된 Seminar에서 Inst. for Energy Strategy의 부소장 A. GROMOV의 'New Challenges in Russian Energy Sector; Towards Energy Efficiency and Innovations' 인용.

써 인프라의 개선, 생산/자본재의 설비를 완비하고 제도적 개선과 법적 근거를 마련하여야 한다. 그리하여 동부시베리아 프로젝트, 극동 지역 프로젝트, 북극 Shelf 프로젝트, 야말반도 프로젝트의 추진을 위한 준비를 서둘러야 한다. 이들 프로젝트에 관련된 인프라와 창조적 최신화(renewal)와 필요한 예산 조치도 준비하여야 한다. 이 2단계의 완성은 위기의 길이에 달려 있다. 여기에는 제조와 고급기술에 기초를 두는 서비스의 창조에 달려 있다.

• 3단계(2022~2030년): 효율적인 창조경제의 발전과 에너지자원의 고단계 효율적 사용을 전제로 한다. 이 단계는 창조적 기술과 변화가 미래의 에너지산업에 정착화하는 단계로서 2030년까지를 그 목표로 하고 있다.

5) ES 2030 에너지 분야의 역할 변화[138]

이때 에너지 분야의 역할은 3단계로 하여,

• 1단계(2012~2015년): 위기 후의 발전 과정, 에너지투자, 국가경제의 '엔진'
• 2단계(2020~2022년): 에너지 효율화 발전단계, 에너지부문, 국가경제구조의 창조적 디자이너로서 역할
• 3단계(2022~2030년까지): 창조적 발전 과정으로서, 창조적 에너지 부문의 역할을 강조한다.

6) ES 2030 목적과 목표[139]

• 목적(Aim): 창조적이고 효율적인 에너지의 발전
• 목표(Goals): 에너지부문의 제도적, 정책적 환경의 안정성 도모하는 것
    − 에너지 인프라의 현대화와 동 인프라 건설
    − 국가경제와 에너지부문의 경제적 및 에너지의 효율성 도모
    − 에너지자원의 재생, 탐사 및 정제과정의 효율화 도모
    − 러시아의 에너지부문의 글로벌 시장으로의 편입을 통한 고도화에 있다고 목표를 제시한다.

---

138 GROMOV의 'New Challenges in Russian Energy Sector', Towards Energy Efficiency and Innovations, pp.16−17 인용.
139 상동, GROMOV의 자료 중 p.18 인용.

7) ES 2035 프로젝트 문제점과 경과와 보완책

러시아의 에너지 절약(Saving)과 효율성의 한계로서 다음의 네 가지 포인트를 들고 있다.

- 첫째, 동기부여가 부족, 예산상 제약, 비교적 낮은 에너지 값, 이중적 보조제도. 에너지 소비에 대한 제약장치의 부족
- 둘째, 정보의 부족, 에너지 절약과 효율성제공에 대한 정보(홍보) 부족, 습관적으로 관습화된 에너지 낭비 풍조
- 셋째, 에너지절약(Saving)과 효율화를 위한 파이낸싱 프로젝트에 대한 요구조건을 충족시킬 능력의 결여
- 넷째, 조직화 능력 및 상호협력 능력 결여를 스스로 열거하고 있다.

8) ES 2035 프로젝트의 요점과 비판

에너지 안보, 에너지 효율화, 에너지산업의 경제성 효율화의 달성에는 예산의 효율성에 달려 있다. 에너지산업의 낡고 노후화(wear and tear)된 정도가 특히 높은 점(높은 곳은 60% 수준)에서 건설과 자본재의 개량(renewal)이 어떤 곳은 특히 뒤늦은 상황에서, 특히 석유산업과 석탄산업은 훨씬 뒤쳐졌으며, 가스산업과 전력산업은 어느 정도로 기대 수준에 도달하였다. 그러나 전반적으로 평가하면 러시아의 에너지산업(FEC)은 세계 과학적 기술적·수준의 평균에서 아직 뒤떨어진 상태라 하겠으며, 에너지 생산의 에너지 집중도는 세계 평균의 2.2배가 높고, 세계최상보다 1.5~4배나 높다. 낮은 효율성은 결국 러시아 제조업의 경쟁력을 낮게 만든다고 비판하고 있다. 이를 더 분석하면 다음과 같다.

▌에너지 집중도 하락

러시아 경제의 에너지 집중도의 높은 위기 속에서도 에너지 집중도(Intensity)는 2008년에서 2012년까지 2.2%가 낮아졌다. 이 결과는 경제의 늦은 재편과 전반적인 산업의 회복이 늦어진데 따른 것이다. 그렇다고 에너지 집중도의 개선은 전반적인 러시아의 기술수준이 정상 수준보다 낮으므로 그 개선은 그리 쉽지 않다.

▌ 에너지에 대한 국내외의 투자 증가

러시아의 경제와 에너지산업에 대한 투자는 계속 증가하고 있다. 그래서 대기업과 중견기업의 투자는 43.4%에 이르고, 이는 2008년보다 13.1%가 증가하였는데 ES 2030의 첫 단계의 기대치 18%를 고려하면 높다고 할 수 있다.

에너지산업의 연방예산에의 기여도는 50%로서 이는 ES 2020에서의 2015년까지 30%의 기대치보다 훨씬 초과되는 것이다.

그러나 전반적으로 러시아의 에너지산업에 대한 의존도가 2008년보다 2012년에 매우 높아져, 여타 산업은 가격정책과 세무정책에서 그만큼 낮은 대우를 받고 있고, 에너지의 낮은 효율성과 자원의 낮은 품질로, 러시아의 일반 가공산업(Processing Ind.)은 아직도 곤경을 겪고 있다.

▌ 에너지 산업의 경제성

경제성은 아직도 불안하여 러시아에너지산업의 기술적 후진성으로, ES 2030에서 기대하는 목표치의 달성이 확실치 않고 불안하다.

최근에 에너지성(省)에서 ES 2030을 재(再)작성하였으나, 여기에는 차이가 있다. 즉 2008년 대비 2012년에는 GDP가 3.9%만 증가하였는데, 이는 2030년의 낮은 한계에 가까이 온 것이고, 에너지산업의 생산과 탐사는 2012년에 6.3%나 증가하였으나, 이는 정부가 장려책을 크게 써서, 나타난 결과로서 석유수출은 오히려 감소한 것과 비교할 필요가 있다. 동 기간에 천연가스의 수출도 98.4%나 감소하였다. 이는 유럽 국가들의 경기불황에서 비롯된 수요 감퇴에서 나타난 결과이다. 경쟁력의 문제이다.

(2) 2030 에너지 전략 목표와 전망: 2015년 기준으로 재음미[140]

1) 최근 러시아의 전반적인 에너지 사정

러시아는 세계에서 원유를 가장 많이 생산하는 곳이다. 그리고 드라이 천연가스는 두 번째로 많이 생산한다. 러시아는 석탄도 매우 많이 생산한다.

---

140 eia, Last updated Jul. 2015, Russia, Energy Overview 참조.

표 5.28	러시아 석유 증산 계획 및 생산 전망[141]
키워드	내용
10%	• Rosneft사의 증가된 아웃풋(Output) 목표를 의미 • 2019년까지 120,000b/d만큼의 생산량을 증가시킬 예정
1,700	• Rosneft사가 2014년까지 750개의 유정(油井)을 팠고, 2017년까지 추가로 1,700개의 유정을 팔 계획
46달러	• 현재(2015년 7월) 브랜트유의 가격임 • 2014년 6월의 114달러에 비해 절반 이하의 큰 폭으로 하락한 가격임

따라서 러시아 경제는 탄화수소(hydrocarbons)에 의존하여 석유와 천연가스는 2013년에는 러시아 연방정부의 세입(예산상)의 50%를 차지하였고, 동년에 러시아 수출의 68%를 석유와 천연가스가 차지하였다.

러시아는 2012년에 원유생산에서 사우디를 앞지르고, 2013년까지는 미국과 캐나다를 앞서다가 2013년에 미국과 캐나다에게 세계최대생산국의 자리를 넘기고 2위를 유지하여 2016년 1월로서 미국(+캐나다)의 13.4백만 배럴에 대해 11.2백만 배럴로서 세계 2위를 유지하고 있다. 이때 10.2백만 배럴을 생산하는 사우디는 3위를 유지하고 있다.

표 5.29	2014년 세계 원유 수출국 순위[142]	(단위: 1,000배럴/1일)
사우디아라비아		8,865
러시아		7,002
아랍에미리트연합		2,554
쿠웨이트		2,347
이라크		2,247
나이지리아		2,224
카타르		1,829
이란		1,728
앙골라		2,714
베네수엘라		1,712

---

141 2016.9.22. Financial Times, 'Siberian Spring' 내용 재정리.
142 미국 에너지 정보국, OPEC의 자료를 재구성. 2014년 연간 수출액 규모임.

그림 5.33 1995~2017년 미국(+캐나다)과 러시아의 원유생산 추이[143]

(단위: 백만 배럴/일)

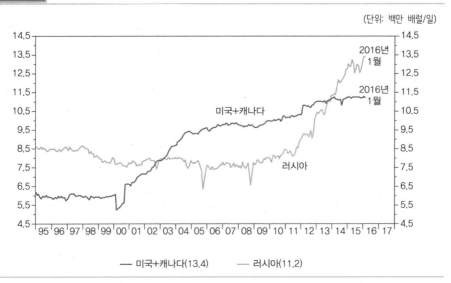

미국+캐나다

러시아

2016년 1월

2016년 1월

─── 미국+캐나다(13.4)   ─── 러시아(11.2)

그림 5.34 1995~2015년 미국(+캐나다) · 러시아 · 사우디의 원유생산 추이[144]

(단위: 백만 bbl)

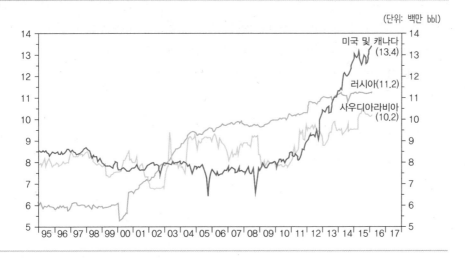

미국 및 캐나다 (13.4)

러시아(11.2)

사우디아라비아 (10.2)

---

143 Mar. 2. 2016, Yardeni Research, Inc. Energy Briefing Global Crude Oil Demand & Supply, p.26, Figure 44 Crude Oil Output: U.S.＋Canada vs. Russia.

144 Mar. 2. 16, Yardeni Research, Inc. Energy Briefing Global Crude Oil Demand & Supply,

그림 5.35 1995~2016년 비 OPEC 국가인 러시아의 석유공급[145]

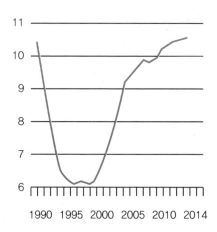

(단위: 백만 bbl)

2) 세계 가스생산 3위가 된 러시아

그 후 2014년에는 러시아의 석유와 가스(액화)의 생산은 사우디아라비아와 미국 다음인 제3위로 쳐졌다. 다시 이야기하면 미국이 셰일혁명으로 셰일가스를 본격적으로 생산하기 직전 2013년까지 러시아는 평균 액화가스 10.9백만 배럴씩 생산(연간 22.1조 큐빅피트(Tcf))하는 세계의 2위의 천연가스 생산국이었다.

또한 천연가스 매장량은 2위인 이란(Iran)보다 많은 세계 1위를 자랑하고 있었다.

    p.27, Figure 46 Crude Oil Supply: Russia, Saudi Arabia US(+Canada).

145 Mar. 2. 16, Yardeni Research, Inc. Energy Briefing Global Crude Oil Demand & Supply, p.25, Oil Supply: Non OPEC Asia Figure 22 중 Russia 인용.

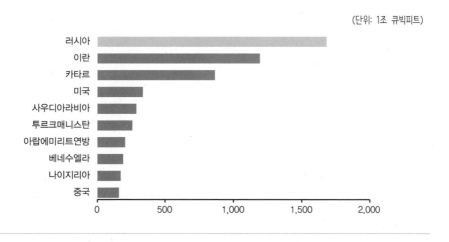

그림 5.36 **세계 천연가스 매장량, 러시아 1위(2015년 1월 기준)**[146]

(단위: 1조 큐빅피트)

러시아와 유럽은 에너지에 깊게 상호 의존적(Imterdependent)이다. 즉 유럽은 2014년 중, 석유와 가스에 있어 30% 이상을 러시아에서 도입하였으며, 러시아에게 는 유럽이 러시아 원유수출의 70% 이상을 수출하는 수출시장이며, 또 천연가스의 수출은 90% 이상이 유럽으로 향하였다.

한편 러시아는 세계 3위의 원전발전(原電發電)국이면서, 설치된 원전 용량에 있 어서는 세계 제4위이다.

또 2015년 3월 현재, 러시아는 9개의 원자로를 건설 중에 있으며, 건설 중에 있 는 원자로의 수효면에서는 2015년 현재 중국 다음의 세계 2위이다.[147]

에너지 생산국인 러시아는 동시에 에너지 대형 소비국이다. 2012년에 러시아는 31.54제곱 Btu를 소비하였는데, 이는 천연가스가 51%로서 대종을 이루며, 석유소비 와 석탄소비가 각각 22%와 18%씩의 비중을 차지한다.

3) 러시아 석유 생산과 지역별 특성

러시아의 석유는 주로 우랄−볼가지역과 서부 시베리아에서 난다. 그러나 최

146 eia, 2015.7.28, Russia, p.17, Estimated proved natural gas reserves, as of Jan. 2015 인용.
147 eia, 'Int'l Atomic Energy Association', Power Reactor Information Service accessed April. 2015.

근 동부시베리아와 러시아의 극동지역과 러시아의 북극에서의 생산이 증가하고 있다.

러시아의 석유 매장량은 2015년 1월말로서 800억 배럴로 추계된다. 또한 매장량은 서부시베리아와 우랄산맥과 중앙 시베리아지역과 우랄-볼가지역에서 카스피안(Caspean) 해역으로까지 연결되어 매장되어 있다.

2005년부터 활발하여진 석유생산은 2014년 중에는 러시아 석유는 10.9백만 배럴 생산으로서, 소비는 약 3.5백만 배럴이니까, 약 7.3백만 배럴은 수출의 여력이 있다. 실제로 러시아는 2017년 중 생산된 석유와 중질유의 절반(50%)에 해당하는 5.16백만배럴/일 수출하였다.

▌ 러시아 석유 생산의 7대 지역별 특성의 특기사항

러시아의 석유와 액화제품의 지역별 생산규모가 20만 배럴 이상인 지역은 아래와 같이 7개 지역으로 볼 수 있다. 앞에서 본 바 있다.

표 5.30	2014년 러시아 석유 생산의 7대 지역별 생산 규모[148]
지역	생산(천 배럴/일)
서부 시베리아	6,422
우랄-볼가	2,310
Krasnoyarsk	426
Sakhalin	277
Arkhangelsk	269
Komi Republic	257
Yakytsk	227

• 서부 시베리아 지구: 2013년까지 러시아 석유·가스의 60%를 생산하였고 가장 많이 생산하면서 제일 오래된 곳은 Samolter 분지로서, 2006년에는 635,000배럴/일까지 생산하였었다. 기타 서부 시베리아는 이미 오랫동안 생산하여 매

---

148 Last updated Jul. 2015, Russia, Energy Overview, p.4, Exploation and production.

장량이 하강하고 있다. 러시아 정부는 생산독려 차원에서 세금우대 등의 조
치도 취하고 있고 외국기업도 이 지역으로 유치하여 투자할 것을 독려하고
있으나 미국 등 서방의 석유개발 기자재 및 특수기술제공의 금지 등 제재조
치(Sanction)로 별로 큰 진척이 없는 형편이다.

- 우랄-Volga 지역: 1970년대 후반까지 서부시베리아 지대가 앞서기까지 가장 생산
  이 많아 총생산의 220%까지 점하였던 지역이다. 특히 거대한 Romanshkinskoye단
  지는 1948년에 발견된 곳으로, Tatneft사가 운영하던 단지로서 2013년에는
  300,000배럴/일까지 생산하였던 곳이다.

- 동부 시베리아 지역: 전통적인 지역은 하강하고 있으나, 러시아가 주력하는
  곳으로서, 특히 2009년 12월에 시작된 ESPO(Eastern Siberia-Pacific Ocean) 파
  이프라인이 동부시베리아 석유를 운송하기 시작함으로써, 이 지역은 발전의
  잠재력을 갖고 있다. 특히 이 지역은 Rosneft사가 Vankorskoye(Vankor) 지역
  의 석유와 가스를 2009년 8월부터 생산하기 시작하여, 2010년에는 본격화하
  는 러시아 석유증산의 촉발점이 되기 때문에 그 의의가 크다. 2013년에 동
  지역에서는 420,000배럴을 생산하였다.

- 야말반도와 북극 지역: Yamal-Nenets 자치구 지역과 그에 붙어 있는 서부
  시베리아를 뜻한다. 이곳은 대부분의 지역이 천연가스를 생산한다. 석유개
  발은 아주 최근의 일이다. 이 지역은 Purpe-Samolter 파이프라인이 설치
  되어 있긴 하나, 전반적으로 운송 인프라가 덜 발달되어 있다. 러시아의 운
  송전문국영기업인 Transnet사가 Zapolyarue-Purpe 파이프라인을 건설하
  여 Zapolyarye 가스와 Purpe-Samolter 파이프라인 분지와 연결케 할 것
  이다.

- Zapolyarye 가스와 집합단지: 이 지역은 Vostochno Messoyaakha와 Zapada
  Messoyakkha, Tiagul과 Russkoye 석유단지가 운송시설의 확충에 따라 크게 득
  을 볼 것이다. 야말반도에는 Yuzho Tambay, Severno Tambay 및 Khararsavey
  지역과 Vostochno Bovanenkov 지역이 대부분을 구성하고 있다.

러시아 정부는 Yamal 지역과 북극지방과 동부시베리아 지역같이 원(遠)거리이면서 에너지 신규 개발과 생산에 코스트가 많이 들어, 에너지기업의 수익전망이 낮은 지역의 개발과 생산을 주저하는 업체의 생산독려를 위해, 2007년부터 종래의 세입 위주의 광물채취세(Mineral Extraction Tax) 제도를 개정하여, 광물채취세의 에너지기업에 대한 과세기준을 수익성 위주로 전환하면서, 세금 부과 유예기간(Tax holidays)을 조정하고, 수출세와 13개 동부시베리아 지역의 매장량에 대한 과세를 일정부분에는 면제하고 수출세도 면제하였다.[149]

- 북 Caucasus 지방: 이미 오래된 지상과 북쪽 해상의 북 카스피안 지역을 의미한다. LUKOil사는 북쪽 카스피안 지역의 매장지를 활발하게 개발하여 과거 5년간 35% 이상을 채취하였다. 2010년에 LUKOil은 Yuri Korchagin 단지를 조성하여 2013년에는 27,000배럴/일을 생산하였다. 또 2015년에는 LUKOil사는 Filnovsky 단지를 개발하여 120,000배럴/일을 생산할 계획으로 있다. 전체적으로 이 지역은 세금과 수출에 대하여 민감하게 반응하는 지역이다. 따라서 세금 유예가 취소되면 그에 따라 생산도 줄어드는 지역이다.

- Timan－Pechota와 Barents해 지역: 러시아의 북서쪽에 위치한다. 막상 풍부한 자원이 있는 곳은 매우 좁다. 그러나 동 지역에는 LNG가스를 생산하는 좋은 인프라 설비가 있다. 하나는 Gazprom의 Shtokman LNG 단지이고 다른 하나는 Rosneft의 Pechora LNG단지이다. 양 단지는 두 군데 공히 상당히 많은 양의 고탄소 액화가스(Hydrocarbon Liquids, HGL)가 매장되어 있다. 그러나 양 프로젝트는 미국과 EU의 대러시아 특수석유개발제재로 무기한 연기되고 있다.

---

149 wiiw, Research Reports(363), 'Current State and Prospects of Russian Energy Sector', pp.6－9의 Russian reserve potential, problem areas 및 2018.7.25. Bloomberg/Energy Voice, 'Russian oil braced for biggest tax overhaul in 20 years' 참조 인용.

그림 5.37 Barents 海 지도[150]

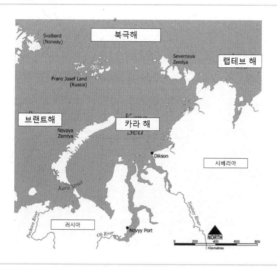

- 사할린 열도: 러시아의 동쪽 해안에 위치한다. 동쪽의 해양지역은 많은 천연 가스 국제회사들의 거대한 투자를 한 곳이다. 많은 사할린 해역의 가스 개발 은 1990년대 중반부터 2개의 생산분활계약(PSA, production-sharing agreement) 에 의하여 개발되고 있다. '사할린 개발 프로젝트 1'(대부분 석유생산)은 엑슨모 빌(Exxon-Mobil)이 30%의 지분을 갖고 있어 2015년 1월부터 생산을 시작하였 으며, 다른 분활계약(PSA)의 지분은 Rosneft가 2개의 자회사를 통하여 갖고 있고, 또 인도의 ONGC Videsh가, 그리고 일본의 종합상사가 컨소시움을 구 성하여 참여하고 있다. 사할린 프로젝트 I은 3개의 석유와 가스 생산단지로 구성되어 있다. Chayvo, Oduptu, 그리고 Arkutun−Dagi 지역이다. 그러나 2016년의 러시아의 우크라이나 침공을 이유로 미국석유기업의 러시아의 심 해와 북극의 특수석유개발과 기술제공금지라는 제재조치로, 미국계 석유사인 ExxonMobil사가 사할린−1지구에 Rosneft사와 맺은 JV(동사는 30%의 투자지 분)에서 탈퇴(2018.7.20.)하는 바람에 Rosneft(사할린−1 프로젝트의 20%의 지분 투 자자)사는 Exxon사를 상대로 14억달러의 부당한 손해를 끼친 것에 대한 14억 달러의 손해배상을 청구하였다.

150 2016.1.25. Offshore Technology, 'What next for Russia's offshore oil and gas?' 인용.

참고

2018년 초, Exxon사는 일체의 러시아에의 투자계획을 취소하고 미국내 셰일개발에 더 충실할 것을 통보한 바 있다. 미국과 러시아의 에너지 전쟁에 본국에 치중한다는 결의로 보아야 하겠다.

그림 5.38 오호츠크해 연안, 사할린 도서에 밀집된 Gazprom사의 단계별 원유처리시설[151]

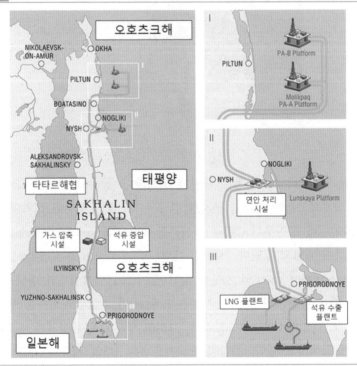

151 Written Sept. 11. 2015, Sakhaiin Between a Rock and a Hard Place Place Source Gazprom.

그림 5.39 사할린 지역의 석유 이권

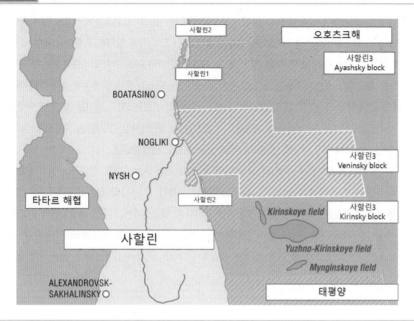

그림 5.40 사할린 지역의 가스운반선[152]

152 'Sakhalin: Between a Rock and a Hard Place', Sakhalin－Oil&Gas, 2015.11.11.

러시아 전력사업의 구조 개혁[153]

멀리 레닌(Lenin)시대에 국가전체의 '전력화사업'(GOLEPO)을 실시한 소련의 전력산업은 매우 중앙집중적 시스템으로서, 통일된 전력시스템으로 전국에 흩어져 있다. 전국에 방대하게 흩어져 있어 소련에는 비교적 장거리 전력 송출시스템이 발달되어 있다. 따라서 피크타임에도 전력의 송출이 가능하다. 또 소련은 높은 볼테지의 송전이 가능한 초고도 텐숀(Ultra High Tension)기술의 수준이 높아, 예컨대 카자흐스탄의 화력발전소와 연결하여 1,200kV의 전력을 러시아의 유럽지역까지 송전할 수 있고 따라서 발전할 수 있었으나, 그 후 쇄락하여 1990년의 1,082TWh가 1998년에는 827TWh 수준으로 떨어졌고, 2005년에는 모스코바시가 완전정전(Blackout)이 되는 사고도 발생하였다.

그 후 경제가 회생하면서 전력생산도 되살아나, 특히 서부 시베리아의 천연가스 발전(전체 발전의 43% 비중)으로 회생하고 있다. 그 후 2001년부터 시작한 발전(發電)산업의 구조조정은 2008년에 끝나면서, 수력발전은 국가가 계속 보유하여 유지하고, 발전설비는 21개로 통합되면서 지역발전회사로, 수력발전판매회사로 구분되었다. 분리되는 과정에서 상당히 많은 지역회사의 지분은 가스프롬(Gazrrom)이 매입하였고 유럽 쪽의 일부는 독일의 E'ON과 이탈리아의 Eni와 Fortum사가 인수[154]하기도 하였다.

2012년 현재, 러시아의 전력은 67%가 석탄, 석유와 천연가스(화석연료, Fossil Fuel)를 연료로 하여 발전하고 있는 중, 이 중 천연가스 비중이 제일 높다.

다음은 수력과 원자력 발전이 공히 16%의 비중을 점하고 있다. 그리하여 2012년 러시아의 총발전량은 1,012bil.kilo와트/(BkWh)이다. 이 중 889BkWh는 핀란드, 베라루스(Belarus), 리투아니아(Lithuania)와 카자흐스탄과 중국에까지 수출하고 있다. 그러나 반대로 카자흐스탄에서는 일부 전력을 수입하기도 한다.[155]

---

153 Jean-Marie Chevalier, 'The New Energy Crisis'(Climate, Economics, and Geopolitics) p.96, The electricity sector; restructuring the state monopoly 참조.

154 독일과 이탈리아의 에너지사들은 러시아의 에너지사들, 특히 Rosneft와 Gazprom과 가까운 관계를 유지하고 있다. 위의 소련의 전력회사의 집중정책에서 분산정책으로 전환하면서 유럽쪽의 일부 전력사를 E'ON과 Eni에 처분한 것도 그 예이다. 2017년 10월 이탈리아의 Eni는 서방측의 2014년 우크라이나 침공에 대한 응징으로 러시아에 대한 Sanction(심해석유시추 기술제공금지, 러시아에 대한 달러화 신용제공금지)에 대한 저항으로, Intensa Sanpando Bank가 러시아의 한 정유사(Independent Independent Petroleum Co.)에 54억달러 프로젝트론을 하기로 한 예가 있다.(2017.10.30. FT, 'Italian defy sanctions squeeze on Russia' 참조.

155 eia, Last updated Jul. 2015, Russia, Energy Overview, P. Electricity 참조.

러시아의 Gazprom, Rosneft, LUKOil의 3대 국유 에너지사 체제에 대응되게, 중국은 1990년대 개혁과 개방 이래, 석유, 은행, 통신사업은 그 방대성과 국익사업임을 감안해 민영화대상에서 제외하고 국유를 고집해, Sinopec(Petrochem.의 자회사), PetroChina와 후발주자인 CNOOC로 3대국영사체제로 되었다. 양국 공히 소위 국영에너지사인 NOC(Nat'l Oil Corp.) 3사로서 세계 에너지시장에 비중 있는 리더 역할을 하고 있다.

부 록

미국의 대러시아 특수 에너지 부문
제재조치와 국제정치

Global Energy Geopolitics

미·중·러·OPEC간의 에너지 국제정치

미국의 대러시아 특수 에너지 부문 제재조치와 국제정치

① 미국이 러시아와 석유패권전쟁에서 취한 제재조치 경위와 파장

요약

- 세계 최대의 석유매장지를 가진 러시아에 대한 미국의 견제
- '셰일붐'을 맞은 미국의 '러시아 셰일 잠재력'(러시아 시베리아 Bazhenov 셰일단지는 세계 최대 셰일매장지(미국 석유성 인정)) 견제(미국 셰일석유 매장량 : 러시아 매장량 =782억 배럴 : 746억 배럴)[1]
- 러시아 시베리아 Bazhenov 석유단지 매장량 > 미국 Bakken + Eagle Ford/Texas (러시아의 Bazhenov단지의 매장량이 미국의 Bakken단지와 Texas의 Eagle Ford단지의 매장량보다 큼, 미 석유성 추정) 러시아 Bazhenov 석유단지가 세계 제1대 셰일매장지
- 미국의 신기술로 성공한 '셰일붐'을 제2의 셰일가스 매장국인 러시아의 추종을 견제하기 위한, 미국 석유기업의 특수 에너지(셰일석유·셰일가스)의 시추(Horizontal drilling, Hydraulic Fracking) 노하우 및 장비의 대러시아 판매·제공 봉쇄(Sanction) 견제

---

1 2017.8.29. Forbes Big Business, When Russia Hops on Shale Bandwagon, Opec is

- '셰일붐'을 맞은 미국이 러시아의 셰일붐을 견제키 위해 일으킨 '러시아의 새로운 셰일석유 · 가스전쟁
- 미국을 바짝 쫓는 '제2대 셰일석유 매장국'(경쟁국)인 러시아를 따돌리려는 미국의 '에너지 국제정치'(Energy Geopolitics)와 이에 대응하는 푸틴의 사우디 포섭으로 미국의 셰일붐에 공동대응
- 러시아의 우크라이나 크리미아 침공으로 미국과 서방제재대상이 된, 러시아 셰일석유(단, EU의 제재조치 차이로, 많은 EU의 석유 · 가스기업은 러시아에서 활동)
- 이 봉쇄조치로 미국의 Exxon사는 2014년 러시아의 Rosneft사와 JV를 결성하여 러시아의 흑해, Kara해, Chukchi해 및 Laptev해 등지의 총 63.6백만에커의 심해에서 셰일석유생산활동을 하려던 계획을 취소한다고 2017년 말 발표. 즉 Exxon사는 2017년 미 SEC에 제출한 보고서 10−K에서, 러시아의 북극 프로젝트와 북해 및 사할린의 심해 프로젝트(총 5,000억달러 투자규모)에서 완전 철수 선언(Exxon사 2억달러 세금, 10억달러 손해 감수)[2]
- 이후 Exxon사는 Chevron사와 더불어 '공동운영사'로서 카자흐스탄에서 석유사업 확장에 참여하여 러시아가 아닌 중앙아시아에서 석유사업의 손실보전을 기도
- 미국의 대러시아 에너지 부문 제재(Sanction) 유효성의 한계
- 2018년 4월 1일, 러시아 중앙은행은 서방측의 경제봉쇄조치와 당시 급락한 국제유가로 몰아닥친 악성부채로 고전하는 러시아 3대 상업은행(Otkritie 은행, B&N Bank, Promsvyaz Bank)에 대하여 불량채권을 중앙은행의 Trust 계정으로 편입시키고, 180억달러 규모의 중앙은행 구제금융(금리 연 0.5%)을 실시한다고 발표
- 한편, 미국은 2018년 4월, 러시아에 대하여 제3차 제재조치를 취하여, 러시아의 우크라이나 침공 후 크리미아 반도의 점령 지속, 시리아 사태에 대한 아사드 정부군 지원과 무기 등의 지속 공급, 2016년 미국 대선(大選)에 사이버 공격에 의한 개입 등을 이유로, 7명의 푸틴과 절친한 10억달러 이상의 갑부(Billionaire, Oligarchs), 17명의 공직자 및 14개의 러시아 대기업에 대한 미국과의 거래 금지와 달러화로의 거래를 금지하는 제3차 봉쇄조치를 취함

---

finalized 참조.

2 2018.3.2. FT, Exxon abandon Rosneft ventures−US sanctions force end to partnership, Arctic and Blacksea projects dropped 및 2018.3.1. upi.com. Energy News, Sanctions force Exxon out of joint venture with Russian oil company 참조.

② 러시아의 우크라이나 크리미아 침공에 대한 응징으로 미국과 서방측의 제재대상이 된 러시아 석유·가스 부문

2014년 9월 12일, 러시아의 우크라이나 크리미아(Crimea)반도의 마루이폴(Mariupol) 항으로 침공(Annexation)한 것에 대한 제재(Sanction)로, 미국과 EU는 러시아의 에너지(석유)부문에 대한 두 가지의 제재 조치(Sanction)를 취했다.

제1차 제재조치는 러시아가 오랫동안 유럽 및 우크라이나에 가스공급을 위한 파이프라인을 둘러싼 분규로 사이가 좋지 아니하였던 우크라이나에 대하여 러시아가 군사적 개입(크리미아반도의 항구에 침공)을 실시하자, 이에 대한 응징조치로 미국과 EU는 자국석유기업의 러시아 특수석유부문, 특히 북극(Arctic)지방과 심해(Deep Water)의 해상석유 및 비전통적 셰일석유 탐사(Shale Oil Exploration)와 그에 대한 관련 부품의 대 러시아 수출과 이와 관련된 서방의 첨단기술의 대러시아 제공을 금지하는 제재조치를 취한 것이다.

이와 동시에 러시아의 국책은행에 대한 위의 석유개발과 생산에 관련한 60일 이상의 달러화 표시의 금융서비스 제공을 금지한 것이다.

이렇게 미국이 2014년 8월, 취한 러시아의 에너지부문에 제재(Sanction)로서의 금지사항은 두 가지로 대별되는데, 그 하나는 '미국의 관련 기업은 특별한 장소(북해, 수심 500m 이상인 북해의 심해)에서 셰일(Shale)석유와 가스의 생산(Horizonta Drilling) 같이 특별한 방법(Hidraulic Fracking)으로 생산하는 석유·가스개발과 탐사를 위한 장비나 이에 속하는 특수 생산 기술을 러시아에 제공할 수 없다는 것이고, 또 다른 금지 조치는 미국의 금융기관이나 신용공여기관은 러시아의 국영은행(미 재무성에 의해 지정된)에게 러시아 특정석유산업과 러시아의 은행과 지정된 러시아의 개인에 대하여 60일 이상의 '달러화표시 신용'을 공여하거나 이에 참여하지 말라는 금융거래의 제한에 대한 것으로 대별된다.

③ 미국 재무성 산업국의 석유기업과 국제금융기관에 대한 달러화 금융에 대한 제1차 제재조치 효과

(1) 1차 제재대상

미 재무성 산업국(BIS)과 해외자산운용처(Office of Foreign Assets Control, OFAC)에서 지정한 장소에서의 석유개발 장비와 품목으로 러시아에 수출과 제공이 금지된 리스트와 그와 관련된 기술 및 금융거래 제한 대상인 러시아 은행과 개인은 아래의 표와 같다.

표 1 미국과 EU의 수출·투자가 금지된 러시아 에너지 부문과 60일 이상 금융제공이 금지된 러시아 은행과 석유기업[3]

(1) 특수 석유관련 탐사장비 및 관련기술의 대 러시아 수출 금지	1. 심해 탐사(Deep Water Exploration) 장비, 수출, 기술 지원 및 서비스 제공 2. 북극해상(Offshore Arctic) 탐사작업 장비, 기술 제공 또는 서비스 제공 3. 셰일 석유(Shale Oil) 생산 장비나 기술의 수출, 재수출 서비스 제공
(2) 금융거래 금지 러시아 은행 및 대출(여신)금지 대상 러시아 석유기업 - Bond 인수, 주식투자, 기타 어음인수 등 30일 이상의 금융 제공 또는 러시아 은행과의 달러화 표시거래	• 러시아 국영은행과 석유회사에 대해 30일이 넘는 대출을 금지함(러시아 은행) - Sberbank - VTB Bank - Gazprombank - Vnesheconom.bank - Rosselkhozbank - Bank of Moscow(US Only) • 러시아의 석유기업 - Rosneft(US, EU) - Gazpromneft(US, EU) - Transneft(US, EU) - Novatek(US Only) - Surgutneftegas(US only) - Gazprom(US only) - Lukoil(US only)

주: EU의 제재대상에서 러시아의 가스사(예: Gazprom)는 제재대상이 아님(US, EU는 공통, US only는 미국만 해당).

---

3 Oil & Gas Journal, 2015.8.3. Sigra Group(OSLO), 'View Digital Issue 'Financial Sanctions impact Russian oil, equipment', p.7 Field Development Schedule, EU Commission, US

이러한 제재조치는 우크라이나에 대한 러시아의 무력적(군사적) 개입에 대한 미국의 제재로서, 러시아 석유부문(특히 특수한 석유개발 탐사와 관련한)에 대한 미국석유 및 관련기업의 장비, 기술 및 서비스 제공을 금지한다는 조치이다.

미국과 러시아의 국제정치에 있어서의 제재를 '자국기업의 러시아의 에너지 개발과 생산을 위한 장비나 기술 제공의 금지조치로 제재한다'는 내용으로 이것이야 말로, 에너지 국제정치의 단적인 한 예로 '미·러간의 석유전쟁'의 일환으로 보아야 하겠다.

이로써 가장 큰 타격을 받는 미국의 석유기업은 이미 대대적인 석유가스개발을 위해 투자하고 있는 Exxon사와 해상석유시추전문업체인 Schlumberger사와 Haliburton 사가 큰 타격을 받고 러시아에서 퇴각하게 되었다.

(2) 러시아의 1차 대상이 된 석유기업의 생산 비중

제재대상이 된 러시아의 석유생산기업(대부분 국유기업)의 회사별 석유생산비중은 아래와 같다. 이 중 Rosneft(42%)와 Lukoil(19%)사 양사의 석유 생산 비중이 막강하다.

그림 1   **러시아 대형석유사의 회사별 원유생산의 러시아 내 비중**[4]

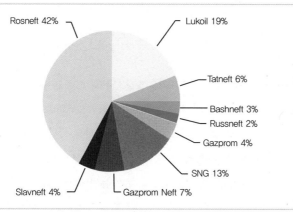

주: 해당 도표의 총합은 러시아의 2013년 생산량의 96%를 차지함.

State Department(Ukraine and Russian Sanctions)(April. 13. 2015) 참조.
4 러시아 에너지 정치.

(3) 미대선에 개입한 러시아에 대한 미상원의 제재조치(제2차 조치)[5]

또한 2017년 중순, 미의회(상원)는 2016년 11월 미대통령 선거에 러시아의 불법적인 개입에 대한 제재로 미국 기업의 러시아에서의 에너지 산업 활동을 금지하는 법안을 제출하여, 트럼프대통령이 할 수 없이 2017년 7월, 이에 서명함으로써 발효시키는 내용이 '러시아의 에너지 산업에 대한 미국 기업의 관련 설비와 기술의 수출금지라는 새로운 제재조치'를 제정한 바, 이도 에너지의 국제정치의 단면인 점에서 에너지(특히 석유와 가스)가 가장 큰 국제정치의 대상이며 타겟이 되고 있는 예라 하겠다.

여기에는 러시아의 석유와 가스산업의 성장에 대한 미국의 견제로서, 특히 미국의 특수한 방법(발명)으로 성공하고 있는 '셰일석유와 셰일가스생산에 대한 기술제공과 필요한 장비를 러시아의 석유기업에 제공하지 말라'는 러시아의 석유기업에 대한 제재조치로 보아야 한다.

2017년에 러시아가 발틱해의 해저로 독일의 그라이프스발트로 가는 파이프라인 Nord Stream-2의 건설을 추진하자, 미국상원의원 39명이 '동 노드스트림이 건설되면 유럽의 미국 친선국이 크레므린의 악의적 영향하에 놓이게 된다'고 하면서 미 재무성에 설치반대의사를 표명한 것을 보면, 석유를 중심으로 하는 미국과 러시아의 갈등이 얼마나 심각한 것을 알 수 있다.[6]

(4) Exxon사의 러시아 석유투자 비즈니스에서의 탈퇴

이와 관련하여 Exxon사는 2017년 3월, SEC(미 증권관리위원회)에 제출한 10-K 보고서에서 Exxon은 러시아의 Rosneft(회장 Igor Sechin도 법인과 같이 제재대상임)와 합작(2013~2014년 계약)으로 추진하려던 러시아의 북극해의 석유와 시베리아(Bazhenov 산지)의 셰일과 북해의 심해에서의 셰일 프로젝트(Exxon의 관련 셰일 프로젝트 총 Reserve 규모는 석유 123억톤, 가스 15.2조 큐빅메타)를 포기한다고 선언하였다.

이의 포기는 Exxon의 전임회장이었던 Rex Tillerson(전 미국무장관)과도 관계가

---

5 2015.7.28. eia, 'US Energy Information Administration' 발행, 'Russia'(international energy data analysis) 참조.

6 2018.3.1. upi.com. U.S. expresses clear opposition to Russian gas pipeline 참조.

있고, 이의 대체로서 Exxon은 금후 미국 내 셰일사업에 보다 적극적으로 직접 참여한다는 대대적인 계획과 무관하지 않다고 본다.[7]

　Exxon의 러시아사업의 탈퇴는 로스네프트(Rosneft)사로 하여금 파트너의 상실로 북극과 북해의 투자자금(Exxon: 장기적으로 5,000억달러 규모 예상)과 신기술의 확보에 차질을 가져온 대 손실을 뜻한다. 러시아의 북극개발과 동방 LNG개발정책이 차질을 빚게 되었다. 미국과 러시아의 셰일에너지를 둘러싼 국제정치로서 국제석유전쟁의 한 단면이라 하겠다. 특히 2014년, 제재조치가 발동되었을 때만 하여도 Exxon은 러시아와의 개발프로젝트가 지장없이 가능하다고 보았던 것을, 탈퇴라는 막다른 결정을 하기까지 이면에 치열한 압력과 복잡한 과정이 있었을 것으로 보인다. 러시아의 북극개발로 2억달러의 벌과금 부담이 Exxon의 탈퇴결정에 단안을 내리게 하였다는 보도이다. 다만 Exxon은 "사할린-1 프로젝트의 30% 지분소유는 유지한다"고 발표하고 있다.

(5) BP의 Rosneft와의 가스수출 개시

　한편 TNK-BP를 Rosneft에 강요에 못 이겨 내어준 BP[8]와 협력관계에 있는 로스네프트사는 BP사와 로스네프트사가 가스개발권(51% 지분)을 획득한 러시아 북쪽의 Karampurskoe와 Festivahlnoye지의 10억 배럴에 해당하는 가스개발을 양사(BP와 Rosneft사)공동으로 추진하기로 하였다고 발표하였다.[9]

　동 지구의 가스 생산은 2020년에 피크에 이를 것으로, 러시아 가스개발의 핵심을 이룰 것이라는 분석이다.

　동 프로젝트는 EU의 대러시아 제재의 리스트에 포함되지 않는 경우로서, 개발 석유가 아닌 가스이고, EU의 석유기업으로서, Yamal의 가스 개발의 Novatek에 참여한 프랑스의 Total사 같이 미국석유사가 아닌 영국의 BP사이기에 가능한 것이다.

7　2018.3.1 upi.com. Sanctions force Exxon out of joint venture with Russian oil company, 및 2018.3.2. FT, Exxon abandon Rosneft ventures—US sanctions force end to partnership, Arctic and Black sea projects dropped 참조.

8　2012.9.21. upi.com. BP, Rosneft in talks over TNK-BP.

9　2017.12.22. upi.com.

(6) 미국 LNG 대유럽 수출증가로 러시아 등 타지역에 미치는 영향[10]

- 미국의 셰일 경쟁이 심화될 가능성 있는 러시아에 대한 셰일생산의 가능성 견제
- 미국의 셰일 붐을 맞아 새로운 수출시장으로 부상 가능한 러시아에 대한 견제로 서 미국기업의 러시아에 대한 셰일기술 및 셰일장비 및 서비스 제공의 금지

표 2	2020~2035년간 미국 LNG 수출 구성비 변화: 3 케이스(0, 9, 18bcfd)의 비교			
	2014년	0bcfd	9bcfd	18bcfd
러시아	65.3	53.0	17.7	44.7
중동	0.0	4.2	4.3	4.1
아프리카	11.1	8.6	6.9	6.1
라틴아메리카	21.5	12.8	28.7	25.8
미국	–	–	11.6	18.9

주: 위의 표는 2014년에 비한 미국의 LNG의 수출 구성비 변화에 있어, 대 EU는 미국생산이 18bcfd이었던 2014년의 0%에서 18.9%로 증가할 것이고 상대적으로 러시아의 비율은 65.3%에서 44.7%로 급락하여, 이는 미국이 러시아 가스수출시장인 EU에서 미국이 그만큼 빼앗아 가는 것을 의미함.

이 표를 보면, 미국이 셰일 붐을 맞아 EU와 아시아시장으로 수출시장을 확대하면서, 러시아에 셰일 붐이 일어나지 않도록 미국의 '첨단의 셰일 노하우' (Horizontal Drilling, Hydralic Frackening)와 '첨단의 셰일 석유가스생산 장비'를 미국석유기업이 러시아에 제공치 못하도록, 제재조치(Sanction)를 취한 배경을 이해할 수 있다.

---

10 Meghan L. O'Sullivan, Windfall, p.176, 표 8−2 Impact of US LNG ON European Gas Supplies 2020−2025 참조 인용.

(7) 미국 셰일붐으로 대이란·대러시아 경제봉쇄에 대한 탄력적 조치와 석유 다수입국가에 대한 협조 당부에 자신이 붙은 미국[11]

* 미국의 대 이란의 핵확산금지조약 위배에 따른 제재조치
* 러시아의 우크라이나 침공에 대한 미국의 제재조치시, 일본과 EU 등 기타 '원유수입국에 대한 에너지 안보 불안 우려 불식의 근거' 제공

2008년, 미국이 주동이 되어 당시 UN의 '비 확산 핵무기협정'(Treaty on the Non Profilitation of Nuclear Weapons)위반으로 대이란(석유수출 제3강국) 무역금지 및 금융 봉쇄 조치시에 세계는 석유가의 급등을 우려하였다.

하지만 미국의 셰일 붐이 일어나기 시작한 당시로서 이란의 석유감산규모 이상으로 미국의 셰일혁명에 따른 중질유 대체 생산 공급이 가능한 상태이어서, 이란의 석유 감산만큼을 대체하기에 충분한 미국의 셰일 붐이 이루어져, 미국은 중국, 프랑스, 러시아, 영국, 및 독일(P5+1)의 협조를 얻기에 충분한 국제석유시장의 안정을 보장받을 수 있었다. 그러므로 드디어 2015년 7월 이란은 동 P5+1그룹과 핵협상에 동의할 수밖에 없었다.

또 다른 예로서는 러시아에 대한 미국과 EU의 특수석유(심해와 북극의 셰일석유) 생산기술 및 기자재 제공 금지조치시에 일본의 동조 조치를 받아낸 것이다.

원래 일본은 러시아로부터 가스 도입은 제4대국(특히 후쿠시마 원전사고 후 러시아 가스 수입수요 40% 급증)이며, 석유수입은 제5대(大) 수입국이었고 따라서 사할린 가스프로젝트-1과 블라디보스토크(Vladivostok) 프로젝트에 크게 관련되어 있었으나, 미국의 대러시아 봉쇄조치 후, 이 모든 프로젝트를 연기하게 되었다. 대신 미국의 대일본 셰일가스 공급이 급증하게 되었다.

이때 일본의 이런 대러시아 수입 감소의 배후에는 미국의 셰일가스로의 대체 가능성에서 비롯되었다. 미국의 풍부한 셰일에너지 대체공급 가능성에서 일본이 대러시아의 가스 및 석유 공급을 미국의 셰일에너지로 대체하자는 것이다.

미국의 셰일혁명에서 비롯된 새로운 에너지의 풍부함(Abundances)이 미국의

---

11 Meghan L. O'Sullivan, Windfall, pp.121–126, Honing the Cohersive Tool of Sanctions 참조.

국제 외교면에서의 영향력(Dominance)을 강화시키는 촉진제가 된 것을 볼 수 있다.

(8) 미국과 EU의 대러시아 제재조치 내용 차별화와 결과[12]

한편 EU의 러시아 석유사업에 대한 제재(Sanction)에 있어서는 미국의 경우와 EU의 경우에는 3가지 면에서 상이한 차이점이 있다.

첫째, EU는 러시아의 가스산업에 대하여는 제재대상에서 제외하고 오직 석유기업만을 제재대상으로 하고 있다. 이는 EU로서는 러시아의 가스 수입 의존도가 각국마다 그 비중은 다르나, EU가 총체적으로 가스 수요 600bcm의 50% 정도인 300bcm은 러시아의 Gazprom사로부터 가스파이프를 통한 수입을 하고 있었기 때문이다.

2016년 EU의 605bil.큐빅미터의 총 소요 가스 충당방법은 일부는 자체생산(254bcm)으로 충당하나, 수요의 50%인 300bcm은 러시아의 Gazprom에서 파이프라인으로 수입하여야 한다. 기타 카타르(Qatar)를 비롯한 알제리 등에서의 LNG 가스캐리어로 운송(53bcm) 등 세 가지로 나뉘는데, 여기에서 유럽의 러시아에의 가스 의존도가 얼마나 높은가(50% 이상)를 알 수 있다.[13] 그래서 2018년 1/4분기의 러시아로부터의 가스수입은 전년 동기비 6.6%가 증가하였다.

둘째, EU의 경우는 EU기업과 러시아 석유기업과의 에너지 개발계약 중, 2014년 8월 1일 이전에 체결된 것은 그 제재대상이 아닌 것으로 정의하고 있다. 소급대상이 아닌 것이다. 따라서 대부분 외국의 거대 석유기업들은 EU 규정상, 제재의 적용대상이 아니게 되었다.

---

12 Norton Rose Fullbright, 'Industry EU Russian sanctions updater', Energy 참조.
13 2017.8.4. FT, 'US steps up fight with Moscow on Europe gas supply', 'Europes appetite for gas depends on Gazprom' 참조.

그리하여 2017년 여름, 러시아의 푸틴대통령이 주관하는 'St. 피터스버그 국제경제포럼'(St. Petersberg Economic Forum)는 2016년과는 달리 프랑스의 Total, 화란의 Royal Dutch Shell, BP의 회장들이 참석하여 '유럽 석유 메이져들의 러시아 프로젝트'(석유와 가스)의 생산 추진 현황을 보고하고 신규 프로젝트에 대한 희망사항을 러시아(푸틴대통령)에 대하여 개진하였다. 이 자리에 미국의 ExxonMobil 회장도 참석하였으나, 미국 석유기업만은 예외로 모든 러시아 내 석유 프로젝트가 올 스톱상태이어서, 아무런 해당 사항이 없는 처지가 되었다. 그런 중에 Exxon사는 2017년 SEC에 제출한 10-K보고서에서 10억달러 규모의 손해를 감수하고서라도 러시아의 Rosneft와 맺었던 북극 프로젝트, 북해 심해 프로젝트, 사할린 프로젝트에서 손을 뗀다는 결정을 하였음을 볼 수 있다.[14]

미국정부의 대러시아 봉쇄조치로 러시아의 북극과 흑해지방의 프로젝트를 포기한 미국석유기업인 ExxonMobil은 미국 내의 셰일생산에 박차를 가하여, 지난 7년간 7배의 생산이 증가된 텍사스의 Permian지역과 뉴 멕시코지역에서의 셰일생산에 역주하여 신규 생산광(鑛)을 매입하고 70% 이상의 코스트다운을 도모하기 위하여, 500억달러를 투입하기로 하였다. 러시아 프로젝트의 포기 대신 미국 국내의 펄미안(Permian) 등의 셰일개척에도 역주하겠다는 경영방침이라 하겠다.[15]

셋째, 따라서 재제대상인 러시아의 석유기업도, 금융제재금융기관도 예외적으로 취급되고 있다. EU에서는 빠진 대상 중, 미국만이 금지하는 러시아 석유기업과 금융거래가 금지된 러시아 은행이 훨씬 많게 되었다.[16]

이런 EU와 미국의 제재조치 차별화로 ExxonMobil사만이 일찍이 러시아의 국영석유사와 체결한 러시아의 프로젝트 중, 북극개발, 심해개발, 셰일오일 탐사의 모든 부문에 대하여 프로젝트를 연기(추후 완전 포기)하였고, BP나 노르웨이의 스타스

---

14 2017.6.20. FT, Russia sanctions freeze less aggressive stance ground on Russia 및 2018.3.2. FT, Exxon abandon Rosneft ventures—US sanctions force end to partnership, Arctic and Blacksea projects dropped 참조.

15 2018.1.30. FT, 'ExxonMobil to ramp up shale output' 참조.

16 2017.6.20. FT, 'Russia sanctions freeze out US groups EU rival gain ground as Brussels's less aggressive stance allows j.v. to keep running' 참조.

오일(Statoil)은 국제유가의 급락과 자체 손익분기점 분석에서 러시아 프로젝트가 사업성이 없어 자진하여 실행을 보류한 경우 외에는, 유럽의 석유사들은 이미 체결한 러시아 프로젝트를 제재조치에도 불구하고 거의 지장 없이 진행시키고 있다.

> EU의 석유기업이 미국의 대 러시아 석유관련 경제재제에도 불구하고, 성공한 예가 프랑스의 Total사가 러시아의 Novatek사의 20% 지분투자에 참여하여 Yamal LNG공장(연산 16.5백만톤)의 1, 2차 공장을 준공하고 3, 4차 Train은 2019년 준공하려는 케이스이다. 1, 2차는 준공되어 이미 중국에 LNG를 수출한 바 있거니와, 이에 고무된 Novatek사와 Total사는 북극의 Kara해의 Ob만에 제2의 북극 LNG공장을 세울 계획으로 중국의 CNPC와 한국의 Kogas와 일본의 지분참여로 추진중에 있다.[17]

넷째, 미국의 산업안전국(BIS, Bureau of Industry and Security)은 러시아의 가스프롬(Gazprom)사가 소유하는 오크호트스크(Okhotsk)해의 사할린-3 블록의 유즈노-키린스코예(Yuzhno-Kirinskoye)단지를 재제대상에 추가하면서, 1년 전에 시작한 러시아 석유(가스)기업에 대한 제재조치를 명확히 확대 정의하고 있다.[18]

미 상무성의 BIS국이 러시아의 재제대상 기업의 탐사 기자재와 탐사 기술의 대 러시아에 수출 및 기자재 수출과 소프트웨어의 수출을 명확히 금지하고, 그 대상을 추가적으로 확대하여, 러시아의 방대한 석유재원의 개발을 제한하고 있는 것이다.

특히 동 사할린 지역은 일본과의 협력지역으로 되어 있는데 일본의 필요한 가스공급을 러시아에서 미국으로 대체할 것이라는 양해 하에 일본정부가 연기한 곳이다. 확실히 일본의 가스수출시장을 러시아로부터 쟁취하려는 미국의 국제정치적 의도로 보아야 할 것이다.

또한 일본의 러시아의 사할린 지역 에너지개발에 자본 및 기술참여도 억제하려는 미·러간의 에너지전쟁의 일환으로 보아야 한다. 일본은 국제정치적 각도에서 미국 측에 동조하지 않을 수 없다.

따라서 형식상 '제재의 유지'(Sanctions Maintenance)라고 하지만 실제는 미 상무

---

17 2018.10.17. PETRO ECONOMIST, 'Novatek Arctic LNG project defies US sanctions' 참조.

18 2015.9.1. Portfolio Media Inc. Law 360, 'Russian Energy Sector Sanctions; One Year on' 참조.

성의 BIS국과 재무성의 OFAC와 EU는 러시아 에너지 부문의 북극 개발용, 심해 해상용 및 비전통적인 셰일 석유개발이 가능한 미국(Exxon 및 Schlumberger, Halliburton사 등 '난해한 심해의 셰일 에너지 생산서비스 제공 가능사'와 셰일산업에 직접 뛰어든 중소규모의 셰일전문기업 등)의 발전된 탐사기기 및 탐사관련 기술의 러시아 석유개발용으로 미국석유기업이 제공하는 것을 금지하고 있는 것이다. 이를 미·러간의 에너지전쟁의 일환으로 보아야 하겠다.

그림 2 **미국이 추가로 지정한 사할린 지구의 1, 2, 3 석유생산 기지와 위치**[19]

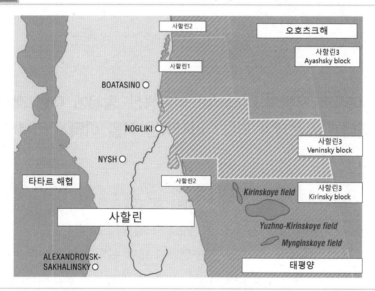

이로서 미국의 러시아에 대한 금지조치는 러시아의 셰일 에너지(석유·가스) 생산에 있어 장기적 기술 향상을 저지하려는 목적이라고 해석하는 이도 있다.

　다섯째, 이 모든 제재대상의 목표는 현재 러시아의 오일과 가스의 판매를 저지하는 것이 아니라, 장기적으로 기술적으로 어려운 문제 있는 '셰일 에너지의 탐사와 생산 프로젝트에 대한 러시아의 기술 수준 향상을 저지'하려는 것으로 보아야 한다.

　따라서 관련된 기자재와 기술의 대 러시아 수출을 제한(미 상무성의 BIS국)하고,

---

19 Gazprom.

그러면서 재무성 파트(OFAC)에서 거래와 달러화의 장기신용 제공(사채, 대출, 보증, 신용의 연장, 어음발행 포함)을 금지하는 양 방향에서의 제한이 대러시아 재제의 목적이라 하겠다. 예외적인 허가는 상당히 엄격한 심사를 통해 이루어지고 있다.

최근 Exxon의 러시아 프로젝트 포기선언은 바로 '에너지 국제정치의 극치'의 예이다. 또 대신 Exxon은 미국 내에서의 셰일 생산과 개발에 적극화한다는 방향을 발표한 것을 보아 커다란 국제정치가 Exxon과 미국 연방 정부 사이에 이루어진 것을 짐작할 만하다. 에너지에 대한 연방정부의 권한은 막강하면서, 러시아와는 미묘한 관계에 있던 Exxon이 취한 에너지 국제정치의 큰 방향을 러시아에서 전환한 것으로 보아야 할 것 같다.

④ 왜 미국과 서방의 대러시아 석유생산·탐사에 대한 제재가 러시아에게는 문제가 되나? 러시아는 이를 어떻게 극복하였나?

▌러시아 석유생산의 취약점

러시아 석유생산의 문제점은 이미 2014년의 서방측의 석유생산에 대한 경제제재 이전부터, 즉 1990년대의 구소련의 시대부터 발아(發芽)되고 있었다.

즉 당시에 소련에서의 전수받은 석유산업에 대한 선도적 역할은 러시아의 합작사인 TNK-BP사가 행하고 있었다. TNK-BP사는 2013년에 Rosneft사에 550억달러(BP는 Rosneft 주식 19.9%를 보상으로 받고 TNK-BP와 맞교환방식)에 러시아정부의 강권에 의해 매각되었다.[20]

1990년대 당시의 석유생산은 동부시베리아의 반코(Vankor)지역과 사할린(Sakhalin) 같은 새로운 석유단지에서 생산된 것으로, 2014년 중에는 526.7백만톤이라는 사상 최고의 기록을 갱신할 수 있었다. 그러나 석유산업들은 높은 세금과 때마침 불어 닥친 국제유가 폭락으로 단견(短見)에 얽매이어 신규 투자를 기피하고, 그간 오랫동안 개발하였던 서부지역과 볼가-우랄(Volga-Ural)지역의 석유생산은 오랜 채광(採鑛)

---

20 2016.12.6. FT, 'Kingspin who oils the levers of Power', Person in the News Ignor Sechin 참조.

으로 매장량이 끝나가면서, 금 세기말에는 러시아의 총체적인 석유생산은 감축일로
에 직면할 위기 상황에 있던 중이었다.

　반면 흑해와 북극지방과 같은 동부 시베리아 지역의 새로운 개척은 장시간과
막대한 투자가 소요되고 또 여기의 개발과 탐사에는 서방측의 첨단기술이 필요하여
2020년이 될 것에 대비하여 러시아의 가스프롬이나 로스네프트 등은 이미 오래 전
에 액슨 모빌, 토탈, Eni, BP 등과 장기적인 안목에서의 러시아의 동부개발을 위한
합작 또는 기술협조를 체결한 처지에 있었다.

그림 3　러시아 지역별 석유 및 가스 생산 실적과 전망[21]

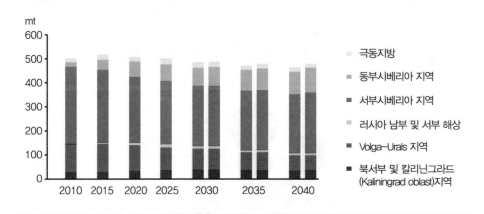

위의 표에서 상층부의 동부시베리아 지역의 검은 막대기는 2020년 이후 점점 커지고, 서부 시베리아
와 볼가-우랄(Volga-Ural)지역은 2020년 이후 빠르게 작아진다.

21　Gazprom Report, p.18, Oil Gas Condensate Production in Russia by Key Production
　　Region(ERI RAS) 인용.

5 예상치 못한 미국 및 서방측의 대러시아 경제봉쇄조치의 의미

(1) 러시아에 투자한 IOC의 현황

왜냐하면 이런 새로운 프로젝트에 필요한 첨단기술과 막대한 투자자본 조달은 러시아 국유석유기업 단독으로는 도저히 감당할 수가 없었기 때문이다.[22] 따라서 러시아 동부 또는 북부지역의 개발과 생산을 위한 장기투자는 2020년에 가서야 그 열매(結實)가 나올 수 있는 스케줄이었고, 이는 미국과 서방측의 제재(관련 기자재 및 기술 수출 금지 및 금융제재)가 없는 상태를 전제로 한 것이었다.

이런 때에 2014년, 서방측의 1차 경제제재조치(Sanction)가 취하여진 것이다.

그림 4   러시아 석유·가스기업의 에너지 단지별 개발 시작 스케줄[23]

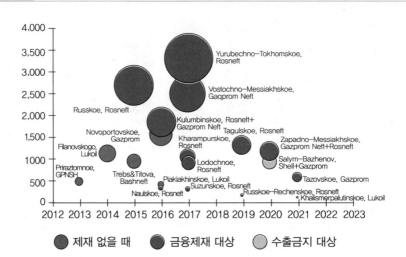

주: 미국의 제재대상의 단지, 주로 Gazprom과 Rosneft의 단지.

22 CIEP Paper, 2015, (Clingendael Int'l Energy Program, Hague Netherland); 'Russia's Oil Export Two Markets, Two Faces, Sammy Six, 2015.11. 참조.

23 러시아 에너지성 및 Oil & Gas Journal, 2015.8.3. Sigra Group(OSLO), View Digital Issue 'Financial Sanctions impact Russian oil, equipment', p.7, Field Development Schedule 참조 인용.

위의 표에서 금융제재대상인 석유생산 단지는 크면 클수록 국제유가와 투자필요자금 동원의 문제로, 해당 석유단지별 개발은 Rosneft나 Gazprom의 단독 또는 합작(J.V) 투자에 상관없이 2017년 이후로 미루어져 있다. 그러나 미국은 Sanction을 해제하지 않고 더 연장하고 있어 미국의 자력생산(또는 유럽의 IOC와 협력이 이루어져야 하나 셰일 에너지에 관한 한 미국만이 최신의 기술생산) 효율성이 날로 높아져 가고 있고 러시아는 아직 그에 못 따라가고 있다.

그리하여 '거의 끝나가는 러시아 서부지역'의 석유와 가스 생산의 지속성을 갖으려면, 멀리 북극지방이나 야말(Yamal)반도의 가스개발이나 동부 시베리아의 사할린 지역의 초코만 필드(Chokeman Fields, 세계에서 제일 거대한 가스 매장지)와 같은 지역의 개발과 탐사가 필요한 데, 여기에서의 석유생산과 생산된 에너지의 운송에는 자본과 개발 기술면에서의 서구(특히 미국)의 석유기업(IOC)의 진출과 자본 투자가 불가피하다.

표 3 러시아에 투자한 국제석유기업(IOC)의 현황(프로젝트와 투자 형태)[24]

기업	로고	내용
Exxon Mobil	ExxonMobil	• 사할린-1(30%)의 핵심 투자주주 • 2011년 Rosneft사와 북극 E&A(탐사 및 생산)를 위한 전략적 파트너십 협약 체결(2017년 말 미국 Sanction으로 포기) 그러나 2018년 초, Exxon은 결국 미국의 봉쇄조치에 로스네프트와의 JV에 종결을 선언하고 러시아에서 퇴출하였음
Shell		• 사할린-2(27.5% -1%) 투자 • KHMAO 내 Salym Group에 투자(50%)
Eni	Eni	• 2012년 북극 해상과 북해에 Rosneft사와 E&A 전략적 파트너십 체결
Total		• Kharyaga의 Productiion State Agreement(40%) 체결 • Novatek(북극 Yamal LNG 단지 가스 생산 합작, 18.24%)
BP		• Rosneft사에 주식(19.75%) 투자 • Taas-Yurakh Neftgazodobycha(20%)와 전략적 파트너십 체결(2015년) • 2015년 Rosneft사와 시베리아 Yenisei -Khatanga 분지에 대해 전략적 파트너십 체결

Statoil	Statoil	• Khayaga에 30% 투자 • 2012년 Rosneft사와 북 Kosmsomolsk 지역 및 오호츠크 해상 암초에 대해 E&A 협정 체결
CNPC		• Rosneft사와 Irkutsk지역에서 석유생산을 위한 Vostok-Energy JV. 체결 • Yamal단지의 Novatek사에 20% 출자
Sinopec	SINOPEC	• 사할린-3의 Veninsky Block의 E&A 위해 25.1%지분 투자 • Udmurtneft에 51% 투자
ONGC	ONGC	• 사할린-1에 20% 지분 투자 • Tomsl지역 14개의 경작지에 투자(Imperial Energy를 통함)
JAPEX, Marubenin	Marubeni JAPEX	• Sakhalin Oil Development Co.를 통해 사할린-1에 30% 투자 • 미국의 대러시아 Sanction으로 연기, 곤란한 처지
Mitsui	MITSUI&CO	• 사할린-2에 12.5% 투자, 미국의 대러시아 Sanction으로 연기
Mitsubishi	MITSUBISHI	• 사할린-2에 10% 지분 투자, 미국 Sanction으로 연기

그런 면에서 러시아의 석유산업에의 외국기업의 프로젝트별 투자액이 크고, 또 프로젝트별 투자 비율이 높은 터에, 동 지역에는 매장지가 작은 규모로 크게 분산되어 있어, 그 투자가 어렵고 코스트가 높아진 상황에서 이런 서방측의 제재(봉쇄, Sanction)가 커다란 장애요인이 된 것은 당연하다.

러시아의 석유프로젝트에 투자한 IOC로서 미국석유기업은 ExxonMobil이 유일하다. 동사는 사할린 이외에도 북극과 사할린 등 타지방에도 투자한 곳을 10억달러 이상을 손실을 보면서, 미국의 대러시아 제재조치에 따라 러시아의 모든 투자프로젝트 추진을 포기하였다. 그러나 동 손실의 보상을 받기 위한 카자흐스탄 프로젝트에 셰브론(Chevron)사와 추가 공동투자하는 계획을 결정하였다.

---

24 Rosnft CEO, Igor Sechin at Summit of Energy.s, 'A new balance in the oil market and its implication, at Sr. Petersburg Int'l Economic Forum 2015. p.17 그림 인용.

(2) 러시아 석유생산에 있어서 외국투자기업의 애로사항과 미국 등 서방측의 제1차 제재조치

또 다른 애로상항은 동지역에 대한 매장량의 정확한 조사가 이루어지지 않았다는 점이다. 외국(미국 및 EU의) 석유기업의 첨단개발 및 탐사기술과 높은 투자비율이 요구되는 상황에서, 그리고 러시아의 에너지성에서는 2015년까지 900억달러의 투자가 필요하다는 전망을 내놓은 마당에, 바로 그 시점에, 미국과 EU의 러시아의 에너지부분에 대한 포괄적인 제재조치로, 특수지역인 북극의 해상기지와 사할린 지역의 어려운 비전통적인 심해에서의 셰일석유에의 신규 탐사설비 제공과 첨단 기술의 제공의 금지 및 러시아의 석유기업에 대한 국제 자본(금융)시장에 대한 진출이 금지되면서, 외국석유기업의 러시아 접촉이 실질적으로 동결된 것이다.

표 4 국제석유기업의 러시아 석유기업에 대한 지분투자 비중[25]

러시아 석유회사명	외국 투자가의 러시아 석유사의 ADR, GDR 비중(%)	시가 총액 (15.1.5. 10억달러)	외국투자가의 투자가액(10억달러)
Rosneft	27.25	53.9	14.7
Lukoil	34.02	43.6	14.8
Gazfromneft	27.60	13.4	3.7
Surgutneftgaz	7.16	26.5	1.9
Tatneft	29.90	12.3	3.7
Bashneft	n/a	8.98	n/a
합계	26 %	149.7	38.8

주: ADR, GDR은 총자본금에 대한 비율로 Rosenft의 GDR은 BP의 Rosneft에 대한 투자액 비중.

특히 러시아의 석유기업에의 외국자본(IOC)의 높은 투자비율에 평균 24~25%를 넘는 상황에서 서방측의 러시아의 에너지 부문에 대한 금지조치는 에너지에 과다하리만큼 의존(GDP상, 재정수입상, 수출비중)하는 러시아 경제가 커다란 암초에 직면하게 되었다. 여기에 때마침, 2015년 이래 국제유가의 50달러대 이하인 반토막으로의 급락은 러시아 경제에 이중삼중의 고통을 안기게 되었다.

---

25 Rosnft CEO, Igor Sechin at Summit of Energy.s, 'A new balance in the oil market and its implication, at Sr. Petersburg Int'l Economic Forum 2015. p.17 그림 인용.

(3) 미국과 서방의 제1차 제재가 러시아 경제에 미친 영향

2015년, 전반적으로 석유생산은 감산되었으나 그리 심각한 정도는 아니었다.

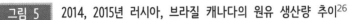

그림 5 2014, 2015년 러시아, 브라질 캐나다의 원유 생산량 추이[26]

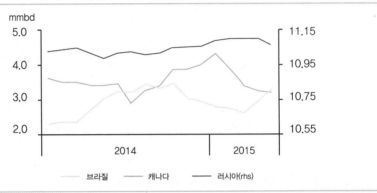

또 2015년에 전체적인 석유사의 자본투자가 감소하였으나, 이는 국제유가하락으로 반토막의 따른 영향이 더 크고, 또 프로젝트별로 손익전망이 불투명(예: Statoil)한데에서 코스트 삭감 방안으로서 비롯되었다 하겠다.

그림 6 국제유가 하락에 따른 세계 주요 석유기업(IOC)들의 투자예산 감액[27]

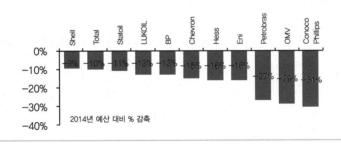

---

26 IEF estimates(EIA data에 기반).

27 'A new balance in the oil market and its implications', p.19, 2015, Rosneft.

국제유가하락과 경제봉쇄에 따른 러시아 중앙은행의 불황 대책은 석유산업에 대한 미국의 경제제재와 국제유가의 급진적인 하락대책으로 러시아 루블(Ruble)화의 50%의 평가절하를 단행한 바 있다. 여기에서 러시아산 석유수출(매입자로서는 종래의 달러화 가치가 2배의 상승효과가 있게 됨)이 활발히 이루어져, 그만큼 국제수지 적자요인을 제거하였다 하겠다. 중앙은행의 금리인하도 전반적인 악화된 경제여건에서 이를 뚫고 나가는 데에 도움이 되었다.

- 러시아의 국영은행 중 제일 큰 Sberbank(자산규모 4,180억달러)는 2017년에 들어와 순수입이 급증한 바, 이는 고객예금이 그만큼 증가한 데에서 비롯되었고, 수입은 늘고 영업경비는 전년대비 감소하였다는 분석이다.[28] 또한 중앙정부가 석유사에 대한 세금 조정이 이루어져 경제봉쇄에 직면한 석유사 경영에 큰 도움이 되었다.
- 대형 민영은행의 불량채권에 대한 중앙은행의 Trust 계정을 통한 구제금융을 실시하였다. 서방측의 경제제재조치와 같은 시기에 일어난 국제유가의 하락은 대형 상업은행 중 특히 3개 은행에 타격이 컸다. 이에 러시아 중앙은행은 동행 내에 중앙은행 자체자금으로 ‘설치된 Trust 계정을 통해 악성부채가 최고조에 달한 3개의 상업은행(Okktrite은행, B&N Bank, Prompsvyazbank)에 대해 180억달러(150억 유로 해당) 규모의 긴급자금지원(금리 0.5%)을 행한 바 있다.
- 중국 CNPC의 4,000억달러 규모의 장기가스 구입계획이 준 러시아에 대한 구원적 효과: 무엇보다 러시아가 서방측의 에너지기업에 대한 제재로 어려웠을 때에 결정적인 지원의 실마리가 된 것은 중국과의 4,000억달러 규모에 달하는 장기 가스공급계약의 체결이 이루어진 것이다. 이점에 관하여는 본서 제4장 중국의 에너지산업과 제5장 러시아의 에너지산업에서 상세히 본 바이다.

즉 2014년 5월 14일에 30년간에 걸쳐, 380억 큐빅미터(cm)의 가스공급계약의 체결과 공급방식을 위한 러시아 시베리아 중부에서 중국의 동부에 이르는 3,000km의 거리에 550억달러(러시아가 중국에서 차입)를 투입한 새로운 송유관(ESPO) 설치는 궁지에 몰려있는 러시아의 푸틴대통령에게 러시아경제에 결정적인 전환점이 될 수

28 2017.8.24. FT, Sberbank posts record profits as client deposits rise 참조.

있게 한 것이다.

　아울러 푸틴대통령의 숙원사업인 러시아의 북극 야말(Yamal)반도의 노바택(Novatek, 중국 CNPC사와 프랑스 Total사와 합작)사의 LNG 프로젝트의 가스 생산과 수출도, 경제재제로 인해 서방계 은행으로부터의 장기금융의 어려운 시점에 처해있던 러시아에게 구원의 계기가 되었다. 이로써 당초 계획대로 2017년 말에 준공과 가동을 통하여 시작할 수 있게 중국 국영은행(중국개발은행, 중국수출입은행)을 통한 120억 달러 규모의 장기금융(석유·가스로 상환, Loan for oil, Loan for gas)으로 해결되어, 수출이 시작될 수 있게 된 것도, 미국 등의 경제봉쇄기간 중의 러시아가 이를 극복하고 석유와 가스생산 강국으로서 이 시기를 넘어갈 수 있게 가능케 한 계기가 되었다. 이를 두고 '푸틴대통령에 대한 중국 시(習)주석의 선물'이라고 평하기도 한다.

6 2018년 4월, 미국의 제3차 대러시아 경제제재조치 배경과 파장

(1) 미국의 대러시아 추가제재를 취한 국제정치적 의미

　금번 미국의 3차 대러시아 경제제재의 타겟은 푸틴대통령의 소위 'Inner Circle'로서, 푸틴대통령의 아들(K. Shamrov), 사위(Novatek의 대주주인 Timchenko와 사업관련성이 큼)인 V. Bogdanov와 Surgutneftgas의 총회장 등 신흥재벌기업인(Oligarch) 12명과 정치인 및 고위공무원 17명이 제재대상이 되어 있다.

　경제제재조치의 내용과 동 조치가 국제증권시장과 국제상품(Commodity)시장에 미친 영향이 매우 커서, 미국 등 서방(영국, 프랑스)의 대 시리아 응징과 중동사태의 급변에 따른 국제유가의 급등의 한 요인이 되었다.

　한편 미국의 금후 추가조치 가능성과 이때의 국제석유·가스시장에의 추가적인 파장의 우려는 금번 제재조치로 유럽 내 산업에 미치는 악영향으로 미국의 추가적인 러시아 기업제재조치에 대한 유럽의 반대 여론이 확산되었다.

(2) 미국의 대러시아 제3차 제재조치의 국제정치적 배경[29]

미국은 2018년 4월 6일, 제3차(제2차 제재조치는 2016년 러시아의 미대통령 선거개입에 대한 응징으로 취한 트럼프대통령의 60명의 러시아 외교관의 추방과 미국 시애틀 러시아총영사관의 폐쇄 등의 조치를 뜻함) 대러시아 경제봉쇄로 17명의 러시아 고위관리와 정치인(푸틴대통령의 최측근이면서 정권유지실권자, 정보최고책임자 등)과 12명의 러시아의 푸틴대통령의 내부서클(inner Circle) 멤버이면서 과두재벌기업인(Oligarchs)을 대상으로 미국 내의 사업금지와 달러화로서의 거래금지와 이들의 미국내 자산몰수(2018.6. 발효)를 내용으로 한 경제조치(러시아의 셰일석유기업에 대한 미국기업의 투자 및 기술제공 금지를 규정한 1차 제재조치 후 4년만의 조치임)를 발표하였다.

이 발표를 행한 미국의 재무장관인 S. Munuchin은 동 조치발표에서 '러시아정부는 국제사회에서 악성적인 국제정치 활동, 즉 2014년 침공한 크리미아(Crimea)반도의 점령 지속, 동부 우크라이나에 대한 만행(Malign activites), 2015년 이래 개입한 시리아의 아사드(Assad) 정권에 대한 전쟁 물자와 무기 제공과 군사적 지원 및 2016년 미국 대통령 선거시에 러시아의 해킹(hacking)을 통한 부당한 개입(meddling) 등을 그 배경으로 지적하면서, 새로운 추가적인 경제봉쇄조치를 취하고 있고 앞으로도 필요시에 추가적인 제재조치가 더 있을 수 있다고 설명하고 있다.

여기에 포함된 '24명의 소위 Oligarch 인사[30]와 15개 기관의 미국법이 적용되는 지역 내 이들의 자산은 봉쇄(미국은 160억달러 규모의 숨겨진 자산의 위치를 잘 알고 있다고 함)되며, 미국에 입국할 수 없으며 미국내 사업경영은 안 되고, 미국 기업은 이들과 어떠한 거래도 하여서는 안 된다'고 무누친(Munuchin) 재무장관은 설명하고 있다.[31]

---

29 2018.4.6. New Yorker, 'Masho Gessen', Moral case for Sanctions against Russia 참조.

30 'Oligarch'라는 정의는 수십억달러대의 갑부로서 청치세력과 큰 딜(deal)을 하는 일종의 정상배를 지칭한다.

31 2018.4.6. NYT, 'Trump Adiministration Imposes New Sanctions on Putin Cronies' 참조.

(3) 미국의 제재대상이 된 Oligarch와 Oligarch가 소유하는 러시아 기업[32]

3차 제재대상이 된 정치관련 특혜기업인(Oligarch)과 이들이 소유하는 기업은 아래와 같다.

- Oleg Deripaska[33] & Designated Oligarchs—Owned Co.s: Agroholding Kuban, Basic Element Ltd. B—Finance, En+ Group, Gaz Group, UC Rusal, EuroSiEnergo, Agroholding Kuban
- Igor Rotenberg & Designated Oligarch—Owned Co.s: Gazprom Brenie, NPV Engineering Open Joint Stock Co.
- Kirill Shamalov. & Designated Oligarch—Owned Co.s: Ladoga Menedzhment
- Victor Vekselberg; Designated Oligarch—Owned Co.s: Renova Group,
- Valdimir Bogdanov
- Anddrei Skoch: Rosoboroeksport(State-owned Russian weapons trading co.s), Russian Fin'l Corp. Bank(RFC Bank), Russian Machines

위에 거명한 기업과 Oligarch는 석유, 가스, 금과 기타 알루미늄, 구리, 티타니움 등 희소 금속류 사업과 은행으로서 이익률이 꽤 높은 기업으로 해외에서의 기업활동으로, 부당한 축적이 가능한 기업들이 이 범주에 속한다고 미 재무성은 발표하고 있다.

- 미국의 제재 대상이 축적이 된 러시아의 17명 공직자(푸틴대통령의 Inner Circle, 24명)과 그 직위: Security Council Secretary N.Patarushev, Interior Minister Vladmir Lolokoitsev, Chairman of Federation Concils International Affairs Committee K. Koshachyov, Head of Federal Communications Watchdog Roskommendzer A. Zharov, Director Rus. Inst. for Strategic Studies M. Fradkov, Tula Regions Gov. A. Dyyumin, Pres. Aide Y. Shalokov, Pres. Rep. in

---

32 2018.4.18. Tass.com. 'US slaps against officials, businessman and entities' 및 2018.4.19. worldview, startfor.com. 'New U.S. Sanctions on Russia Make It Personal' 참조.

33 2018.4.11. 'The Times'에 Roger Boyes가 기고한 'The EU must serious about Russian Sanctions' 참조 인용.

Rus. Southern District V. Ustrinov, Bank of Russia Deputy Gov, A. Torshin and other 14 Peaples

여기에서 특별히 언급하여야 할 푸틴대통령과 가까운 Oligarch(러시아의 정경유착기업인 신흥재벌) 인사(12명)로서, 푸틴대통령의 아들인 K. Shamlov와 전 사위(이혼함)인 K. Shamalov가 미국 내 푸틴의 숨긴 재산의 관리를 맡고 있다.[34]

또 크게 내 세울 수 있는 기업인으로서 최대 국유재벌인 Gazprom의 Alexei Miller의 회장을 들 수 있다. Gazprom의 사업은 가스공급인 바, 주된 공급지역인 EU를 생각하여 Gazprom사는 Blacklist에 포함시키지 아니하였으나 Miller회장은 제3차 Oligarch 제재 리스트에 포함되었다.

또 다른 석유대재벌로서 Vladimir Bogdanov가 있다. 그는 러시아연방정부에 기여한 공로로 국가로부터 골드메달을 획득한 사람이다.

한편 러시아의 북극 가스개발에 크게 성공한 Novatek사의 Timchenko회장은 경제제재시에 푸틴대통령과 절친하다는 이유에서 이미 1차 제재대상 리스트에 포함되었다.

또 2014년, 미국의 1차 제재시에 이미 명단에 오른 석유재벌기업인 Rosneft의 Igor Sechin도 석유재벌로서 Oligarch의 한 사람이다. 그는 특히 전력이 러시아 정보요원으로 같이 근무하였던 푸틴대통령과 절친하며, 러시아가 북극과 카스피안 해역과 중동에 진출하여야 한다는 방향을 설정하고 이를 성취시킨 대표적 Oligarch이다.

또 다른 석유기업으로서 러시아 석유생산의 11%를 담당하는 Surgutneftegaz사의 CEO인 Vardimir Bogdanov가 있다. 그의 석유생산과 정유사업이 커다란 타격을 받았다. 앞으로 또 한 차례 경제제재가 올 것을 두려워하는 러시아의 석유가스산업이 되었다.

또 다른 Oiigarch로는 러시아 최대 금(金)생산업인 Polyus의 소유자인 Suleiman Kerimov이 있다. 러시아의 대재벌은 석유, 가스 및 금속류사업에서 갑부가 되는 특징이 있다.

---

34 2018.4.18. Tass.com. 'US slaps against officials, businessman and entities' 및 2018.4.19. worldview, stratfor.com. 'New u.s. Sanctions on Russia Make it Personal' 참조.

(4) 봉쇄조치에 큰 타격을 입은 기업과 Oligarch O·Deripska와 Rusal사

금번의 봉쇄조치로 가장 타격을 받고 국제시장에 커다란 파문을 일으킨 기업으로서 En+와 루살(Rusal)의 대주주인 데리파스카(Oleg Deripaska, 순자산 53억달러 규모)가 있다. 데리파스카는 러시아의 제1 큰 알루미늄 산업체인 Rusal(세계시장에 알루미늄 5.7% 공급, Rusal의 아일랜드 알루미늄 공장에서는 EU 알루미늄 사용량의 30% 공급, Rusal의 미 국내 비지니스는 2017년 14억달러 규모임)과 Norisk Nickel(Rusal의 Deripaska가 동사의 28% 지분소유)의 소유자이다. 그의 Rusal이 봉쇄대상에 오르자 LME(런던 금속시장)에서의 국제 알루미늄 가격이 당일에 14%가 상승하며, 러시아를 넘는 큰 국제적 파장을 가져왔다. 또한 그는 러시아의 대형 은행인 Sber Bank와도 관련이 깊으며, 푸틴이 '글로벌 플레이어'로 키우는 기업인로서 일설에는 '푸틴의 돈줄'이면서, 푸틴의 해외여행 시에 꼭 동행하는 고정멤버라는 설이 있다. 미국은 Rusal에 대한 제재조치로 국제알루미늄가격이 폭등하는 파동이 오자, Rusal의 대주주인 데리파스카가 Rusal의 그의 지분을 처분하면 Rusal은 제재기업명단에서 제외할 수 있다고 천명하였다.

봉쇄대상이 된 러시아의 또 다른 올르가르히로서 Rotenberg의 부자(父子)가 있다. 아들 I. Rotenberg(자산 15억달러)는 푸틴의 유도선생이었다고 한다. 그의 아버지 Arkandy Rotenberg(자산 규모 31억달러)는 이미 1차 때 블랙리스트에 들어간 사람으로 러시아의 소치(Socchi) 동계 올림픽에 관련된 큰 프로젝트의 계약을 딴 사람이다.

(5) 미국의 대러시아 제3차 봉쇄조치의 의미와 반향

이 봉쇄조치는 그런 의미에서 '제3차 봉쇄'에 속하는 것으로, 그 목적하는 바는 가장 강력한 조치로서, 푸틴대통령의 최측근 'Inner Circle'의 국영기업 같은 특혜관계를 맺고 있는 올리가르히가 소유하고 있는 미국내 자산동결, 미국기업과의 거래금지 등을 통해 결국 최종적으로 푸틴대통령의 국제정치에서의 독재성과 영향력을 약회시키는 것을 목표로 하고 있다. 그런 의미에서 일명 'Smart Sanction'이라고도 부른다고 2018년 4월 6일자 The New Yorker에 기고한 M. Gessen은 해설하고 있다.

금반, 제3차 블랙리스트에 포함된 재벌기업 총수로서 미국 등지에 방대한 자산을 소유한 En+Group의 Oleg Deripaska, 7명의 기업인 중에서도 최고갑부인 알루미늄 재벌의 Victor Vekskselberg와 이들의 소유기업과 Victor Vekelberg가 50%의 주식을 소유한 르노바그룹(Renova Group)[35]이 제재대상이 되었고, 러시아 가스의 독점대기업인 Gazprom의 Alex Miller 회장이 개인으로 제재대상이 추가로 포함되어 있다. Gazprom은 제재대상이 아닌 바, 이는 Gazprom이 EU의 가스공급의 1/3의 공급창구이기 때문이다.

⑦ 제3차 봉쇄조치의 효과와 국제상품시장에 미친 영향

- 2014년 1차 경제봉쇄 이후 2년간의 침체에서 막 벗어나려는 러시아경제에 찬물
- 특히 반토막 난 국제유가로 인해 어려워진 러시아경제에 가속화된 악영향
- 글로벌 금속대란(大亂)의 현실화 우려
- 미국의 Petrodollar에 대한 도전을 시도한 러시아와 중국(Petro-yuan)과 이란(Euro, rouble)의 3국 '합동 de-dollarization 통화전쟁'[36]

(1) 제3차 봉쇄조치에 대한 프랑스, 독일의 대미국 재고 요청[37]

2018년 3월의 미국의 대러시아 경제제재조치는 가장 강력한 조치로서, 특히 러시아의 특혜를 받는 기업으로 국가의 지원규모도 크고 러시아 경제에서 차지하는 비중도 크다. 러시아 경제에 미치는 영향도 대단한 기업들이다.

따라서 2018년 4월 3일, 3차 경제제재가 취하여진 직후에 2018년 4월 18일, 런

---

35 참고적으로 Renova그룹은 스위스의 유명한 펌프제조기업인 Sulzer사의 50% 주주이고 Sulzer는 Renova주식을 50%를 상호주 형태로 소유한 바, 이를 미국의 대 러시아 경제제재 발표 3일간에 증권시장에 자사주 매입형태로 Renova 주식은 처분(자사주 매입형태로 처분)하여, 월요일에는 완전히 Renova 주식을 털어내고 이 사실을 미국재무성 외국인투자위원회(Ofac, Office of Foreign Council)의 확인을 획득한 바, 이같이 경제제재를 회피한 방법이 유럽기업 간에 큰 화제가 되고 있다.(2018.4.23. FT "Sulzer discovers how to slip the sanctions net' 참조.

36 2018.4.9. 'Modern Diplomacy', 'The de-dollarization in China' 참조.

37 2018.4.10. FT, The Times Russian firms on brink as US sanctions cause panic—Oligarchs lose billions after exodus of banks and investors 및 2018.4.24. FT, 'US hints easing Rusal sanctions if Putin-linked oligarch sells out' 참조.

던금속시장(LME)에서의 국제 알루미늄가는 24% 폭등(Rusal은 세계알루미늄의 6% 생산)
하였고, 알루미늄의 주원료인 알루미나 가격은 4월 9일에 비해 27%나 상승하였다.

이런 여파는 여타 금속시장에도 그 파장을 몰고와 러시아의 또 다른 주요 광물
생산품인 팔라듐(Palladium, 세계 생산량의 40%가 러시아 비중) 가격은 4/6일 대비 13%
정도 상승하였다.

반대로 O.데리파스카의 En+(2017년 11월 상장, 10억달러 규모)사가 포함된 런던
거래소의 FTSE 250 광업주가지수는 42%가 하락하였다. 또 Rusal이 상장된 홍콩거
래소에서의 동사의 주가는 절반으로 하락하였으며, 런던에 상장된 Polyus 주식도
23%나 하락하였다. 또 Rusal의 대주주인 Glencore의 Glasenberg 회장은 Rusal의
이사회에서 미국의 대러시아 경제제재로 루불이 급락하고 Rusal의 경영에 어려움이
보이자, 이사회 의장직을 사임하였다.

한편 러시아정부도 Rusal을 지원한다고 하나, 그 손실이 천문학적인 규모라 회
의적일 수밖에 없다. 이미 러시아는 하락한 국제정유가 등으로 재정적으로 어려움
을 겪고 있었다.

이 와중에 2018년 4월의 러시아 제1대 은행인 Sbebank의 주가도 17% 하락하
고, NorikNickel의 주가도 15%나 하락하였다. 러시아의 국영 최대은행인 Sberbank
는 2017년 결산에서는 순수입이 22% 증가하였고, 연간 순이익금은 7,490억 루불로
서 전년대비 38%나 증가하였다.

(2) 러시아 대미반격을 할 가능성 있는 특수산물의 대미공급 억제[38]

- Rusal의 알루미늄 가격 앙등이 몰고 온 국제금속시장에서의 러시아산 금속가격 폭등
- 미국의 경제제재조치에 포함된 Rusal의 알루미늄 가격의 폭등이 몰고 온 국제금
  속시장에서의 러시아 생산 금속류 가격의 폭등과 그의 미친 영향[39]
- 세계 최대 니켈생산기업(10% 비중)인 Norilk Nickel의 불사조(不死鳥), 불(不)도산
  가능성(차기 제재대상으로 연기)

---

38 208.4.18. FT, 'Moscow battles to find sanctions of it's own' 참조.
39 2018.4.20. FT, 'Metals maelstrom US move cutting off Rusal takes heavy toll'과 동일자

미국의 경제제재조치는 Rusal 그룹에 한한 것이나, 이는 러시아의 전체 금속시장에 영향을 끼쳤고 여기서 세계금속류시장을 큰 소용돌이(maelstrom) 속에 몰아 넣었다. 특히 러시아는 몇 개의 희귀 금속류의 대형 생산국이다.

우선 알루미늄의 경우, Rusal(세계 2위, 세계시장 비율 6%, 알루미늄 생산기업)의 타격은 3백만톤의 알루미늄 생산의 감축을 불러오고 이는 6%의 공급 감소를 뜻하며, 제재 이래 단 몇 일간에 80%나 가격앙등을 초래하였다. Rusal사는 7개의 알루미늄 용광로(Smelter)를 갖고 있는데 이 중 하나는 아일랜드[40]산 알루미늄으로 캔, 자동차 및 비행기 제조 등에 쓰여 특히 가격이 수급조건에 예민하다.

 러시아 희귀 금속 생산의 세계시장 비중(%)[41]

- Palladium: 40, • Potash: 18, • Platinm: 12, • Nickel: 10
- 알루미늄: 8, • 구리: 4, • 제철: 4, • 아루미나: 2

(3) 제3차 제재조치가 몰고 온 여타 금속류 국제시장 파동

2018년 4월의 경제제재조치는 루살(Rusal)의 생산품과 직접적인 관계가 없는 다른 금속류에도 국제상품시장에서 큰 영향을 미쳐, 러시아가 세계시장의 10%를 생산하는 니켈과 40%를 생산하는 파라디움(원료)가격에도 큰 영향을 끼쳤다. 러시아는 또한 플라티늄 세계생산의 12% 생산을, 가성소다(Potash)는 16%의 생산 비중을 점하고 있다.

이러한 국제시장에 미친 타격에 특히 유럽국가들은 알루미늄의 Rusal이 아닌 타 공급업체를 모색하게 되었는데 여기에 가장 유력한 대타(代打)가 중국의 알루미

FT, Noril나 Nickel hopes to fend off sanctions 참조.

40 Rusal의 Ireland의 Rimerick 소재하는 알루미늄공장은 35년전 설립된 2008년 4월, 동공장은 Oligarch로 지정된 Rusal의 Deripaska가 Glencore에서 매입하였으며, 이 공장은 유럽의 제1 큰 공급자로서 유럽 사용량의 30%를 공급하고 있다(2018.4.13. FT, Russia sanctions felt deep in Irish countryside 참조).

41 2018.4.20. FT, Metals maelstrom, 'US move curring off Rusal takes heavy toll'의 'Russian commodity production'(目測) 인용.

늄 생산업체가 된다.

중국의 세계적인 알루미늄 대형 공급체로서는 중국 Hongqiao(세계 1위 11.5%), Chalco(3위 5.8%) Shandong Xinfa(5위 5.7%)의 3대 생산업체가 있다.

특히 알루미늄에 있어 제재조치로 용광로를 한 번 닫으면, 재가동에 상당시간이 소요되어 러시아 Rusal의 알루미나를 공급받던 유럽의 생산업체에 미치는 타격이 커서, 유럽의 자동차생산업체, 알루미늄 거래기업인 Rio Tinto와 Alcoa 같은 세계적인 상품중개기업은 미국의 대러시아 경제제재의 불똥이 튀는 큰 타격을 우려하게 되었다.

(4) 니켈과 파라디움은 제재대상에서 제외

또 러시아 최북단에 있는 노리크 니켈(Norilsk Nickel)사는 이번 제재대상에서 제외되었는데, 이렇게 된 데에는 동사의 니켈이 서구산업 전체에 미치는 영향이 너무 커서, 미국의 제3차 제재 기업대상 리스트에서 제외된 것으로 보인다. 이는 전 세계 생산의 40%를 점하고 있는 파라디움(Palladium)의 경우와 함께 제조기업이나 대주주 (Norilsk Nickel의 Potanin은 동사의 28% 대주주)를 제재대상에 넣으면, 그로 인한 서구 (유럽)경제에 미치는 악영향이 너무 커서 제재대상으로 포함시키에는 'Too big to die'라는 결론이 내려진 것 같다. 일본의 한 분석가는 '니켈과 파라디움은 서구보다 오히려 미국에 더 타격이 크다'고 규정할 정도로 전략적 측면에서 희귀금속에 대한 제재는 미국이 신중하여야 할 대상이라는 것이다.

⑧ 급락한 러시아의 루불가격(환율상승)하락과 금리상승

(1) 세계은행의 러시아 경제개혁 필요성 언급

이런 소용돌이 속에 루불의 대달러 환율도 1달러대 57루불에서 1달러대 61루불로 루불화의 환율이 하락하였다.

세계은행은 러시아 2%대의 경제성장 지속을 위해 러시아의 경제개혁 필요성을 강조하고 있다. 은행 주식과 회사채의 가격은 2014년의 40% 하락에서 금반에는 추가적으로 20% 하락하였다(러시아 채권의 수익률(Yields)의 상승). 여기에 러시아 중앙은행은 금리인하를 검토하기 시작하여, 경제제재에 따른 인플레이션 가능성을 포함한 대처방안을 강구하기에 이르렀다.

한편 세계은행은 2018년 러시아의 GDP를 1.7%로 전망하고, 2019년에는 1.8%의 성장전망에 대하여 그 가능성을 재검토하기 시작하였다. 러시아경제 모델의 재편이 불가피하다는 결론에서 비롯되었다.

(2) 러시아 희귀금속류와 우라늄 등 수출제한으로 대미국 반격 가능성

미국의 경제제재조치(Sanction)에 러시아가 미국에 반격을 가할 수 있는 산업은 원자력 에너지인 원전(原電, Rosatom) 공급(GE를 통함, 미국 내 34개소 발전소 공급), 우주항공분야(미국 Boeing사에 공급하는 Titanium 사용량의 35%를 러시아의 VSMPO가 Boeing사에 공급) 및 로켓 제조부문에 사용되는 티타니움의 미국 수출을 제한하자는 안도 였으나, 러시아의 푸틴대통령은 이를 수출제한시 야기하게 될 수만명(2만명 이상)의 고용제한 등을 고려하여, 심사 숙고중인 것으로 보인다. 이에 관하여 러시아 의회는 5월 15일까지 시한을 두고 연구키로 하였다. 경제적 효과보다 국제정치적 (Geopolitical)인 안목에서 푸틴대통령의 정치적 인기도(人氣度)를 고려한 조치로 보인다.

(3) 제3차 신형제재가 개별 국제상품 거래기업에 대한 타격을 줄 수 있는 차원에서의 우려 확대[42]

러시아의 석유수출은 원유 형태로의 수출 4.5백만 배럴/일과 정유형태의 수출 3백만 배럴/일로서, 이는 사우디 이외의 어느 OPEC회원국보다 많은 양이다. 그리고 이 원유수출의 1/4은 파이프라인을 통한 대중국 수출이 된다. 이 중 일부는 카자

---

42 2018.4.15, Bloomberg, 'The Real Worry for Oil Prices Is'nt Missiles Over Syria' Supplies would survive, Sacntions against oil industries of Iran and Russia are another matter 참조.

흐스탄으로부터 오는 것도 포함된다.

여기에서 미국과 서방측의 1, 2차 대러시아 경제제재에서 목표하는 것은 현재 러시아의 석유생산과 그 수출에 타격을 주는 것이라기 보다, 앞으로 북해나 심해 등 특수한 지역에서의 특수석유 및 가스로서 소위 셰일(Shale)에 해당하는 것에 대한 투자와 기술제공을 금지하자는 것이다.

그런데 2017년에는 미국법률의 규정이 확대되어 러시아가 어디든지 1/3 이상의 지분을 갖고 있는 곳으로서 셰일석유의 생산이 가능한 곳이면 제재대상에 포함되게 확대되었다.

그러나 새로운 제재대상은 결국 러시아의 소형 석유 가스사를 향한 것이었으나, 앞으로의 제재대상은 Rosneft 같은 대형회사에게까지 확대될지 모른다는 우려도 있다. 즉 Rosneft의 외국인투자의 주주비율을 보면, BP Plc와 카타르투자펀드(Qatar Investment Authority)와 Glencore PLC의 3사의 Rosneft 지주비율을 합하면 39%를 초과하는데, 이런 경우까지 '미국의 제재대상으로 러시아의 에너지대형사를 제재 타겟으로 확대할지도 모른다'는 우려가 있다. 미국이 '러시아 석유산업에 대한 규제조치로 러시아 석유산업에 대형 투자한 국제기업으로까지 혹시라도 제재대상을 확산한다는 가정하에 이를 우려하고 있는 것이다.

(4) 프랑스 대통령과 독일 총리의 알루미늄 제재조치 완화 요청과 미국의 반응[43]

이렇게 루살과 알루미늄의 국제시장에서의 파장이 커지자, 2018년 방미 중인 프랑스의 마크론대통령과 독일의 메르켈총리가 미국에 대하여 루살(Rusal)에 대한 제재조치를 완화할 것을 요청하게 되었고 여기에 미국 므누신재무장관은 루살의 대주주인 O. 데라파스카가 소유하는 루살의 주식을 매각하면 루살에 대한 제재완화조치를 고려한다는 반응을 보였다.

미국 무누신재무장관의 '미국의 제재는 Rusal사를 겨냥한 것이 아닌, 동사의 대

---

43 2018.2.23, Reuters US extends deadline for Rusal sanctions, aluminum prices dive과 2018.4.24. Market Watch Palladium prices drop as Russian sanctions concern eases 참조.

주주인 O. 데리파스카가 동사의 주식을 처분하고 루살에 대한 지배력이 없어지면, 루살사는 제재대상에서 제외될 것이라는 답변에서 LME에서의 국제알루미늄 가격은 당일로 8%가 하락하는 진정세를 보였다. 또 8.4%나 급락하였던 홍콩증시에서의 Rusal의 주가는 안정세를 가져왔다.

또한 알루미늄 가격과 덩달아 하락하였던 파라디움 가격도 미국의 알루미늄 생산메이커인 루살사가 대상이 아니고 대주주 개인이 타켓이고 기업체는 아니라는 반응으로 파라디움도 공급 조건(Supply Chain)이 정상화 될 것이라는 전망에서 2018년 4월 23일에는 런던금속시장에서 도로 안정을 되찾게 되었다.

한편 2018년 9월 중순, 미국 무누신재무장관은 미국의 3차 대러시아 기업인에 대한 제재는 Rusal의 대주주인 O. Deripaska에 대한 제재이지, 결코 Rusal에 대한 제재가 아니므로, Rusal의 주식을 Deripaska가 처분하라는 압력으로서, 2018년 10월까지 Rusal의 거래기업은 신규계약을 할 수 있다는 유권해석을 내린 바 있다. 이로서 당일로 Rusal사의 모스코바 증시의 주가는 17.3%나 급등하였다. 미 재무성이 Deripaska에 준 10월 23일이라는 시한은 Rusal 주식처분으로 Rusal 과의 인연을 끊으라는 압력이다. 푸틴대통령을 둘러 싼 Oligarch와 미국정부와의 석유에서 비롯된 국제전쟁의 양상의 치열함을 본다. 이때 Rusal의 지주사인 런던에 상장된 EN＋사의 모스코바 DR도 12%나 상승하였다. 물론 미국의 양보는 프랑스와 독일과 영국의 세계금속시장에 미친 악영향에 대해 해소시키라는 EU의 압력에 따른 미국의 조치이다. 미국과 러시아간의 에너지 국제정치의 치열한 단면을 본다.[44]

---

44 2018.9.17. FT, 'Rusal shares climb 17% after US concession' 참조.

⑨ 미국의 빈번한 경제제재조치로 국제석유거래에 있어 러시아와 중국의 petro-yuan과 러시아의 루블로 결제통화를 바꿔보려는 양국의 시도

- Petro-yuan으로 석유결제의 Petrodollar에 도전하는 중국과 러시아의 숙의, 실현 (China-Russia의 석유 Alliance 체결)
- 러시아의 이란 리알(rial)화와 루블로 'Oil for Goods' 거래제 신설과 이란의 Euro 화를 대외거래의 기준통화로!
- 직간접으로 석유시장을 중심으로 Petrodollar의 묶임(pegging)에서 벗어나려는 중국, 러시아, 이란, 몇 년 전의 Eurasia 중심의 석유결제 통화로 자국통화의 발전목표
- 러시아 중앙은행의 보유 미국 재정증권 중 150억달러의 매각(중국의 미국국채 매각과 동일 행동)

(1) Petrodollar 시대의 의미와 달러의 금태환 정지 선언

중동의 석유거래에 있어 미국 달러화로 되게 된 배경에는, 1990년의 이라크의 후세인대통령의 쿠웨이트 침공과 당시 이에 다급해진 사우디가 미국에 군사적 지원을 요청하면서 결국 미국이 중동 산유국 중 사우디를 중심으로 쿠웨이트, UAE, 오만, 두바이의 '석유거래는 반드시 산유국 통화를 미국달러를 기준으로 연계(Pegging)하고 타국통화는 기준으로 하지 말 것'을 조건으로 미국의 병력을 중동에 상주시키기로 한데에서 유래한다. 이는 Petrodollar의 탄생의 배경이 되는 것이다.

1971년 중순, Nixon 미국대통령이 달러화의 금본위 태환(兌換)을 중지하고 IMF의 탄생과 특별인출권(SDR, Papermoney)에 의한 기초통화 구성을 달러화를 중심으로 하게 하는 것과 중동산 석유는 달러화로서만 거래하게 한 것에서 달러화의 기축통화로서 미국 금융시스템으로 활용되게 한 배경과 일치한다.

이리하여 미국 달러는 오늘날의 세계경제에서 세기지면에서 특징을 갖게 되었는데, 거대한 규모의 Petrodollar의 존재, 세계기축통화로서 달러화 사용, 그리고 달러화의 금태환(金兌換)제도의 중지와 Bretton Woods제도의 변화로 볼 수 있다.

이러한 Petrodollar가 실시되는 과정에서 역사적으로 특이한 이벤트가 생겼는데

이는 2003년 3월 이라크의 후세인대통령(미국에 의해 사형당함)이 몰락하고 때마침 달러가치가 하락하고, 달러화의 대 유로화 환율이 하락하면서 산유국 중 일부가 보유하는 Petrodollar 가치가 하락하는 것에 대한 불만이 쏟아지게 되었다. 2010년 10월 29일 1배럴의 80.90달러의 석유를 유로화로 환산하면 11.50달러의 코스트가 된다는 것이다.[45]

이러한 Petrodollar에 대한 불만은 이라크뿐 아니라 OPEC 국가 중에서 이란과 베네수엘라(PdVSA)와 비산유국으로서 구소련 패망 후 석유대국으로 성장하는 러시아와 개혁과 개방으로 G2로서 세계 제1의 석유수입국이 된 중국에서 Petrodollar 시스템을 부인하고 dedollarization과 더 나아가 Petro-yuan을 주장하는 움직임을 본다.

중국과 러시아와 비핵화문제로 미국의 협정에서 탈퇴하며 경제제재를 위협받고 있는 이란의 경우에 공통되는 것은 미국의 경제제재수단으로서 달러화 국제금융시장(SWIFT)[46]에 참가할 수 없다는 제재시스템에서 탈출하여 보려는 몸부림으로 볼 수 있다.

(2) 미국의 Petrodollar에 의한 제재압박에 대한 앙갚음으로 러시아의 협조를 얻어 Petro-yuan의 원유선물을 시작한 중국

원유생산대국이 된 러시아는 미국 달러화의 금본위제의 탈퇴와 병행하여 1971년부터 시행되고 있는 산유국과의 석유거래가 미국 달러화로 단일화되어 있어, 달러화가 기축통화가 되면서, 이로서 미국은 러시아, 이란, 베네수엘라 및 북한 등에 대한 경제제재(Sanction)를 취할 때마다 달러화 거래 및 달러화 파이낸싱에 대한 제재를 취하고 있는 것에 거부감을 갖고 있었다.

---

45 Sandy Frances, 'Barberians of Oil', p.136, Regime Change; Dollars to Euros 참조.

46 SWIFT란 'System for Worldwide International Financial Telecommunications'의 약자로 전 세계의 11,000개의 은행과 금융기관이 참가한 국제결제시스템으로, 미국의 달러화로의 제재에 사용되는 수단으로서 가장 강력한 시행력을 갖는 시스템이다. 최근 미국이 이를 너무 남용한다는 국제여론에 따라 EU와 중국, 러시아, 이란 등이 이에 대항하는 시스템 창설에 골몰하고 있다.

예컨데 2017년 9월, 미국을 위시한 서구의 UN안보리 이사회 멤버들이 대북한 경제제재를 논의할 때, 미국의 무누신재무장관은 뉴욕의 한 세미나에 참석하여 '미국이 대북한 추가적인 제재에 중국이 동의하지 않으면, 중국으로 하여금 미국과 국제달러시스템에 참여시키지 않겠다'고 선언하였다.[47]

여기에서 중국과 러시아는 특히 2015년부터 중국이 세계 제1의 석유수입국이 되면서, 그리고 같은 시기에 중국 석유수입 수요생산국의 제1 큰 비중이 러시아산 도입 석유로 바뀌는, 양국의 수뇌들은 Petrodollar의 석유시장의 시장지배력을 약화시키고 달러화에 대한 의존도를 낮추고, Petro-yuan을 부상시키면서, 유로화 등 제3의 국제통화로서 석유거래의 통화로 대체하는 움직임에 동참하게 되었다.

즉 달러화 아닌 제3의 국제통화가 통용되는 만큼 이런 방향으로 추진하자는 것이다. 물론 그 효과는 회의적이며, 되더라도 상당한 시간이 걸릴 것이다.

(3) 2018년 4월, 중국이 시작한 위안화 석유선물거래

그리하여 2017년 10월 중국과 러시아는 중국의 위안화와 러시아의 루불(rouble)로 결제하는 새로운 제도를 실시하게 되었다. 이는 마침 장기적으로 러시아가 연간 60백만톤의 석유를 중국에 공급하기로 한 장기계약이 체결되자, 여기에서부터 petro-yuan 시스템을 적용하는 것을 의미한다. '위안화 석유선물(先物)거래'가 활발해지면 그만큼 Petrodollar의 국제시장 지배력은 약화를 의미하고 그것이 바로 푸틴 대통령의 미국 달러화의 경제제재에 대한 앙갚음으로 볼 수 있겠다.[48]

또한 2018년 3월 18일부터 상하이석유선물거래소(ICE)가 석유선물거래를 실행하면서 여기에서의 결제는 위안화로 시행하므로 Petro-yuan의 의미가 부각되었다 (상하이선물의 개시일 1일의 거래규모는 62,500계약으로, 그 규모는 62백만 배럴이며 금액으로는 270억 위안(40억달러 규모)으로서 Glencore, Trafigura 등이 참여함. 당일 유가는 6% 상승으

---

47 2017.9.12. rt.com. 'US threatens to cut off from dollar if it does not uphold sanctions against N. Korea'(If China does't follow these sanctions, we will put additional sanctions on them and prevent them from accessing the US and int'l dollar system. Restrictions could involve cutting off Beijing's acess to US financial system) 참조.

48 2017.10.28. RT OPED, Putin's revenge may see Petro-yuan replace Petrodollar.

로 기록함).[49] 이 신석유선물제도의 실시로 북해산 브랜트유는 2014년 하반기 이래 처음으로 70달러대에서 벗어나 71달러대로 상승하였고 WTI유가는 65.53달러에서 66.55달러로 상승하였다. 제1대 석유수입국으로서 중국이 세계석유시장에서 큰 손으로서 영향력을 행사하고자 하는 중국의 목표가 달성되는 것 같다.[50]

(4) 유로화로 무역결제를 실시하여 달러화가치를 감소시키려는 이란과 러시아[51]: Oil for Goods 방식의 거래를 시작하는 러시아와 이란

러시아의 루불화에 의한 석유(Urals oil) 선물거래는 이미 2016년에 St. Petersburg 거래소에서 실시하기로 하여 진행 중에 있고, 중국의 석유선물거래 실시로는 앞으로 더욱 활발하여질 전망이다.

여기에서 2018년 2월, 러시아는 중국에 최대의 원유공급국으로 5백만톤, 1.3백만 배럴/일을 공급하였으며, 2018년 말 ESPO 파이프라인이 완성되면, 석유공급량은 2배로 증가하게 되어 있다.

미국의 이란에 대한 비핵화(muclear deal) 추진에 대한 회의(懷疑)에서 2018년 5월 중순까지 미국이 동 협정에서 탈퇴하면서 취할 가능성 있는 제재조치에 앞서, 이란은 2.1백만 배럴/일 석유를 수출하고 있으면서, 2018년 4월, 이란의 중앙은행은 미국 달러화에 대한 의존도를 줄이고자, 이란의 모든 외화표시 국제거래는 오직 euro화로 실시하되, 따라서 달러화 표시의 국제거래는 못하도록 금지하였다. 이는 이란의 달러화에 대한 의존도를 축소하면서, 유로화의 사용비중을 확대한다는 정책적 목적에서 비롯된 것이다. 미국계 은행들의 이란의 기업과의 거래를 꺼려한 지 오래된 데에서 나온 결론이다.

이 조치로 이란의 rial(리알)화의 가치는 절반이 하락하여 1달러당 60,000rial로 하락하였다. 그럼에도 불구하고, 프랑스의 은행(Bpfinance)은 대이란 기업의 프랑스

---

49 2018.3.27. RT Business News, 'Petro-yuan helps Russia & China dumps US Dollar in oil trade' 참조.

50 RT com. business Crude surging to multi-year highs as China launches new oil benchma 참조.

51 2018.4.18. Reuters Iran switches from dollar to euro for official reporting currency 참조.

제품 수입에 필요한 신용제공을 유로화로 표시하기로 하였다. 이렇게 되자 미국은 이란의 은행과의 거래를 일체 금지시켰다.

또 러시아와 이란은 이란산 석유를 러시아에 공급(10만 배럴/일)하고 러시아에서 이란은 필요한 물건으로 러시아로부터 결제받는 'oil-for goods supply 계약'을 5년으로 연장하는 계약을 체결하였다. 이러한 류의 계약은 러시아와 이란간 2014년에 체결되었으나, 그간 미국 등 서방측의 경제제제로 시행이 보류되었다가 2017년 11월부터 연간 5백만톤의 석유를 수출(50만 배럴/일로서 450억달러 가치)키로 하면서 유효하게 되었다.

한편 2018년 4월 중순부터 미국 등(영국과 프랑스 참여) 대시리아 정부군에 대한 화학무기사용 가능성에 대한 응징으로 공격할 것임을 발표하자, 국제유가가 상승하면서 Assads대통령의 시리아 정부군을 지원하는 러시아에 대한 새로운 제재조치가 있을 것이라는 관측이 나오면서, 이에 대한 우려도 제기되고 국제유가는 더 상승하여 브랜트 유가는 71달러대로, WTI유가는 66달러대로 상승하였다.

이렇게 국제정치적인 영향을 받은 국제유가는 특히 대러시아(대북한, 이란 포함) 재제에 대하여 강경론자인 Nikki Haley 미국 UN대사의 '미재무장관의 대러시아의 추가적인 경제제재(3차 Round)가 곧 있을 것'이라는 발언으로 국제유가상승은 더 한층 가속화되었다.[52]

그러나 이런 새로운 제재가 있을 것이라는 발언(실제 신규 규제는 없었음)에도 시장은 동요되지 않고 러시아의 원유수출은 지장을 받지 않았다.

러시아 외에 '이란의 비핵화에 대한 미국 등의 동의 유보조치'로 이란에 대한 경제제재가 재개되면, 또 다른 석유가 폭등의 사유가 일어날 가능성을 시리아(Syria)에 대한 미국 등의 폭격사태보다, 국제석유시장에 더 큰 충격을 우려한다는 분석을 Bloomberg는 예고하고 있는 것이다.[53]

결국 이란도 달러화 표시 경제제재로 고통을 겪고 있는 러시아와 동조하여 'Petrodollar의 국제석유시장의 지배력 약화 운동'에 동참하고 있는 중동의 산유국이 되고 있다. 석유 제1대 수입국인 중국과 더불어 3개국의 새로운 움직임의 귀추가 주

---

52 2018.6.16. OILPRICE, 'New Sanctions On Russia Could Lift Oil Prices Further' 참조.
53 2018.4.16. Donald Trump's Attack on Rusal I s a Stark Warning to Iran 참조.

목된다.

이런 가운데 러시아는 이란의 요청에 따라, 이란산 석유를 수입(Oil for goods 방식)하여 카스피안해를 거쳐 운송하는 방법을 검토하고 있다.

⑩ 러시아에서 투자가 금지된 Exxon의 카자흐스탄 Tengiz 프로젝트 참여

2017년 7월, 카자흐스탄의 Tengiz 기지에 370억달러을 신규투자키로 결정한 셰브론(Chevron)사와 Exxon사의 카자흐스탄과 컨소시엄 결성 배경을 보면,[54]
- 2033년, 만료되는 Tengiz 단지의 석유생산 리스계약을 연장하려는 사전 포석
- 2017년 7월, 미(美)의회 압력으로 생긴, 대러시아 에너지 사업 투자제한조치에 대한 Exxon사의 대타(代打)투자로서 국제유가의 반값 이하(2014년 중반 이래 110달러에서 2016년 최저 30달러대)로의 폭락과 미국의 셰일오일 혁명과 세계의 석유·가스 과잉생산으로, 세계적인 정유사들의 손익이 크게 악화되면서, 또한 신규 투자를 대폭 삭감하고 OPEC을 비롯한 산유국들의 석유 생산을 압력적으로 감산하는 과정에 있었음.

(1) 미국 셰브론사의 카자흐스탄 Tengiz 단지에 368억달러 신규 투자 결정

2017년 7월에는 카자흐스탄의 텐기즈 석유단지의 주 운용사(50% 지분)인 미국의 셰브론(Chevron)사와 동 콘소시움(위에서 본 공동 투자자인 미국의 액손모빌, 러시아의 Lukoil, 카자흐스탄의 KazMunaiGas 등)이, 뜻밖에 카자흐스탄의 텐기즈(Tengiz) 석유단지에 368억달러를 신규로 추가 투자하기로 결정하였다는 뉴스는 큰 이벤트로서 전 세계 석유시장에 커다란 반향을 불러오게 되었다.

---

54 2016.7.7. FT, 'Chevron and Kazakhstan pin hopes om joint success' 및 2017.7.7. NYT, 'Kazak oil field expansion is approved by Chevron' 참조.

이는 결코 석유와 가스에 신규투자를 할 만큼, 2017년 중반의 세계석유시장이 좋아질 것이라는 징조는 결코 아니었다라는 데에서 세브론사와 동 컨소시움의 카자흐스탄의 텐기즈 단지에의 368억달러의 거대한 신규투자는 여러 가지 면에서의 의아(疑訝)가 더욱 더 큰 반향을 일으키고 있는 것이다.

더욱이 세브론사는 호주의 '고존(Gorgon) LNG 프로젝트'에 야심차게 540억달러를 투자하고, 진통 끝에 작년에 가동을 시작하였고 또 연달아 2017년 8월에는 호주 북서쪽 위트스톤(Wheatstone)에 위치한 액화가스(Liquified Gas) 생산공장에 880억달러 생산공장을 준공을 수차례 연기하면서 진통 끝에 완성하고 그 가동에 들어가게 되었기 때문에 더욱 관심이 크다. 이 두 공장과 가스단지는 투자규모에 비하여 그 수익성이 맞지 않아, 세브론을 포함한 동 프로젝트의 컨소시움 멤버들이 동 프로젝트의 오류에 책임을 물어, 2010년 이래 CEO로 있는 J. 왓슨(Whatson)회장을 조만간 갱질한다는 시점[55]에 있다. 이런 때에 세브론의 카자흐스탄의 텐키즈에 368억달러를 추가 투자한다는 데에, 이런 에너지 불황 여건에 그 배경은 무엇일까? 그 의아스러운 반응과 갸우뚱하는 관심은 클 수밖에 없다.

(2) 세브론은 무슨 보장을 누구에게 받고 거액을 투자하기로 결정했을까?

한편 2017년 4월에 세브론사는 2016년 1/4분기에 725백만달러의 결손을 발표하고 2015년 1/4분기의 26억달러의 흑자를 시현한 것에 비해, 적자가 났고 그리고 앞으로 국제유가 전망이 별로 밝지 않음에도 불구하고, Tengiz 단지의 컨소시움 멤버(미국의 액슨모빌 등)들이 거액투자를 하게 된 동기가 무엇일까?

그 배경으로서 몇 가지를 추정할 수 있다.

첫째, 여기서 20여년을 거슬러 올라가 보면 세브론이 1993년경, 구소련이 망하기 직전 미국이 중앙아시아에서 막강하였던 시절(사회주의 시장경제로 막 전환·시작한 중국도 구소련이 패망한 직후의 러시아도 강력하게 되기 전), 미·중·러 3강 중 유일하였던 민간 석유기업인 미국의 세브론(Chevron)이 미국 정부의 강력한 지원을 받아, 카

---

55 2017.8.24. FT 'Chevron transition will mark end of costly era', 'Watson LNG Investments ran over budget but he avided bigger mistake' 참조 인용.

자흐스탄 정부에 치열한 로비를 통하여 260억 배럴의 생산능력을 가진 Tengiz 기지의 운영권을 따기 위해 노력의 결과로, 그때 이래 Tengiz 석유단지의 주(主) 오퍼레이터(50% 지분)로 셰브론이 지명(액슨 모빌은 공동운영자)되면서 텐기즈의 운영권을 획득한 것이 오늘날 셰브론의 '캐시카우'(Cash Cow)가 되었다는 분석이다.

즉 셰브론이 Tengiz기지의 50%의 운영권을 획득함으로써 이는 셰브론의 세계 총 보유 석유 매장량의 27% 비중이 되었고, 이는 셰브론의 총 가스 저장량의 8%가 되었으며, 오일과 가스를 합쳐 셰브론의 총 생산의 13%의 비중이 되었다.

둘째, 또 Tengiz 기지가 셰브론의 큰 수익원이 될 수 있었던 것은 TCO의 생산코스트(2015년의 셰브론의 TCO(Tengiz Consortium Operation)에서의 생산 코스트는 배럴당 4.32달러로서 셰브론의 미국 내 셰브론사의 평균 생산단가인 16.6달러의 1/4 밖에 안 되어 크게 대비되면서, 셰브론사의 캐시카우(Cash Cow)로 분류)가 되었다. 예컨대 셰브론은 2016년에 19억달러의 순수익(동년 총수익의 42% 해당)을 TCO에서 거양할 수 있었다. 그리하여 지난 30년간 셰브론은 텐기즈 단지에서의 생산 캐패시티를 계속 확장하였고 최근에는 근처의 코로래브(Korolev)라는 단지에까지 투자를 확대하여 1일 20만 배럴을 생산하기에 이르렀다.[56]

셋째, 그런데 문제는 1993년에 Tengiz 석유기지에 대한 카자흐스탄 정부로부터의 리스 계약을 체결하였을 때, 리스기간이 2033년에 만료되도록 정하였는데 그 연장 없이는 셰브론은 Tengiz라는 커다란 좋은 '캐시 카우'를 잃게 된다는 점이다.

이 368억달러의 추가투자는 2022년에 추가 생산이 끝나고, 국제 석유값이 인상될 때에 대비하는 장기 투자인 것이다. 물론 계약기간의 연장에 대한 카자흐스탄 정부의 보장은 없으나, 국제유가의 하락으로 크게 재정사정이 어려워진 카자흐스탄 정부로서는 셰브론과 Tengiz 컨소시움에 크게 투자하는 결정을 바라고 있었던 처지라 할 수 있다.

2014년간 만하여도, Tengiz가 카자흐스탄 정부에 납부한 세금과 기타 공과금규모가 112억달러로서 동년의 카자흐스탄 정부 세출의 1/4에 해당할 정도의 큰 비중이기 때문에 카자흐스탄 정부로서도 셰브론 등의 Tengiz의 활동이 그만큼 중요한 의미가 있다.

---

56 2017.7.7. NYT, 'Kazakh oil field expansion is approved by Chevron' 참조.

넷째, 더욱이 Tengiz는 1993년 설립 후, 카자흐스탄 국영석유사인 KazMunaiGas
에게 직접 지불한 수수료, 종사자 임금 및 국산자재구입 등에 총 1,120억달러를 지
불하였다고 셰브론은 발표할 정도로 카자흐스탄 내에서의 Tengiz의 경제적 위치는
절대적이다.

특히 셰브론과 Tengiz의 신규투자 결정이 매우 중요한 것은 투자금액의 32%
해당액은 카자흐스탄 내의 국산자재(서비스 포함) 구매에 지출된다는 계획(Tengiz 컨
소시움 멤버인 ExxonMobil, KazMunaiGas, 러시아의 Lukoil이 전부 동 국내기업으로부터의 제
품구매 및 서비스 구매에 동의하였다 함)[57]이니 만큼 총 투자의 1/3은 카자흐스탄의 국
내기업으로 투입된다는 의미가 된다. 최근 GDP가 과거의 평균 5% 이상 수준이었
던 카자흐스탄이 최근 1% 미만대로 하락한 마당에 Tengiz의 확장과 그간 정체되었
던 카샤간(Kashagan) 석유기지까지 완공되는 날이면 카자흐스탄의 원유생산은 2백
만 배럴/일이 됨으로써 세계적인 굴지의 석유생산국의 반열에 오를 수 있고, 따라서
카자흐스탄 경제가 소생할 수 있는 계기가 될 수 있다는 것이다.

(3) 카자흐스탄의 대셰브론 등의 장기 투자 압력

그리하여 셰브론과 엑슨모빌, 러시아의 Lukoil 등의 Tengiz 단지에의 추가투자
결정은 25년을 장기 집권 중인 N. 나자르바예프(Nazarbayev)대통령의 원대한 꿈에
서, 낙하하고 있는 카자흐스탄 경제를 살리기 위한 절대절명의 시점에 개혁과 민영
화를 추진하는 과정에서 생긴 것이다. 카자흐스탄은 특히 해외투자가 절대 필요한
여건으로, Tengiz그룹(Chevron, ExxonMobil, 러시아의 Lukoil 등과 관련하여 시진핑주석,
푸틴대통령과 더불어 상의하였을 것으로 추정[58])에 대한 투자유치는 2033년 이후 Tengiz
기지의 활동을 Chevron 등의 컨소시움에 연장하여 준다는 일종의 '보증서의 발급'
으로 368억달러의 큰 석유기지에의 투자를 셰브론이 Exxon사와 더불어 투자키로

---

57 2016.7.7. FT, 'Chevron and Kazakhstan pin hopes om joint success' 및 2017.6.20. FT,
Big Read Kazkahstan, 'Prising open Central Asia' 참조.
58 2017년 6월 8월까지 카자흐스탄의 Astana에서 카자흐경제와 개혁에 대한 대대적인 Expo가
열렸는데, 해외투자의 유치를 포함한 카자흐의 개혁에 대한 엑스포로서 여기에 시진핑 주석
도 참가하였고 이때 Tengiz단지를 포함한 민영화방안이 논의되었을 것을 상상할 수 있다.

결정하였을 것임을 상상할 수 있다.

여기에 당시 미국의 틸러슨(Tillurson)국무장관이 Exxon회장 출신이란 점도 감안한다면 미·중·러 모두 카자흐스탄의 Tengiz 석유단지에의 거액 투자결정에 합의하는 정치적인 국제정치(Energy Geopolitics)가 작용하였을 것임을 본다.

2017년 6월 20일 파이낸셜타임즈(FT)가 카자흐스탄 특집(Big Read)에서 25년 집권하고 있는 나자르바예프(Nazarbayev) 카자흐스탄 대통령의 기사와 그의 민영화 계획을 내면서 동 FT지가 부제로 넣은 해석을 보면서, 카자흐스탄에서의 미·중·러 3강국의 에너지 국제정치의 대강(Big Bone)'을 본다.[59]

(4) Exxon사의 대카자흐스탄 투자 참여

또 다른 배경으로 Tengiz 단지의 투자결정에 있어, 미국의 ExxonMobil사(=Tengiz 기지의 25%의 Co-owner)의 세계 에너지시장에의 장기투자의 필요성을 들 수 있다. 즉 2017년 7월, 미국 의회(상원)가 '러시아가 미국 대선(大選)에 개입하여 트럼프대통령의 당선에 유리하게 작용하였다'라고 하여, 러시아의 에너지 산업에 대한 미국 에너지 기업의 러시아에 에너지개발기술 및 금융을 금지하는 경제제재 조치법을 제정하여 트럼프대통령이 할 수 없이 사인함으로서, 동 에너지 제재법이 발효(제2차 대 러시아 제재조치)케 되었다. 여기에서 Exxon은 러시아의 석유산업에 직접 투자할 수 없게 되면서 가장 타격을 입은 IOC는 Exxon사가 되었다.

이리하여 액슨모빌사의 러시아 사할린(Sakhalin-2, 북극 Chucksin해(海) 프로젝트 등 총 6~7개 프로젝트에 투자) 등에 막대한 투자가 거의 스톱상태였다가 2018년초 Exxon은 정식으로 러시아에의 투자의향서를 반납한 처지가 되었다.

이에 대하여 카자흐스탄에 방대한 투자를 행하고 있는 셰브론사는 러시아의 에너지에 대한 직접 투자가 없다. 그러나 카자흐스탄의 Tengiz의 석유기지 주 투자자인 오퍼레이터(50% 주주, Exxon은 25%의 공동운영자)로서 그리고 동 Tengiz 기지의 석유를 카자흐스탄의 텐키즈에서 러시아의 노보로시야크(Novoriosaiysk)항까지 파이프

---

59 A sluggish Kazakh economy is adding urgency to calls for reforms and privatization. With investors keen to see the results of state pledges. Officials insist the programme will go ahead this time around.

라인으로 운반하는 CPC의 업무를 보면, 이는 실질적으로 러시아의 파이프라인 전문 사인 Transneft가 24% 소유하며, 셰브론사는 동 CPC사에 15% 주주로서, 카자흐스탄을 끼고 러시아가 깊이 관여하는 것에서 Exxon사도 기회를 찾는 것이 아닐까?

(5) 카자흐스탄 에너지 사업과 러시아와의 깊은 관련성

더욱이 카자흐스탄 석유의 90%, 수출가스의 100%가 러시아를 경유하여 수출되는 과정에서 액슨모빌사도 카자흐스탄과 러시아와 관계에서 무엇인가 비즈니스가 있는 것이 아닐까? 1999년, 1,580km의 CPC 파이프라인이 26억달러를 투입하여 건설될 당시, 셰브론과 액슨사가 주동이 되었던 바를 생각하면 금반의 370억달러의 Tengiz에의 투자에 Exxon이 단순히 따라가는 공동투자자로 끝나는 것은 아닌 것 같다.

특히 CPC의 주주구성에 있어, CPC-R, CPC-K로 러시아와 카자흐스탄의 양대 운영사로 나뉜 상황에서 셰브론과 Exxon이 Tengiz에 공동 투자하는 배후에는 무엇인가 러시아, 카자흐스탄과의 장기적 유대관계가 전제되어 있지 않을까 생각해 본다.

러시아에서의 에너지 사업이 금지된 액슨모빌(셰브론은 대 러시아 투자가 없음)의 카자흐스탄에서의 에너지 프로젝트(Tengiz, Karachaganak, Khashagan 기지의 3개의 석유·가스기지 프로젝트와 CPC 및 BTC의 2개의 파이프라인 컨소시움의 5개의 대형 다국적 프로젝트 참여)에 투자한 사안 중 러시아(특히 카스피안 프로젝트에서의 에너지 생산과 수송업무와 관련)와 관계된 것을 보면 더욱 그러한 생각이 든다.

한편 러시아에 서방의 제재(Sanction)로 미국 석유기업으로서 미국의 제재조치로 러시아에서의 직접적인 투자가 동결되어 있는 기간에 카자흐스탄을 통한 러시아와 직·간접으로 관계있는 에너지 프로젝트에 셰브론과 협력하여 업무활동을 하면서 러시아에 대한 직접 금지조치가 해제될 때까지, 러시아 관련 에너지 비즈니스 활동에서 결코 떨어져 나가 있지 않는 상태를 견지하려는 것은 아닐까?

카자흐스탄의 석유와 관련된 비즈니스는 카스피안(Caspian)해의 원유생산, 수출, 운송의 모든 방면에서 러시아와 관련성(카자흐스탄 내부와 러시아와의 관련성)이 매우 깊으므로, 이를 대신 견지하므로서 제재 기간 동안의 손실을 어떻게든지 보전하려는 것이 아닐까? 라고 보여 진다.

(6) 액슨모빌사의 카자흐스탄 에너지 사업에의 위치와 이해관계

이를 보기 위해 다시 한번 카자흐스탄의 에너지 관련 업무에 액슨모빌사의 위치를 재정리 해보자.

첫째, 2003년 1월, 텐기즈 기지에 카자흐스탄 정부(KazMunaiGaz)와 Tengiz 기지 확장 프로젝트의 합작투자를 셰브론 Taxaco(50% 오퍼레이터)가 시작할 때에, Chevron은 미국 석유사로서 러시아 인접 국가의 방대한 석유기지투자에 단독으로 참여하기엔 리스크(Tengiz는 석유매장량에 있어 세계 6위, Caspian해에 얽힌 수개국과의 정치적 중차대한 민감성)[60]가 매우 커, 셰브론사는 미국의 또 다른 오일 메이져인 ExxonMobil(25% Co-owner)의 초기부터 참여를 권유하여 이루어진 J.V.(여기에 러시아의 Lukoil이 참여)로서, 카자흐스탄과 협약을 체결하였다. 따라서 금반(2017년 7월)의 370억달러의 추가 투자결정에도 일정비율로 Tengiz 합작사의 25% 주주인 액슨모빌은 셰브론(50% 주주, Operator)과 카자흐스탄 정부, 러시아 정부의 결정에 따라 기회를 포기하지 않고, 360억달러 규모의 추가적인 자본투자에 참여한 것으로 보인다.

둘째, 2007년 9월, 카스피안(Caspian) 기지의 개발과 생산 확대에 러시아가 조건으로 내세운 러시아가 지배하는 CPC(Caspian Petroleum Consortium)라인을 통해 석유 수출을 증가시킬 것을 확약하면서, CPC 파이프라인이 Tengiz를 떠나 러시아를 횡단하여 흑해의 러시아의 노보로시스크(Novorossiy)항으로 가는 파이프라인에 26억달러를 투자하여 건설키로 하면서, 러시아 측과 카자흐스탄 측의 파이프라인의 운영 주체를 별도로 설립하고, CPC의 지분을 셰브론이 15%, Lukarco.가 12.5%, 모빌(Mobile Caspian Pipeline Co.)이 7.5%, Rosneft-Shell이 7.5%의 주주 구성을 한 바 있다. 여기에서 액슨모빌은 당초 Tengiz-Chevron을 설립할 때의 취지대로 러시아와 이해가 큰 'CPC의 파이프라인 비즈니스'에도 Chevron 15%, 액슨 7.5%의 주식 지분을 보유하고 있다.

셋째, 카자흐스탄의 가장 큰 국제 석유사(IOC, NOC)가 제일 많이 투자참여한 Kashaganuk 프로젝트에 액슨사는 25%의 지분으로 참여한 바 있고, 이때 Eni,

---

60 Ariel Cohen, 'Kazakstan; The Road to Independence Energy Policy and the Birth of a Nation'.

Shell, Total도 각각 액슨사와 동일 비율(25%)이었다.

그렇다면 결국 미국의 대러시아 제재의 핵심대상은 EU의 석유기업도 아니고 미국 셰브론은 러시아에 직접투자를 하지 않았고 결국 서방측의 큰 석유기업은 액슨사만 남는데, 액슨도 여러 가지 형태로 카자흐스탄에 얽혀서, 액슨사도 결국 회피홀(룹홀, Loophole)이 되지 않을까라고 추측해 본다.

러시아 제재대상이 되는 초대형 국제석유사는 별로 없고 특정석유개발 기술서비스사와 기자재공급사만이 남는다. 국제정치와 국제 비즈니스와의 상관관계를 본다.

이같이 초기에는 러시아 에너지 분야에 크게 투자한 미국의 액슨모빌사가 직격탄을 맞게 되었으나, 카자흐스탄을 통해 잠시 제재기간 중 액슨사는 큰 손실을 피할 수 있게 될 것 같다.

한편 경쟁사인 유럽의 대러시아 투자 에너지 IOC사(예: BP, Total, Eni, Royal Dutch Shell 및 Statoil 등)는 EU 집행부의 규정은 유럽의 IOC들은 제재(Sanction)를 피해가는 '룹 홀'(Loophole)을 찾고 있어 사실상 봉쇄조치에서 피하여 가는 형태를 취할 것으로 보인다.

(7) Grandfathering 규정과 IOC들

이렇게 EU의 에너지사들의 제재를 피할 수 있는 것은 소위 EU의 'Grandfathering' 규정 때문이라는 것이다. 예컨대 Eni와 러시아의 Rosneft사는 2013년에 옛부터 이미 EU의 에너지사와 합작사(J.V.)를 만들어 활동하고 있기 때문에 제재조치의 대상이 안 된다는 것이다. 또 EU의 러시아 가스 의존도가 높다는 이유에서 가스에 대하여는 금지대상에서 예외로 규정하고 있다.

또 다른 예는 2017년 7월 북극의 야말(Yamal)가스단지의 생산기업인 Novatek사는 이미 2014년에 프랑스의 Total사와 중국의 CNPC사와 270억달러를 투자하여 만든 합작사로 EU의 제재대상에서 제외된다. 동사가 생산한 LNG를 운반하는 시리즈 가스운반선(1호선 크리스토프 마제리(Christopher Margerie)로 전 Total사 회장 이름으로 명명, 한국의 대우조선해양이 제작, 납품)은 Novatek의 합작 파트너인 프랑스의 Total사의 전 회장 Margerie 이름으로, 푸틴대통령이 명명할 정도로 Novatek 합작사는 예외이다.

　　그리하여 2014년 여름. St. 피터스버그에서 열린 'Int'l 에너지 포럼'에서 Total, BP 등은 러시아에서 철수를 하지 않는다고 다짐하였고 로얄다치셸은 사할린 프로젝트 2와 극동지역의 LNG공장건설에 대하여 로스네프트와 협의 중에 있다.[61]

　　반면 액슨모빌사는 2011년과 2013년에 걸쳐 로스네프트(Rosneft)사와 러시아 북극지방과 흑해지역(Black Sea)과 서부시베리아의 프로젝트에 대하여 합의하였음에도 2014년에 동 프로젝트에서 철수하고 10억달러의 손실을 감수하였다.

　　이렇게 액슨사만이 러시아 프로젝트에서 봉쇄조치에 따라 위축되고 있어, 이에 카자흐스탄의 텐키즈단지에 360억달러의 확장 프로재잭트에 투자를 권유받고 있는 처지라 이에 제2 투자자로서 리더인 셰브론의 결정에 같이 참여하고 있는 것으로 보여 진다. 셰브론의 추가투자 결정에 카자흐스탄의 Tengiz 단지의 공동투자자로서의 액슨모빌의 참여 결정은 러시아에서의 미국의회의 정치적인 대러시아 제재에서 후퇴할 수밖에 없는 미국 에너지사로서 대신 장래의 카자흐스탄에서의 작지만 캐시카우(Cash Cow) 확보를 위한 제2 방어선을 구축하는 국제정치의 행방에 방향을 맞춘 경영적 결단이라고 보아야 하겠다.[62]

카자흐스탄의 에너지수출의 대부분을 처리할 3대 석유단지의 경우를 보면, CPC와, Tengiz 단지와 Kashagan의 경우에

- CPC의 주주구성: 러시아(Transneft: CPC-Russia) 24%, 카자흐스탄(KCOT: CPC-K); 19%, Chevron CPC: 15%, Mobile CPC: 7.50% 와
- Tengiz 석유단지: Chevron: 50%, ExxonMobil: 23%, KatzMuzGas: 16.8%
- Kashagan 석유기지(2008.6.): ExxonMobile: 18.81%, ENI: 16.81%, Shell: 16.81%, Total: 16.81%, KazMunayGaz: 16.81%, ConocoPhilips: 8.4%, Inpex: 7.55%, CNPC: 8.5%이다.

61　2017.6.20. Russian sanctions freeze out US groups, EU rivals gain ground as Brussels less aggressive stance allows joint ventures to keep running.

62　2017.7.29. FT, Exxon, Chevron, and Eni raise hopes for oil sector's recovery, Profits rebound after downturn, Relief that industry works at $50 a barrel 참조.

　때 마침 2017년 2/4분기의 액슨모빌, 로얄 더치셸, 셰브론 등 IOC들의 분기실적은 매우 호전되었고 앞으로 IOC들은 원유생산의 손익분기점이 국제원유가가 50달러대라도 수지를 맞출 수 있다는 전망과 더불어 특히 엑슨사가 전년동기에 비한 수지가 배증하였다는 보도로서 카자흐스탄의 Tengiz 투자결정과 미국의 대러시아 에너지 투자 제재(Sanction)에 대한 대처방안이 불가피한 처지에서 장기투자의 결정이라고 보아야 하겠다.(저자의 단순한 판단일까?)

참고문헌

▌ 단행본 및 보고서

- Meghan L. O'Sullivan, SIMON & SCHUSTER 'Windfall'; Sept. 2017. How the New Abundance Upends Global Politics and Strengthens America's Power;
- Agnia Grigas; Harvard University Press 2017. 'New Geopolitics of Natural Gas'
- D. Yelgin' Energy & Security, 'Toward a new foreign policy strategy', 2006.
- John J. Meashemer. 김앤김북스; The Tragedy of Great Power Poltics' (번역판) '강대국의 비극' 이춘근 옮김.
- Pham Minh Thu. 'Energy Geopolitics American power projection toward Kazakhstan', University Amstaldam Int'l School for Humanities & Social Sciences.
- Vagit Alekperov. '2011. Oil of Russia' Past, Present, & Future; Top Manager's View. Printed USA.
- Jean—Marie Chevalier 'The New Energy Crisis' Climate, Economies and Geopolitics The Legacy of Past
- 'Saudi Arabia, Russia to Freeze Oil Output Near Record Levels, Joint Organizations Data Initiative data for 11. 2015', Bloomberg Business
- 'Geopolitics' The Geography of International Relations. Third Edition; Saul Bernard Cohen
- Projects Syndicate; 2017.11.3. 'The Changing Geopolitics of Energy' J. NYE.
- 'Kazakhastan; The Road to Independence; Energy Policy and the Birth of a Nation', Ar iel Cohen
- 'China Energy Outlook 2020', Xiaojie Xu, Chinese Academy of Social Sciences 2014.7.15
- 'US Energy Information Administration; CHINA', EIA, 2015.5.14.

- 'US Energy Information Administration; World Oil Trnasit Chokepoints', EIA, 2014.9.10.
- 'US Energy Information Administration; Kazakhstan Last up dated', EIA, 2015.1.14.
- 기연수 편저, '러시아, 위대한 강대국재현을 향한 여정' '에너지자원에 대한 푸틴의 전략적 사고' (한국외국어대학교 편집부, 2009)
- 'The New Energy Crisis'.(2009) By Sophie Meritt and Fabienne Saaiin & 'The United States Energy Policy. At a Turning Point'; Edited by Jean ─Marie Chevalier, EIA,
- Sandy Franks, Sara Nunnally; John Wiley & Sons. Inc. Babarian of Oil; 'Central Asia─Caucasus Institute'; 'Geopolitics The Geography Int'l Relations.', San Bernard Cohen.
- Peter Nolan 'Is China buying the Worlds?' 2012, Polity Press.
- 'China's Energy Strategy' 中海; Edited by Garbriel Collins, A. Erickson
- 'China Strategy Fastest─Growing Economy' Ed. Tse, Basic Books 10.4.
- 'BP Statistical Review of World Energy', BP, 2007.
- 'BP Statistical Review of World Energy', BP, 2011.
- 'BP statistics Review', BP, 2014.
- 'BP statistics Review', BP, 2016.
- BP. 'Energy Outlook 2017', BP, 2017.
- BP. 'BP Energy Outlook' 2018 edition. BP energy economics.
- 'American Power projection', Univ. of Amst.
- 'Energy Cooperation in the Caspian', EIA
- 'View Digital Issue 'Financial Sanctions impact Russian oil, equipment' EU Commission, US State Department
- 'Industry EU Russian sanctions updater; Energy', Norton Rose Fullbright
- 'Russian Energy Sector Sanctions; One Year on.' Portfolio Media Inc. Law 360;, 2015.9.1.
- 'Energy outlook', Gazprom.
- 'Gazprom and CNPC sign on Power of Siberia cross─border section and other document for further cooperation', Gazprom.
- 'Russia's Oil Export Two Markets, Two Faces', CIEP, 2015.11.
- 'Rosneft CEO; Igor Sechin at Summit of Energy's 'Anew balance in the oil market and its implication, at Sr. Petersburg Int'l Economic Forum' 2015.
- 'A new balance in the oil market and its implications', Rosneft, 2015.

- '에너지 정치경제학', 이재호, 석탑출판사
- '중국의 新중국의 일대일로전략; 실크로드', 아강국저;
- 'China to Dominate Global Shipping by 2030', Shanghai Report Finds., 2015.6.10.
- 'China's Asian Dream', Tom Miller, 2017.2.
- '중국, 그래도 중국', 왕이웨이 지음, 한민화 옮김, 서울출판사
- 'Who's Afraid of One Belt One Road?', WIRE, 2016.6.2.
- 'Sino—Russian natural gas deal transforms global energy markets', WIRE, 2014.5.14.
- 'Int'l energy data and analysis full report; CHINA; Overview;', EIA,
- eia, 2015.7.28. RUSSIA
- 성균중국연구소 편저, 다산출판사. '일대일로 다이제트',
- 'The Nation CPEC; One Belt, one road', 2016.12.31.
- HSBC 및 民生證券社, 2015.10.28. '조사연구서',
- IHS CERA WEEK, 2015.4.24. How sanctions are hurting Russia's energy sector'
- 1SSN2019—2117 Medterranean Journal of Social Science. MCSER Rome Italy 12. 'Energy Strategy of Rus. Fed. 'Transformation of Vision from 1st Strat. to the Last'
- 'Russian Big Bear (Gazprom) Hug on China [Sen Advisor to US Energy Security Council]', Gal Luft, 2014.11.20.
- Economist, 2014.7.12. 'China pursues it's interest in frozen north, Polar Bearings' 및 그림
- 'Gazprom and CNPC sign on Power of Siberia cross—border section and other documents for further cooperation', 2015.12.17.
- 'Russia is now China's biggest oil partner and it's huge problem in Saudi Arabia.', Business Insider, 2016.2.4.
- 'Asia Energy Adequacy Environment Sustainability; Overview.', ADB, 2014.
- 'Energy Policy in the Trump Administration', Richard A Muller, California Berkly
- 'IEA World Energy Outlook 2013', IEA, 2013.
- 'IEA World Energy Outlook 2015', IEA, 2015.
- Michael Wang IHS, 2014.12.4. 'Historical Upstream consolidation; 1997—2014 YTD'
- EIA, 2016.3.16. 'Hydraulic fracturing accounts for about half of current U.S. crude oil production', Oil production in US(2000—2015.) Energy Information Administration, IHS Global Insight, and Drilling Info.
- 'Climate Analysis Indication Tools(cait)' 포스코연구소; Chindia.
- '연간보고서', KCIF, 2015.2.3.
- 'Facts Global Energy', EIA

— 'China's Role in Climate Change Negotiations', Fredrich Ebert Stifung Zhongxiang Zhang 15, 11

— 'Global Energy Scenario to 2040, Understanding our energy future 2016', EnerFutre, 2016 Edition

— 'Today in Energy, Russia—China deal', EIA, 2014.8.2.

— 'Today in Energy, Russia—China deal will supply Siberian natural Gas to China northern, eastern provinces', EIA, 2014.8.20.

— 'Centralized Policy Support Energy Efficient Markets Report 2015', IEA, 2015

— 'An Analysis of China's INDC Translated by China's Carbon Forum, China Nat'l Center for Chinese Climate Strategy and Int'l Cooperation(NSC)' Fu et al, 2015.

— NBR Special Report #63 Essay, Meghan L. O'Sullivan; 2016.12. 'Asia; A Geopolitical Beneficiary of the New Energy of the New Energy Environment.

— Economy Chosun p. 16. 지구온난화 방지 위해 세계는 원전에 의존할 것, 한국에는 경제적으로 큰 기회다', 리차드 뮬러 버클리 교수 인터뷰; 2017.8.2.

— Economy Chosun, 2017.8.2. '파리기후협약 195개국 온실가스 감축 합의',

— 'Center for Climate and Energy Solutions China's Climate and Energy Policies', C2ES, 2014.7.24.

— 'Prospects for Paris Climate Agreement—Implications for Energy Markets', Robert N. Starbins, Future Energy Forum 2015.

— 'Dealing with denial America's concessions are more real than China', Economist, 2014.11.15.

— 'Brookings Working Paper(No.6 of 66; CEAP(Center for Northeast Asian Policy Studies)Visiting Fellow Sergel Troush', 'China's Changing Oil Strategy and its Foreign Policy Implications', 1999.

— Brookings BRIEF 2017.12. 'Trump's Jerusalem decision is a win for Evangelicals'

— 'China Energy Outlook 2020', Xiaojie XU, Chair Fellow

— 'World Energy China Outlook', Chinese Academy of Social Sciences

— 'Russia vs. Saudi Arabia in China Oil Market, RBC Capital Markets', Business Insider, 2016.2.2.

— 세계에너지시장 인사이트; 18−1호 '2018년 세계에너지시장 및 기후변화 대응 주요이슈'

— 에너지연구원 18−5 '러시아 및 중앙아시아'

— 2014.2.5. 'China's Oil Pipeline Through Myanmar Brings Both Energy and Resentment', Christen Larson, Bloomberg Businessweek

- 2017.8.29. 'Forbes Big Business', 'When Russia Hops on Shale Bandwagon, Opec is finalized'
- 2015.3.27. '2014 Annual Reports', CNOOC
- 2014,11.13. '2014 Energy Outlook', U.S. Energy Information Administration
- 2014.5.22. FPRI, Felix Chang 'Friends in Need; Geopolitics of Cina−Russia Energy Relations'
- 2015.3. Paul Jaskov 'Economics of Energy & Environmental Policy', 'The Shale Gas Revolution Introduction'
- 2014.5.31. Meghnam L. O'Sullivan, 'North American Remakes the Geopoliticcal Landscape; Understanding and Advances the Phenomenon'
- 2017.12.13. OPEC Monthly Oil Market(MOR) 'World oil demand in 2018'
- 2017.7.24. 'National Interest' 'Vladmir Putin on Russian Energy Policy' Essay by Harley Balzer. Current State and Prospects of the Russian Energy Sector', Vasily Astrov, The Vienna Institute for International Economic studies
- 2015.8.3. Oil & Gas Journal, Sigra Group(OSLO) "View Digital Issue 'Financial Sanctions impact Russian oil, equipment" Field Development Schedule', EU Commission, US State Department
- wiiw Research Reports(363) 'Current State and Prospects of the Russian Energy Sector' Oil & Natural Gas Production in 2000−2008, by country and region
- 2016.12.5. OILPRICE 'Saudi Arabia Surrenders To US Shale' 'The new Opec deal cut oil output amounts to nothing less than Saudi Arabia's surrender to power of American shale
- 2015. Rosneft CEO; Igor Sechin at Summit of Energy 'A new balance in the oil market and its implication',at St. Petersburg Int'l Economic Forum
- 2016.1.23. The Economist. 'Who's afraid of cheap oil?' p.17
- 2017.12.11. Seeking Alpha. Andrew Hecht 'Crude Oil Market Dynamics Have Changed'
- 2018.5.13. seekingalpha.com. 'US plays its Foreign Policy Hand Freed From Oil' and US increasing energy independence supports geopolitical independence
- 2018.9.3. Jeffrey D. Sachs. Project Syndicate 'Trump's Policies Will Displace the Dollar
- 2018.3.2. The Telegraph/Business. Jeremy Warner 'The is fighting wrong war as China takes aim at mighty dollar's' exorbitant privilege'
- 2018.5.3. 'S&P Global Platt' Factorbox; Geopolitical energy risks become more acute & 2018.5.3. 'S&P Global Platt' Key Energy Market Geopolitical Risk Areas

▌신문·통신기사

- 2017.6.7. 'China and California sign to work on climate change without Trump.', AP NEWS
- 2016.6.28. 'Putin—Xi Press Conference Reaffirms Commitment to their Joint One Belt, One Road /Eurasian Economic Union as Global Alternative' EIR
- 2014.5.24. 'Sino—Russian natural gas deal transforms global energy markets' TASS
- 2015.6.25. 'Putin, XI Jinping to start EAEU—Silk Road integration talks on June 25—Kremlin', The projects implies creation of common economic space on the whole Eurasian continent, TASS
- 2015.2.18. 'China's deep sea gas find holds over 100 bcm reserves state media', ReuterS.
- 2018.5.14. 'China's crude oil futures boom and looming Iran sanctions'. Reuters
- 2015.11.12. "China takes control of Gwadar port", Reuters.
- 2016.6.21. 'China's one belt one road plan covers more than h alf population', SCMP
- 2017.4.12. 'First 'Silk Road' train leaves UK for China', 코리아 헤럴드
- 2017.4.28. 'US dominate world military spending'

한국일보

- 2017.2.25. '中남중국해에 새 미사일포대 및 첫 국산항모도 공개'
- 2017.4.18. '환구시보(環球時報)가 공개한 첫 국산항공모함'
- 2017.4.3. '미국파리협약탈퇴와 공유지의 비극', 서울대 법학대학원 허성욱 교수
- 2017.6.19. '시진핑의 마르코 폴라 전략', '조지프 나이', Harvard University

China Daily

- 2015.10.29. 'Asian Infrastructure Demand'
- 2015.10.29. 'High speed rail network'
- 2017.1.26. 'AIIB to narrow infrastructure gap'
- 2017.1.4. AIIB and World Bank lend big to TANAP project. GTR(Great Trade Review)
- 2017.3.2. 'Overcapacity looms as new power generation to outstrip demand'
- 2017.3.27. 'Building the Shekou of East Africa'
- 2017.5.1. 'Homegrown aircraft carrier launched'

- 2017.5.14. 'shipping; US Regualtor Rejects Application'
- 2017.7.4. "More than 700 Crew members of China's first aircraft carrier Liaoning display 'Hello Hong Kong' on the deck. of carrier."

동아일보
- 2017.3.31. "中 '헬기항모 건조 시작, 대만에 위협될 듯"
- 2017.5.24. '中, 일대일로 이어 북극항로 '一路' 구상 본격화'

매일경제
- 국제유가하락을 둘러싼 산유대국들의 국제정치구도의 변질; 도식
- 국제해운시장, 2만TEU급 초대형 컨테이나선 시대로'
- 2017.3.2. 오피니언 '트럼프가 중국을 괴롭힐 수 없는 이유', 케네스 로고스, Harvard University
- 2017.5.18. '싱가포르 잠수함 구입 … 남중국해 해군경쟁'
- 2017.5.23. '땅속 5,000km 핵시설 … 중국지하 만리장성 공개'
- 2017.7.11. "中 국유기업 '빅딜' … 원전, 화학 등 공룡 국가가 키운다"
- 2017.7.24. '남중국해 항행의 자유 작전'
- 2017.7.5. "中 '원전굴기' 기존 36기에 20기 추가"
- 2018.1.26. '거침없이 치솟는 국제유가, 셰일방위선도 힘 못쓰나?'

중앙일보
- '중국어선 싹쓸이 조업'의 '해외에 진출한 중국원양어선'
- 2016.11.18. '차이나 인사이트' 중 '식성변한 중국 – 대륙국가에서 해양국가로 급팽창 중', 강효백 교수
- 2016.11.26. '철도망 타고 동아프리카로 뻗는 중국'
- 2017.1.18. '중국군사력, 미국추월해도 이미 큰 도전이자 문제'
- 2017.1.20. '1만 245km 철길 열렸다'
- 2017.2.21. "미국 칼 빈슨함 뜨자 중국 창사함 출격"
- 2017.3.13. '中·日 輕항모 경재가열, 뜨거워지는 西 태평양'
- 2017.3.15. "사드배치는 시진핑의 '중국의 꿈' 깨는 시발점인가", 전인갑
- 2017.3.29. '차이나 인사이트, 바다의 평화없이는 한중의 진정한 평화없다'
- 2017.3.29. '차이나 인사이트' 중 '이어도' 양희철 한국해양과학기술원 해양정책연구소장

조선일보

- 2017.6.3. '아 트럼프!', 한삼희 수석논설위원,
- 2014.5.8. '베트남, 남중국해 中 석유시추 실력저지 强'手'
- 2017.1.24. '중국 군사전략 강화, 달라진 美와 균형추 맞추기'
- 2017.3.23. "헤쳐모인 '3대 해운동맹' 서바이벌 게임"
- 2017.4.20. '中·日조선소는 M&A로 몸집 불리는데 한국은 각자 도생'
- 2017.4.24. '中, 자체기술 航母 완성, 먼 바다 전투력 커졌다'
- 2017.4.7. '美中의 협상테이블', 안용현
- 2017.7.10. '日 3대 해운통합선사 출범, 단숨에 점유율 세계 6위로!'
- 2017.7.21. '中 해안 따라 원전 56기 집중'
- 2017.8.1. '중국이 탈원전 모험을 하지 않는 이유'
- 2017.8.1. '한국발전(發電)단가, 원전은 美의 절반, 태양광·풍력은 2배'

Bloomberg

- 2016.9.5. 'Russia, Saudi agree to work for oil market stability'
- 2017.12.13; 'The US. is exporting Oil and Gas at Record pace
- 2017.11.24. 'Putin Crowns Himself OPEC King'(Putin Emerging as Influencer at Opec'
- 2017.12.13. 'The US. is exporting Oil and Gas at Record pace' U.S. Oil Volumes Abroad. and Double up in 2017 by Laura Blewwitt

New York Times

- 2014.11.14. 'A climate Breakthrough in Beijing'
- 2017.4.6. 'How Trump can solve his Chinese puzzle?', Godeon Rachman
- 2017.6.2. 'China's Role in Climate Change, and Possibly in Fighting It'
- 2017.6.26. China's leader gambles on carbon trading market
- 2017.6.3. 'Trump's move on climate deal creates void for China to fill'
- 2017.7.17. 'California' ambitious climate agenda'
- 2017.7.7. 'Kazak oil field expansion is approved by Chevron'
- 2017.8.2. 'Ominous climate warning awaits president', 'Scientists fear suppression of report that contradicts views of Trump cabinet'

Wall Street Journal

- 2014.11.14. 'Bilateral climate accord relies on environmental policies noe in place
- 2015.6.4. 'Opec sees Reasons for Hope'; Big Oil, Opec Meet for a Therapy Session
- 2015.8.27. 'Sanctions Bite Massive Gas Project in Russian Arctic'
- 2016.3.3. 'Pressed, U.S. Oil Producers Cut back'
- 2016.2.24. 'Saudi Oil Minister Surprises OPEC with Tough Line on Pricies'
- 2016.10.17, 'Emerging Markets Stand United at Brics Summit'
- 2016.12.16. 'China Arms It's Great Wall of Sand'
- 2016.12.18. 'Beijing's Weapons Stoke Sea Spat'
- 2016.12.19. 'Pakistan Turns to China in $21 Billion Energy Binge'
- 2017.1.18. 'China Expects Output Of Crude Oil to Slump'
- 2017.1.19. Cosco in Talks to Buy Rival Line
- 2017.3.23. 'Shipping probe intensfies'; US issues subpoenas to fleet operators. amid investigation of possible price fixing
- 2017.3.25. 'U.S. Ports Forge Alliance' Deals are in response to carrier consolidation that will control 90% of global cargo and a bit to preserve spots on trade route'
- 2017.4.10. 'China Takes Ahold of Trade Route' Dropping Anchor'
- 2017.4.28. 'China's Rising Naval Power Means Trouble for India'
- 2017.5.24. 'The Asia−Pacific Rebalance and Beyond', Micheal O'Hanlon
- 2017.7.4. 'Oil Giant Total Plows Into Iran'

Financial Times

- 2014.10.17. 'Saudi Arabia takes calculated gamble; The kingdom asserts its role in the oil market and fledging US shale companies
- 2015.4.21. Speed of Shell's swoop for BG unusual
- 2015.10.15. 'China's trade with central Asia'
- 2015.10.15. China's Great Game 'In Russian's backyard'
- 2016.11.1. Australia LNG projects under pressure as cost overruns near 50bn
- 2016.5.2. 'Russia's China deals look lie exceptions that prove the rule
- 2016.12.27. Oil (ft.com) Anjil Ravel 'Oil in 2016: the return of Opec', 'With prices languishing the cartel surprised many with first cut prices since 2008
- 2016.7.7. 'Chevron and Kazakhstan pin hopes on joint success'
- 2016.11.8. Total is plays resilience against falling oil price 'Oil industry has slashed

investment'
- 2016.12.10. 'Person in the News 'Igor Sechin 'Kindpin who oils the levers of Power
- 2017.1.3. Big Read; Naval Power; 'How China rules the waves.' China's global port ownership clusters around key trade routes and maritime chokepoints
- 2017.1.20. "Probe of China−funded European rail link hits Xi's hallmark"
- 2017.1.28. 'China's $1tn projects raise bank risk fears −Venezuela has exposed the risks to the plan,. Beijing ianitiative in poor nations driven by desire, for influence, claims Fitch'
- 2017.1.8. 'Railink fuels Africa trade hopes' −China built from Djibouti to Addis Abbaba seen as boost for infra continental freight
- 2017.2.23. 'Container Shipping sector nears turning point; Shipping Alliance (Proportion of global fleet capacity following Apr. 1. alliance shake up(%)
- 2017.3.13. 'Leasing deals highlight China's clout in shipping'
- 2017.3.23. Australia rebuffs formal Silk Road ties
- 2017.3.28. 'Big Read Food Supply' 'The fishing industry has turned to squids as traditional species have been depleted', Lucy Hornby
- 2017.4.20. 'Russian Arctic Enterprise'
- 2017.4.27. 'Nigeria seeks $6bn China loan to modernize railways
- 2017.5.18. '200 large investors urge G7 to keep climate change promises'
- 2017.6.20. 'Russian sanctions freeze out US groups'
- 2017.6.7. 'Rosneft raises stakes in Sistema fight'
- 2017.7.21. 'A train that heralds China's global ambition'
- 2017.7.28. 'Asia urged to sink $26bl. into infrastructure'
- 2017.7.29. 'Exxon, Chevron, and Eni raise hopes for oil sector's recovery Profits rebound after downturn. Relief that industry works at $50 a barrel'
- 2017.8.24. 'Chevron transition will mark end of costly era'
- 2017.8.4. 'US steps up fight with Moscow on Europe gas supply' 'Europes appetite for gas depends on Gazprom'
- 2017.7.18. BIG READ China 'High−speed dream hits the buffers. 'Watson LNG Investments ran over budget but he avoided bigger mistake' joint ventures to keep running. 'EU rivals gain ground as Brussels less aggressive stance allows
- 2017.8.24. 'Chevron transition will mark end of costly era' 'Watson LNG Investments ran over budget but he avoided bigger mistake'

— 2017.8.24. 'Sberbank posts record profits as client deposits rise'
— 2017.7.29. 'Exxon, Chevron, and Eni raise hopes for oil sector's recovery. Profits rebound after downturn. Relief that industry works at $50 a barrel
— 2018.1.5. Analysis Commodities 'Five factors that will shape Brent's future
— 2018.1.6. 'Trumps seeks to allow oil and gas drilling in almost all US waters'
— 2018.1.18. 'US oil and gas plan hits well of anger after Florida exempted'
— 2018.2.2. 'The remarkable revival of US oil production'
— 2018.2.6. 'US Crude Output How far can Shale go'
— 2018.2.13. 'The oil industry a growth threat from renewable energy and electric vehicles To boost production and cut costs, it is adopting of many of digital technologies used by its new rivals'
— 2018.2.13. 'Oil prices stabilize after painstaking lead from equity sell−off'
— 2018.2.14. 'Over a barrel Price of oil falls as output soars'
— 2018.4.28. 'BIG READ 'ENERGY' Playing with fire' The oil price surged 65% since June last year. reflecting D. Trumps threats over Iran
— 2018.5.9. M. Wolf 'Trump. declares trade war on China' 'What the US exports most to China
— 2018.5.2. 'Five factors driving crude's rally and where it will go next. Geopolitics, hedge funds and Opec will play a role oil price's direction'
— 2018.5.7. 'Iran warns US will regret nuclear deal exit'
— 2018.5.12. 'Oil prices hit 40−month highs as Iran sanctions drive supply worries
— 2018.5.17. 'Total threat to pull out of Iran dents EU hopes of saving accord'
— 2018.7.20. BIG READ AI ARMS RACE by Louise Lucas, Chart Biggest Chinese Companies; 2018

찾아보기

A

A. 밀러(Aleski Miller)   313

A. 알 나이아미(Ali al‒Naimi)   98

ADR   309

Agnia Grigas   138

Alexei Miller   429

Altai 서부 루트   369

Andarko   156

Aramco   71, 207

Aramco의 IPO실시   101

Artificial Islands   242, 244

Australia Gorgon 프로젝트   72

B

Bakken   405

Baku(Azerbeizen)   289

Barents해   396

Bashneft   299

BG(British Gas)   68

BHP   128

bin Salman(MBS)   33

Blue Stream   367, 377

BMI연구소   381

BP   57, 67

Brent 원유선물   5

BRIC   383

C

Caucasus 지방   396

CEFC   335

Central Asian Gas Pipeline   266

Ceyhan항의 석유 터미널   379

Chanyandinskoye 단지(Yakutia)   327

Chenerie   42, 269

Chenerie Terminal   36, 216

Chenrobyl 원자력 발전소   297

Chesapeake Energy   156

Chevron   57, 67, 72

Chevron/Texaco   67

China‒Russia의 석유 Alliance   438

Chinese‒Russian Eastern Petrochemical Co.   324

Christophe de Margerie호   372, 375

Chukchi해   406

CIS(Commonwealth of Independent States)   170, 296

CNOOC   48, 70, 200

CNPC   35, 70, 72, 200

Coalbed 메탄   156

Commodity Hungry   86

ConocoPhilips   67, 307

COP21   236

CPC(Caspean Petroleum Consortium)   348

CPC−K   361, 448

CPC−R   361, 448

CPEC(중국−파키스탄의 經濟回廊)   223

Crimea   10

Crude Oil Windfall Profit Tax Act   156

D

Daniel Yergin   101

de−dollarization 통화전쟁   431

Devon Energy   141

Druzba   363

E

E.on   69

EAEU의 연계·결합   233

Eagle Ford   405

EDF   46

EEZ(Exclusive Economic Zone)   321

eia   18

Energy Dilemma   323

Energy Efficiency   266

Energy Independence   73

Eni   69

ENI Lead Oper.   72

Eon   49

ES 2020   306

ESPO   35

EV 차량   254

ExxonMobil   32, 57, 67

F

FEC(Fuel and Energy Complex)   384

FSRU(Floating Storage and Regasification Units)   150, 354

G

G. 라크만(Rachman)   245

Gas Weaponry(무기화)   308

Gas−for−Loan Deal   208

Gazprom   32, 70

George Mitchell   141

Glencore   164, 315

Go out 전략   200

Gorgon   67

Grandfathering 규정   450

Gulf Coast   9

Gydan LNG   371

H

Henry Hub   31, 277

Herzbollah   19

Hinkley Point C   255

Houthi 반군   10

Hubbert's Curve   140

I

I. 세친(Igor Sechin)   313

IEA(Int'l Energy Agency)   61, 88

Igor Sechin   429

INDC   238

Inner Circle   426

Intended National Determined Contribution
                                    238

IOC   57

IOC가 정하는 공시가격   58

Iran Revolutionary Guard   19

IRGC   19

Irkutsk지역   327

J

Japans Oil Cos.   72

JCPOA(Joint Comprehensive Plan of Action)
                                    13

John D. Rockellor's Standard Oil Co. 74

Joseph S. NYE   60

Just the Dollar   205

JV   35

K

Karachaganak   448

Kashaganuk 프로젝트   449

KazMunaiGas   446

Khaborovsk   39

Khashagan   448

Kogas   35, 354

KHL(Kontinental Hockey League)   51

Kovyktinskoyeeks석유 단지   327

Kozmino   363

Kupper Yam 전쟁   73

Kyrgystan   231

L

Laptev해   406

LNG 스왑계약(Derivatives) Hedge   281

LNG 형태의 선박 가스 수입   169

LNG가스시장의 선물거래   174

LNG의 선박을 통한 수입   170

LNG의 카고(Cargo)화   177

LNG의 파생상품(Derivatives)거래   279

loan−for oil   9

Loan−for−Stocks   300

LUKOil   70, 298

M

Made in China 2025   202

Mandatory Import Quota   58

Meghan L. O'Sullivan   41, 65

Minority Investor   72

Mitchell Energy   157

N

Nat'l Iranian Oil Co.   70

Natural Gas Policy Act   156

New European Gasline AG   317

New European Pipeline AG   317

Nexon   67

NHL   51

Niami   33

NIC(US Nat'l Intelligence Council)   57, 60

NOC를 위한 Loans for Oil   70

Norilsk Nickel   316, 430

North Stream−2   170

North Stream−1   367

Novateks   24

Novesibirsk   290

Novorossissk   363

Nymex   84

O

OAPAC   58

OAPEC(Organization of Arab Petroleum
    Export Countries)   77

OBOR 이니셔티브(RBI)   222

Oil for Goods   441

Oil−for−Loan Deal   208

Oil−indexed LNG   31

Oleg Deripaska   428

OPEC(Organization of Petroleum Export
    Countries)   6, 8, 57, 73

OPEC과 러시아의 감산 조치   32

OPEC의 발족   75

OPEC의 석유메이져의 지분 참여   58

OPEC이 새로운 강자   58

P

Pan−Asia Global Energy Bridge   225

PDVSA   9, 70

Permian   18

Permian Basin   151

petrodollar에 대한 petro−yuan의 반기   270

Petrodoller   83

Petro−yuan   206, 438

Pivot to Asia   37

Prelude FLNG   354

Protocol on Natural Gas Supply from
    Russia to China   325

PSA(Production Sharing agreement)   219

Purely Markets Methods   338

R

RAO UES(United Energy System of Russia)
    308

Reliance   69

Renova   431

Respol   69

Risk   276

Rockefeller 전략   100

Rosneft   35, 36, 70, 299

Rusal   316, 430

S

S&P Global Platts   7, 8

Sabine Pass LNG 터미널   149

Sakhalin Oil Development Co.   422

Sakhalin 파이프라인   39

Sakhalin−2   447

Sakhalin−Khabarovsk−Vlavostok
    Pipepline   37

Sakhar공화국   329

Sanction   8, 9

Saudi Arabia Oil Co.   70

Sbebank   432

Schlumbberger   145

Schroeder   334

SCO   222

Seismic Imaging   138

Sellers Market   58

Seven Sisters   57

Shale Energy   61

Shanghai International Oil Exchange   266

Shell   57

SHL   51

Sibneft   299

Sila Sibili가스관   329

Sino−Kazakh 파이프라인   326

Sinopec   47, 70, 200

Sistemat사   334

Skovorodino   324

Sonanco Angola   70

Southern Corridor   367

SPR(Strategic Petroleum Reserve)   25

St. Petersberg Mining Institute   337

St. Petersberg Economic Forum)   415

Standard Oil   74

State Champion   156

Statoil   67

Suez Canal   266

sukuk 채권   113

Surgutneftgaz   298

SWIFT   439

Swing Producer   33, 59

T

Tajikstan   231

Tax Credit제도   156

TBC   377

Tchthys   353

TCO(Tengiz Consortium Operation)   445

Tengiz 프로젝트   443

Tight Oil혁명   135

Timchenko   429

Tishet   218

TNK   299, 307, 316

Total   57, 69, 72

Transneft   36, 71

Transneft Pipeline 주식회사   330

TransSakhalin 파이프라인   360

Trifigura   164

TurkiStream line 1   367

TurkStream(I, II)   377

U

U.S Shale   57

UC Rusal   428

Unipec   67, 207

Upstream Acquisitions   208

Uzbekneftgaz   327

Uzebekistan   231

V

Vitol   164

Vladivostock   39

Vostok Energy LTD   324

W

Wheatcroft   67

Windfall   135

Y

Yamal−Nenets   364

Yom Kipper War   161

Yugankneftegaz   306

Yukos   298

ㄱ

가격의 자유화(Price Liberalization)   296
가스공급의 대외의존도   244
가스공사(KOGAS)   38
가스도입처의 다변화   153
가스무네이가스(KazMunay Gas, KMG) 229
가스산업부   307
가스수출국가 포럼(Gas Exporting · Countries
    Forum)   383
가스시장의 세계화   174
가스운반선   63
가스의 바게인 파워(Bargain Power)   278
가스장기 매입계약   235
가스프롬   307
감산결의   335
감산조치   111
거대 에너지기업   337
경제제재(Sanction)   50
고르곤(Gorgon) LNG   354
고르바초프(Mikhail Gorbachev) 서기장 295
공급원을 다기화   227
공해감축 대책   223
과다르(Gwardar)−티벳(위글−신장)라인 246
과점주주(Oligarch)   301
광물추출세   382
국가자본주의   337
국내부(Dept. of Interior)   157
국유기업의 사유화(Privatization of state
    enterprises)   296
국유에너지회사(내셔널 챔피언, Nat'l
    Champion)   308
국제가스거래소   264

국제가스시장   177
국제기축통화(Reserve Currency)   83
국제상품시장에 미친 영향   431
국제석유시장의 제3의 벤치마킹   25
국제석유시장의 황제(Czar)   33
국제석유파동   66
국제외교정치의 수단   342
국제원유선물시장유가(벤치마킹국제유가)
                                    273
국제유가 하락의 의미   84
국제정치적 에너지 빅딜   35
국제정치적 목적의 수단(weapon)   10
국제정치적인 동지(Geopolitical Ally)   234
극동 LNG   371
극동 진출(Pivot to Asia)   235
극동의 Perevoznaya만(灣)   218
극동지역   217
글래드스턴 LNG   354
금융 · 에너지 대기업(Integrated Financial
    Industrial Corporations)   312
기준(benchmark) 결정   276
기후변화대책   247

ㄴ

난사(南沙)군도(스프래틀리, Spratly)   244
남중국해   242
남중국해의 믈라카(Malacca) 해협   206
내셔널 챔피언(Nat'l Champion)   70, 312
넥슨(Nexon)사   209
노르드스트림−2   317
노바텍(Novatek)   220, 314
노보로시스크(Novorossisk)   360
녹색혁명   251

ㄷ

다변화(Diversification)　31

다이낑(大慶)　39

다이련(大連)　39

달러화　83

대극동 LNG사업　379

대러시아 경제재제(Economic Sanctions)　205

대러시아 석유산업에 대한 금융제재
　　(Sanction)　335

대미 에너지 수입　249

대미석유수출봉쇄(embargo)　73, 140

대박(Windsfall)　65

대서방 엠바고(Embargo)　58, 59

대우조선해양　215

대이란 석유수출금지조치(Sanction)　6

대중국 수입 석유대전의 위안화 결제　206

대체 저공해 에너지시대(Alternative Low-
　　Carbon Energy)　136

대타(代打)시장　234

독일의 메르켈 총리　334

동방(eastern)진출　372

두바이상업거래소(DME)　276

등유(燈油, kerogen)　138

ㄹ

러시아 북극(Arctic) 프로젝트　71

러시아 석유기업　408

러시아 에너지산업의 취약점　217

러시아를 포함한 유라시아　322

러시아식 자원의 국유화(Russian Style
　　Resource Nationalism)　305

러시아에 대한 석유개발 및 달러화 표시 장
　　기금융금지의 제재조치(Sanction)　377

러시아의 2030 에너지 전략　383

러시아의 CPC(Caspian Petroleum
　　Consortium)　127

롱(long, 사자) 포지션　6

루불(Rouble)화　425

루불가격(환율상승)　434

루블화를 대폭 평가절하　107

루펭(Lufeng)　244

리비아　10

리완(Liwan) 3-1 광구　243

리투아니아(Lituania)　63

ㅁ

마켓 셰어　290

멜베대브(Melvedev)　308

무하무드 빈 살론(MBS) 왕세자　7

믈라카(Malacca) 해협　206

미국 Standard Oil Co.　100

미국 에너지 안보(Energy Security)　28

미국 외국인투자위원회(Cfius)　48

미국의 WTI 석유선물시장　25

미국의 석유안보　16

미국의 셰일(shale) 혁명　6

미국의 에너지의 독립(Energy Independenc)
　　66

미국의 중소규모의 독립(Independent)된
　　세일사　100

미얀마의 키아우크퓨(Kyaukpyu)항구　214

밀러(Miller)　308

ㅂ

발틱 LNG　371
방공식별구역(CADIZ, China Air Defence
　　Identification Zone)　242, 244
배타적 도서영유권　242
범아시아 글로벌 에너지 브릿지(Pan－Asia
　　Global Energy Bridge)　223
범아시아 에너지 센터　251
베네수엘라　9, 108
베이징 쿤룬 레드 스타(Bejing Kunrun Red
　　Star)　51
벨라루스(Belarus)　292
볼가－우랄(Volga－Ural) 지역　290
북극 가스생산 프로젝트 파이낸싱(Project
　　Financing)　373
북극 제2가스 프로젝트에 열기　375
북극(Arctic) 생산기지　86
북극의 가스개발　383
북극의 야말(Yamal)반도　24
북극의 야말(Yamal)지역의 LNG 가스공장
　　205
북극항로　215
북극해　397
북해로선(Northsea Route)　235
불루 스트림(Blue Stream)　343
블라디보스토크 LNG　371
비전통적인 가스(Unconventional Gas)　136
비전통적인 석유(Unconventional Oil)　136
빅 빅 가스 딜　35
빅 빅 가스도입 계약　37
빅 오일 딜　35

ㅅ

사우디 등의 증산 촉구　21
사우디의 대미 석유전쟁 선언　99
사우디의 스윙 프로듀서　33
사유(私有) 광권(Mineral rights ownership
　　institutions)　156
사할린 에너지－1　314
사할린 에너지－2　314
사할린－Khabarovsk－Vladivostok　369
사할린　417
사할린 LNG　371
산유국 통화를 미국달러를 기준으로 연계
　　(Pegging)　438
산유국(러시아 포함)의 패닉(Panic)상황　85
상트페테르부르크 국립 광물연구소　311
상품선물거래시장의 회전거래(Turnover)
　　279
상호 의존적(Imterdependent)　393
생산분할계획(PSCs, Production Sharing
　　Contracts)　243
서기동수(西氣東輸)　228
서부 시베리아　290
서부 시베리아산 석유　293
서부 우랄(Ural)　289
서부 택사스 석유선물가격(West Texas
　　Intermediate Futures)　5
서사(西沙)군도(피라셀, Paracel)　244
서쪽 뒷동네(Western Backyard)의 산유국
　　323
서프라이즈(Surprise)　164
석유 광물채굴세(Mineral Extraction Tax)
　　342

석유 대미수출 엠바고　75
석유 메이져　57
석유가격 결정기준의 마커(Marker)　276
석유공급과 석유수요의 상관관계　190
석유류 수출금지 조치　28
석유산업의 구조 개혁 조치　297
석유상이 된 카라드 알 피리프(Kharad al Faith)　115
석유선물(Oil Future)　12
석유수입에서 독립(Energy Independence)　15
석유수출 제재조치가 국제석유시장에 미치는 영향　20
석유수출기구(OPEC, Oraganization Petroleum Exporting Countries)　58
석유수출세　382
석유안보　72
석유연동성　83
석유와 가스의 추출 방법의 상이점　164
석유의 대외수입 의존도　197
석유의 순수입국(純輸入國)　189
석유자산의 국유화　75
석유자원 확보　196
석탄발전　259
세계 10대 석유기업　66
세계 3대 석유생산국　345
세계 4대 가스 수입국　266
세계 LNG 시장　172
세계 에너지 시장 지배자(dominance)　139
세계 에너지의 황제(czar)　125
세계 최대 에너지 수입국　186
세계적 경제위기(Global Economic Crisis)　385

세컨더리 보이콧(Secondary boycott)　13
셰브론(Chevron)사　353
셰일가스　10, 137
셰일기업　15
셰일석유　10
셰일암(Shale Rock, 혈岩)　61, 164
셰일혁명(Shale Revolution, Fractioning Revolution)　16, 65, 90
소련경제　295
쇄빙가스운반선(16척의 LNG 운반선)　215
수단(Sudan)　264
수력식 분쇄(Hydraulic Fracturing)　61
수중분쇄공(Hydraulic Fracturing Wells)　91
수직적 대형화 과점현상　332
수직형 종합석유사(Vertical Integrated Oil Co.)　300
수출 금지 조치의 해제　146
수출(특히 가스) 독려로 전환　146
수출의 여력　394
수퍼－OPEC　126
수평식 시추(試錐, Horizontal Drilling)　61
시베리아 Bazhenov　405
시베리아 Bazhenov 석유단지　163
시장개혁(Market Reform)　296
시장경제(Market Economy)　297
신석유전쟁　162
신장위글지역　190
실크로드(OBOR) 이니셔티브(RBI)　223
심해 탄화수소(Deepwater Hydro－carbon)　243
싼샤댐(The Three Gorges Dam, 長江三峽)　43

ㅇ

아랍권의 중동 전쟁 81
아랍산유국 대 미국·이스라엘의 석유전쟁 57

아무르(Amur)지역 329
아무르(Amur) 지역의 Sovorodino 218
아시아 에너지 센터 223
안달코(Andarko) 243
앙골라(Angola) 264
액화가스(NGL) 136, 137
액화연료 166
야말(Yamal) LNG 354, 371
에너지 4강 16
에너지 구성의 소비 비중(Energy Mix) 189
에너지 국가주의 311, 335
에너지 대외투자 196
에너지 대체공급원 323
에너지 독립(Energy Independence) 86
에너지 무기화 289
에너지 믹스 257
에너지 보전(Conservation) 297
에너지 수입 안보(Energy Security) 208
에너지 수입원의 다변화 216
에너지 수퍼파워(Energy Superpower) 147
에너지 안보(Energy Security) 18
에너지 운영권 국가환수 340
에너지 인프라(energy infrastructure) 42, 387
에너지 자원 305
에너지 전략(2020, 2030) 342
에너지 전략적 협력관계 323
에너지 집중도 388

에너지 집중도(intensity) 187
에너지 패권자(Dominant) 179
에너지 풍요(Energy Abundances) 135
에너지 혁명(Energy Revolution) 136
에너지국가자본주의 340
에너지로 부터 독립(Energy Independence) 17
에너지운송 인프라 217
에너지의 국유화 338
에너지의 풍요(Abundance) 65
에너지자원에 대한 대외투자(ODI) 70
에너지절약(Saving) 388
엔핑(Enping) 244
엠바고(Embargo) 78
역전된 미국과 중국의 연도별 원유 수입 28
연료에너지 단지(fuel-energy complex) 343
영국의 Brent 선물시장 25
옐친의 급속한 민영화조치 296
오르가르히(Oligarch) 312
오크호트스크(Okhotsk)해의 사할린-3 블록 416
온실가스 배출도 187
외환리스크 278
외환보유고의 악화 108
외환부족의 환란(換亂) 297
우크라이나 292
원유의 교역중심 277
원유채굴권 57
원자력발전(原電) 187
원전굴기(原電崛起) 253
원전발전(原電發電)국 393

위안화 거래　275, 277

위안화 석유선물 거래　265

위안화 표시 거래　269

위안화금융　366, 373

위안화의 국제적인 사용(internationalization)
　　　　　　281

위안화의 국제화(internationalization)　278

윗스톤(Wheatstone)　354

유노칼(Unocal)　209

유사(Oil Sand, 油砂)　137

유예(waiver)　13

유해탄소가 가장 낮은 가스 생산　355

이란 국영석유사(National Iranian Oil Co.)
　　　　　　263

이란 딜(deal)　14

이란 핵합의(JCPOA)　7

이란발 석유 공급축소 불안감　17

이란석유공사　71

이란의 핵(核)개발에 대한 억지력　66

이란의 핵확산금지조약　413

이어도　244

인근의 Gorgeon　353

일곱자매(Seven Sisters)　57

일대일로 정책(RBI)　246

일대일로(OBOR) 이니셔티브　222

일몰조항(Sunset Clause)　14

ㅈ

자본주의 룰　316

자원 국유화(Russian-style 'Resource-
　　Nationalism)　308

자원(에너지) 국가주의(Resource
　　Nationalism)　308

자유무역지구(Free Trade Zone)　269

장기 가스공급계약의 체결　425

재(再)가스화　353

재고증가　86

재국유화(Renationalization)　306

재생가능 신청정 에너지　254

전기자동차(EV)의 출현　355

전략적 동반자(Strategic Alliance)　307

전통적(conventional)인 석유·가스　64

정치적 무기화　305

제2의 북극가스 프로젝트(Arctic LNG
　　Project-2)　375

제2의 생산대국이 된 러시아　123

제3차 제재조치　406, 427

제재대상 러시아 은행　408

제재대상이 된 러시아 석유·가스 부문
　　　　　　407

조광권(粗鑛权)　57

조대방소(沠大放小)　302

졸속한 민영화　298

주식회사 체제　316

주식회사로의 전환에 관한 행정명령　298

중·러·중앙아시아의 에너지 협력　323

중·러 간 천연가스 공급 협상　220

중·저유황성분의 정유　215

중국 거대 국영 석유사의 과도한 지배력
　　　　　　277

중국개발은행　233

中國能源發展十五三規劃　254

중국-몽골-러시아를 잇는 경제회랑　234

중국발 미세먼지　251

중국상하이선물거래소(SHEF, Shanghai
　　Future Exchange)　275

중국석유거래소(INE)   275
중국수출입은행   233
중국식 사회주의로서 기업몽(企業夢)   304
중국에서의 러시아의 해(Year of Russia in
    China)   323
중국의 기후변화대책   168
중국의 수입원유 대전결제   205
중국의 에너지 안보상의 취약성
    (Vulnerability)   213
중국의 탈석탄 전환정책   251
중국의 토지제도   267
중국이 러시아 가스의 제일 큰 수입국   382
중앙아시아   170, 216
중질가스   137
중질유(Shale Oil)   136, 137
지상 광권의 사유제도   159
징진지(京津冀)   255

ㅊ

천연가스   137
청정에너지 공급능력   251
초경질유(extra tight oil)   138
초코만 필드(Chokeman Fields)   421
칭동난 분지(Qingdongnan Basin)   243
칭화대학내 신원 자력 및 에너지연구소
    (INET)   256

ㅋ

카라해   397
카샤간(Kashagan) 해상석유단지   222
카스피안 파이프라인 컨소시엄   361
카스피안(Caspean) 연안국   241

카스피안(Caspean) 해   221, 229
카자흐스탄   201, 348
카자흐스탄 프로젝트에 셰브론(Chevron)
    422
카자흐스탄에서의 미·중·러 3강국의 에너
    지 국제정치의 대강(Big Bone)   447
카자흐스탄의 CPC브랜드   15
카자흐스탄의 카스피안산 석유   348
캐시카우(Cash Cow)   451
코즈미노(Kozmino)   329
콘티넨탈 석유사(Continental Oil Co. Conoco)
    76
콜베드(coalbed) 메탄   138
크리미아(Crimea)반도   407
클린 에너지(Cleaner Energy)   135

ㅌ

탄소배출에 대한 국가의 높은 과세(Taxation
    of Carbon Emissions)   355
탈(脫)석유정책(Reformation Plan)   121
탈(脫)석탄정책   269
태양광   254
텐키즈   222
텐키즈(Tengiz) 석유단지   361
토탈(Total)사   263
투르크메니스탄(Turkmenistan)   229
투자의향서를 반납   447
특수 에너지   163
티타니움   435

ㅍ

파라디움(Palladium)   434

파리기후변화협정   236
파이프라인   62
파이프라인으로 수입   174
파키스탄의 과다르(Gwadar) 항구   223
판유(Panyu) 34−1 광구   243
페르샤만의 전쟁(Persian Gulf War)   81
평가절하   425
포스코 대우사   214
포춘 500대   303
포켓   164
폴란드   292
푸틴대통령에 대한 중국 시(習)주석의 선물
                                   426
푸틴식 에너지 전략   347
푸틴의 대미 유가전쟁 리더   33
푸틴의 인맥   311
풍력발전   254

ㅎ

한국의 가스공사(Kogas)   376
해상교통요로(Chokepoint)   11
해상부유식 가스생산설비(Floating Gas
    Production Vessel)   353
핵 협정(JCPOA)   5
헤즈볼라(Herzbolah)   14
헤지펀드(Hedge funds)   6   279
혁명수비대(IRGC)   19
혈암   136
호도로코프스키(Khodorkovsky)   302
호주   172
호주의 Wheatstone   353
혼합경제체제(Mixed Economy System)
                                   338
홀므스 해협(Strait of Holmuz)   11, 65
홍해(Red Sea)   12
화석연료(Fossil−Fuel)   135
흑묘백묘(黑描白描)   302
흑해지역(Black Sea)   451

홍 인 기

학 력

1956. 3. 서울고등학교 졸업(8회)

1960. 3. 서울대학교 법과대학 행정학과 졸업

1959. 11. 고등고시 행정과 1부 합격

1963. 6. 스위스 상 갈렌(St. Gallen) 상과대학 1년 청강, 스위스은행제도연수(1년)

1968. 3. IMF Institute, Financial Analysis & Fin'l Policy 과정 이수

1970. 3. 중앙대학교 대학원 경제학석사

1973. 4. U.S AID Program 'Harvard Univ. Eco. Development' 과정 청강(6개월)

1986.8. 미국 Harvard Business School AMP 과정 수료

2010.7.10.~ 23. 인도금융시장 연구차 인도 I.I.M. Bangalore, Mumbai 방문

경 력

1960. 3.~ 69.3. 재무부 이재국 이재과 사무관, 보험과장, 이재2과장 역임

1969. 4.~ 73.3. 재무부 증권보험국장

1974. 4. 한국화약주식회사 전무, 부사장(기획조사실장 3년)

1977. 4. 동양증권주식회사 사장(현 대우증권 1.6년)

1978. 4. 대우조선해양주식회사(DSME) 사장(6년 6개월)

1986. 3. 대우아메리카 사장(뉴욕, 워싱턴 주재 3년)

1989. 3. 동서증권주식회사 사장(3년)

1991. 3 한국산업증권주식회사 사장(2년)

1993. 3. 한국증권거래소 이사장(연임, 6년)

1999. 3.~ 2007. 3 서강대, 한양대, 중앙대 경영대학 및 동 대학원 겸임교수

2007. 3.~ 2016.12 KAIST경영대 금융전문대학원 초빙교수(중국경제, 동북아 금융, 4강의 에너지 국제정치)

2017. 5~ 현재 서울파이낸셜포럼(Seoul Financial Forum) 이사(부회장)

저 서

일본의 구조개혁과 금융시장, 2000. 서울프레스

중국의 사회주의 시장경제, 2003. 4. 博英社

최근 중국경제와 세계화, 2004. 4. 博英社

중국의 IT산업, IT기업, 2004. 4. 博英社

최신 중국의 금융시장, 2006. 6. 博英社

인도경제와 인도금융, 2011. 12. 기피랑

미·중·러·OPEC간의 에너지 국제정치, 2018. 12. 博英社

미·중·러·OPEC간의 에너지 국제정치

초판발행	2018년 12월 14일
중판발행	2019년 1월 14일

지은이	홍인기
펴낸이	안종만

편 집	김효선
기획/마케팅	조성호
표지디자인	조아라
제 작	우인도·고철민

펴낸곳	(주) **박영사**
	서울특별시 종로구 새문안로3길 36, 1601
	등록 1959. 3. 11. 제300-1959-1호(倫)
전 화	02)733-6771
f a x	02)736-4818
e-mail	pys@pybook.co.kr
homepage	www.pybook.co.kr
ISBN	979-11-303-0568-4 93340

정 가   33,000원